KB187784

그림 33. 「만물의 지배자 그리스도」, 1148년경, 시칠리아, 체팔루 성당.

만물의 지배자, 육화된 신

확실성에 대한 예술적 탐구는 로마 시대 후기의 조각(그림 8 참조)에도 어느 정도 표현되었지만, 이 위엄 있는 작품에서 절정에 달한다. 이 모자이크는 노르만 지배하의 시칠리아에서 만들어졌으나, 비잔틴 양식을 취하고 있다. 하지만 이하의 도판을 보면 알 수 있듯이, 격변기를 살아갔던 서양의 미술가들에게는 이처럼 강력한 양식도 안주할 수 있는 틀이라기보다는 새로운 탐구의 출발점이었다.

그림 34. 조토 디 본도네(1266~1337), 「나사로의 부활」, 파도바, 아레나 예배당.

서유럽 미술양식의 정착

15세기와 20세기 사이에는 수학적으로 엄밀한 원근법을 사용하여 입체감, 3차원적 착시를 살리는 것이 서유럽 미술의 양식적 특성이 되었다. 여기에 소개된 두 작품은 원근법의 효과를 예시하기 위한 것이다. 화면 전면(前面)에 배치되어 차분하게 평면적으로 묘사된 조토의 인물들은 그 배경과 따로 놀고 있다. 그보다 150년 뒤에 활약한 피에로 델라 프란체스카는 전면과 배경을 하나의 일관된 입체적 공간으로 구성하는 방법을 알고 있었다. 그러나 그의 그림도 부활한 그리스도가 그리스도교의 과거를 보여주는 부분과, 단축기법으로 묘사된 잠자는 병사들의 수족이 새롭고 세속적인 현세성의 지배를 조롱하듯 선언하는 부분으로 나뉘는 분열적 구도를 드러내고 있다.

그림 35. 피에로 델라 프란체스카(1416~1492), 「그리스도의 부활」, 산세폴크로 공립미술관 소장.

그림 36. 알브레히트 뒤러(1471~1528), 「자화상」, 뮌헨, 알테 피나코테크 소장.

자아의 지배자, 인간

알브레히트 뒤러가 28세 때 그린 자화상은 고의로 신성모독적인 분위기를 자아내려 한 것은 아닌지 의심스러울 정도로 만물의 지배자 그리스도의 전형적인 풍모(그림 33 참조)와 유사하다. 어쨌든 강한 자의식과 기교적인 거장성 자체를 즐기려는 태도(모피와 두발, 수염의 대조적인 질감을 보라)가 작품에 흐르고 있다. 자아란 깨어 있는 생활을 통해 완전한 인격체로 형성되는 예술작품이라는 인문주의적 개념이 뒤러의 거울에 반사되어 우리를 빤히 바라보고 있다.

뒤러의 기사는 모래시계를 들고 있는 무시무시한 모습의 사신(死神)을 외면하고, 묵시록에 등장하는 거대한 야수의 모습을 한 마귀를 뒤로 한 채, 배경에 보이는 언덕 위의 아름다운 성(城)으로 향하고 있다. 이 동판화는 종교개혁 직전에 독일인이 생각하고 있던 그리스도 교도의 생애를 우의적으로 표현한 것이다. 루터와 마찬가지로, 뒤러의 기사는 개인적인 신앙행위에 몰입하는 사적 영웅주의를 통해 구원을 추구한다. 뒤러는 이 작품에서 상투적이긴 하지만 진실한 오래된 감정을 새로운 사실주의적 도안기법과 결합시킨다. 루터도 치열한 도전정신을 발휘하여 최신 인문학 기법을 성서에 적용함으로써 오래된 진실을 회복하고자 했다.

르네상스와 종교개혁 사이의 연관성과 긴장은 뒤러의 두 작품에 나타나는 유사성과 차이에 고스란히 요약되어 있다.

Courtesy, Museum of Fine Arts, Boston

그림 37. 알브레히트 뒤러, 「기사와 사신(死神)과 마귀」, 호레이쇼 G. 커티스 부인 기증, 보스턴 미술관 소장.

그림 38. 「기적을 행하는 성 니콜라우스」, 모스크바의 루블료프 화파, 15세기. 펜실베이니아 주 시위클리의 조지 R. 한 소장.

동방의 보수주의

앞의 두 도판에서 예시된 근대성을 향한 과감한 돌진은 유럽 내의 모든 곳에서 동시에 이루어지지는 않았다. 동방의 모스크바는 비잔틴의 전통을 고수했고, 그리스 정교회는 17세기까지 파국적인 개혁을 겪지 않았다. 그림 38은 러시아의 문화와 사회의 보수적인 안정성을 보여준다. 그렇지만 세부적인 표현방식, 즉 성 니콜라우스의 얼굴과 손에 입체감을 부여하는 명암법에서는 서방의 자극이 감지된다. 이탈리아에서 이 기법이 개발되고 얼마 지나지 않아 어느 무명 수도사가 이 그림을 그렸다.

414

그림 39. 엘 그레코(1541~1614), 「성 히에로니무스」, 뉴욕, 프릭 컬렉션.

서방의 보수주의

그로부터 약 200년 후 스페인에서는 사람들이 엘 그레코—'그리스인'이라는 뜻—라고 부르던 크레타섬 출신의 생소한 인물이, 어린 시절부터 알고 있던 비잔틴 도상의 영향을 한눈에 보여주는 양식을 선보였다. 그러나 엘 그레코는 이탈리아 르네상스의 뛰어난 기술을 십분 발휘하여, 성 히에로니무스의 긴 얼굴과 손, 매서운 눈길, 피라미드형의 의복—비잔틴 도상학에서 유래한 요소—을 표현했다. 거장의 손길은 히에로니무스의 두발과 수염에 시각적 사실성을 부여했다. 물론 성자다운 초연한 모습은 다소 희생되었지만 말이다. 이와 같이 순전히 전통적인 요소와 철저하게 새로운 요소가 모순되게 병존하던 것이, 정복자와 반종교개혁의 시대에 스페인 사회 전체를 규정하던 특징이었다.

그림 40. 렘브란트 판 레인(1606～1669), 「직물 길드의 임원들」, 암스테르담 왕립미술관 소장.

미술에 표현된 구체제

냉정하고 진지하며 자기만족적인 시민들—금전문제에 빈틈이 없고 자기 권리를 스스로 지키며 자기
의 이익을 철저하게 챙기는 유능한 사람들—의 군상과, 상냥한 표정을 짓고 있는 화사한 차림의 호리
호리한 귀부인을 비교해보라. 이 그림들 속에서 자신들의 대조적인 생활양식을 유감없이 드러내고 있
는 두 계급이 구체제를 지배했고, 이들의 신중하고 온건한 태도가 르네상스와 종교개혁의 광풍이 휩쓸
고 지나간 뒤의 유럽에 일말의 안정을 부여했다.

그림 41. 장 바티스트 페로노(1715~1783), 「소르켕빌 부인」, 파리, 루브르 박물관 소장.

그림 42. 자크 루이 다비드(1748~1825), 「야채 파는 여인」, 리옹 미술관 소장.

자유, 평등, 박애

다비드의 그림에서 우리를 노려보는 파리 시장통 여인의 의혹에 찬 예리한 눈초리와, 압제와 미신에서 해방되는 것에 반대하여 봉기한 스페인인을 처형하는 나폴레옹 병사들의 모습을 묘사한 고야의 기록은, 1789~1815년의 프랑스 혁명기에 신성하고 민주적이지만 기묘하게도 그 실체를 파악하기 어렵던 일반의지를 결연히 추구하던 과정에 제기된 수수께끼 같은 문제의 일부를 시각적으로 형상화했다.

그림 43. 프란시스코 고야(1746~1828), 「1808년 5월 3일의 처형」, 마드리드, 프라도 미술관 소장.

그림 44. 오노레 도미에(1808~1879), 「삼등열차」, 메트로폴리탄 미술관, H. O. 해브마이어 부인 컬렉션.

신체제

도미에의 그림은 19세기의 산업화로 인해 시장에 출입하게 된 농촌여성들이 도시주민들과 뒤섞여 삼등열차를 타고 귀가하는 모습을 기록하고 있다. 이처럼 사회계층의 밑바닥에서는 도시와 농촌의 오래된 구분이 점차 사라지고 있었다. 한편 자수성가한 런던의 사업가와 명문가 출신의 부인을 묘사한 사전트의 그림은, 사회의 상층에서 부르주아지와 귀족의 경계선도 무너지고 있었다는 것을 보여준다.

그림 45. 존 싱어 사전트(1856~1925), 「애셔 베르트하이머 부처」, 런던, 테이트 갤러리 소장.

그림 46. 벤 샨(1898~1969), 「해방」, 코네티컷 주, 뉴케이넌, 제임스 스롤 소비 소장.

20세기의 해방

제1차 세계대전 전야에 소수의 우상파괴자들은 이탈리아의 화가들이 그림에 3차원적 착시공간을 만들어내는 수학적 규칙을 발견한 15세기 이래 온갖 변화에도 불구하고 존속되고 있던 유럽 회화의 관행을 일부러 깨뜨렸다. 인문학자들도 곧 예술가들의 뒤를 따라 거의 모든 사회에서 거의 모든 종류의 전통으로부터 이탈했다. 과거로부터의 전면적인 해방이 열어준 미지의 영역에서, 원시적 충동과 추상적이고 탈인격적인 지성이 기묘하게 손을 맞잡았다. 미로의 그림은 그런 상황을 상징적으로 표현한 것이다. 산의 작품은 제2차 세계대전으로 인한 파괴와, 폐허를 딛고 일어선 인간의 끈질긴 회복력을 기념하고 있다.

그림 47. 후안 미로(1893~1983), 「새에게 돌을 던지는 인물」, 1926년작. 캔버스에 유화, 29 × 36$\frac{1}{4}$″ (73.7 × 92.1cm). The Museum of Modern Art, New York. Purchase. Photograph
ⓒ1988 The Museum of Modern Art, New York. ⓒ1998 Artists Rights Society(ARS), New York/ADAGP, Paris.

그림 48. 헨리 무어(1898~1986), 「핵에너지」, 시카고 대학.

과거는 시작이다

우리를 사색에 잠기게 하는 이 존재, 인간이 최초로 제어 가능한 자립적인 핵반응에 성공한 장소인 시카고 대학에 설치된 이 기념물은 우리가 자신의 운명을 생각할 때 떠올리게 되는 희망과 공포를 시각적으로 표현하고 있다. 그 감정은 오늘날의 새로운 상황에서 우러난 것이지만, 과거보다 통절함이 더하다고 말할 수는 없을 것이다. 예나 지금이나 생과 사는 날마다 불안정한 상태에 있고, 다음날 무슨 일이 일어날지는 아무도 알 수 없기 때문이다.

그림 49-1. 파리의 오페라 극장. 샤를 가르니에 설계.

Courtesy French Government Tourist Office

그림 49-2. 영국 의회 의사당, 런던. 찰스 베리 설계.

The Bettmann Archive

전통적인 화려함

유럽의 건축가들은 1800년대 중반에 중요한 공공건물을 설계할 때 두 가지 상이한 전통에 의거했다. 르네상스와 바로크 시대 건축가들에 의해 장식적으로 변화된 그리스–로마 양식과 고딕 양식이었다. 전자의 예는 파리의 오페라 극장(1861～1875)이고, 후자의 예는 1857년에 완공된 영국의 의회 의사당이다. 두 건물은 자유주의와 국가적 자신감이 하늘을 찌르던 시대에 유럽인이 자기의 문화적·정치적 업적에 대해 느끼고 있던 자부심을 구현하고 있다.

상업을 위한 새로운 기술

정원사에서 건축가로 변신한 조지프 팩스턴은 건축의 새로운 원리를 탐구하여 1851년 런던 하이드 파크에서 개최된 만국박람회의 회장인 수정궁에 성공적으로 적용했다. 팩스턴은 새로운 재료인 철제 빔과 유리를 사용하여 내부공간에 햇빛이 잘 들게 했다. 이 기술적 가능성은 그 후 두 대형 백화점——19세기 말에 건설된 모스크바의 국영백화점(GUM)과 시카고의 카슨 피리 스콧 백화점——의 내부조명을 해결하는 데 응용되었다. 시카고의 백화점은 강철 프레임을 사용하여 채광용 창을 크게 만들었다. 모스크바의 경우는 다른 해결책, 즉 수정궁을 연상시키듯이 지붕에 유리를 씌우는 방법을 택했다. 그렇지만 외부장식 면에서는 두 건물 다 화려한 건축을 추구하는 오랜 전통에 따랐다.

그림 50. 수정궁, 런던. 조지프 팩스턴 설계.

그림 51-1. 국영백화점, 모스크바.

그림 51-2. 카슨 피리 스콧 백화점, 시카고.

Hedrich-Blessing

그림 52. 웨인라이트 빌딩, 세인트루이스. 루이스 설리번 설계.

미국의 건축가와 사업가가 손을 높이 들다

제1차 세계대전 발발 직전, 건축가들은 철골건축의 기술적 가능성(그리고 고속 엘리베이터의 발달) 덕분에 손을 높이 들 수 있었다. 초창기의 마천루는 미국의 독점물이었다. 대표적인 예로는 비교적 아담한 규모의 세인트루이스의 웨인라이트 빌딩(1891)과 그것보다 훨씬 위압적인 뉴욕의 울워스 빌딩(1913)을 들 수 있다. 그렇지만 새로운 기술과 소재의 급속한 개발이 이루어지는 동안에도, 건축물은 모름지기 위풍당당해야 한다는 유럽의 전통적인 사고방식이 인간의 상상력을 사로잡고 있었고, 이에 건축가들은 건물의 장식적 마감으로 화답했다.

428

그림 53. 울위스 빌딩, 뉴욕. 캐스 길버트 설계.

두 공장에 적용된 기능 중심의 양식

제1차 세계대전 이후 독일에서 유행했던 '바우하우스' 스타일은 그때까지의 문화 및 건축의 전통을 의식적으로 파괴했다. 대신에 강철·콘크리트·유리를 사용한 대단히 간소한 건축양식(그림 55를 보라)을 새로운 '기능적' 취향의 기준으로 제시했다. 새로운 양식에 쏠린 건축가들은 장식을 위한 장식이란 느낌을 주는 모든 요소를 조롱하듯 거부했다. 제2차 세계대전이 끝난 뒤 미국의 건축가 프랭크 로이드 라이트는 바우하우스 미학(그림 54 참조)의 간소함을 흡수하고 변용하여, 투명한 유리를 사용한 수수하고 기하학적인 형태의 탑과 전통적인 벽돌 구조의 질감을 살린 기저부를 결합한 독창적인 건축을 선보였다.

그림 54. 발터 그로피우스가 설계한 바우하우스, 독일의 데사우, 1925~1926. 남서쪽에서 본 경관(사진 제공: 뉴욕 근대미술관).

그림 55. 존슨 왁스 연구소, 위스콘신 주 러신. 프랭크 로이드 라이트 설계.

그림 56. 미국 내무성, 워싱턴, D.C.

건축에 가해진 국가의 압력

고대 메소포타미아 시대부터 건축의 중요한 기능 한 가지는 통치자의 의지와 인민의 자부심을 표현하는 것이었다. 1930년대에 프랭클린 D. 루스벨트의 뉴딜정책은 워싱턴에 몰려든 관리들을 수용하기 위한 거대한 업무용 빌딩에 구체적으로 표현되었다. 한 가지 예는 그림 56의 내무성 건물이다. 비슷한 시기에 스탈린은 모스크바 국립대학 건립을 계획했는데(완공은 1953년), 일종의 개인적 기념물이자 미래의 국가관료를 양성하는 요람으로 삼기 위해서였다. 한편 히틀러는 뉘른베르크에 충실한 당원들의 거대한 집회장을 건설함으로써 자신의 '천년제국'을 강화하고자 했다.

그림 57-1. 모스크바 국립대학.

그림 57-2. 루이트폴트 홀, 뉘른베르크. 알베르트 슈페어 설계.

그림 58. 시그램 빌딩, 뉴욕. 루트비히 미스 반 데어 로에와 필립 존슨 설계.

국제건축

1950년대에는 국제건축이 전세계로 확산되어 모든 대륙에서 도시의 스카이라인을 바꿔놓았다. 거기에 힘을 실어준 것은 희석된 바우하우스의 미학적 원리와, 유리와 강철을 이용한 직선형의 건물이 최소한의 비용으로 최대한의 공간을 창출한다는 사실이었다. 여기에 소개한 사진들은 국제건축이 막 출현했을 무렵의 영향을 잘 보여준다. 뉴욕에서는 시그램 빌딩이 구식 마천루와 대조를 이루고 있고, 모스크바에서는 거의 텅 빈 허공을 배경으로 칼리닌 대로변의 아파트가 윤곽을 드러내고 있으며, 브라질리아에서는 휑한 공간에 신축된 관청이 덩그러니 솟아 있다.

그림 59-1. 모스크바, 칼리닌 대로의 모습.

그림 59-2. 브라질 국회의사당. 브라질리아. 오스카 니마이어 설계.

U.S.I.A.

그림 60-1. 몬트리올 1967년 엑스포, 미국전시관, 벅민스터 풀러 설계.

Rondal Partridge

그림 60-2. 의회궁전, 인도, 찬디가르, 르 코르뷔지에 설계.

신소재를 이용한 장대한 건축

국제건축의 무미건조한 기하학에는 경쟁자가 없지 않았다. 그 중에서 1960년대에 완성된 세 건물을 골라보았다. 1967년 몬트리올에서 열린 만국박람회를 위해 벅민스터 풀러가 만든 지오데식 돔〔측지선(測地線)을 따라 삼각형 면들을 짜 맞춰 만든 공 모양의 다면체 구조물〕은 1851년의 수정궁을 연상시키는 새롭고 경이적인 구조원리를 응용하여 임시전시장을 밝은 구면체로 에워쌌다. 르 코르뷔지에가 설계한 인도 찬디가르의 의회궁전과 에로 사리넨이 설계한 뉴욕 케네디 국제공항의 TWA 터미널 빌딩은 유리·강철·콘크리트를 자유롭게 사용하여 대단한 극적 효과를 연출함으로써 건축의 장대함을 새롭게 정의했다. 100년에 걸쳐 건축이 끊임없이 발전을 거듭한 결과, 1860년대에는 도저히 어울릴 것 같지 않던 것이 1960년대에는 버젓이 공존할 수 있게 되었다. 다시 말해서, 값싼 인공재료를 사용하여 장려한 양식의 건물을 지을 수 있게 된 것이다.

Ezra Stoller

그림 61. TWA 터미널 빌딩, 뉴욕. 에로 사리넨 설계.

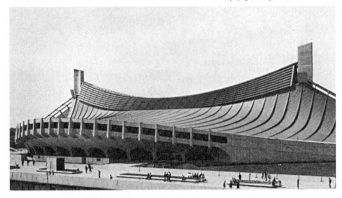

그림 62-1. 도쿄 국립실내경기장. 단게 겐조 설계.

그림 62-2. 멕시코 국립인류학박물관. 페드로 라미레스 바스케스 설계.

신소재를 사용한 오래된 양식

강철·콘크리트·유리는 때때로 각 지역의 오래된 건축양식에 새로운 생명력을 불어넣기도 했다. 세 장의 사진은 일본·멕시코·북아프리카에서 신소재를 오래된 양식에 적용한 예를 보여준다. 1964년의 도쿄 올림픽을 위해 건설된 실내경기장을 설계한 단게 겐조(丹下健三)는 탁 트인 넓은 공간을 확보하기 위해 현수교의 기법을 활용하면서, 일본의 전통적인 신사 건축을 떠올리게 하는 지붕의 선도 살려냈다. 멕시코시티의 인류학박물관은 아스테카 궁전의 중정(中庭)을 의식적으로 재현했으나, 12m 높이의 청동부조 기둥에 의지하고 있는 중앙의 우산살 구조는 근대적 설계의 혁신적 기술을 자랑한다. 롤랑 시무네의 설계로 알제리의 제난-엘-하산에 건설된 아담한 규모의 공공주택은 콘크리트를 효과적으로 사용함으로써 북아프리카의 전통적인 주거양식과 잘 어울린다.

그림 63. 알제리 제난-엘-하산의 주택, 알제리. 롤랑 시무네 설계.

그림 64. 뉴욕 맨해튼 중심부.

인간이 미로를 만들다

하늘에서 내려다본 맨해튼 중심부는 현대 메트로폴리스의 놀라운 기적이다. 사람들은 고층빌딩의 숲을 헤치고 황급히 사무실로 출근해 일하다가 밤이면 무사히 귀가한다. 이런 집단적인 작업유형은 모든 개인을 왜소하게 만드는 근대문명 전체의 축도이다. 근대문명은 대도시의 풍경과 마찬가지로 거의 전적으로 인공적인, 인간의 손이 만들어낸 찬란하면서도 두려운 작품이다.

440

세계의 역사 2

A World History

William H. McNeill

Yeesan Publishing Co.

세계의 역사 2

월리엄 H. 맥닐 지음 / 김우영 옮김

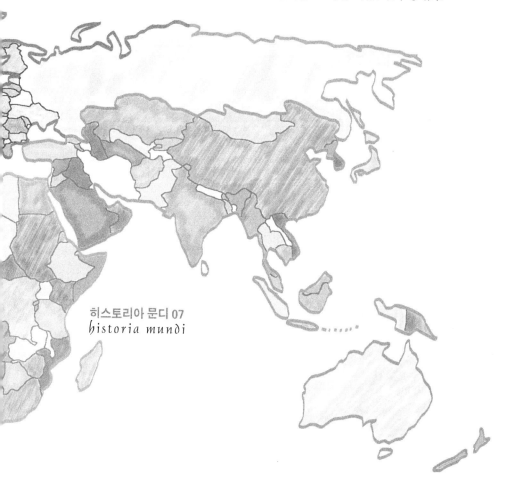

히스토리아 문디 07
historia mundi

이산

히스토리아 문디 07

세계의 역사 2

2007년 3월 12일 1쇄 발행
2018년 1월 25일 5쇄 발행
지은이 윌리엄 H. 맥닐
옮긴이 김우영
펴낸이 강인황
도서출판 이산
서울특별시 중구 필동로8가길 10
TEL: 334-2847/ FAX: 334-2849
E-mail: yeesan@yeesan.co.kr
등록 1996년 8월 8일 제 2015-000001호.

편집 문현숙
인쇄 한영문화사/ 제본 한영제책

ISBN 978-89-87608-58-7 04900
ISBN 978-89-87608-56-3 (전2권)
KDC 900

가격은 뒤표지에 있습니다. 잘못된 책은 바꿔드립니다.

A World History by William H. McNeill
Copyright ⓒ 1999 by William H. McNeill
Copyright ⓒ 1967, 1971, 1979 by Oxford University Press
All rights reserved.
Korean translation copyright ⓒ 2007 by Yeesan Publishing Co.
Korean translation rights arranged with Gerard McCauley Agency, Inc. through Eric Yang Agency, Seoul, Korea.

이 책의 한국어판 저작권은 Eric Yang Agency를 통한 Gerard McCauley Agency, Inc.사와 독점계약으로
도서출판 「이산」에 있습니다. 저작권법에 의해 한국 내에서 보호를 받는 저작물이므로 무단전재와 무단복제를 금합니다.

www.yeesan.co.kr

2권 차례

445

1권 차례

일러두기

1. 이 책은 William H. McNeill, *A World History*, 4th ed.(1990)의 완역이다.
2. * † 등을 표시한 각주 중에서 '—옮긴이'라고 표시가 없는 것은 모두 지은이의 주이다.
3. 원문의 'God'는 종교에 관계없이 하느님, 'god'는 신으로 번역했다.

3부

서양의 우위

근 대와 전근대를 구분할 때 1500년이란 해는 대부분의 역사적 지표보다 편리하다. 무엇보다도 유럽사에서 그러하다. 1500년경에 시작된 대항해와 그 직후에 일어난 종교개혁은 중세 유럽에 최후의 일격을 가했고, 상당히 안정적이고 새로운 사고와 행동의 패턴을 확립하려는 150년 동안의 필사적인 노력을 불러일으켰기 때문이다. 이런 노력의 결과, 1648년 이후 유럽 문명의 새로운 균형이 흐릿하게나마 형태를 갖추었다. 1500년은 세계사에서도 획기적인 전환점이었다. 유럽인이 시도한 각종 항해는 지구상의 바다를 그들의 통상과 정복을 위한 공도(公道)로 바꿔놓았다. 이렇게 해서 그들은 인간이 거주할 수 있는 모든 해안지방에 새로운 문화적 전선을 구축했는데, 그 전선은 과거 수세기 동안 아시아의 문명이 스텝지대의 유목민과 대치하던 육상 경계선에 필적할 만큼 중요한 것이었고, 결국에는 그것을 능가하는 의미를 갖게 되었다.

지구상의 비서양 민족들은 간단없이 침입하여 혼란을 야기하는 유럽인에 대해 뭔가 특단의 대책을 세울 필요가 있다는 점을 서서히 깨닫게 되었다. 서양이 전세계에서 그런 우월한 지위에 올랐다는 사실은 실제로 근대 세계사의 테마이다.

그렇지만 그런 변화가 무르익는 데는 시간이 필요했다. 크리스토퍼 콜럼버스(1492), 바스쿠 다 가마(1498), 마젤란(1519~1522)이 지구상의 대양을 횡단하여 항해한 뒤로도 200년 동안, 아시아의 오래된 기존 문명들은 성장일로에 있던 경제력과 군사력을 앞세우고 바다를 건너오는 유럽의 새로운 도전에 둔감하게 반응했다. 아메리카 대륙과 발전수준이 떨어지는 아시아의 북방지역에서 유럽의 충격은 더욱 강력했다. 그 광대한 지역의 고유한 문화들은 앞서가는 유럽인의 선교정신과 기술적 우위 앞

	A.D.	남북 아메리카	유럽		러시아

탐
색
과
항
해
의
시
대

구
체
제

구
체
제

현 대

			이반 3세가 타타르인의 지배를 부정함
콜럼버스	유　　럽　　인　　의		
1500		르네상스	종교개혁
		레오나르도 다 빈치	루터
코르테스	마키아벨리	헨리 8세
피사로	**카를 5세의 제국**	
	반종교개혁	칼뱅
호킨스, 최초로 아프리카 노예무역을 개시	미켈란젤로 · 코페르니쿠스 · 로욜라 · 사비에르	이반4세
	네덜란드의 반란 · 베살리우스 · 스페인의	**리보니아 전쟁**
	몽테뉴 · 펠리페 2세	러시아인
1600	버지니아, 퀘벡, 뉴암스테르담, 매사추세츠에 식민지가 건설됨	셰익스피어 · 프랑스의 앙리 4세 · 엘 그레코	혼란시대 · 폴란드의 침략
	베이컨 · 세르반테스 · 케플러 · **30년전쟁**	
	갈릴레오	키릴로스 루카리스
사탕수수 플랜테이션으로 인해 신세계에 흑인노예제 정착	잉글랜드 내란 · 밀턴 · 데카르트 · 렘브란트	니콘과 교회개혁
	하비 · 루이 14세	
네덜란드인이 뉴암스테르담에서 추방됨	명예혁명 · 뉴턴 · 스피노자 · 몰리에르 · 프리드리히 2세	표트르 대제
	로크 · 홉스 · 스웨덴 제국의	
1700	라이프니츠 · 오스트리아의 부상 · 쇠망	상트페테르부르크가 새로운 수도가 됨
	마비용 · 뉴커먼의 증기기관	
	볼테르 · 바흐 · 남해회사 거품사건	귀족, 국가의 군역 면제됨
영국이 캐나다를 획득함	루소 · **7년전쟁** · 와트의 증기기관	**에카테리나 대제** **러시아**
	미국 독립전쟁 · 모차르트 · 폴란드의 분할	
스페인 제국에서 무역독점이 폐지됨	린네	푸가초프의 반란
	애덤 스미스 · **프랑스 혁명** · 흄	
1800		**나폴레옹** · 칸트	
라틴아메리카의 독립	헤겔 · 빈 회의 · 헤르더	알렉산드르 1세 · 푸시킨
		니콜라이 1세
		1848~1849년의 혁명	**크림전쟁**
		다윈	
남북전쟁	철도 건설 · 마르크스 · 카보우르	농노제 폐지
	나폴레옹 3세 · 비스마르크	
	니체 · 교황 무류성(無謬性)	도스토옙스키
	자동차 · 경합하는 동맹체제의 성립	철도건설
	라디오	
1900	파나마 운하	아인슈타인 · 프로이트 · 피카소	**1905년 러시아 혁명**
		제　1　차　세　계　대	
윌슨 대통령	비행기 · 대공황	
			1917년 러시아 혁명
	원자력: 페르미 처칠 히틀러 무솔리니	
F. D. 루스벨트	제　　2　　차	스탈린
		동유럽 사회주의의 붕괴 · 소련의 붕괴	

로마노프 왕조

454

이슬람	남아시아	동아시아	태평양과 아프리카
		정허의 원정	
콘스탄티노플 점령			

대항해시대 (표를 가로지르는 곡선 띠)

이슬람	남아시아	동아시아	태평양과 아프리카
이스마일 사파비 오스만-프랑스 동맹 **입법자 술레이만**	다 가마 이슬람 연합군의 자바 정복 바부르가 인도에 무굴 제국 창건 차이타니아		마젤란 포르투갈인의 일본 진출
		마카오에 포르투갈인 거주지가 건설됨	스페인의 필리핀 영유
카잔, 아스트라한 점령	비자야나가르 왕국이 이슬람 연합 군에 패함 **무굴 제국의 악바르**	히데요시의 조선 침략	
시비르한국			
아바스 대왕	네덜란드와 영국의 동인도회사	리치가 베이징에 도착 러시아인이 태평양 연안에 도달 티베트인이 몽골인을 라마교로 개 종시킴	네덜란드 선박이 일본에 나타남
	타지 마할		일본의 쇄국
		툴시 다스	서아프리카의 노예무역
쿠프릴리의 오스만 제국 강화		**만주족의 중국 정복**	
제2차 빈 포위공격	무굴 제국 최후의 막강 황제 아우 랑제브	네르친스크 조약	
카를로비츠 강화조약: 헝가리 상실		전례논쟁 캬흐타 조약	베링의 항해
압둘 우하프	나디르 샤	청조가 티베트·몽골·투르키스탄을 정복	쿡 선장의 항해
	파니파트 전투 영국이 프랑스를 인도에서 축출		스페인인이 샌프란시스코를 발견　오스트레일리아 의 식민화
투르크 전쟁 쿠추크카이나르지 조약			
세르비아와 그리스의 반란 이집트의 무하마드 알리가 술탄과 와하비를 물리침	영국의 인도 지배 확립	동인도회사의 독점권 폐지 아편 전쟁	뉴질랜드의 식민화
수에즈 운하	영국-아프간 전쟁 람 모한 로이 세포이의 폭동	태평천국의 난 영불연합군이 베이징을 점령	페리의 일본 내항 리빙스턴의 탐험 메이지 유신
		청일전쟁	아프리카에서 식민지 쟁탈전이 벌어짐
		의화단 운동 러일전쟁	
전 무스타파 케말 이븐 사우드	간디	중화민국 쑨원　　일본의 한국 지배	
		일본의 만주·중국 북부 지배	아프리카 국가들의 독립
인도의 독립	중국공산당의 권력 장악		

세계대전 / 혁명 (표 하단을 가로지르는 띠)

도쿠가와 막번정치 (태평양과 아프리카 열의 세로 표기)

에 퇴색하고 말았다. 그 결과, 유럽형 사회가 본래의 중심부에서 동·서로 확대되어 시베리아의 오지와 대서양 건너편의 신세계까지 침투했다.

하지만 1700년 이후에는, 이슬람 민족들과 아시아의 힌두 교도와 불교도들도 유럽인을 피할 수 없다고 느끼게 되었다. 수세기 동안 종교에 의해 신성시되었던 오래된 제도와 태도는 서유럽인이 뿜어내는 새로운 힘에 더 이상 대항할 수 없었다. 이 사실이 인도·발칸·서아시아에서 차례로 입증되자, 거의 모든 무슬림과 대부분의 힌두 교도가 마비상태에 빠졌다. 그렇지만 전통적인 방식과 제도가 결정적으로 파괴된 것은 엄청난 돌발사태가 벌어진 1850년경 이후였다. 오스만·무굴·청(淸)·일본 등이 10년 사이에 멸망했거나, 아니면 서양인으로부터 힘의 비결을 구걸하거나 차용하거나 도용할 수 있다는 희망을 안고 케케묵은 방식에서 벗어나 과감하게 전진해야 한다는 점을 자각했다.

의식적인 근대화(즉 선택적이고 부분적인 서양화)를 성취하려는 그런 노력은 아직까지도 전세계 모든 비서양 민족의 희망 속에서 으뜸가는 자리를 차지하고 있다. 사회변화의 페이스는 꾸준히 가속화되었고, 일부 주도적인 파벌이나 집단이 정해놓은 목표를 달성할 수 있도록 사회를 관리하려는 노력은 해를 거듭할수록 탄력을 받고 있는 것으로 보인다.

하지만 1500년 이후 유럽사의 시대구분은 세계사의 기준과 잘 맞지 않는데, 이는 충분히 예상할 수 있는 일이다. 근대사의 주제가 서양이 발흥하여 전세계를 지배하게 되는 과정이라면, 유럽 자체의 단계별 발전이 다른 민족과 멀리 떨어져 있는 대륙에 그 충격을 미치기까지는 시간이 걸릴 수밖에 없었기 때문이다.

그 시차를 감안하여 1700년까지의 비서양세계의 역사와 1648년까지의 유럽 내부의 역사를 함께 묶어도 무방하리라 생각한다. 1500~1648년의 기간에 서구는 군사조직·기술·자연과학·탐구심 등의 면에서 결정적인 우월성을 보여줌으로써 지구상의 나머지 문화에 처음으로 단호하고 확실히 도전장을 내밀었다. 같은 논리로 1700~1850년의 세계사는 1648~1789년의 유럽 구체제(앙시앵 레짐)와 묶을 수 있다. 이 시기에는 유럽 문명이 이전 시대의 투쟁과 혼란에서 벗어나 고전적으로 재편되었다. 마찬가지로 1850년 이후의 세계사는 1789년 이후의 유럽사와 짝을 이룰 수 있다. 그것은 산업혁명과 민주주의의 발달이라는 쌍두마차가 서양의 제도를 근본적으로 변용하기 시작한 시대였다. 이렇게 해서 거부할 수 없는 힘을 획득한 유럽 앞에서, 세계의 다른 문명들은 1850년 이후에 무릎을 꿇었다.

따라서 이하의 장들에서는 유럽사의 발전단계와 세계사의 발전단계가 병치된다. 우선 1500~1648년에 일어난 유럽 자체의 변용을 개관한 뒤에, 세계의 주요 지역이 1500~1700년에 어떻게 발전했는지를 논할 것이다. 다음으로는 1648~1789년의 유럽사를 구체제와 식민지 확대를 중심으로 기술하고 이어서 1700~1850년에 세계의 다른 지역에서 이루어진 발전을 개관할 것이다. 이러한 구상의 어색함은 시대구분의 부정합성이 근세 세계사의 기본적인 현실을 부각시키고 해명해준다는 사실에 의해 상쇄될 것으로 믿는다.

18장
대항해와 그 세계적 여파

'항해자'라는 별명이 붙은 포르투갈의 왕자 엔히크(1460 년 사망)는 대양의 발견을 위한 극적인 항해를 나아가는 길을 열었다. 덕분에 유럽인은 불과 60년 만에 항로를 이용하여 인간이 거주하는 지구상의 모든 지역을 돌아다닐 수 있게 되었다. 그의 업적은 수집 가능한 최고의 이론적 지식을 항해자와 조선기술자의 전통적인 기술 및 경험과 접목시켜, 범선을 대양항해에 적합하게 개량한 것이었다. 엔히크 왕자는 아프리카를 일주함으로써 〔당시 그곳에서 활약하고 있다고 유럽인이 믿고 있던〕 전설적인 그리스도교 전사 프레스터 요한과 동맹하여 이슬람의 영역을 포위하고 궁극적으로 그 세력을 제압하고자 했다. 아프리카 연안에서 노예와 그 밖의 상품을 구해서 교역을 하는 것은 그의 사업에 보탬이 되긴 했으나, 돈벌이가 핵심적인 동기는 아니었다.

1760년에 만족스러운 수준의 항해용 크로노미터가 발명되기 전까지는 경도(經度)를 결정하는 정확한 방법이 없었기 때문에, 항해는 부정확한 것에 지나지 않았다. 위도(緯度)는 정오에 수평선상에서 태양이 이루는 각도를 보고 측정할 수 있었다. 선장은 비교적 원시적인 관측도구를 사용할 때도, 1년 365일에 대해 이미 알려진 위도상 태양의 적위(赤緯)

를 기록한 표를 참조하여 자신의 위치가 적도에서 남쪽 또는 북쪽으로 얼마나 떨어져 있는지 30해리 정도의 오차범위 내에서 확정할 수 있었다. 비결은 정확한 표를 작성하는 것이었다. 엔히크 왕자는 그 작업을 특별히 선발된 천문학자와 수학자들에게 맡겼고, 그들은 오랜 시간의 계산 끝에 포르투갈의 선장들에게 필요한 정보를 제공했다. 위도에 관한 정확한 지식을 확보한 탐험가들은 자기가 동쪽과 서쪽으로 얼마나 멀리 갔는지 추정함으로써, 아프리카 해안의 지도를 작성할 수 있었고, 그 후 항해자들은 대양을 횡단하여 장거리를 항해하면서도 예정된 상륙지점을 향해 배를 조정할 수 있었다. 예를 들어 1497년에 바스쿠 다 가마는 97일 동안 육지를 보지 못하고 항해했지만 정확히 희망봉에 도착했다. 9년 전에 바르톨로메우 디아스가 희망봉을 처음 발견한 이래 단 한 명의 유럽인도 그곳을 방문한 적이 없었다는 사실을 감안하면, 그것은 항해술의 놀라운 개가였다.

다 가마가 사용한 방법은 초기 유럽의 모든 대양항해자가 사용하던 것과 동일했다. 그는 목표지점—이 경우에는 희망봉—의 위도를 알고 있었다. 디아스가 그곳을 발견했을 때 위도를 측정하여 기록해두었기 때문이다. 그는 대서양 한복판의 항로를 택해 암초에 걸릴 위험을 피하는 동시에 해안에 근접해서 항해할 때보다 강하고 규칙적인 바람을 타고, 자신이 원하는 목표지점의 위도에 안전하고 신속하게 도달했다. 그 후 뱃머리를 동쪽으로 돌려 예정지의 해안이 지평선상에 나타날 때까지 항해를 계속했다. 배의 선장이 종착지의 위도를 알고 있는 한, 되도록 해안에서 멀리 떨어져 항해하여 북쪽이든 남쪽이든 정확한 지점에 도착한 다음에 그 위도를 따라 동쪽 또는 서쪽을 향해 항해하다가 육지가 눈에 들어오면 정확하게 입항하는 것은 그리 어려운 일이 아니었다.

유럽의 조선술도 마찬가지로 크게 진보했다. 포르투갈인이 앞장서서 돛대의 수를 늘리고 적어도 중앙의 큰 돛대에는 한 개 이상의 돛을 달았다. 선원들은 바람과 파도의 변화에 따라 돛의 폭과 방향을 바꿀 수 있었기 때문에, 배를 조정하기가 쉬워졌고 배의 항해능력도 향상되었다. 이에 따라 더 큰 선박의 건조도 가능해졌다. 대형 선박은 견고한 선체를 필요로 했는데, 이 요구는 1500년 무렵에 충족되었다. 튼튼한 용골, 육중한 늑재(肋材), 이중의 오크 판자를 사용한 유럽의 배는 대포를 발사할 때 생기는 반동에도 끄떡없었다. 인도양처럼 잔잔한 바다에서 쓰이던 작은 배는 그런 화기를 사용할 경우 배 자체가 산산조각 났다.

유럽 조선술의 발전으로, 그때까지의 해전 방식은 시대에 한참 뒤처지게 되었다. 배를 상대방의 배에 붙인 뒤 그 배에 올라타서 싸우던 과거의 표준적인 전술은 최대 180m 떨어진 거리에서 대포를 발사하여 적선을 격침시키고, 기민하고 신속하게 적선을 추적해 치명적인 포화를 퍼붓는 배 앞에서는 무용지물이었다. 따라서 콜럼버스, 바스쿠 다 가마, 마젤란, 그리고 그들보다 명성은 떨어지지만 용기는 결코 뒤지지 않았던 그 밖의 많은 선장은 전세계의 대양을 유럽인에게 열어주었고, 그들의 배는 다른 지역에서 만들어진, 그리고 북대서양보다 잔잔한 바다에 맞게 설계된 선박들에 대해 월등한 기술상의 우위를 누렸다. 중국과 일본의 정크선만이 유일한 경쟁자였다. 하지만 그것들은 보통 유럽의 선박에 필적할 정도로 충분한 양의 중화기를 탑재하고 있지 않았다. 동아시아에는 중화기용 금속이 비교적 적었다. 반면에 유럽의 야금산업은 조잡했지만 규모가 컸고, 따라서 유럽인은 동아시아의 조선기술자들보다 훨씬 많은 화기를 배에 실을 수 있었다.

이런 기술적 사실은 유럽이 애초에 해로를 통해 급속히 팽창할 수 있었던 이유를 설명해준다. 바스쿠 다 가마는 1499년에 포르투갈과 인도를 오가는 첫 왕복항해에 성공했다. 10년 뒤 포르투갈 함대는 아라비아 해의 디우 항 앞바다에서 수적으로 훨씬 우세한 무슬림 함대를 격파하여, 인도양에서 해군력의 우위를 굳혔다. 포르투갈인은 지체 없이 고아

(1510)·멜라카(1511)·호르무즈(1515) 같은 전략상의 요충지에 해군기
지를 설치했다. 포르투갈 탐험대는 1511년과 1512년에 향료 제도(몰루
카 제도)에 진출했고, 한 상인은 1513년에 광저우(廣州)에 도착했다. 30
년 뒤에는 선교사와 상인에 의해 일본과의 관계가 시작되었고(1545),
1577년에는 남중국 연안의 마카오에 항구적인 포르투갈인의 정착지가
건설되었다. 포르투갈의 팽창은 경쟁자인 스페인 제국의 세력과 충돌했
다. 스페인인은 멕시코를 경유하여 1571년에 필리핀에 당도해 그곳을
영유했다.

아시아 문명에 관한 한, 1500년 이후 유럽의 해군력이 우위를 점했다
고 해서 크게 달라진 것은 없었다. 예컨대 중국 제국정부의 입장에서는
해상교역이 새로운 야만인 집단에게 넘어가든 말든 신경쓸 이유가 없었
다. 동남아시아에서 온 무슬림이나 일본의 해적이나 유럽에서 온 코큰
'남해의 만족'이나 베이징 정부가 보기에는 그놈이 그놈이었다. 인도의
지배자들도 무역에는 거의 관심을 보이지 않았고, 디우에서의 패전
(1509) 후에도 포르투갈인에 대항하려는 아무런 조직적인 노력을 기울
이지 않았다. 대신에 무슬림 상선들은 포르투갈의 경비정—본국에서 멀
리 떨어져 있었기 때문에 그 수가 항상 부족했다—을 피해 다니기에 급
급했다. 얼마 후 가볍고 작은 배들도 예전처럼 교역을 계속할 수 있었다.
무슬림 상인과 선주들은 때때로 포르투갈인에게 배를 잃는 것을 크게 개
의치 않았다.

하지만 아메리카 대륙에서 스페인의 정복자가 멕시코(1519~1521)와
페루(1531~1535)에 도착한 사건은 아메리카 인디언의 문화에 급격하고
치명적인 해를 입혔다. 아스테카와 잉카 제국의 완전한 붕괴는 방대한
육상제국 건설의 길을 열었다. 그것은 인디언의 영혼을 구제하고, 아메
리카의 광산에서 생산된 금과 은을 수출하기 위해 만들어진 제국이었다.
아메리카 대륙의 원주민들은 놀라울 정도로 순순히 스페인의 지배에 복

종했다. 과거의 종교적·문화적 이상은 오직 마을 차원에서 또는 스페인의 군대와 선교사들이 침입하지 못한 열대우림·고원지대·사막 같은 오지에서나 살아남았다. 이렇게 해서, 형식은 스페인적이고 종교는 가톨릭이지만 할말을 잃은 수백만 인디언의 노동에 기초를 둔, 새로운 유형의 사회가 신세계에 생겨났다.

* * *

유럽의 해군력 우위라는 새로운 현상은 구세계에서 이것과 조금이라도 비교될 수 있을 만한 결과를 낳지 못했다. 그럼에도 불구하고, 세계의 대양이 유럽인에게 개방되는 과정에서 발생한 세 가지 중대한 결과는 모든 문명사회에 영향을 주었고 많은 미개민족의 생활여건을 변형시켰다. 그것들은 ①아메리카 대륙에서 유입된 막대한 양의 금은으로 인한 기격혁명 ②아메리카 대륙산 식용작물의 전파 ③질병의 확대였다.

가격혁명

가격혁명은 애초에 스페인에 엄청난 영향을 주었지만, 얼마 후 강도가 다소 약해진 채 유럽의 다른 지역으로도 퍼져 나갔다. 동지중해의 오스만 제국도 타격을 입었고, 멀리 떨어져 있던 중국도 마찬가지였다. 중국에서는 멕시코에서 유입된 은 덕분에 이전 시대에 비해 훨씬 풍부한 양의 화폐가 주조되었다. 인도에 대해서는 알려진 게 없다. 투르크와 중국에서 가격혁명이 초래한 어떤 경제적·사회적 결과에 대해서는 연구된 바가 없지만, 유럽에서처럼 심각한 영향을 미치지는 않았으리라 짐작된다. 유럽에 최초의 가장 강력한 충격이 나타났던 이유는 금은이 처음 도착한 곳이 유럽, 특히 스페인의 항구였기 때문이다. 꼼꼼한 연구조사 결과에 따르면, 100년 만에 스페인의 물가는 약 4배나 상승했던 것으로 나타났다. 유럽의 다른 지역에서는 가격상승폭이 그보다는 작았

지만, 어디서나 그 변화는 전통적인 경제관계를 심각하게 교란시키기에
충분한 힘을 발휘했다. 수입이 일정한 사람들은 구매력을 크게 상실했
고, 반면에 사업하는 사람들은 자기가 취급하는 상품의 가격이 상승하면
덩달아 벌이가 좋아지는 경우도 있었다.

전통적인 사회경제적 관계에 의해 정의된, 확고한 일상생활의 내재적
안정성은 1500~1650년 사이에 유럽에서 발생한 급격한 가격변동의 시
대에 허망하게 무너졌다. 모든 정부는 종래의 수입원만으로는 부족하다
는 것을 깨닫고, 세수를 늘릴 새로운 방법을 강구하지 않을 수 없었다.
심지어 변변찮은 직인이나 시장에서 계란을 파는 가난한 농민도 가격혁
명의 위력을 실감했다. 물론 아무도 은의 공급 증가와 가격상승의 상관
관계를 이해하지 못했다. 그러나 모든 사회가 영향을 받아 어떤 자는 돈
을 번 반면 다수는 부를 빼앗겼으며, 빈부와 상관없이 모두가 미래에 대
한 불안으로 고통을 받았으므로, 많은 사람들은 지나친 탐욕과 사악함이
유례없이 세상에 만연했다고 결론지었다. 이런 확신은 이 시대의 유럽사
를 그 전후(前後)와 분리하는, 격렬한 종교적·정치적 논쟁을 유발했다.

아메리카 대륙의 식용작물

아메리카 대륙의 작물들은 식물학적으로 구세계에서 흔히
볼 수 있는 것들과 완전히 달랐다. 그 중 일부는 유럽·아시아·아프리카
의 농경민들이 이전까지 알고 있던 것들을 보충할 수 있을 만큼 대단한
가치를 지닌 작물임이 밝혀졌다. 예컨대 아메리카 대륙의 옥수수는 급속
하게 중국 남서부·아프리카·유럽 남서부로 확산되었다. 중국에서 감자
는 식물학적으로 감자와 무관한 고구마보다 중요도가 낮았으며, 고구마
는 벼농사가 불가능한 구릉지대나 그때까지 버려진 땅에서 대량으로 생
산되었다. 유럽에서는 이 관계가 반대로 나타났다. 유럽의 한랭한 기후

는 안데스 고지대가 원산지인 감자를 재배하기에 적합했으나, 유럽의 여름은 고구마가 자랄 만큼 따뜻하지 않았던 것이다.

아메리카 대륙의 식용작물을 받아들임으로써, 각 지역의 식량공급이 증대했고 대개 인구도 따라서 증가했다. 중국 남부에서는 확실히 그런 일이 일어났다. 아메리카 대륙의 작물은 또한 아프리카, 특히 서아프리카의 인구를 급격히 증가시켰다. 17세기와 18세기에 신세계의 플랜테이션에서 일하던 수백만 명의 노예 중 대부분은 서아프리카 출신이었다.

아메리카 원산 식용작물의 전파과정에 대해 구체적으로 알 수는 없지만, 새로운 작물의 중대한 영향은 1650년 전이 아니라 후에 나타났을 가능성이 크다. 유럽에서는 확실히 그랬다고 말할 수 있는데, 무지한 경작자와 전통에 얽매인 농민들이 새로운 작물의 이점을 알고 재배방법을 배우는 데는 제법 시간이 걸렸다.

질병의 전파

질병은 인간이 먼저 움직이기를 기다렸던 게 아니라, 가격혁명과 마찬가지로 인간의 의도와는 무관하게, 그리고 당시에는 이해되지도 않은 채 전파되었다. 사실 질병의 전파와 관련된 상세한 정황은 알수가 없다. 전염병의 유행에 대한 기록은 아메리카 대륙의 인디언에 관한 것이든 유럽의 일부 도시에 관한 것이든 워낙 부실해서 정확한 의학적 진단을 내리기가 불가능하기 때문이다. 하지만 일반적으로 배가 대양을 항해하기 시작하자 상품뿐 아니라 병원균도 항구에서 항구로 이동했다는 것은 명백해 보인다. 이런 변화가 인간생활에 미친 영향은 때로는 중대했다. 예컨대 유럽의 선박은 다수의 질병—그 중에는 황열병과 말라리아 같은 치명적인 질병도 포함되어 있었을 가능성이 상당히 높다—을 아프리카에서 신세계로 운반했고, 모기에 의해 매개되는 이 감염증들은 중앙아메리카와 남아메리카의 각 지방을 거의 공동화시켰다. 게다가 유럽인 사이에서 오래전부터 뿌리를 내리고 있던 질병이, 일단 아메리카 인디언을 엄습하자 치명적인 결과가 초래되었다. 그들은 천연두·홍역·발진티푸스와 같은 감염증에 대해 선천적 또는 후천적인 면역력을 갖고 있지 않았던 것이다. 아메리카 인디언은 역으로 매독을 구세계에 전했을 수도 있다. 그러나 매독의 기원이 아메리카 대륙인지는 확실하지 않다.

　우리가 모르고 있는 사실도 많지만, 대양을 항해하는 선박에 의해 병원균이 전파됨으로써 생겨난 전반적인 결과의 일부는 알려져 있다. 무엇보다도 그때까지 고립되어 살고 있던 주민들이 치명적인 인명손실을 입었다. 이를테면 신세계에서 결국 스페인 제국으로 병합된 아메리카 대륙 각지의 인구는 1500년에 약 5천만이었으나 1650년에는 400만으로 감소했다! 스페인인 이주자가 있었음을 감안하면, 그야말로 급격한 인구감소였다. 태평양의 작은 섬들에서도 그와 유사한 인구 급감이 일어났다. 이것은 새로운 질병이 인구가 조밀하고 그때까지 고립되어 있어서 그 병에 대한 저항력을 키우지 못한 주민들을 공격할 때마다 많은 사람이 목숨을 잃었기 때문이다.

　하지만 문명세계의 인구는 다종다양한 감염증에 오랫동안 노출되어 있었다. 실제로 매독을 예외로 칠 경우, 문명화된 구세계의 주민들 사이에서는 어떤 치명적인 새로운 질병이 유행해도 많은 희생자가 나오지 않았다. 오히려 그때까지 전염병의 형태로 알려져 있던 질병이 서서히 풍토병으로 변했다. 그로 인해 1700년 무렵에 이르면 전염성 유행병은 더 이상 인구성장을 억제하는 중요한 요인으로 작용하지 못했다. 근대에 문명세계의 인구가 급증한 것은 질병의 성격과 발병률이 그런 식으로 변화한 데 기인한다고 볼 수 있다. 이용 가능한 통계에 따르면, 유럽·중국·인도와 적어도 서아시아의 일부 지역에서는 1600년부터 1750년까지 인구가 사상 유례 없는 비율로 증가했다. 그 무렵에는 대양항해선의 역학(疫

學)적 영향이 알려졌고, 아메리카 대륙의 식용작물도 영향력을 발휘하기 시작했다. 반면에 근대의 과학적 의학은 중국과 인도는 말할 것도 없고 유럽에서조차 약 1800년 이전까지는 인구에 별다른 영향을 미치지 못했기 때문에, 근대적인 인구성장의 초기단계와는 무관하다.

분명히 대양을 통해 질병이 전파되는 새로운 현상은 유럽인에게 상당히 유리하게 작용했다. 유럽의 인구는 회복 불능의 피해를 입지도 않았고, 그 전에는 유례를 찾아볼 수 없을 만큼 높은 인구증가율을 보이기 시작했다. 그와는 반대로 아메리카 대륙과 다른 오지에서는 돌발적인 전염병의 피해가 유럽인의 지배에 맞서려는 원주민의 저항을 무력화시켰다. 심지어 구세계에서도 1757년에 문명세계의 군대에 굳건히 맞서고 있던 중앙아시아의 마지막 유목민 연합체를 파괴한 것은 화기가 아니라 천연두였다.

유럽인의 지식과 발명능력

전혀 다른 차원에서도, 유럽인의 대항해는 그 밖의 모든 경쟁 문화에 대해 유럽이 우위에 서게 되는 결과를 초래했다. 왜냐하면 전세계 모든 지방에서 수집된 기술과 지식이 유럽의 테크놀로지와 문화를 풍성하게 확대하는 데 이용되었기 때문이다. 기사의 전투기술 덕분에 잠시나마 육상에서 우위를 점했던 봉건시대 서유럽의 선조들과 마찬가지로, 해상에서 우위를 점한 근세 유럽의 항해자들은 안정감을 갖고 자신들이 조우한 모든 것을 소박하지만 확신에 찬 호기심으로 검토하고, 타자의 도구류 중에서 마음에 드는 것을 열심히 배우고 발견하고 기꺼이 차용할 수 있었다. 유럽인의 창의적 재능이 세계에 대한, 그리고 자연과 인간의 다양성에 대한 확대된 지식에 자극을 받아 폭발적으로 분출한 것은 필연적이면서도 경탄할 만한 성과였다.

　대양여행에 의해 활짝 열린 새로운 가능성에 유럽처럼 적극적으로 반응한 문명은 어디에도 없었다. 이국의 진기한 문물에 호기심을 보인 사례는 다른 문명에서도, 특히 동아시아에서도 발견되지만, 기존 전통에 어울리지 않는 것은 중국 관료들의 마음을 오랫동안 사로잡지 못했다. 무슬림과 힌두 교도의 반응은 더 부정적이었다. 오래된 진리와 모순되는 것은 무조건 부정되고 무시되었다. 어쩌면 아예 눈에 들어오지도 않았을 것이다.

　이에 비하면, 르네상스와 종교개혁 시대의 격동이 유럽 사회를 송두리째 뒤흔들어 유럽 문명의 중세적 틀을 파괴할 정도로 유럽의 반응은 남달랐다. 하지만 대항해의 자극과 그것에 이은 개발이 유럽을 변용시킨 유일한 원인은 아니었다. 유럽 문명 내부에 장기간 존재해왔던 고질적인 긴장도 외부로부터의 자극에 뒤지지 않는 힘을 발휘했다. 그래서 다음 장에서는 내부의 다양한 힘과 그 상호작용에 대해 검토하고자 한다.

19장
유럽의 자기변용, 1500~1648

1500년과 1648년 사이 정치분야에서 이루어진 유럽의 발전은 구체적으로 파고들면 굉장히 복잡하지만 그 주된 동향은 어렵지 않게 파악할 수 있다. 중세에는 지배권이 중첩되는 혼란스러운 상태가 만연했던 데 비해, 권력은 소수의 중심에 집중되는 경향을 보였다. 유럽은 중앙집권적이며 대개는 군주제적인 정부의 지배를 받는 잘 통합된 일련의 국가에 의해 할거되어 있는 형국이었다. 가장 성공적인 사례로 꼽을 수 있는 프랑스·스페인·잉글랜드·스웨덴에서는 통합이 전국적인 규모로 이루어졌다. 유럽의 중앙에서는 도시국가·제후국가·교회국가와 같은 좀 더 작은 단위가 종주권을 장악했다. 그러나 그런 개별 국가도 하나의 중심에 권위와 권력을 집중시켰다는 점에서는 규모가 큰 국민국가와 다를 바가 없었다. 동유럽에서는 그런 패턴이 약화되었다. 귀족과 도시의 특권이 국가 규모의 군주제 안에 온존하고 있는 경우가 있었기 때문이다. 폴란드와 헝가리가 바로 그런 예였다. 러시아와 투르크의 경우에는 정치적인 중앙집권화가 한 민족의 한계를 뛰어넘어 다양한 언어와 종교를 가진 민족들을 단일한 제국의 지배 아래 복속시켰다.

성공적인 국가의 영내에서는 정부의 권력이 근본적으로 확장되었다.

한때 지방에서 자체적으로 처리되던 각종 문제도 중앙정부가 파견한 대리인의 관할 안에 들어갔다. 왕과 제후는 교회 행정과 성직자 임명권 같은 문제에도 힘을 행사할 수 있었다. 여전히 교황을 교회의 수장으로 인정하는 가톨릭 국가에서도 사정은 마찬가지였다. 각종 의무를 면제받던 귀족의 특권과 도시와 농촌마을의 자치권은 대폭 축소되었다. 세습된 개인의 신분에 기초한 모든 종류의 지방권력은 왕이나 제후로부터 권력을 위임받은 관리가 먼 곳에 있는 최고주권지의 이름으로 내리는 명령 앞에 허망하게 무너졌다.

이 정치적 통합의 과정은 몇 가지 다른 관점에서 해석할 수 있다. 어떤 의미에서 그것은 이탈리아의 도시국가에서 최초로 고안된 정치기술을 알프스의 북측에 적용한 것이었다. 예컨대 귀족과 시민계급을 하나의(분란이 끊이지 않던) 통치대상으로 묶은 것은 프랑스와 잉글랜드의 왕들이 그런 방향으로 나아가기 200년 전에 피렌체 같은 이탈리아의 도시에서 처음 시도되었다. 또한 통치자의 뜻을 관철시키기 위해 직업적인 상비군을 설치하는 것도 이탈리아에서는 1500년이 되기 훨씬 전에 관례화되었지만, 스페인과 프랑스에서는 1500년 이후에야 실용화되었다. 물론 몇몇 중요한 사례에서 볼 수 있는 것처럼, 알프스 이북의 국가건설은 이탈리아의 사례에 비해 훨씬 큰 영토적 규모로 진행되었다. 영토가 확대되자 주요 유럽 정부의 실력은 엄청나게 증대되었고, 국제정치의 전체적인 규모도 그에 따라 확대되었다.

하지만 다른 관점에서 보면, 지배권이 복잡하게 중첩되어 있던 중세의 정치적 상황이 해소된 것은, 이탈리아의 정치적 관행이 서서히 알프스 이북에 침투했기 때문이라기보다는 종교개혁에 수반된 격렬한 행동과 감정의 힘이 작용했기 때문이다. 확실히 교회를 쇄신하고 그것을 성스럽게 만들려는 노력은 정치에 거대하고 직접적인 충격을 주었다. 성서의 가르침에 따라 인간의 생활을 하느님의 뜻에 동화시키려는 지속적이고 진지한 노력은 인간의 정신과 행동을 변화시켰다. 교리상의 의견 차이를 내세워 정당화시킨 전면적인 폭력이 급격하게 분출되었고, 한 세기 이상 유럽은 그리스도교의 진리를 내건 각종 전쟁으로 몸살을 앓았다. 물론 이런 폭력사태는 그리스도의 가르침과는 거리가 먼 것이었다.

모든 폭력과 유혈사태의 와중에, 세속의 통치자는 끊임없이 권력을 확장했다. 주요 프로테스탄트 국가에서는 정부가 과거 교회인사가 소유하고 있던 재산을 대부분 몰수했고, 주요 성직자를 임명하거나 적어도 임명을 승인할 권리를 획득했다. 교황에 대한 충성을 간직하고 있던 국가의 교회도 거의 같은 운명에 처했다. 예컨대 스페인·프랑스·오스트리아의 군주들도 토지와 다른 재산을 즉각 몰수하지는 않았지만, 영내의 고위 성직자를 임명했고 교회의 토지에 세금을 부과했다.

세 번째 관점에서 보면, 정치권력이 상대적으로 소수의 중심에 통합된 사실은 군사기술의 급속한 진보를 반영하는 것이었다. 무기가 점점 복잡해짐에 따라, 군사를 조직하고 다스리는 것은 지방귀족으로서는 엄두도 내지 못할 정도로 많은 비용이 드는 일이었고, 넓은 영역을 다스리는 권력가에게는 불가능할 정도로 까다로운 일이었다. 중세의 기사는 말과 무구를 갖추고 훈련을 받으면 거의 자립할 수 있었다. 좀 더 정확히 말하면, 그는 어디를 가든 별 어려움 없이 필요한 식량을 구할 수 있었고 장비를 수리할 수도 있었다. 우월한 적에게 위협을 당하는 경우에는 성 안으로 퇴각할 수 있었고, 성에 식량이 넉넉하게 비축되어 있다면 적이 완전히 지쳐 나가떨어질 때까지 안전하게 기다릴 수 있었다. 그러나 1350~1550년에 기사가 포병과 창과 총으로 무장한 보병에 의해 처음에는 성에서, 다음에는 전장에서 쫓겨나자 군사조직은 훨씬 복잡해졌다. 화약과 탄약의 보급, 대포의 수송, 훈련기술, 그리고 군대에 필요한 모든 것을 구입하는 데 드는 자금은 대부분의 지방 권력자가 감당할 수 없는 것이었다. 그리고 유럽 전역에 흩어져 있는 그 이질적인 요소들을 효율적으로 끌어 모은다는 것은 광대한 영토를 다스리는 군주에게도 힘겨운 일이었다.

갈수록 복잡해지는 지상군의 장비체계에 의존하기 위해, 각 정부는 그런 복잡한 장비를 만들어낼 수 있는 원천, 즉 직인의 공방과 공장, 광업과 야금업에 종사하는 기업가, 자본가, 은행가에 얽매이게 되었다. 일반적으로 말하면, 필요한 원료를 수집하여 무기를 생산하고 그것을 제대로 분류하여 제때에 군대에 공급할 수 있는 사회의 도시적 요소에 묶이게 되었던 것이다. 따라서 진정 강력한 정부는 자신의 영토 내에 충분히 발달한 도시가 있어서 새로운 군사기술의 복잡한 요구에 부응할 수 있는 정부였다. 예컨대 폴란드처럼 영토는 넓지만 도시가 발달하지 못한 국가는 넓은 영토를 이용하여 그 크기에 걸맞은 힘을 갖출 수가 없었다.

이상에서 살펴본 세 가지 관점은 모두 타당하다. 위기상황에서 미증유의 새로운 선택에 직면한 개인들의 예측할 수 없는 무수한 행위 속에서 세 가지 요인이 150년 이상 상호작용한 결과, 이 시기의 정치사는 대단히 강렬하고 혼란스러운 성격을 띠게 되었다.

당시로서는 왕 또는 군주의 정부가 주권을 다투던 지방적 내지는 보편적인(즉 광대한 영토를 다스리는) 경쟁자를 물리치고 결국은 승리하리라는 것이 그리 확실하지 않았다. 동유럽과 북유럽 일부 지방에서는 귀족과 씨족의 장이 자유를 유지했을 뿐 아니라 심지어 확장하기도 했다. 이는 헝가리와 스코틀랜드에서는 교회와 국가의 칼뱅주의 개혁이라는 명분 아래, 폴란드와 리투아니아에서는 가톨릭의 강화라는 명분 아래 이루어졌다.

네덜란드의 여러 주(州)와 잉글랜드에서는 전혀 다른 원인으로부터 유사한 정치적 발전이 진행되었다. 그곳에서는 왕권이 도시민과 상업적 농민에 의해 박탈되었는데, 이들은 법률적인 선례와 칼뱅주의의 교의에서 중앙권력에 도전할 명분을 찾아냈다.

스페인의 펠리페 2세에 대한 네덜란드의 반란은 1568년에 시작되었고 대규모 전쟁의 휴전이 성립된 1609년에 결정적인 성공을 거두었다. 반란을 일으킨 주들은 스페인에 맞서 싸우는 위기국면에서 느슨한 연합을 결성했다. 이 연합은 전쟁이 끝날 때까지 존속되었고, 도농(都農)간의 끝없는 분쟁에도 불구하고 네덜란드를 세계적인 강국으로 만드는 힘을 발휘했다.

다음 세대에 일어난 잉글랜드 내란(1642~1648)도 절대군주제로 기울던 추세에 일격을 가했다. 승리를 차지한 것은 근대적이고 능률적인 왕의 관료정치에 대항한 의회파였다. 종교개혁 자체와 마찬가지로, 의회파의 대의명분은 근본적으로 반동적이었다. 그것은 잉글랜드인이 성취한 전통적인 자유(마그나카르타 등에 보장된)의 재확인과, 성자의 정부를 지향하는 청교도들의 냉철한 노력에 기초를 두고 있었기 때문이다. 그러나 다른 성공적인 혁명가들과 마찬가지로, 권력을 잡은 청교도들은 자신들의 계획을 배반하지 않을 수 없었다. 잉글랜드인의 자유와 성자의 정부는 국왕 찰스 1세의 처형(1649) 이후 올리버 크롬웰(1658년 사망)의 공공연한 군사독재에 함몰되었다. 의회정치를 재건하려던 크롬웰의 진지한 노력은, 크롬웰의 군대에 사기를 불어넣었던 청교도의 이상을 대부분의 잉글랜드인이 부정한다는 엄연한 현실과 충돌했다. 크롬웰이 죽은 뒤에 국왕 찰스 2세의 왕정복고(1660)가 그 난국을 타개했으나, 새 왕은 찰스 1세와는 달리 왕권을 강화하려고 하지 않았다. 주권은 여전히 의회에 있었고, 잉글랜드 의회는 중앙정부로 하여금 변화하는 상황에 합리적으로 대처하게 함으로써 지방과 국가의 이익을 조화시켰다.

잉글랜드의 의회주의와 네덜란드의 연방제는 후세에 중요한 의미를 갖게 되지만, 당시에는 예외적이고 비전형적인 것이었다. 잉글랜드 정부와 네덜란드 정부는 지주와 시민의 완고한 지방주의에 정치적 발언권을 부여하여, 잃어버린 대의명분을 옹호하려고 했던 것으로 생각된다. 두 국가는 자국의 안보를 육상병력이 아니라 해상병력에 의존하고 있었는데, 이 사실만이 독자적인 행보를 취한 양국이 다른 나라에서는 군사력 유지와 정치적 생명 연장의 불가피한 대가로 밝혀진 관료제적 중앙집권화에 굴복하지 않고도 강국으로서의 역할을 다할 수 있었던 이유를 설명해준다.

국제정치

1500~1648년의 유럽에서는 지방의 행정권이 점점 중앙 권력의 대표자들의 손에 들어가고 있었지만 이것이 당시 유럽의 정치에서 가장 주목할 만한 측면이었던 것은 아니다. 행정의 중앙집권화는 제아무리 중요하다 해도 무수히 많은 지방의 분쟁과 결정을 통해 진행되었다. 이보다 더 극적인 측면은 정치적 척도의 정반대편에 있었다. 라틴 그리스도교권의 보편적인 2대 제도, 즉 교황권과 제국이 서유럽과 중유럽에 등장한 영토국가의 주권자들과 싸우게 되었던 것이다. 적어도 이론상으로는 르네상스의 합리주의와 인간을 불확실성과 오류로부터 구제할 수 있는 완전한 진리를 파악하고 실현하려는 종교개혁의 노력은 보편적인 국가와 하나의 교회를 뒷받침하는 데 이용될 수도 있었다. 다만 여기에는 한 명의 군주가 모든 정치적 경쟁자를 제압하고 모든 이단자를 추방할 만큼 막강한 권력을 구축하기 위해 점증하는 전쟁의 기술적 복합성을 능란하게 활용할 수 있어야 한다는 전제가 따른다.

그런 일은 일어나지 않았다. 그렇지만 1519년에 합스부르크가의 카를 5세가 자신의 막대한 유산에 신성로마 황제의 칭호와 그 권력을 추가했을 때, 분명히 보편적인 힘을 가진 군주가 출현할 것으로 보였다. 행운의 결혼동맹을 통해 카를 5세는 오스트리아와 인근 독일 지방의 가족영지뿐 아니라 부르고뉴 지방—저지대국가에서 남쪽 방향으로 불규칙한 띠

모양으로 뻗어 있는 영토로, 프랑스와 독일 사이에 있다 —까지 물려받
았다. 게다가 1516년에는 스페인 왕위(카를로스 1세)를 계승했다. 여기
에 아메리카 대륙의 거대한 새 제국이 추가되었다. 그 제국은 처음에는
코르테스(1521)가, 다음에는 피사로(1535)가 신세계의 눈부신 보물창고
를 열었을 때 유럽 앞에 모습을 드러내어 사람들을 놀라게 했다. 이것만
으로도 부족했던지, 카를이 자신의 오스트리아 영지의 행정을 맡긴 동생
페르디난트는, 1526년에 자신의 처남인 헝가리 왕이 모하치 전투에서
참패한 뒤 투르크군을 피해 달아나다가 후사 없이 죽자 보헤미아와 헝가
리의 왕위를 계승했다.

　하지만 카를의 적은 가신만큼이나 많았고, 그의 가신들은 합심하여 장
기간 협력하는 법이 없었다. 결국 제국이 수렁에 빠졌으며, 나중에는 제
국의 권력이 독일에서조차 힘을 쓰지 못했다. 따라서 카를이 신성 로마
제국 황제로서 대관식(1519)을 치른 뒤부터 그의 후계자가 베스트팔렌
조약(1648)에 의해 어쩔 수 없이 독일 지방 제후들의 주권을 인정하기까
지는 기나긴 격동의 시대였다.

　합스부르크 제국 세력에 대한 가장 일관된 반대자는 프랑스 왕과 오스
만 제국의 술탄이었다.(양자가 1536년에 체결한 동맹조약은 전장에서 거의
효력을 발휘하지 못했고, 오히려 '가장 그리스도교적인 프랑스 왕'에 대한 끊
임없는 비난의 빌미가 되었다.) 게다가 카를은 교황과도 사이가 좋지 않았
으며, 그의 병사들은 1527년에 로마를 약탈했다. 하지만 1560년대에 스
페인의 군대와 신앙이 이탈리아에 침입해 교황을 체포하고 반종교개혁
을 선동한 뒤부터, 교황들은 합스부르크가에 협력하기 시작했다. 그 결
과 제국과 교황의 동맹은 잠시 프로테스탄트에 호의적이었던 오스트리
아·헝가리·폴란드의 거의 모든 주민을 다시 가톨릭으로 개종시키는 저
력을 발휘했다.

　하지만 독일에서는 종교개혁이 엄청난 힘을 얻어, 황제의 권력을 강화

하려는 모든 노력을 저지하려는 지방 제후들의 격렬한 반대를 불러일으켰다. 카를은 처음에 잠시 망설이다가 결국에는 마르틴 루터와 그 추종자들에게 반대한다는 단호한 태도를 표명했다. 그러나 주로 이탈리아와 지중해에서 벌어진 프랑스 및 투르크와의 전쟁에 여념이 없던 카를은 병력을 총동원해 루터파를 칠 수가 없었다. 그는 1555년에 루터파 제후들과 화친하고 그들에게 루터파의 예배와 교의를 보호할 권리를 보장함으로써, 사실상 독일의 종교적 통일을 회복힐 능력이 없음을 고백했다. 이듬해 카를은 퇴위하면서 스페인 제국을 부르고뉴의 영지와 함께 아들 펠리페에게 물려주고, 오스트리아와 황제 칭호는 동생 페르디난트에게 넘겨주었다.

그렇게 유산을 양분하여 물려주었지만, 결국에는 어느 쪽도 통합을 이루지는 못했다. 독일은 여전히 분열되어 있었고, 제후들은 합스부르크 제국의 야망을 강하게 의심했다. 오랫동안 페르디난트와 그 후계자들은 신중한 정책을 폈다. 반면에 펠리페 2세 치하의 강력한 스페인의 권력은 처음에는 저지대국가를 통합하려 했고 나중에는 그 영토를 보유하려 했으나 결국에는 실패하고 말았다. 그러나 네덜란드의 반란(1568~1609)이 성공하고 1588년에는 잉글랜드가 스페인의 무적함대를 격파했지만, 스페인은 남아 있는 부르고뉴의 영토를 보유했고 이탈리아의 대부분을 제패했으며 지중해에서 투르크의 함대를 막아내는 한편 아메리카 대륙에 광대한 제국을 건설했으며, 한때는 포르투갈과 포르투갈 제국을 병합하기도 했다(1580~1640).

1598년에 펠리페가 사망한 뒤에야, 스페인은 내리막길을 걷기 시작했다. 프랑스는 왕의 권위에 도전하는 반항적인 프로테스탄트 교도들과 일련의 종교전쟁을 치르는 고통을 겪었으나, 앙리 4세(1589~1610년 재위) 치하에서 강력한 통일국가의 모습을 되찾았다. 한편 스페인은 산업의 정체, 심지어 퇴보로 인해 제국의 지위를 유지하는 데 필요한 육군과 해군

을 무장시킬 능력을 서서히 잃어갔다. 그 결과, 유럽에서 합스부르크가
와 가톨릭의 주도권은 카를 5세의 동생 페르디난트 1세의 후손들인 오스
트리아의 분가(分家)에게 넘어갔다. 그와 이름이 같은 페르디난트 2세
(1619~1637년 재위)는 전임자보다 훨씬 정력적이고 무자비한 군주였
다. 그의 신하들은 가톨릭 부흥이라는 명목으로 지방 제후들의 권리와
의무면제를 타도하기 시작했다. 이 정책은 보헤미아의 반란(1618)을 부
채질했고, 그 결과 유럽의 대부분을 진동시킨 폭력적인 30년전쟁이 일어
났다. 프로테스탄트와 가톨릭의 충돌이 전쟁을 격화시켰으나, 그에 못지
않게 중요한 요인은 주권을 차지하려는 제후와 황제의 갈등이었다. 페르
디난트의 군대가 승리를 목전에 두었을 때, 처음에는 덴마크인, 다음에
는 스웨덴인, 마지막에는 프랑스인이 합스부르크 제국의 문제에 개입했
다. 독일 각지를 쑥밭으로 만들어버린 이 전쟁은 1648년에 베스트팔렌
조약을 체결함으로써 막을 내렸다. 이 조약은 각 독일 제후의 주권을 인
정함으로써 황제라는 칭호를 사실상 무의미하게 만들었다. 이때부터
200년 이상 독일은 수십 명의 지방 통치자들에 의해 사분오열되었다. 이
들의 궁정과 정부는 베스트팔렌 조약에서 진정한 강국으로 떠오른 프랑
스를 모방했지만 프랑스를 당해낼 수 없었다.

유럽인의 식민지 건설과 무역

 1500~1648년의 유럽에서 전개된 정치적·군사적·종교적
역사의 결과는 그 기간에 발생한 각종 사건만큼이나 혼란스러웠다. 복수
의 주권이 여전히 유럽을 분할했고, 그들의 관계는 복잡하고 변화무쌍했
다. 교황은 유럽의 대다수 지방에서 실권을 휘둘렀다. 스페인은 아메리
카 대륙과 유럽에 있던 제국의 영토를 대부분 유지했다. 합스부르크가의
오스트리아 분가가 지배하던 제국도 오스트리아·보헤미아·헝가리의 세

습영지에 대한 행정적 통제력을 견고하게 강화할 여유를 갖고 있었다. 따라서 1648년에 나타난 프랑스의 우세는 유럽 대륙에서조차 매우 제한적인 것이었다. 해군력과 해외제국을 고려하면, 프랑스의 우세는 내세울 만한 것이 못되었다. 해상에서는 잉글랜드와 네덜란드가 프랑스를 압도하는 강국이 되었기 때문이다. 양국의 선박은 스페인과 포르투갈의 해외제국을 잠식했고, 인도양에 무역업자들을 보냈으며 아메리카 대륙에 식민지 개척자들을 송출했다.

네덜란드와 잉글랜드가 1600년과 1601년에 각각 설립한 동인도회사는 양국이 인도양과 동아시아 해역에 벌여놓은 사업을 도와준 지속적이고 능률적인 상업조직이었다. 최초로 놀라운 성공을 거둔 것은 네덜란드인이었다. 1594년에 최초의 모험을 개시한 이후 단 15년 만에 그들은 멜라카와 실론에서 포르투갈인을 밀어내고 자바에서 세력을 확립함으로써 향료무역의 지배자가 되었다. 인도의 서해안에 있던 잉글랜드의 초기 기지는 비교적 소규모였다.

하지만 아메리카 대륙에서는 균형이 역전되었다. 버지니아(1607년 건설)와 매사추세츠(1620년 건설)의 잉글랜드 식민지는 뉴욕(1626년 건설)의 네덜란드 식민지를 앞질렀다. 프랑스도 거의 같은 시기에 캐나다 퀘벡에 식민지를 건설했다(1608). 그러나 17세기에 유럽인이 대서양을 횡단해서 가장 큰 이익을 본 것은 카리브 해의 작은 섬들에서 벌인 사업이었다. 이곳에는 아프리카에서 수입한 노예의 노동력을 이용하여 본국에서 수요가 많은 설탕이라는 상품을 생산하는 플랜테이션이 조성되었다. 1640년대에는 잉글랜드와 프랑스의 사업가들, 그리고 그들보다 열세에 있던 네덜란드 사업가들이, 브라질과 카리브 해 연안에서 처음으로 설탕 생산을 시도했던 포르투갈인과 스페인인을 제치고 설탕 무역을 주도했다.

이처럼 유럽인의 이주와 무역이 빠르게 확대되었다는 것은 상대적으로 활력이 떨어지는 다른 민족과 문명에 비해 유럽의 힘이 끊임없이 성장했다는 사실을 말해준다. 당시에 유럽인이 체험한 덧없는 정치적 혼란과 잔혹한 무력충돌, 신학적 확신을 구하려는 열정적인 투쟁이 완전히 무위로 돌아간 것은 아니었다. 사람들이 원하는 바를 성취하는 경우는 드물었지만, 그들의 투쟁은 정치적·경제적 목적을 위해 부·인력·재능을 동원하는 유럽의 능력을 크게 신장시켰다. 왕권 강화와 정치활동 범위의 확대는 그런 진보의 중요한 측면이었다. 또 다른 측면은 네덜란드와 잉글랜드의 동인도회사 같은 주식회사와 그 밖의 대규모 사업체의 발전이었다. 마찬가지로 지적·예술적 영역에서도 진리와 미에 대한 과감한 추구가 기술발전(예컨대 인쇄술이나 망원경의 발명)에 의해 앙양되고 때로는 고취되어 유럽 문화를 훨씬 다양하고 강력하게 만들었는데, 이는 중세의 비교적 편협한 시야와 제한적인 지식으로는 상상하기 힘든 것이었다. 이제 그 변화에 대해 논하기로 하자.

르네상스

르네상스와 종교개혁은 쌍둥이인 동시에 서로 경합하는 운동으로서 유럽의 문화적 유산의 상이한 측면을 강하게 드러냈다. 이교적인 고대의 지식·기술·우아함을 되살리려는 이상에 고무된 사람들은 과거 유럽의 그리스-로마적인 요소를 찬미했고, 반면에 성서에 의거하여 종교를 개혁하려는 열망을 품은 신자들은 주로 서양문명의 유대-그리스도교적 요소에서 영감을 받았다. 양 진영의 일부 열성분자는 상대를 완전히 부정하려고 했지만, 이는 이례적인 일이었다. 두 운동 사이에는 언제나 복잡한 상호교류가 있었기 때문이다. 위대한 종교개혁가들 가운데 일부는 숙련된 고전학자로, 성서의 연구에도 적용할 수 있는 올바른 이교의 텍스트를 확립하는 기술을 찾아냈다. 이와 유사하게 르네상스의 예술가와 문인은 종교와 신학의 문제에 깊은 관심을 갖고 있었다. 마키

아벨리(1527년 사망)처럼 공공연히 그리스도교 신앙을 부정한 사람들도
이 점에 관해서는 마찬가지였다.

르네상스는 물론 1350년 무렵부터 이탈리아에서 시작되었다. 고대로
의 복귀와 로마의 위대성에 대한 기억은 자연스럽게 이탈리아인의 마음
을 사로잡았다. 그뿐만 아니라, 이탈리아의 도시에는 의식적으로 성스러
운 것에 대한 관심을 접고 인간적인 것으로 눈을 돌리던 세속적인 정신
의 병빈과 귀족적인 후원사가 있었다.

이탈리아 르네상스는 1500년경에 절정에 달했다. 그 정점을 대표하는
것으로는 레오나르도 다 빈치(1519년 사망)의 예술, 인간과 사물의 자세
한 관찰을 통한 자연세계에 대한 집요한 탐구, 그리고 개인적인 체험과
고전시대 저자들의 연구에 바탕을 두고 정치권력의 속성과 이용사례를
철저하게 분석한 니콜로 마키아벨리의 저작을 꼽을 수 있다. 미켈란젤로
부오나로티(1564년 사망)와, 폴란드에서 죽었지만 이탈리아의 파도바 대
학에서 수학하면서 지적인 자극을 받은 니콜라우스 코페르니쿠스(1543
년 사망)는 다 빈치와 마키아벨리의 작업에 내재된 것으로 보이는 인간의
이성에 대한 근본적인 신뢰를 포기했다. 미켈란젤로는 사실상 모든 것을
회의했으며, 심지어 자기 예술의 가치도 의심했다. 행성의 궤도가 타원
형이 아니라 원형이라고 상정한 코페르니쿠스의 태양 중심적 천문학 체
계는 신(新)피타고라스 학파의 수(數) 신비주의에서 영감을 얻었는데,
관측된 자료와 대조해보면 실제로는 결함이 있었다.

인간의 기능에 의해 창조된 미의 이상과, 인간능력의 자유로운 활동에
의해 발견된 진리의 이상이 발산하는 르네상스의 매력은 유럽의 다른 국
가에서도 빛을 잃지 않았다. 알프스 북쪽의 귀족과 궁정인사들이 특히
민감하게 반응했다. 그러나 도시가 발달하여 견실한 중산계급이 형성된
지역, 이를테면 네덜란드·라인란트·잉글랜드·프랑스의 평민들도 이탈
리아 모델을 모방하거나 능가하려는 노력에 이끌렸다. 그 결과 나라마다

독특한 문학이 발전했고, 회화의 경우에도 어느 정도는 나라별 특색이 나타났다고 볼 수 있다. 그래서 예컨대 미겔 세르반테스(1616년 사망)의 『돈 키호테』와 로페 데 베가(1635년 사망)의 희곡은 스페인어에 문학적 형태를 부여했다. 근대 프랑스의 문학형식은 전혀 다른 3인의 노력에 의해 확립되었다. 자신이 변경할 수 없었던 것을 조롱한 프랑수아 라블레(1553년 사망), 모든 인간생활을 개혁하고 정화하기 위해 집요하게 투쟁한 장 칼뱅(1564년 사망), 인간의 결점을 인정하고 초연한 중용의 태도를 권한 미셸 드 몽테뉴(1592년 사망)가 그 세 명이었다. 영어가 문학적 형태를 갖춘 것은 엘리자베스 시대의 작가들, 특히 윌리엄 셰익스피어(1616년 사망) 덕분이었다. 제임스 왕의 성서(1611)도 크게 공헌했다. 근대 독일문학은 루터의 성서 번역에 의해 탄생했다고 해도 과언이 아니다. 게르만계 유럽의 다른 언어(네덜란드어·덴마크어·스웨덴어)도 대부분 프로테스탄트에 의한 성서 번역작업의 부산물로 형성되었다.

종교개혁

이 시대 유럽의 문화생활을 주도한 또 하나의 특징은 르네상스 이탈리아의 사상과 감성을 지배하던 철저한 세속주의의 매력에도 불구하고 종교에 대한 관심이 다시 고조되었다는 것이다.

로마 가톨릭 교회의 개혁과 재생은 중세 유럽에서 반복적으로 이루어졌다. 이런 운동은 그 속성상 기성 교회의 권위자들에게 도전했고, 교회는 언제나 비판자들을 이단으로 선언하려는 유혹에 빠지곤 했다. 이런 운명에 처한 자로는 잉글랜드의 존 위클리프(1384년 사망)와 보헤미아의 얀 후스(1415년 사망)를 들 수 있는데, 두 사람은 그럼에도 상당수의 동조자를 끌어들였다. 콘스탄츠 공의회에서 교황군주제가 부활되어 1417년에 교회의 대분열이 치유되자, 다음 세기에는 이단의 활동이 더욱 어려워졌다. 특히 스페인에서는 종교적 순종이 정치적 충성과 일치하는 경향을 보였다. 무어인을 상대로 한 수세기 동안의 전쟁(무어인이 그라나다에서 추방된 것은 1492년이었다)에 의해 고무된 십자군 정신은 유럽과 해외에서 스페인 제국이 추진하던 각종 사업에 활력을 불어넣었다. 그 결과 교회와 국가 사이에 유난히 친밀한 관계가 생겨났다. 스페인 이외의 지방에서는 교황과 군주가 보통 성직자에 대한 과세에는 협력했으나, 다른 사안에서는 협력하는 것 못지않게 자주 대립했다.

역대 교황은 이탈리아의 일부 지방에 대한 주권을 주장했고, 어떤 교황은 전임자들이 역설했던 그리스도교 세계에 대한 정신적 지도력보다는 이탈리아 반도에 대한 정치적 이익을 추구했다. 이탈리아의 타지방과 독일의 주교 및 수도원장은 교황이 하는 대로 따라하는 경우가 많았다.

이런 비속한 종교상황에서, 마르틴 루터(1546년 사망)는 죄를 지은 인간도 노력에 의해서 구원받을 수 있다는 신념을 표명했다. 절실한 개인적 체험에 기초한 그의 선언은 복수하는 천사의 칼처럼 빛이 번쩍였다. 루터는 처음으로 면죄부 판매의 정당성에 도전했다. 지옥의 고통으로부터 고뇌하는 영혼을 구제한다는 명분을 내세운 면죄부 판매는 로마의 성베드로 대성당을 신축하는 데 필요한 자금을 모으는 캠페인의 일환으로 철저하게 상업적인 정신에서 조직된 것이었다. 전통적인 스콜라 철학의 논쟁방식에 따라, 루터는 95개조의 테제를 비텐베르크에 있는 한 교회의 문에 게시함으로써 면죄부의 가치를 공식적으로 부정했다. 그러나 루터의 견해는 학문적 논쟁의 테두리를 벗어나 요원의 불길처럼 독일 전역으로 퍼져 나갔다. 교황을 지지하는 대표자들과의 공개적인 논의의 결과, 루터는 자신의 확신을 더욱 과격하고 완벽하게 표현했다. 1520년에 작성된 웅변조의 논문 세 소책자—『독일국민의 그리스도교 귀족에게 호소함』『교회의 바빌론 유수』『그리스도 교도의 자유』—는 루터주의의 핵심을 정의했다. 이후의 논쟁을 통해 가톨릭과 루터파, 프로테스탄트의 여타 교파는 각기 자기의 교리를 정립했는데, 교리들 사이에는 많은 차이가 있었다. 이 신학적 투쟁의 중심에는 종교적 권위의 근원에 대한 문제가 있었다. 루터는 성서와, 자신이 하느님으로부터 무상으로 받은 은총이라고 느낀 것에 대한 개인적 체험을 근거로 자신의 주장을 개진했다. 나아가서 죄를 지은 개인과 하느님 사이에서 성직자가 매개자 역할을 할 필요가 없다고 역설하면서, 대담하게 모든 신자가 곧 사제라는 만인사제주의를 선언했다.

인쇄기가 루터의 견해를 독일과 인근 지방으로 신속하고 광범위하게 퍼뜨렸다. 그의 항변은 순식간에 다른 불만분자들을 교회개혁의 기치 아래 결집시켰다. 예컨대 루터의 교황에 대한 공격은 외국인에 의해 과세되고 착취되고 있다는 불만을 품은 사람이 많았던 독일에서 인기를 끌었다. 그러나 이 독일 내셔널리즘의 표출은 황제 카를 5세와 그 밖의 중요한 독일 통치자들이 루터파가 되기를 거부함에 따라 이내 억압되었다.

그래서 프로테스탄트 운동은 독일에 국한되지 않고 유럽 전체의 운동이 되었다. 특히 칼뱅이 1541년에 제노바에 본부를 설치하고 그곳을 활발한 선교의 중심지로 만든 뒤에는 그런 경향이 강했다. 예를 들어 잉글랜드는 1534년에 교황과 결별했으나, 잉글랜드 국교회가 서서히 프로테스탄트의 교리를 받아들인 것은 주로 칼뱅의 영향 때문이었다. 동시에 네덜란드와 스코틀랜드에서도 칼뱅파가 득세했다. 반면에 프랑스 정부는 가톨릭을 고수했다. 프랑스의 프로테스탄티즘은 전도양양하게 출발했으나 1600년경에 활력을 잃었다. 이탈리아에서 프로테스탄티즘은 한번도 폭넓은 지지를 얻지 못했고, 가톨릭이 다시 힘을 얻자 급속히 쇠퇴했다. 한편 스칸디나비아는 독일의 절반 정도와 함께 루터파에 합류했다. 유럽 전역에 출현하고 있던 지방 차원의 내셔널리즘이 그런 결과를 빚는 데 중요한 역할을 했다.

사회적·경제적 저항도 루터의 사상을 표방하여 잠시 모습을 드러냈다. 그러나 반란을 일으킨 농민들이 그리스도교의 자유를 세금과 지대의 면제를 의미하는 것으로 이용하자, 루터는 반란농민들을 강력하게 비난했다(1525). 그 후 사회적 소요와 종교적 급진주의는 재세례파와 기타 교파의 형태로 나타났다. 이들 집단은 심한 박해를 받았으며, 주로 가난한 사람들 사이에서 비밀 또는 반(半)비밀 집단으로 명맥을 유지했다.

1500년과 1648년 사이에 유럽에서 일어난 사회적·경제적 변화의 과격성이 종교적 논쟁에 강력한 영향을 주었다. 그렇지만 절대적이고 종교적인 진리의 추구가 그 배후에 엄청난 에너지를 모을 수 있었던 것은 명확하고 일관된 세계관에 내재된 매력 때문이었다는 사실을 잊어서는 안된다. 대다수 유럽인은 냉혹한 일상을 경험하며 불안에 떨고 있었는데, 그들이 마음의 평화를 얻기 위해서는 그 불확실성에 대한 권위 있고 적절한 답이 필요했다. 루터는 자신이 어떻게 하느님의 은총을 받았는지에 대해 확신했다. 이것이 그가 성공을 거둔 비결 가운데 하나였다. 다른 사람들도 그와 마찬가지로 은총을 받아 구원을 확신할 수 있는 상태에 이르기를 간절히 원했기 때문이다. 확신을 얻은 인간은 당연히 구원의 진리를 다른 사람들에게 전했고, 온갖 외양으로 포장된 오류를 부정했다. 종교적 진리를 설명하기 위한 설교와 저작이 봇물 터지듯 쏟아졌고, 이것은 신중하게 작성된 교리문답 형식의 체계적인 교육에 의해 보완되었다. 교황 옹호자들은 즉시 로마 가톨릭 교회의 대항선전을 전개했다. 그 결과, 유럽 전역에서 그리스도교 교리에 대한 지식이 심화되었고, 자신이 선택한 또는 전통적인 신앙형태에 감정적으로 깊이 몰입하는 경향이 나타났다.

프로테스탄티즘의 아이러니 중 하나는, 그것이 분파와 하위분파로 분열되는 경향을 갖고 있다는 것이었다. 개혁가들은 모든 그리스도 교도를 포함하는 하나의 보편적인 교회라는 이상을 포기한 적이 없었다. 그러나 종교적 권위의 유일한 근원인 성서는 다양하게 해석될 수 있었다. 어떤

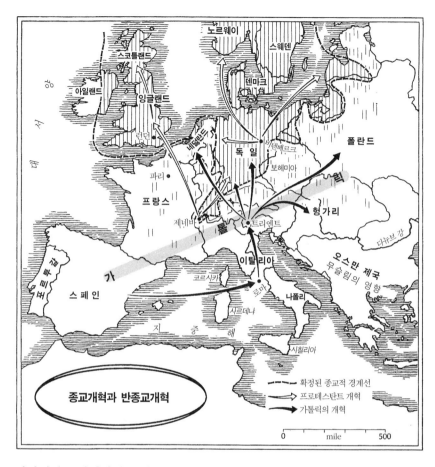

노르웨이

스웨덴

스코틀랜드

덴마크

아일랜드

잉글랜드

독일

폴란드

런던

네덜란드

비텐베르크

보헤미아

파리

프랑스

헝가리

제네바

트리엔트

롬

다뉴브 강

오스만 제국
무슬림의 영향

가

이탈리아

스페인

코르시카

로마

나폴리

사르데냐

지   중   해

시칠리아

- - - - - - 확정된 종교적 경계선
━━━▶ 프로테스탄트 개혁
━━━▶ 가톨릭의 개혁

종교개혁과 반종교개혁

0   mile   500

사람에게는 자명하게 보이는 진리도, 그와 똑같이 진지하고 확실한 구원
을 갈망하는 다른 사람에게는 그렇게 보이지 않았다. 이런 경우, 각자는
상대방을 그릇된 교리를 설교하는 자라고 비난하지 않을 수 없었고, 관
용을 베풀기보다는 완력을 사용하여 자신의 믿음을 강요하는 경우가 많
았다. 그렇지만 개혁 첫 세대의 불꽃같은 열정이 사라지자, 교회조직을
정비하고 교리상의 조화를 이루려는 노력이 프로테스탄트를 받아들인
유럽의 많은 지역에서 성공을 거두었다. 잉글랜드에서는 그런 변화의 과
정이 장기적으로 진행되었다. 튜더 왕조(1534~1603)의 단편적인 개혁

은 엄격주의자의 강력한 집단인 청교도를 만족시키지 못했다. 모든 인간 생활을 하느님의 뜻에 일치시키려는 그들의 노력은 1658년 올리버 크롬웰 치하의 성자의 정부가 완전히 실패하기 전까지는 소진되지 않았다.

로마 교회는 프로테스탄트의 도전에 뒤늦게 반응했다. 처음에는 많은 사람이 화해가 가능할 것으로 기대했다. 경건하고 교육받은 가톨릭 교도들은 프로테스탄트 운동에 나름대로 충분히 대처할 수 있었으나, 루터파에 빈격을 가하면 그리스도교 세계의 균열이 더 깊어지지 않을까 우려했다. 그렇지만 프로테스탄트를 무장시킨, 신학적 확신을 추구하려는 열정적인 욕구는 가톨릭 교도들도 무장시킬 수 있었다. 성 이그나티우스 로욜라(1556년 사망)가 가톨릭 옹호에 앞장섰다. 루터만큼이나 절실한 회심(回心)을 체험한 뒤에, 그는 교황의 전사로서 진리를 설파하기 시작했다. 로욜라는 뜻이 통하는 젊은 사람들을 모아 예수회를 조직했는데, 예수회는 얼마 지나지 않아 유럽과 해외에서 가톨릭을 수호하고 보급하는 가장 효과적인 집단이 되었다. 예수회가 여전히 요람기에 있을 때, 트리엔트 공의회(1543~1563)가 소집되었다. 세 번이나 중단된 기나긴 회기 끝에, 공의회는 다수의 실질적인 개혁을 확정하는 데 성공했고, 교리의 논점을 확고한 반(反)프로테스탄트 입장에서 정의했다.

이후 교회개혁을 외치던 초기의 막연한 열정은 사라지고, 유럽의 모든 지방에서는 비교적 잘 조직되고 통일되고 개혁된 로마 가톨릭 교회가, 결연한 태도에서는 뒤지지 않지만 그렇게 긴밀한 조직을 갖추지는 못한 칼뱅파의 운동과 각축을 벌이고, 루터파와 잉글랜드의 보수적인 교인들은 가톨릭 교회와 칼뱅파의 싸움을 불쾌한 눈으로 바라보는 장면이 연출되었다. 결국 30년전쟁(1618~1648)에서 교황과 황제가 뜻을 이루지 못하고, 거의 동시에 영국에서 청교도혁명(1640~1660)이 실패하자, 사람들의 마음은 종교논쟁에서 멀어졌다. 두 분쟁이 진행되는 사이, 종교논쟁은 저급한 정치적·경제적 이해를 은폐하는 수단으로 전락했다는 사실이 명백하게 드러났다.

과학의 진보

　　사실 종교개혁기간이라고 해서 모든 사람이 신학적 진리 만 추구했던 것은 아니다. 소수에 불과하지만 중요한 일군의 사람들은 신학 이외의 다른 세속적인 문제에 관심을 기울였다. 예컨대 갈릴레오 갈릴레이(1564~1642)는 유럽의 종교분쟁이 최고조에 달했을 무렵에 살 았지만, 평생 물리학과 천문학 연구에 몰두했다. 그는 망원경을 이용한 관찰과 수학적 추론에 의거하여 코페르니쿠스의 천문학을 옹호했다. 그 리고 주의 깊게 기록된 관측 자료를 수학적으로 표현한 그의 독창적인 노력은 후세의 물리학자와 천문학자들에게 연구방향을 제시했다. 르네 데카르트(1650년 사망)는 의식적으로 신학논쟁에 등을 돌린 또 다른 인 물로, 수학적 엄밀성을 갖춘 철학을 창시했다. 숭고하다고 말할 수 있을 정도로 공정한 그의 철학은 오직 이성에 기초하여, 루터의 시대는 물론 이고 그 이전 시대부터 사람들이 치열하게 갑론을박했던 형이상학적인 문제와 그 밖의 문제에 대한 해답을 제시했다.

　다른 지적 전통도 활발하고 생산적이었다. 파라셀수스(1541년 사망)· 안드레아스 베살리우스(1564년 사망)·윌리엄 하비(1657년 사망)는 정확 한 해부학적 관찰과 신비적이고 신(新)플라톤주의적인 이론에 의거해 의 학 분야에서 갈레노스의 권위에 도전하여 성공을 거두었다. 이와 유사하 게, 미신적인 신비주의자 요하네스 케플러(1630년 사망)는 행성의 궤도 간의 조화로운 비율을 발견하려다 실패했지만, 끈질긴 계산 끝에 개별 행성이 각자의 궤도 내에서 타원형을 그리며 운동하는 상태를 정확히 기 술하는 수학공식을 발견했다. 그 결과 부수적으로 코페르니쿠스의 이론 을 수정함으로써, 코페르니쿠스의 가설에 대한 가장 유력한 반대주장 가

운데 하나를 잠재웠다. 낙관적이고 경험주의적인 또 하나의 전통을 대표
하는 인물은 프랜시스 베이컨(1626년 사망)이다. 그는 종교적 계시나 수
학적인 추론의 도움 없이도 신중한 관찰과 체계적인 정보수집을 통해 자
연의 비밀을 밝힐 수 있다고 주장했다.

　여러 가지 새로운 기구, 특히 망원경(1608년경)·현미경(1590년경)·진
자시계(1656년경)·온도계(1654년경)·기압계(1643년경)의 발명 덕분에,
소수의 자연철학자는 이전 시대에 비해 훨씬 정확한 관찰과 실험을 할
수 있었다. 그 도구들과, 해외에서 유럽으로 쏟아져 들어온 방대한 양의
다양한 정보는 신학자들의 논쟁보다 자연과학을 좋아하는 사람들에게
풍부한 소재를 제공했다. 따라서 1648년 이후 적대적인 종교 진영이 성
찰적인 사람들 사이에서 크게 신용을 잃게 되자, 자연철학자들이 이전
세대들의 관심을 지배했던 대립적인 신학보다 완전하지는 않지만 그에
못지않게 매력적인 세계관을 제시할 분위기가 무르익었다.

　그러나 과학이 종교를 대체했다고 말하는 것은 잘못이다. 그와 반대로
종교개혁의 시대는 각계각층의 사람들 사이에서 종교적 관심이 고조되
는 결과를 남겼다. 과학과 다른 세속적 탐구는 사람들을 설득하기 위해
프로테스탄트와 가톨릭의 개혁가들이 강력하게 표명한 종교적 주장에
명시적으로 반대하지 않았다. 오히려 세속적 연구는 신학자들이 하찮은
문제로 취급했던 지식의 틈바구니에서 성장하고 번창했다. 1650년경 이
후 과학적 연구는 충분히 존경받았기 때문에, 적어도 유럽 문명의 가장
활동적인 중심부에 살고 있던 과학자와 연구자들은 자기가 한 발견이 공
식적인 신학의 틀에 들어맞는지에 대해 더 이상 진지하게 고민할 필요가
없었다. 물론 종교와 과학의 불화는 끊이지 않았다. 하지만 그리스도교
의 진리를 수호하는 성직자도, 새로운 사상을 주장하는 과학자도, 자기
의 주장에 동의하지 않는 자들을 억압하거나 타도할 수는 없었다. 중요
한 문제에 관해 무력에 호소하거나 필히 보편적인 동의를 얻어야 한다고

호소하는 것이 종교개혁 시대에는 자명하고 꼭 필요한 것처럼 보였으나, 그런 태도는 서서히 정치가와 일반 대중에게 설득력을 잃어갔다.

문화적 다원성의 출현

따라서 1500년과 1648년 사이에 유럽이 겪은 오랜 진통은 기묘하게도 그 시대의 모든 위대한 인간이 원하던 것과는 정반대의 결과를 낳았다. 보편적인 진리를 발견하여 강요하는 대신, 유럽인은 서로의 의견 차이를 인정해야 한다는 사실을 깨달았다. 이에 따라 지적 다원성이 유럽의 토양에 과거와는 비교할 수 없을 정도로 단단하게 뿌리를 내렸다. 중세에는 실제로는 그렇지 않았으나 이론상으로는 정연하게 공식화된 지식이 세계를 이해하는 완전한 구도를 제공해주었다. 그런 종류의 지식이 사라지자, 교회·국가·직업이 저마다 자기 나름의 입장에 따라 진리를 추구했다. 이런 다양성으로 인해, 유럽의 사상은 오늘날까지 지속적이고 아주 빠르게 발전할 수 있었다.

예술과 문학도 고도의 다원성을 보여주었다. 이 시대의 초엽에 성립된 각국의 모국어는 국가별 문학의 유파를 만들어냈다. 회화도 위대한 이탈리아 화가들이 확립한 패턴에서 벗어나는 경향을 보였다. 스페인(벨라스케스, 1660년 사망; 엘 그레코, 1614년 사망), 네덜란드(렘브란트, 1669년 사망), 플랑드르(루벤스, 1640년 사망)의 유파는 각기 뚜렷한 특징을 드러내면서 유럽의 일반적인 전통 안에서 발전했다. 건축은 그리 다양하지 않았다. 가톨릭을 신봉하는 유럽에서는 르네상스 양식을 세련화한 바로크가 유행했고, 대부분의 프로테스탄트 국가에서는 고딕을 변형시킨 양식이 지배적이었다.

중세의 틀에서 빠져 나오는 과정은 엄청난 트라우마를 수반했다. 그 후 유럽인은 그보다 더 고통스럽거나 심각한 불확실성에 직면하지는 않

있다. 그렇지만 이 호된 체험은 유례 없는 규모로 인간의 재능과 개인의 성취를 이끌어냈다. 예컨대 콜럼버스와 코르테스, 루터와 로욜라, 레오나르도 다 빈치와 데카르트, 코페르니쿠스와 갈릴레오 같은, 이 시대의 가장 위대한 인물들 중 소수만 거론해보아도 축어적으로나 비유적으로나 이들은 눈앞에 펼쳐진 놀랍고 새로운 세계의 도전에 직면하지 않았던 이전 세대나 이후 세대의 사람들에 비해 더욱 심층적인 의미에서 근대세계의 창조자였다. 이들과 함께 수만 명의 유럽인이 그 미증유의 기회를 놓치지 않고 이룩한 탁월한 성공은 향후 서양문명이 걷게 된 역사에 의해 가장 잘 증명되고 있으며, 전세계가 그 유산을 물려받았다.

20장
유럽 주변부: 러시아와 아메리카 대륙, 1500~1648

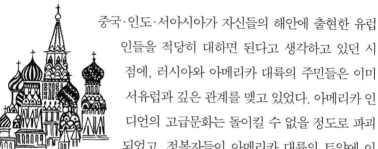 중국·인도·서아시아가 자신들의 해안에 출현한 유럽인들을 적당히 대하면 된다고 생각하고 있던 시점에, 러시아와 아메리카 대륙의 주민들은 이미 서유럽과 깊은 관계를 맺고 있었다. 아메리카 인디언의 고급문화는 돌이킬 수 없을 정도로 파괴되었고, 정복자들이 아메리카 대륙의 토양에 이식한 새로운 제도는 모두 스페인에서 직접 전해진 것이었다. 러시아의 제도는 훨씬 견고했으므로, 무장한 외국인의 첫 번째 접근에 아메리카 인디언의 제도처럼 붕괴되지는 않았다. 그렇지만 러시아도 스텝지대로부터의 전통적인 압력에 대한 저항을 서유럽으로부터의 새로운 도전에 대한 저항으로 전환하기가 어려웠다. 교회와 국가 모두에 나타난 심각한 긴장의 징후를 드러내고 있던 이 전환은, 같은 시기에 중세의 준비기간에서 탈출하려던 서유럽의 분투만큼이나 힘겨운 것이었다.

모스크바의 발흥

1480년까지 러시아 국토의 대부분은 볼가 강변의 카잔을 수도로 삼고 있던 킵차크한국(汗國)의 종주권 아래 있었다. 킵차크한국은 칭기즈칸의 몽골 제국이 분할되어 형성된 4한국 중 하나였다. 그러나 15세기에 이르자, 킵차크한국의 칸과 그의 전사들은 투르크어를 사용하고 이슬람교를 믿었으며 보통 타타르인으로 불렸다. 자신의 통치하에 있던 러시아인의 국토 내에서, 칸은 세금징수를 모스크바 대공에게 위임했다. 하지만 대공은 자기가 거둔 세금을 꼬박꼬박 칸에게 보낼 필요가 없다는 깃을 깨달았다. 이반 3세가 1480년에 형식상 그의 주군에 대한 충성을 거부하고 차르임을 자처했을 때, 그의 행동은 실질적이라기보다는 상징적인 의미를 지닌 것이었다. 정말로 중요한 것은 타타르인이 아무런 조치도 취할 수 없었다는 사실이다. 스텝지대의 기마사수는 더 이상 군사적 우세를 보장해주지 못했다. 장기간의 포위 외의 다른 공격에는 사실상 난공불락이었던 크렘린 성은 모스크바를 적의 점령으로부터 보호해주었다. 모스크바를 방어하는 대포가 발사될 때마다 울려 퍼지는 포성은 스텝지대 유목민의 우월성이 끝났음을 알리는 소리였다.

하지만 전쟁의 새로운 기술적 가능성이 단시일 내에 효과적으로 지상전에 적용될 수 있었으리라고 생각하는 것은 속단이다. 예컨대 1571년에도 이례적으로 규모가 큰 타타르 군대가 모스크바 외곽을 불태웠다. 그 무렵 보병의 화기는 전장에서 결정적인 힘을 발휘하고 있었지만, 문제는 치고 빠지는 침입자들을 어떻게 전장으로 유도할 것인가 하는 것이었다. 일련의 요새화된 전진기지가 구축되기 전까지는, 타타르인만큼 기동력 있고 그들보다 우수한 장비를 갖춘 기마병(카자흐)의 습격을 봉쇄할 방법이 없었다.

공격을 가한 후 신속하게 후퇴하던 적의 기습에 대비하여 국경방어를 강화하는 동안에도, 기본적인 사실에는 변함이 없었다. 즉 1500년경부터 기마사수는 충분한 장비를 갖춘 보병의 상대가 될 수 없었다는 것이다. 교역과 농경에 의존하는 러시아 사회는 당시의 주요 무기이던 총을 보병부대에 지급할 능력이 있었고 실제로 그렇게 했던 반면에, 오랫동안 정착 농경민에 대해 기본적인 군사적 우위를 누려왔던 스텝지대의 유목민 사회는 말에서 내려 화약이라는 새로운 기술적 가능성을 타진하기를 거부했다. 결국 세력균형은 근본적으로 달라졌고, 이런 변화는 곧 가시화되었다. 뇌제(雷帝)라는 별칭을 가진 이반 4세는 1552년에 카잔을 점령하고, 4년 뒤에는 아스트라한을 차지함으로써 볼가 강 하류지역의 정복사업을 완성했다. 이로써 카스피 해를 경유하여 하천 교통망을 통해 페르시아와 연결되는 거대한 영토가 모스크바의 지배 아래 들어왔다. 러시아 남부는 여전히 크림 반도에 있던 타타르인의 공격에 노출되어 있었다. 그러나 타타르인의 힘은 콘스탄티노플과의 정치적 연합 및 상업관계에 의존하고 있었다. 완전히 독립적인 유목민 제국은 문명세계 소총수들과의 대결에서 살아남을 수 없었다.

다음 세대에 러시아의 선구자들은 우랄 산맥을 넘어 무슬림의 시비르 한국을 무너뜨리고, 1587년까지 오비 강 중류지역에 정착했다. 일단 우랄 산맥을 넘자 러시아의 모험가들은 오랫동안 갈고 닦은, 작은 배로(겨울에는 썰매로) 강을 여행하는 기술을 사용하여 시베리아의 강과 강 사이를 가로막고 있는 장애물을 통과해 어렵지 않게 이동할 수 있었다. 1638년에는 러시아 탐험가가 태평양의 오호츠크 해 연안에 첫발을 내디뎠다. 환경이 혹독한 시베리아의 늪지대와 삼림에 살고 있던 수렵채집인은 그 수가 많지 않았고 정치적으로도 약체였다. 따라서 러시아인이 공물로 모피를 요구하자, 그들은 새로운 주인을 위해 수렵 및 포획 기술을 발휘하여 유럽과 중국에서 수요가 많던 그 상품을 바쳤다. 모피 수출로 얻은 수익은 실제로 러시아 국가에 굉장한 중요성을 갖는다. 그 돈이 없었다면 그 많은 무기와 여타 공산품을 유럽에서 수입한다는 것이 불가능했기 때문이다.

하지만 스텝지대 민족들이 군사적 우위를 앞세워 장기간 행사했던 압력이 약화되자, 파멸적인 결과가 나타났다. 모스크바 대공이 정기적으로 공물을 보내 멀리 떨어져 있지만 공포의 대상인 카잔의 통치자를 진정시키는 동안에는, 러시아인들 역시 대공의 세리들에게 순순히 복종할 필요가 있다고 생각했다. 그러나 타타르의 위협이 사라지자, 볼가 강 유역이나 우크라이나의 새로운 토지로 이주하는 것이 납세 부담을 더는 실용적인 대안으로 떠올랐다. 패기만만한 청년들은 실제로 황야로 도주했다. 우크라이나와 돈 상 하류에 있던 가사흐의 급조된 공동체는 그들을 받아들여 인구를 늘렸다. 그 동쪽의 볼가와 우랄 지방에는 규제가 느슨한 카자흐의 생활마저 성가시게 여겼던 개별 이주자와 개척자들이 북아메리카의 변경에서 발견되는 것과 유사한 고립된 소가족 생활방식을 발달시켰다.

이런 식의 인구 유출로 러시아인의 정착지는 새로운 땅으로 급속히 확대되었다. 세금을 납부하는 충분한 수의 농민과 도시민이 남아 있는 한, 그 정도의 노동력 손실은 중앙정부가 감당할 수 있었다. 훨씬 위험한 것은 귀족(보야르) 계급의 불만이었다. 러시아의 귀족들은 인접한 폴란드-리투아니아의 대귀족들이 모든 종류의 왕의 지배로부터 사실상 독립을 유지하고 있다는 사실을 알고 있었기 때문에, 모스크바의 전제정치에서 벗어날 수 있다면 훨씬 살기 편해질 것이라는 생각을 떨쳐버릴 수가 없었다. 서방의 이웃이 믿고 있던 가톨릭에 대한 종교적 반감이 아니었다면, 귀족들은 대거 리투아니아로 충성대상을 바꾸었을지도 모른다. 하지만 모스크바의 전제군주는 반역을 결코 좌시하지 않았다. 이반 4세가 뇌제라는 별명을 얻은 것은 자신의 통치에 반대하는 보야르를 멸하기 위해 피비린내 나는 폭력을 행사했기 때문이다. 실제로 그는 뼈대 있는 귀족들을 워낙 많이 살육했기 때문에, 폴란드-리투아니아식의 귀족 공화국 건설은 사실상 불가능했다. 이 점은 러시아의 '혼란시대'(1604~1613)에 분명하게 확인되었다. 그 시대에는 정치적 정당성의 근원이 붕괴되었지만, 유서 깊은 보야르 집안들은 폴란드의 모델에 따라 귀족의 자유라는 명목으로 권력을 장악할 능력이 없는 것으로 드러났다. 그 대신 공동합의에 의해 전제정치가 부활되었다.

서방의 영향: 정치적 혼란

모스크바 대공국이 중앙집권화하고 전제정권이 생명을 이어간 주된 이유는 새로운 외세의 위협이 나타났다는 데 있었다. 단 이번에는 위협이 스텝지대가 아니라 서방에서 왔다. 서방의 압력에는 군사-정치와 종교-문화라는 두 차원이 있었다. 군사적인 측면에서는 이반 4세가 각고의 노력을 기울였으나, 불가피하게 스웨덴과 폴란드에 영토를 빼앗기고 말았다. 카스피 해 연안지방을 새로 획득한 이반은 발트 해로 진출하려는 부푼 희망을 안고 리보니아 전쟁(1557~1582)을 일으켰다. 하지만 이 전쟁은 모스크바 대공국에 극도의 부담만 주고 결국 실패로 끝났다. 한 세대 뒤의 혼란시대에 찬탈자가 통치하고 내분이 러시아 전역에 퍼지자, 폴란드-리투아니아가 공세를 취했다. 폴란드 군대는 1608년에 모스크바를 점령하고 괴뢰정권을 수립했다. 하지만 외국인에 대한 크나큰 반발이 모든 계층의 러시아인 사이에 확산되었다. 동시에 폴란드에서도 내란이 일어나 침략자의 힘을 약화시켰다. 결국 1613년에 침략자들은 철수했고, 모스크바 주교는 자신의 아들 미하엘 로마노프를 차르로 선언했다. 로마노프 왕조는 1917년까지 러시아의 왕좌를 지켰다.

전제정권 러시아는 30년전쟁 기간에 스웨덴의 병력이 독일에 투입되고 폴란드도 그 전쟁의 귀추에 관심을 보임에 따라 운 좋게도 정치적·군사적으로 생존할 수는 있었으나 러시아의 기술과 부가 서방의 수준에 한참 뒤떨어져 있는 한 러시아는 늘 위태위태했다. 그런데 정말로 역설적인 것은, 그 격차를 줄이고 서양세계를 따라잡으려는 의도적이고 정력적인 시도가 폭력에 의존하는 강압적인 정치로 표출되었다는 점이다. 이

자체는 서구의 제도와 사회관계가 러시아의 그것과 현격한 차이가 난다는 점을 여실히 보여주었다. 이반 4세의 측근들로 구성된 비밀결사(오프리치니크)는 수단과 방법을 가리지 않고 전제군주에게 봉사했는데, 그것은 서양 관료제의 기묘한 희화화였다. 비록 그가 만든 '봉사귀족'이 서구의 관리와 장교가 자신의 왕을 위해 수행하던 것과 같은 기능을 했다고 하더라도 말이다. 더구나 러시아 사회의 저변에서는 농노제가 농민층을 구속하고 있었다. 바로 그 시기에 러시아 서방에 있던 여러 나라에서는 농민들(사회의 다른 구성인자와 마찬가지로)이 상당한 개인적 자유와 독립을 보장받고, 그것을 누리는 동시에 그것 때문에 고생하고 있었다.

농노제가 발달한 이유는 명확하다. 러시아의 차르는 관리와 군인들의 봉급을 지급할 만한 충분한 현금수입이 없었다. 그래서 그는 토지를 나눠주어 신하들의 노고에 답했다. 그러나 일할 농민이 없다면 땅은 아무 짝에도 쓸모가 없었다. 농민들의 도주를 막기 위해, 지주가 도주자를 추적해 붙잡을 수 있도록 허용하는 법률을 제정할 필요가 있었다. 1649년 새로운 법전이 과거의 법령을 체계화했을 때, 이론적으로 엄격한 틀이 러시아 사회에 부과되었다. 각 개인은 자기 자리에, 자기가 태어난 장소와 물려받은 직업에 머물도록 강요받았다. 물론 러시아의 실상은 법 조항과 일치하지 않았다. 도망자들은 계속 변경으로 도주하여, 러시아 사회와 정착지의 외곽을 아시아와 우크라이나 쪽으로 넓혀 나갔다. 운 좋게 유력인사의 눈에 든 사람들은 미천한 신분에서 고위관리로 출세할 수도 있었지만, 그런 일은 어디까지나 예외에 속했다.

서방의 영향: 문화적 변화

서구인과의 접촉이 러시아의 종교 및 문화생활에 미친 영향은 군사-정치적 시련에 못지않게 혼란스러운 것이었다. 러시아인이 너무나 분명한 서구의 부와 기술의 우월성에 반격을 가하고 그 가치를 떨어뜨리기 위해서는 국민적 사명감이 꼭 필요했다.

따라서 1453년에 콘스탄티노플이 투르크에게 무너진 뒤, 러시아인은 자신들의 정교회 분파가 진정한 그리스도교의 마지막 보루라고 쉽게 확신했다. 이 자아도취적인 관점은 1565년 이후 심각한 타격을 받게 되었다. 그 해부터 예수회 선교사들은 폴란드에 정착하여 경쟁자인 프로테스탄트를 신속하게 몰아낸 다음, 그리스 정교회를 신봉하는 그리스도 교도들을 가톨릭으로 개종시키는 진지한 작업에 착수했다. 당시 폴란드-리투아니아의 국가는 러시아 국토 서부에 펼쳐진 광대한 지역을 지배하고 있었는데, 그곳에 살고 있던 러시아 정교회 교도들은 키예프의 교회 관할권을 인정했다. 그러므로 1596년에 키예프의 대주교가 자신이 거느리고 있던 대다수의 주교와 함께 교황이 정한 그리스도교의 교리를 승인하자, 모스크바 대공국은 엄청난 충격에 휩싸였다. 우크라이나 교회 또는 로마 교황청과 연합한 '동방전례교회'(東方典禮敎會)가 교회의 예배에 슬라브적 의식을 고수해도 좋다는 허락을 받았다는 사실도 러시아 정교회의 당혹감을 줄여주지는 못했다.

그렇지만 로마 가톨릭 교회의 교리를 주창하는 예수회의 이론을 효과적으로 반박하기는 어려웠다. 러시아 교회의 성전은 지역에 따라 조금씩 달랐다. 그리고 성서의 내용 중에서 가장 널리 알려져 있는 성찬식의 문구에도 일부 필경사와 번역자의 실수가 그대로 노출되어 있었다. 비우호적인 비판자가 그런 문제들을 지적하지만 않는다면, 러시아 교회의 교인은 사소한 지역적 차이를 무시하고 해왔던 대로 따르면 그만이었다. 그러나 일단 예수회의 학자들이 그런 문제들을 비난하고 나선 이상, 그리스도교의 진리를 독점한다고 자처하던 러시아 정교회의 주장이 통할 리 있겠는가? 더구나 사실상 과거로부터 전승된, 이문(異文)을 포함한 혼란스러운 성전 속에서 어떻게 참된 진리와 진정한 성구(聖句)가 인식될 수

있겠는가? 러시아 교회의 전통적인 학문과 신앙은 이 문제를 처리할 수
없었다.

그럼에도 불구하고 러시아인은 의심의 여지가 없는 한 가지 사실에 기
댈 수 있었다. 그리스 정교회가 예수회 사람들이 효과적으로 대변하고
있던 라틴 그리스도교의 전통보다 더 오래되었고 따라서 더 원형에 가깝
다는 것이었다. 그런데 러시아의 전례서(典禮書)를 그리스 정교회의 모
델과 일치하도록 수정하는 것은 과거의 잘못을 인정하는 격이었다. 러시
아 교회는 도저히 그럴 수 없었다. 구원은 올바른 의식(儀式)에 좌우된다
고 그들은 느꼈다. 또한 오류―또는 적어도 그것을 인정하는 것―는
정교회 교리의 전체 구조를 위험에 빠뜨릴 수도 있다고 판단했다.

물론 종교적 학식과 선전이 1500년과 1648년 사이에 이룩된 서유럽
의 문화 중에서 러시아인의 이목을 끈 유일한 측면은 아니었다. 이반 3세
는 이탈리아의 석공과 건축가를 초빙하여, 석조 건물로 모스크바를 아름
답고 장중하게 꾸미기 시작했다. 이탈리아의 석공술과 장식적 모티프가
오래된 러시아의 목조교회 건축양식과 결합되고 여기에 페르시아풍의 우
아함이 가미되어, 모스크바의 붉은 광장을 장식하고 있는 유명한 상트바
실 대성당이 탄생되었다. 이 경이롭고 훌륭한 건축물은 이반 4세가 1556
년에 아스트라한의 칸에게 승리를 거둔 것을 기념하기 위해 지어졌다.

러시아의 성화도 이 시기에 절정에 달했다. 화가들은 이탈리아와 비잔
티움에서 유래한 화법을 구사하여 신비로운 경건함을 표현했는데, 이것
은 러시아 정교회의 대변자들이 로마 가톨릭 교회의 비판에 마땅한 대답
거리를 찾지 못했던 오랜 기간 동안 정교회를 지탱해주었다. 그런 감정
덕분에 러시아 정교회 문명은 근세의 문화적 변용이 강력하게 진행되고
있던 유럽 각지와의 끊임없는 접촉에도 불구하고, 1648년까지 정신적인
독립성을 유지할 수 있었다.

스페인령 아메리카

성스러운 러시아가 안타깝게도 서유럽에 지리적으로 가깝다는 이유로 겪어야 했던 많은 상처는, 동일한 도전에 러시아보다 훨씬 취약한 문화유산으로 대항해야 했던 아메리카 인디언이 받은 충격에 비하면 약과였다. 콜럼버스가 도착하기 이전의 생활양식을 고수하기 위한 조직적이고 지속적인 투쟁은 사실상 없었고, 아메리카 인디언의 문화적 주도권은 파멸적인 타격을 입었다. 그 결과 수적으로 소수에 불과했던 스페인인이 아스테카와 잉카의 영역에서 사라져버린 신관과 전사의 집단을 대체했다. 한 세대가 지나자 멕시코와 페루의 모든 주요 거주지역은 적어도 표면적으로는 그리스도교화되었다. 그 직후에 필요한 노동력과 건축기술이 동원될 수 있는 곳에는 거대한 바로크 양식의 교회가 들어섰다. 그런 교회들의 세부장식에는 유럽의 원형을 완벽하게 소화하지 못한 인디언 예술가의 서툰 솜씨가 묻어났다. 이런 점만 제외하면, 그것들은 스페인에서 통째로 들여온 것처럼 보였다.

도시에서는 법률형식과 관계가 즉시 스페인적이고 가톨릭적인 틀에 맞게 재편되었다. 세계의 가격체계를 교란시킨 은의 원산지였던 은광 역시 곧 유럽의 기술적인 방식에 따라 조직화되었다. 그러나 대다수 농민은 예전과 다름없이 생활했다. 낯선 종교와 법을 가지고 나타난 새 주인은 사라진 아스테카와 잉카의 통치자와 마찬가지로 그들의 생활에 제한적인 영향만 미쳤다. 이 단순한 관계는 질병이 마을의 인력을 대폭 감소시킨 사실(465쪽 '질병의 전파'를 참조하라)에 의해 바뀌게 되었다. 인구가 계속해서 감소하자 고래의 자급자족적인 농업이 붕괴했다. 그도 그럴 것이 스페인인은 도시에 식량을 공급하고 광산에서 일할 사람을 충원하기 위해 남아 있는 마을사람들의 노동력을 절실히 필요로 했기 때문이다. 물론 스페인의 법은 노예제를 허용하지 않았고, 마드리드에서 하달된 공식정책은 인디언의 권리를 철저하게 보호했다. 그러나 현실에서는 스페인인 입식자들의 요구가 우선시되었다. 그들이 인디언의 노동력을 확보하는 방법은 보통 인디언들이 빚을 지게 유도한 뒤에 채권자의 완전한 법적 권리를 지불능력이 없는 채무자에게 강제하는 것이었다. 그런 빚은 세습되었다. 인디언 채무자는 스페인인 입식자들의 지시에 따라 그들이 요구하는 일은 무엇이든 완수해야 했다.

최초 정복자들의 골드러시가 수그러들자, 그리스도교 선교사들이 스페인 영토의 최전선에서 선구자 역할을 넘겨받았다. 예수회와 프란체스코회, 그 밖의 교파가 영혼을 구제하고, 유럽의 유용한 기술과 예능을 가르쳐서 자신들이 맡은 자들을 문명화시키려고 노력했다. 예컨대 파라과이에서는 선교단체가 관리하는 주목할 만한 사회가 나타났다. 예수회 수사들이 글자 그대로 선의의 전제정치를 행하여, 그때까지 원시적인 생활을 하고 있던 부족들 사이에 크고 융성한 인디언 공동체를 만들어냈던 것이다. 예수회는 능숙한 관리를 통해 인디언 노동의 생산물을 유럽 시장에 수출하여 선교비용을 충당했다. 얼마 후 예수회는 실제로 이 사업으로 상당한 이익을 남길 수 있었다.

유럽의 다른 식민자들

선교단체가 관리하는 사회의 틀 내에서 토착민의 행동을 합리적인 경제의 원칙에 따라 변모시키려던 예수회의 노력은, 스페인 정부가 공식적으로 멕시코와 페루의 인디언 마을에 적용한 온정주의적인 보호정책과, 카리브 해와 브라질의 해안지방, 그리고 카리브 제도의 일부에서 발달된, 노예를 동원한 가혹하고 합리적인 플랜테이션 경제의 중간쯤에 해당한다. 카리브 해와 브라질 지역에서는 토착 인디언 인구가 빠른 속도로 절멸했다. 그러나 여전히 노동력은 필요했기에, 그 틈을 메우기 위해 서아프리카에서 노예가 수입되었다. 잉글랜드인 존 호킨스는 1562년과 1563년에 최초의 노예선을 스페인 해역으로 보냈다. 사실 1630년경에 사탕수수 재배가 확립되기 전까지, 흑인 노예와 플랜테이션 농업은 그다지 중요하지 않았다. 하지만 1630년 이후 아프리카인의 노동을 이용하여 아메리카 대륙의 토지를 개발하는 이 비인간적인 양식이 엄청난 규모로 커지자, 유럽의 이주자만큼이나 많은 수의 아프리카인이 속속 신세계로 유입되었다.

신세계의 노예경제에 뛰어든 기업가들은 주로 포르투갈인·잉글랜드인·프랑스인·네덜란드인이었지 스페인인이 아니었다. 현장에 도착한 그들은 아메리카 인디언에게 스페인인보다 훨씬 가혹한 침입자들이었다. 개종자의 영혼뿐 아니라 육체의 건강까지 챙겼던 선교사들의 관심은 아메리카 인디언 신민들에 대한 스페인의 착취를 제한하는 실질적 요인이었다. 그러나 포르투갈인·잉글랜드인·네덜란드인 이주자와 상인들의 행동을 견제할 수 있는, 선교사의 배려에 견줄 만한 억제 요인은 존재하지 않았다. 프랑스인은 스페인인처럼 선교회를 조직하여, 캐나다의 인디언이 유럽 문명에 너무 급격하게 노출되어 부정적인 영향을 받지 않도록 보호하고자 했다. 하지만 프랑스인의 노력은 그리 성공적이지 못했다. 파라과이의 예수회 선교사들은 자신들의 영역 내에 허가를 받은 자 이외의 출입을 금지함으로써 영혼의 오염뿐 아니라 박테리아의 감염까지 막을 수 있는 엄격한 검역상태를 유지했지만, 캐나다의 선교사들은 천연두와 그 밖의 파괴적인 전염병을 막아내지 못했기 때문이다. 따라서 프랑스인의 선의는 영국인과 네덜란드인의 무관심과 다를 바 없이 북아메리카의 동해안에 존재하던 인디언 사회를 교란시키고 파괴하는 결과를 낳았다. 브라질에서는 1530년부터 시작된 포르투갈의 식민지배가 유사한 결과를 초래했다.

물론 1648년까지 브라질과 북아메리카의 유럽인 식민지는 해안에 근접해 있었다. 두 대륙의 광대한 내지(內地)는 백인의 도래로부터 간접적인 영향만 받았다. 그러나 간접적인 영향도 때로는 중요했다. 그 예로는 북아메리카 초원 일대에 평원 인디언 문화가 발전하여 확산된 것을 들 수 있다. 이 유목민적인 수렵생활의 근간은 말을 타고 버팔로를 사냥하는 것이었는데, 말은 스페인인이 아메리카 대륙에 처음 들여왔다.

따라서 유럽인의 정착지가 침투하지 않은 지역과 유럽인의 발길이 닿은 적이 없는 대륙의 일부 지방에서도, 서양문명의 충격은 때때로 감지되었다. 러시아인이 서쪽 국경선 너머의 땅에서 나타난 자극과 도전을 마냥 무시할 수 없었던 것과 마찬가지로, 아메리카 대륙도 분명히 서유럽 문명의 주변부에 편입되었다. 1648년에 그토록 극심한 문화적 풍토의 전환을 겪은 곳은 세계 어디에도 없었다.

21장
이슬람의 영역과 그 지배하의 힌두교와 그리스도교 사회, 1500∼1700

마호메트가 메디나에 신도들의 신성한 공동체를 만든 이래, 이슬람의 영역은 국지적이고 일시적인 퇴보에도 불구하고 꾸준히 증가하는 추세였다. 장기간 지속된 과정은 서구가 새롭게 바다를 지배하게 된 1500년 이후에도 갑자기 중단되지는 않았다. 오히려 그 반대로 인도·동남아시아·아프리카·유럽은 여전히 무슬림이 확장해 나가는 무대였다. 실제로 1500년과 1700년 사이에 무슬림의 통치 아래 들어간 수백만 평방미터의 영토와 수백만의 새로운 신민을 추산한다면, 그 두 세기는 분명히 무슬림 시대를 통틀어 가장 성공적인 시기에 속할 것이다.

예컨대 인도에서는 북부 산악지대에서 유입된 도망자와 모험가들이 무슬림 통치자들에게 충분한 전투인력을 제공하여 1565년에 인도 남부에 있던 힌두 최후의 중요한 독립국이었던 비자야나가르 왕국을 제압할 수 있었다. 그리고 지금 우리가 검토하고 있는 시기가 끝나갈 무렵에는 인도의 거의 전부가 무굴 황제 아우랑제브(1658∼1707년 재위)에 의해 통일되었다.

동남아시아에서는 연안지방 무슬림 국가들의 연합이 1513∼1526년에 힌두화된 자바 제국을 무너뜨렸다. 이 정복을 전후하여 상인들과 주

유하는 수피 성자들에 의한 포교활동이 성공을 거두어, 이슬람교는 동남
아시아의 항구와 해안지방을 따라 멀리 필리핀의 민다나오 섬과 인도네
시아의 보르네오 섬까지 전파되었다. 아프리카 침투도 계속되었는데, 해
로보다는 육로, 즉 선박보다는 대상의 활동에 크게 의존했다. 양대 지역
에서 교역과 시장관계가 발전함에 따라, 교역이 촉발한 신종 경제활동에
가장 적극적으로 참여하던 해당 지방 사람들은 자연히 이슬람교를 수용
하게 되었다. 그 후 군사자전이 전개되고 행정적 압력이 가해지자, 시골
과 외딴 지역도 무슬림의 영향권에 편입되었다. 이리하여 제국에 가까운
일련의 무슬림 국가들──보르누·모로코·팀북투·소코토──이 서아프리
카에서 흥기했는데, 이들의 이교도에 대한 정책은 샤를마뉴가 약 천년
전에 완강하게 버티는 색슨인을 무력으로 그리스도교로 개종시킬 때 북
서 유럽에서 사용한 것과 유사했다.

　유럽 자체에서는 이슬람에 대한 저항이 인도나 아프리카 또는 동남아
시아에 비해 훨씬 조직적이었다. 그렇지만 유럽에서도 무슬림 세력은 그
리스도교권으로 세력을 확장했다. 1543년까지 헝가리의 대부분은 오스
만 제국에 복속되었다. 그 후 1683년까지 국경지대에서 전투가 빈발했는
데, 폴란드와 오스트리아의 합스부르크가에 대항한 싸움은 오스만 제국
에 유리하게 전개되었다. 유럽인에 대한 오스만의 군사적 열세가 처음으
로 확실히 드러난 것은 1683~1699년의 장기전 동안이었다. 빈에 대한
오스만의 두 번째 포위공격으로 시작된 이 전쟁은 헝가리의 대부분이 오
스만에서 오스트리아의 손으로 넘어간 뒤에 끝이 났다. 그렇지만 1699
년 이후에도 루마니아에서는 오스만 사회의 지역적 변종이 발전을 거듭하
여 단단히 뿌리를 내렸다. 비록 그 지역에서 오스만의 권력은 콘스탄티노
플의 그리스 정교회 신자들을 통해 간접적으로 행사되긴 했지만 말이다.

　이슬람이 1700년 이전에 계속해서 영토를 상실한 유일한 장소는 유라
시아 대륙의 서부 및 중부 스텝지대였다. 러시아가 킵차크한국의 뒤를

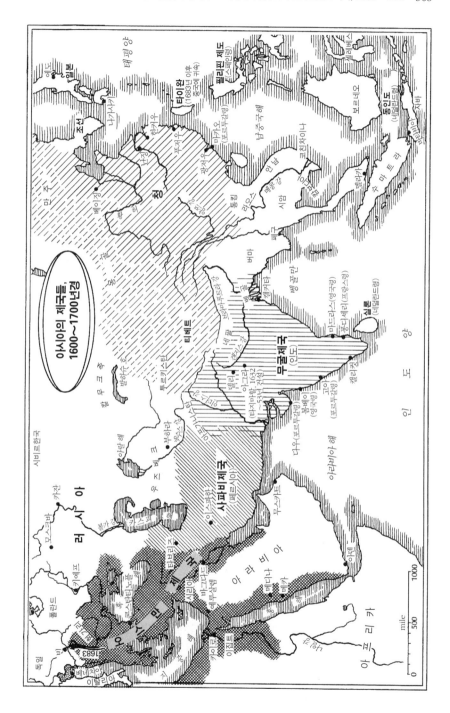

이은 카잔·아스트라한·시비르의 무슬림 한국들을 정복하며 전진한 것은 이미 언급한 바 있다. 스텝지대의 동쪽에서 이슬람은 똑같이 심각한 패배를 당했다. 1550~1650년에 되살아난 티베트 라마교 '황모파'(黃帽派)가 몽골에서 이슬람의 기선을 제압하고 이리 강 주변의 중앙아시아 일원을 차지했다.

하지만 스텝지대는 그 자체만으로는 장래성이 없는 빈약한 곳이었다. 교역로가 더 이상 스텝시내를 통과하지 않게 되자(북쪽의 시베리아 하천과 남쪽의 대양으로 변경되어), 오랫동안 이슬람교 전파의 선봉에 섰던 무슬림 상인과 성자들은 더 이상 그 지방에 나타나지 않았다. 따라서 라마교가 스텝지대에서 거둔 놀라운 성공은 어떻게 보면 무슬림이 경쟁에서 발을 빼버렸기 때문에 가능했다.

유럽 상업의 침입

해상에서는 사정이 좀 더 복잡했다. 지중해와 인도양을 무대로 스페인과 포르투갈의 함대는 무슬림의 제해권에 도전하여 중요한 전투에서 승리했다. 그렇지만 두 이베리아 국가의 해군력은 무슬림 함대를 해상에서 축출할 정도로 강하지는 않았다. 따라서 1578년에 지중해에서 벌어진 일련의 기나긴 투쟁이 막을 내렸을 때, 투르크의 해군력은 1511년에 제해권을 차지하기 위한 경합이 시작되었을 때와 마찬가지로 동지중해에서 우위를 점했다. 인도양에서도 작고 가벼운 무슬림 선박들이 포르투갈인에게 빼앗겼던 교역권을 대부분 회복했다. 16세기 말에 포르투갈인은 항만이용료를 받아 수입을 올리기 위해 심지어 포르투갈이 지배하는 항구에 무슬림 선단의 입항을 승인하는 결정을 내렸다.

하지만 1600년 이후에는 새로운 해상세력이 출현했다. 네덜란드·잉글랜드·프랑스의 선단이 스페인과 포르투갈의 선단을 대신하여 인도양과 지중해의 유력한 상선이 되었다. 단기적인 관점에서는 그런 변화가 무슬림의 입장에 유리한 것으로 보일 수도 있다. 신흥 해상세력은 무슬림 통치자들과 특정 조약을 체결하여 우선 자신들의 입지를 다졌고, 모든 종류의 그리스도교 선교활동을 자제했다. 이는 급진적인 정책전환을 의미했다. 스페인인과 포르투갈인에게는 선교가 교역만큼 중요했으나, 새로 나타난 네덜란드인·잉글랜드인·프랑스인 상인들은 종교적 선전의 영역을 전적으로 무슬림의 손에 맡겼다.

그렇지만 장기적으로 보면 신흥세력의 경제활동은 무슬림의 전통적인 생활방식을 약화시키는 데 이베리아 국가들의 종교적 선전보다 더욱 강력한 힘을 발휘했다. 어쨌든 무슬림은 가장 설득력 있고 학식이 높은 그리스도교 선교사에게도 마음을 열지 않았다. 이들은 마호메트의 계시가 그리스도교의 편파적이고 왜곡된 진리를 바로잡았고 따라서 그것을 능가했다는 이슬람교의 핵심적인 가르침을 확신했다. 그러나 무슬림 사회는 유럽 발 가격혁명의 불똥이 이슬람의 영역까지 튄 상황에서, 경제적 합리화와 시장관계의 확대를 도저히 막을 수가 없었다.

물론 내지에서는 그 영향이 적었다. 바다와 멀리 떨어져 있는 지방에서는 대상에 의한 교역, 직인에 의한 생산, 농촌과 도시 사이의 교환, 사치품의 지역간 교역 같은 오래된 패턴이 유럽인의 사업관행·조직·에너지의 영향을 거의 받지 않고 온존했다. 그러나 해안지방에서는 1700년까지 광범위한 변화가 나타났다. 예컨대 오스만 제국에서는 아메리카 대륙에서 들여온 옥수수와 담배, 인도에서 유래한 목화 같은 환금작물을 생산하는 상업적 농업이 급속하게 발전했다. 루마니아·불가리아·트라키아·마케도니아·아나톨리아의 농민들은 옥수수를 자기자신과 가축의 식량으로 삼기 시작했다. 아메리카 원산의 이 신종 작물은 재래 작물에 비해 생산성이 월등하게 높았으므로, 그들은 과거보다 훨씬 많은 양의 밀과 소를 수출할 수 있었다. 흑해와 에게 해 북부의 연안지방이 그런 발전의 주무대였다.

오스만 제국에서 성행한 상업적 농업은 제조업의 성장을 자극하지는 못했다. 직인들의 길드는 종래의 방식을 고수했다. 직인들은 예니체리 부대와 강력한 연대를 맺고 있었다. 용맹한 예니체리 부대원들은 1572년에 결혼이 법적으로 허용된 뒤부터 오스만 제국 내 모든 주요 도시의 직인들과 통혼했기 때문이다. 기업가적 에너지는 공업과 상업으로 향하지 않고, 막대한 이익을 보상해주는 징세청부업과 고리대금업에 집중되었다. 이런 사업은 고위 관직에 오르려는 자들을 상대로 했으며, 관리들은 합법적인 방법과 탈법적인 방법을 총동원하여 백성들을 쥐어짜서 빚을 갚았다. 따라서 새로운 상공업에 투자하는 것은 원천적으로 불가능했다. 새로운 사업에 투자할 여력이 있는 사람은 징세인과 뇌물을 챙기려는 지방관리의 좋은 먹잇감이었기 때문이다. 제조업의 기술적 진보가 없고 무역에 투자하려는 기업가의 의욕이 꺾인 결과, 오스만 제국의 수출은 거의 농산물에 한정되었다. 이런 상황은 비잔틴이 독립을 유지하고 있던 마지막 몇 세기에 이탈리아의 도시들이 레반트 지방의 상권을 장악했던 것과 비슷했다. 이 유사성은 오스만 사회의 경제적 건전성을 위협하는 불길한 징조였다.

인도양에서도 유럽의 상인들은 체계적이고 조직적으로 이윤을 추구함으로써, 아시아 경제를 변화시키기 시작했다. 유럽의 거대 무역회사들은 더 많은 상품을 인도로 수출해서 은의 유출을 줄여야 한다는, 본국으로부터의 끊임없는 압력에 시달리고 있었다. 그러나 모직물과 유럽의 다른 공산품은 기후가 온난한 인도의 해안지방에서 대량으로 판매되기에는 일반적으로 품질이 조잡했다. 그래서 네덜란드와 잉글랜드의 상인들은 아시아의 항구들에서 이문이 많이 남는 물자수송을 확대해 나갔다. 여기에서 발생한 수익으로 아시아산 상품을 구입해서 유럽에 싣고 가면, 대량의 금은을 주고 인도산 제품을 사올 필요가 없었다. 네덜란드와 잉글랜드의 상인들은 그런 방법으로 짭짤한 재미를 봤다.

잉글랜드인은 서부 인도에서 소액의 자금을 방적공과 직공에게 미리 지불함으로써 면직물 제조업을 조직화했다. 그 대신 생산할 면직물의 종류를 미리 정해놓고, 선불금의 액수를 규제함으로써 시장에 반입될 직물의 양을 조정할 수 있었다. 이런 식으로 잉글랜드인의 지정에 의해 만들어진 '옥양목'(캘리코)은 아프리카와 아시아의 해안지방에서 상업적인 가치를 지닌 물건을 제공하는 자들에게 물물교환식으로 판매되었다. 이런 종류의 교역은 그때까지 단순하고 자급자족적인 사회가 압도적으로 많았던 동남아시아 해안지방의 발전을 촉진했다. 그런 체제하에서 예컨대 버마와 시암의 해안지대, 필리핀 제도, 그리고 자바와 수마트라는 매우 급속한 상업적(주로 농업적) 발전을 이룩했다. 하지만 동아프리카는 사람을 수출하는 손쉬운 방안을 택했다. 동아프리카 해안은 노예를 사냥하는 나라와 항구도시의 소재지가 되어, 아메리카 대륙을 겨냥한 서아프리카의 노예무역에 버금가는 규모로 이슬람 세계에 노예를 공급했다.

네덜란드의 지배를 받은 향료 제도는 더욱 철저하고 체계적인 경제적 변용을 체험했다. 일찍감치 군사정복정책을 폈던 네덜란드인은 지역의 왕들에게 세계시장에서 판매할 수 있는 농산물의 일정한 양을 바치도록 강요함으로써 행정비용을 충당할 수 있다는 것을 깨달았다. 이런 식으로 네덜란드인은 지역의 유력자를 플랜테이션의 관리인으로, 경작자들을 일종의 반(半)농노로 만들었다. 그리고 새로운 작물을 체계적으로 도입했다. 네덜란드인의 고압적인 요구에 의해 자바인은 아라비아의 커피, 중국의 차, 인도의 사탕수수를 재배해야 했다. 네덜란드의 정책은 끊임없이 변하는 시장의 수요에 부응하는 최고의 상품들을 조합하여 최대의 이익을 얻을 수 있도록 치밀하게 계산된 것이었다.

인도와 동남아시아에서 전통적인 지배형식을 통해 행사되던 무슬림의 정치적 주권은 새롭고 시장 지향적이며 자본주의적인 기업보다 인도의 직공과 자바의 농민에게 미치는 영향이 분명히 적었다. 그런 기업은 런던과 암스테르담에 본부를 둔 법인조직의 회사가 파견한 잉글랜드인과 네덜란드인 대리인에 의해 운영되었다. 그리고 회사의 소유자임을 확인해주는 것은 주권(株券)이라 불리는 도드라진 문양의 종잇조각뿐이었다! 그렇지만 1700년에 이런 것을 인식하기는 쉽지 않았다. 따라서 무슬림의 정치가나 종교 전문가가 16세기 초에 중세의 십자군만큼이나 심각한 위협이라 생각되던 이베리아 반도의 십자군을 맞아, 시련을 거친 참된 이슬람의 제도가 성공적으로 저항했다고 생각하며 기쁨을 감추지 못했다 해도, 당시로서는 지극히 당연한 반응이었다고 볼 수 있다. 두 경우 모두 십자군의 움직임은 둔했기 때문에 어렵지 않게 격퇴되었고, 그러는 사이에 이슬람의 영역은 계속 확장되었다. 이 이상 알라의 은총과 그 밖의 모든 신앙에 대한 이슬람의 우월성을 잘 보여주는 증거가 어디 있겠는가?

시아파의 반란

그런 마음가짐에서 기인하는 독선적인 자기만족이 눈길을 끄는 것은 16세기 초에 이슬람이 심각한 종교적 충격을 경험했기 때문이다. 이슬람은 오랫동안 다양한 교파를 포용했는데, 크게 보면 수니파와 시아파의 두 진영으로 나뉘었다. 다수의 시아파 집단은 겉으로는 수니파의 신앙형식에 순종했지만, 때로는 벡타시야 교단*의 데르비시처럼 모든 형태의 조직화된 종교에 근본적으로 적의를 드러내는 신뢰할 만한 초심자들에게 비밀 교의를 전수하는 경우도 있었다. 대부분의 이슬람 지도자는 수니파의 입장을 공식적으로 지지했고, 이설을 제기하는 집단에 대해서도

---

* 그리스도교적 요소가 혼합된 시아파 신비주의 교단의 하나―옮긴이.

공적인 종교질서에 노골적인 공격을 가하지 않는 한 관용을 베풀었다.

이 잠정적인 공존상태는 1502년에 크게 흔들렸다. 그 해에 투르크 부족의 광신적인 시아파 집단이 일련의 전투에서 단시일 내에 승리를 거두고, 그 지도자 이스마일 사파비가 타브리즈에서 자칭 왕(샤)임을 선포했다. 이스마일은 얼마 후 바그다드를 점령했으며(1508), 부하라의 우즈베크를 물리쳐 동부 국경지대의 안전을 확립했다. 1514년에 그의 군대는 오스만 제국의 술탄이 소집한 군대와 찰디란에서 일전을 벌였다. 비록 이스마일은 전투에서 패배했지만, 예니체리 병사들이 더 이상의 진격을 거부하는 통에 승리를 거두고도 철수해야 했던 오스만 제국의 군대를 쳐다보며 안도의 한숨을 내쉬었다.

이스마일 왕의 전력(戰歷) 자체는 그리 두드러진 것이 아니었다. 티무르(1405년 사망)나 중앙아시아의 다른 무장들도 결코 그에 뒤지지 않는 속도로 거대 국가를 건설하는 데 성공한 바 있었다. 사파비 왕조의 수립이 이슬람 세계에 불안감을 준 것은 왕의 무지한 부하들이 그를 알라의 화신으로 믿고 있었다는 점이다. 심지어 그런 믿음을 신성모독으로 여길 법한 학식 있고 신학에 정통한 추종자들조차 이스마일 왕이 12명의 정당한 이슬람 지도자 중 7번째의 자손으로서 전체 무슬림 공동체의 적법한 수장이라고 주장했다.

이런 주장이 완벽한 확신 아래 광신적으로 제기되고 일련의 혁혁한 군사적 승리에 의해 힘을 얻자, 이슬람의 영역에는 심각한 혼란이 빚어졌다. 사파비의 주장이 옳다면, 나머지 무슬림 통치자들은 모두 찬탈자였기 때문이다. 무슬림 세계의 많은 지방에는 그런 사고방식에 전적으로 공감하는 중요한 시아파 집단이 있었다. 실제로 이스마일 왕의 지지자들은 1514년 아나톨리아에서 대규모 반란을 일으켜 광신적인 열정으로 오스만의 권위에 도전했다.

오스만의 반응은 신속하고 효과적이었다. 당시의 술탄인 냉혈한 셀림

(1512~1520년 재위)은 아나톨리아의 반란군을 진압했고, 그 후 불만을 품은 집단의 잔당들을 추적하여 무자비하게 처단했다. 그러자 오스만 제국의 다른 지역에 있던 시아파 집단들은 주눅이 들어 공공연히 반기를 들지는 못했다. 그런 다음 셀림은 이스마일의 영토로 쳐들어갔으나, 이미 언급한 것처럼 예니체리 병사들이 이단의 왕을 향해 돌격하기를 거부했기 때문에 골칫거리를 뿌리 뽑지는 못했다. 계속된 군사원정에서 셀림은 시리아·이집트·아라비아를 병합하여 그곳의 통치자들이 이스마일과 동맹 맺는 것을 미연에 방지하고, 종교상의 전략적 요충지인 메카와 메디나에 대한 지배권을 확보했다. 그의 뒤를 이은 '입법자' 술레이만(1520 ~1566년 재위)은 본국의 수니 정통파를 조직화하여 시아파 이단을 타도할 수 있는 힘을 키우는 데 주력했다. 그는 수니파의 종교교육기관을 국가 차원에서 후원했고, 제국의 모든 주요 도시에 있는 성직자들을 국가의 관리 아래 두었다. 이전 시대 같았으면 그런 정책은 격렬한 저항을 불러일으켰을 것이다. 그러나 수니파 신학자들은 국가에서 나오는 봉급에 꽤 매료되었기 때문에, 그리고 약간은 이스마일 왕의 종교혁명이 이슬람 세계 전역에 확산시킨 광신과 무질서를 두려워했기 때문에 술레이만의 규제에 이의를 제기하지 않았다.

1514년경부터는 이스마일 자신도 종교혁명의 불길을 통제할 필요가 있음을 느꼈다. 그는 이슬람 세계의 모든 지방에서 십이파*의 율법학자를 소집하여, 자신의 국토에서 종교상의 그릇된 흔적을 모조리 제거하는 작업에 착수했다. 이 목적을 달성하기 위해 그는 수니파와 이론(異論)을 제기하는 시아파 집단을 탄압하고 재산을 몰수했다. 동시에, 원래 이스마일의 권력기반이었던 강력한 대중선전은 좀 더 정통에 가까운 쪽으로 방향을 틀었다. 프로테스탄트 선교사들이 같은 시기에 신도들의 마음에

---

* 마호메트의 사위인 알리의 직계에 속하는 12명의 종교지도자를 신봉하는 시아파의 주요 분파로, 이스나 아샤리아라고도 한다― 옮긴이.

각인시켰던 '짧은 교리문답서'에 해당하는 것을 널리 배포하여, 이스마일의 거의 모든 신민에게 십이파의 교의를 주입시켰던 것이다.

사파비와 오스만 술탄 간의 충돌에 적나라하게 나타난 이슬람의 수니파와 시아파의 대결은 그 밖의 모든 무슬림 국가와 민족들에게 때로는 곤혹스러운 선택을 강요했다. 모든 곳에서 수니파와 시아파가 오래전부터 맺고 있던 전통적인 지역협정은 격렬한 분쟁으로 비화될 소지가 다분했다. 종교원리는 정치적 충성의 지표가 되었다. 특히 인도의 무굴 제국은 두 분파 사이에서 오락가락했다. 무굴 왕조의 창시자 바부르(1530년 사망)와 그의 아들 후마윤(1530~1556년 재위)은 자신의 제국이 침체에 빠졌을 때 꼭 필요한 사파비 왕의 원조를 받을 요량으로 공공연히 시아파임을 선언했다. 그 후 인도에서 입지를 굳히게 되자, 그들은 시아파의 이슬람을 부정하고 수니파의 교의를 취함으로써 사파비 왕조로부터의 독립을 선언했다. 처음으로 무굴 제국을 반석 위에 올려놓은 악바르(1556~1605년 재위)는 자신에게 독립적인 종교적 권위가 있다고 주장했다. 그는 이슬람의 각종 신앙형식뿐 아니라 힌두교와 그리스도교의 요소까지 실험하여, 몇 번이나 황제가 개종할 것 같다고 확신했던 로마 가톨릭 교회의 선교사들을 난처하게 했다.

아바스 대왕(1587~1629년 재위) 치하에서 사파비 국가의 힘은 절정에 달했으나, 이 무렵에 종교적 혁신의 불길은 적어도 궁정 내에서는 사그라졌다. 이에 따라 오스만 측의 공포도 줄어들었고, 1638년에 술탄의 정부는 과거의 적과 지속적인 휴전협정을 체결했다. 종교적 긴장은 실제로 많이 완화되었고, 1656년에 개혁적인 정부가 콘스탄티노플에서 권력을 장악한 이후, 신임 대(大)와지르* 모하메드 쿠프릴리는 지하에 숨어 있던 시아파 집단이 오스만 사회에서 다시 자유롭게 활동하는 것을 허용

---

* 오늘날의 총리에 해당하는 이슬람 국가의 최고위직 관리—옮긴이.

했다. 한 가지 흥미로운 결과는 이단적인 데르비시의 공동체가 적극적으로 활동하고 있던 크레타·알바니아·남부 불가리아에서, 200년 만에 처음으로 그리스도교에서 이슬람교로의 개종이 대규모로 이루어졌다는 것이다.

지식의 퇴보와 예술의 진보

이슬람 내부에서 수니파와 시아파의 분열이 불러일으킨 문화적 반향은 그 정치·군사적 영향만큼이나 대단했다. 예컨대 페르시아의 시는 그 창작의 샘이 말라버렸다. 종래의 페르시아 시에 영감을 주었던 신의 사랑과 인간의 사랑 사이의 미묘한 애매함은 이스마일을 추종하는 엄격한 신도들에게는 씨알도 먹히지 않았기 때문이다. 더욱 중요한 것은 아마도 수니파의 이슬람 학자들이 근본적인 의미에서 자기의 사회적 책임을 완수하지 못했다는 사실일 것이다. 그들은 시아파의 도전을 그 자체로, 즉 진리임을 주장하는 종교상의 교의로 받아들이지 않았다. 대신에 속세의 무력에 의존하여, 모든 경쟁자와 비판자를 힘으로 억압했다. 따라서 후세에 유럽의 사상과 지식이 무슬림의 전통적인 학문의 많은 것을 의문시했을 때, 오스만 제국의 지식계급은 거기에 대응할 수 있는 새로운 관념을 연구할 형편이 아니었다. 오스만 국가의 공권력 뒤에 몸을 숨기고 첫 번째 도전을 회피한 신성한 율법의 전문가들은 두 번째 도전에 대해서도 진지하게 대처하기를 거부했다. 어쩌면 그리스도교권의 새로운 지식에 대항하는 사이에, 이슬람 공동체 내부로부터의 종교적인 공격에 노출되는 것을 두려워했는지도 모른다. 그들은 코란을 되풀이해서 읽고 율법에 관한 주석서를 암기하여 알라의 은총을 확신하는 편이 낫다고 느꼈다. 무슬림의 군사력이 모든 침입자와 대등하게 겨룰 수 있을 정도로 강력한 수준을 유지하는 한, 그런 확고한 보수주의와 반(反)지

성주의는 일리 있는 태도였다. 무슬림이 궁극적으로 치러야 할 대가가
명백해진 것은, 무슬림 국가가 새로 출현한 경쟁자들에게 저항할 수 없
다는 사실이 백일하에 드러난 1700년 이후였다.

하지만 주로 공식적인 정책에서 비롯된 지적 무기력증이 예술의 쇠퇴
를 의미하지는 않았다. 오히려 그 반대로 무슬림 세계에서 대제국이 발
흥함에 따라, 온갖 부류의 건축가와 예술가에 대해 충분하고 비교적 안
정적인 후원이 보장되었다. 예컨대 이스파한은 아바스 대왕의 명령에 따
라 정원도시로 건설되었다. 그것은 세계에서 가장 인상적인 건축 및 도
시계획의 기념비 가운데 하나이다. 그보다는 작지만 역시 웅장한 규모를
자랑하는 타지마할은 1632년과 1653년 사이에 무굴 황제의 취향에 맞
게 건설되었다. 페르시아 미술은 17세기에도 화려하게 꽃을 피웠다. 인
도에서는 화가들이 페르시아의 기법을 사용하여 힌두의 종교적 테마를
묘사하는 새로운 발전이 이루어졌다. 그런 그림은 '라지푸트족' 지주들의
마음을 사로잡았다. 라지푸트족은 페르시아풍의 문화를 지녔고 무굴 제
국에 봉사했지만, 선조들이 물려준 힌두 신앙을 버리지 않았던 것이다.

당대 서유럽의 급속한 문화적 발전을 제외하면, 어떤 기준에서 보더라
도 1500~1700년의 이슬람은 번영을 구가하고 있었다. 따라서 이 시기
의 이슬람 사회를 형용하는 정확한 표현은 쇠퇴나 정체가 아니라 강력한
성장이다. 후세에 살고 있다는 유리한 입장에서 되돌아보면, 바로 그 성
공적인 시기에 이슬람이 경제적·지적 차원에서 표면화되고 있던 유럽
인의 중대한 도전에 당당히 맞서지 않고 심지어 그것을 외면했다는 것은
대단히 역설적이다.

무슬림 지배하의 다른 종교

무슬림 문화권에서 동아시아 문화권으로 관심을 돌리기 전에, 무슬림

의 지배 아래 들어갔거나 확장된 이슬람 세계의 주변부에 있던 힌두 교도와 불교도의 역사에 관해 서술할 필요가 있다. 마찬가지로 오스만 정치체제의 중요한 부분을 구성하고 있던 발칸 반도의 그리스 정교회 교도들의 운명에도 주의를 기울일 필요가 있다.

1500년과 1700년 사이에 힌두교는 인도에서 되살아났다. 무슬림의 정복으로 인해 힌두교는 국가의 지원을 잃었지만, 새 지배자들은 전통적인 의식을 대부분 묵인했다. 이런 상황에서 힌두교는 거리로 진출했다. 거리에서는 일군의 성자와 시인이 고대 인도의 무정형적인 신앙에 약동하는 새로운 숭배형식을 부여했다.

힌두교 부활에 힘썼던 성자 차이타니아(1527년 사망)는 숭배자들에 의해 크리슈나의 화신으로 간주되었다. 그의 주변에는 카스트의 구별과 그 밖의 종교적 겉치레를 부정하고 극도로 감정적인 공적 의식을 추구하는 열성적인 신도들이 모여들었다. 차이타니아가 생의 대부분을 보낸 벵골에서는 이 새로운 종파가 이슬람교로의 개종을 효과적으로 차단했다. 이는 인도 사회가 서서히 동진하여 갠지스 강 삼각주 너머에 있는 밀림 지대를 개발하게 되자, 이슬람이 아니라 힌두교로 개종하는 것이 문명사회에 소속되었음을 말해주는 지표가 되었다는 뜻이다. 오늘날 벵골이 무슬림 국가인 방글라데시와 인도로 분리되어 있는 것은 그 직접적인 결과였다. 이미 살펴본 것처럼, 이슬람교는 과거에 그 변경지대에서 확실한 성공을 거두었다.

두 명의 중요한 시인 수르 다스(1563년 사망)와 툴시 다스(1623년 사망)는 차이타니아 이상으로 힌두교 부활에 공헌했다. 그들의 영향은 단일한 종파에 한정된 것이 아니었다. 두 사람은 또한 힌두의 시를 사용하여 풍부한 힌두의 신화와 전설에서 따온 주제를 발전시켰다. 그렇게 해서 힌두어를 사용하는 북부 인도의 일반 대중에게 이해될 수 있는, 종교 축전에 적합한 성가와 찬가를 창작했다. 툴시는 라마의 모습에 주목했고, 수르는 크리슈나를 선호했다. 그런데 두 신은 모두 비슈누의 화신이라고 생각되었다. 따라서 두 명의 위대한 힌두 신앙의 혁신자 사이에 교의상의 충돌은 없었다. 차이타니아의 신자들을 제외하면, 고대 산스크리트의 신앙이나 브라만의 의식도 배척하지 않는 것이 대세였다. 다만 산스크리트는 전문가에게 위임되었고, 일상의 종교는 힌두어로 표현되었다. 신성하면서도 인간적인 신을 숭배하면 따뜻한 감정이 우러나왔고, 공개적인 종교의식에서 흥분상태에 들어간 경건한 신도는 신과의 신비로운 일체감을 체험할 수 있었다. 이런 매력 때문에 통속적인 힌두교는 이슬람교와 그리스도교 선교사들의 주장에도 까딱없었다. 따라서 1565년 이후 인도가 정치적으로 쇠퇴한 결과, 힌두교의 형식은 변했지만 그 정신은 전혀 변하지 않았다. 인도인의 압도적 다수는 조상들이 물려준 변화무쌍한 종교에 언제나 충실했다.

불교는 비교적 규모가 작은 세 민족, 즉 실론의 신할리족, 버마의 버마족, 시암의 타이족 사이에서 국가종교로 살아남았다. 세 경우 모두 불교는 국가의 정체성을 보여주는 역할을 수행함으로써, 이슬람교와 그리스도교라는 다언어적이고 코즈모폴리턴한 신앙의 침입으로부터 각 민족을 보호해주었다. 각국은 처음에는 장기적인 무슬림의 압박을 견제할 방편으로 그리스도교를 환영했다. 그러나 유럽인의 존재가 전통적인 생활방식을 중대하게 위협하는 것으로 판단되자, 즉시 외세와의 접촉을 중단하고 쇄국정책을 제도화했다. 이 외부인에 대한 방벽은 유럽인의 침입이 재개된 19세기까지 무너지지 않았다.

*   *   *

오스만 제국 내에서 그리스 정교회를 믿는 사람들은 불가피하게 투르크인 주인들과 많은 경험을 공유했다. 그리스 정교회 신도들의 서방 라틴 그리스도교권에 대한 편견은 무슬림에 결코 뒤지지 않을 만큼 심각했다. 따라서 키릴로스 루카리스 대주교(1638년 사망)가 서방의 칼뱅파와 가톨릭 교도가 제기한 쟁점들을 논의하는 작업에 착수했을 때, 그의 노력이 거의 아무런 성과도 거두지 못했다는 것은 그리 놀랄 일도 아니다. 그리스 정교회 교도의 압도적 다수는 자신들이 교회의 교부들과 4~5세기의 공의회로부터 물려받은 교리형식에 충분히 만족하고 있었다. 하지만 의학자들은 이탈리아와 그 밖의 유럽 과학의 중심지에서 전해오는 새로운 사상과 계속 접하고 있었다. 가장 유능한 그리스의 의학자들은 파도바 대학에서 수학했는데, 교육빋는 과정에서 자연스럽게 시양문화의 많은 측면을 접하고 흡수했다. 그런 개인들은 그리스도교의 세계를 양분하고 있던 두 진영 사이의 지적 교류를 유지시켜준 협소하지만 전략적으로 중요한 전달통로였다.

오스만 정부와 그 지배하에 있던 그리스도교의 공동체 사이의 관계에 중대한 변화가 발생한 것은 술탄이 서부 발칸의 황야에 살고 있던 그리스도 교도의 마을에서 노예를 징발하던 조치를 중단했을 때였다. 제국의 고관과 군사지도자들이 생애의 첫 12~20년을 가난한 산간벽지의 마을에서 농가의 아들로 지냈을 때는, 그리스도교를 믿는 농민들에 대한 동정심이 오스만의 행정에 전반적으로 반영되었다. 그러나 그들이 맡았던 관직을 그들의 자식들이 승계하게 되자 전혀 다른 경향이 확산되었다. 이 변화는 술탄의 노예들에게 법률적인 결혼이 최초로 허용된 1572년과, 그리스도 교도의 마을에서 노예를 보충하던 관행이 중지된 1638년 사이에 서서히 진행되었다.

도시에서 태어나고 교육받아 영락없는 도시인이 된 제국의 고관들은 농촌주민들을 착취하기 시작했고, 농민의 노동력을 이용하여 상업적 농업을 경영하려는 사람들의 탈법적인 행동을 눈감아주었다. 그 결과 농민의 생활이 급격히 악화되었고, 그리스도 교도 사이에서 불만이 커져갔다.

도시와 농촌의 극심한 균열——무슬림과 그리스도 교도 사이의 종교적 경계선과 거의 일치하는——은 17세기 말에 오스만 사회의 심각하고 근본적인 약점으로 작용했다. 그렇지만 농민의 불만은 대부분의 그리스도교 국가에서도 통상적으로 나타났으므로, 그 자체를 필연적인 쇠망의 징후로 보는 것은 과장이다. 이슬람 미술의 찬란한 외관, 이슬람 학문의 심오함, 오스만·사파비·무굴 제국의 막강한 힘에도 불구하고, 무슬림의 쇠퇴를 예감하게 해준 것은 무슬림이 안팎의 도전에 직면하여 전통적인 태도와 제도를 수정할 의지, 아니 능력이 없었다는 점이다.

22장
동아시아, 1500~1700

1513년 최초의 포르투갈 상인이 남중국 연안을 방문했을 때, 명의 정치체제는 쇠퇴기에 접어든 중국 왕조에 전형적으로 나타나는 좋지 않은 징후를 드러내고 있었다. 가렴주구와 당파싸움이 판을 쳤고, 지방에서는 산발적인 반란이 이어졌으며, 스텝지대와 바다로부터의 습격이 심각해졌다. 명조의 군대는 규모도 컸고 장비도 우수했다. 그래서 유능한 지휘관의 통솔을 받으면 대단한 능력을 발휘할 수 있었다. 예컨대 1592년과 1598년 사이에 명조는 조선에 원군을 보내, 조선군이 일본의 군사지도자 도요토미 히데요시(豊臣秀吉)가 최대의 노력을 기울여 계획한 두 번의 침략을 막아내는 데 일조했다. 바다에서도 명조의 해군은 몇 차례 주목할 만한 승리를 거두었고, 심지어 포르투갈 배들을 물리치기도 했다. 그렇지만 육상 지향적인 베이징 정부는 해군의 상설을 결코 허가하지 않았고, 해산된 수병들은 종종 해적에 가담함으로써 정부가 뱃사람을 불신하는 빌미를 제공하기도 했다.

명조는 지극히 전통적인 방식으로 파국을 맞았다. 1644년에 잘 훈련된 강력한 만주족 전사집단이 명조의 장군 한 명과 내통하고 반란진압을 도와주겠다는 명분을 내세워 베이징에 입성했다. 일단 수도를 점령하자,

만주족은 명조에 대한 협력을 거부했다. 그들의 지도자는 천자(天子)를 자칭하고 새로운 왕조 청(淸)을 건설했다. 만주족이 중국 전역에 대한 지배권을 확립하기까지는 다년간의 전쟁기간이 필요했다. 명조의 정의로운 수호자임을 자처하는 자들의 마지막 도피처였던 타이완은 1683년까지 베이징의 권위에 굴복하지 않았다.

만주족은 정복자로서 중국에 들어왔을 때 이미 중국문명에 제법 친숙한 상태였다. 과거에 중국인올 격파한 몽골족은 서아시아의 외래문화에 물들어 있었지만, 그들과 달리 새 주인은 중국 문명의 외양적 장식을 거부감 없이 신속하게 받아들였다. 그럼에도 만주족 황제들은 한인(漢人)의 충성심을 믿지 않았고, 군대는 자민족의 손에 맡기고자 했다. 그래서 만주족 수비대를 중국 전역의 전략적 요지에 배치했다. 만주족은 고유 의상과 독특한 풍습을 고수했는데, 이는 병사들이 한인과 자유롭게 어울리지 못하게 하려는 정책의 일환이었다. 하지만 문민행정에는 만주인뿐 아니라 한인도 기용되었고, 유교의 고전에 대한 지식을 평가하는 과거를 통해 인재를 선발하는 방식도 국지적이고 일시적인 단절을 제외하곤 줄곧 시행되었다.

유구한 중국역사에서 왕조교체가 이처럼 순탄했던 적은 거의 없었다. 더구나 만주족 황제들의 행동도 중국의 전통에 충실했다. 그들은 국방에 지대한 관심을 기울였고, 대군을 파견하여 스텝지대의 유목민과 티베트족 같은 불굴의 이웃으로부터 중국의 변경을 지키게 했다. 만주족의 문명화된 장비가 스텝지대의 구식 기마궁수를 압도할 수 있었기 때문에, 그런 노력은 매우 성공적이었다. 그렇지만 만주족의 변경지대 평정에는 새로운 측면이 있었다. 그들은 유목민 부족뿐 아니라 확장 일로에 있던 농경제국 러시아도 상대해야 했던 것이다. 이미 언급한 것처럼 러시아의 모피 상인은 17세기에 시베리아를 횡단해 활동범위를 넓혔고, 1638년에는 태평양의 오호츠크 해 연안에 도달했다. 그 후 러시아아인은 시베리아

삼림지대 남쪽에 살고 있던 스텝 민족들과 관계를 맺으려 했고, 어느 정도 성공을 거두었다. 또한 중국과 모피무역을 시작했다. 담비 모피는 당시 유럽과 중국의 상류층 사이에서 선풍적인 인기를 끌었다.

두 문명국은 서로 유리한 위치에 서기 위해 얼마간 다투다가, 1689년에 네르친스크 조약을 체결했다. 이 조약에 따라, 외몽골과 중앙아시아 극서의 스텝지대 대부분은 무인지대가 되어, 두 제국을 떨어뜨려 놓는 역할을 하게 되었다. 이 조약은 또한 차와 비단을 모피와 교환하는 것을 골자로 한 대상무역의 규정을 정했다. 하지만 규정은 잘 지켜지지 않았다. 완충지대에 사는 몽골인과 칼미크(칼무크)족은 중국과 러시아가 자기들에게 맡긴 중립적이고 수동적인 역할을 수행할 의사가 없었기 때문이다. 대신에 그들은 티베트와 종교적·외교적 관계를 맺었다. 그러자 중국은 영원히 잊을 수 없는 칭기즈칸의 군대만큼 위험한 새로운 야만족 연합이 출현하지나 않을까 두려워했다. 그런 가능성을 봉쇄하기 위해, 중국은 다시 전진정책을 펼쳤다. 당시 러시아 군대는 오스만 튀르크와 싸우느라 정신이 없었으므로, 청군이 격전 끝에 외몽골과 동투르키스탄을 정복하고 있는 동안 수수방관할 수밖에 없었다. 그 후 티베트는 순순히 무릎을 꿇었다. 이 일련의 전쟁은 1757년에 칼미크 연합군이 청군과 천연두 앞에 무너지고 나서야 끝났다. 칼미크족의 잔당은 러시아의 영토에 피난처를 마련하고 볼가 강 근처로 이주했는데, 이들의 후손은 아직도 그곳에 살고 있다. 그보다 30년 전인 1727년에 체결된 캬흐타 조약에 의해, 러시아인은 중국의 세력이 유라시아 스텝지대의 거의 절반을 가로질러 크게 확대된 것을 정식으로 인정했다.

만주족 황제들은 해상방위의 문제도 성공적으로 해결했다. 1636년에 일본정부는 나름의 이유에 의해 백성들의 외양항해를 금했고, 대양항해용 선박의 건조도 중단시켰다. 이에 따라 한 세기 이상 중국의 연안지방을 괴롭혔던 해적의 약탈이 근절되었다. 또한 중국정부의 지방관과 포르투갈 상인공동체의 대표들 사이에 비공식 협정이 체결되었는데, 이 협정은 해적의 피해를 줄이고 초기의 유럽 상선들이 마구 저지르던 불법행위를 대부분 통제하는 효과를 발휘했다. 따라서 중국의 정치가 안정을 되찾았을 무렵에는, 이미 해안을 지키는 전통적인 방법을 포기할 필요가 없어졌다. 그러므로 쉽게 예상할 수 있듯이, 만주족은 해군을 건설하거나 해안방위를 개선하기 위한 아무런 조치도 취하지 않았다. 그들은 그럴 필요가 없다고 보았고, 실제로도 그랬다.

중국의 번영과 보수주의

광대한 중국 전역에서 평화와 행정기능이 회복됨으로써, 번영을 향해 비상할 수 있는 든든한 발판이 마련되었다. 인구는 급증하기 시작했다. 아메리카 원산 신종 작물, 특히 고구마와 옥수수 덕분에 농촌사회는 직인에 의한 제조업의 성장 및 상업활동의 확대와 보조를 맞추며 발전했다. 유럽 상인과의 교역도 활기를 띠었다. 포르투갈 선박은 오랫동안 중국과 일본 사이의 물자수송을 사실상 독점하여 톡톡히 재미를 봤다. 양국 정부가 자국민의 대양항해용 선박 건조를 허가하지 않았기 때문이다. 게다가 차와 도자기, 그 밖의 중국 상품을 멀리 떨어져 있는 유럽의 응접실까지 수송하는 사업도 꾸준히 규모가 커졌다. 유럽 시장에 공급하기 위해, 중국의 사업가들은 저렴한 도자기의 대량 생산체계를 발전시켰다. 그러나 중국인은 전통적인 사회구조에 전혀 무리를 주지 않고도 이미 상당한 수준에 도달해 있던 생산력을 증대시킬 수 있었기 때문에, 이런 변화는 전통 중국을 오히려 강화했다.

문화생활은 중국의 견고한 보수주의를 증명해주었다. 1500~1700년에 중국인이 경험한 것 가운데 선조로부터 물려받은 학문과 정서의 틀에 들어맞지 않는 것은 전혀 없었다. 물론 유럽인이 들여온 흥미롭고 신기한 것들은 중국 지식인의 주목을 받았다. 새로운 지리학적 정보, 진보된 천문학 기술, 자명종과 같은 재미있는 기구는 정당한 가치를 인정받았다. 1601년에 이탈리아의 지식인 마테오 리치가 이끄는 예수회 선교사들은 베이징의 궁정에 입조해도 좋다는 허가를 받았다. 그러나 그것은 그리스도교 선교사들이 궁정의 학자들과 대화를 나눌 수 있을 정도로 유교의 학문에 눈을 뜬 뒤의 일이었다. 왕조가 교체되어도 베이징에서 예수회가 다져놓은 기반은 크게 흔들리지 않았다. 오히려 1640년부터 1664년까지 선교단의 수장인 요한 아담 샬 폰벨은 만주족의 젊은 황제와 돈독한 우의를 다지고, 제국정부에서 일정한 영향력을 행사했다. 그렇지만 황제의 궁정에서 얻은 지위에도 불구하고, 예수회는 교분을 쌓은 중국의 식자층에게는 거의 영향을 미치지 못했던 것으로 보이며, 많은 인구에게 복음을 전하려는 노력도 성공하지 못했다.

중국의 학자와 신사층은 고전을 등한시하지 않았고, 자신들이 생각할 수 있는 가장 면밀한 비판적 방법을 사용하여 유교경전의 진정한 의미를 확립하고자 했다. 그 결과 좀 더 절제되고 언어학적으로 엄밀한 '고증학'이 유행했고, 이전 세대의 신유학자들을 매료시켰던 과감하고 자유분방한 우의적 해석은 쇠퇴했다.

중국인이 머나먼 유럽에서 온 '남만인'(南蠻人)이 주장하는 학문과 낯선 사고방식을 진지하게 받아들이지 않았던 이유를 이해하는 데 설명은 불필요하다. 자기 나라의 제도가 원활하게 기능하고 있는데, 왜 현명하고 신중하고 책임감 있는 사람들이 그런 쓸데없는 일에 시간을 낭비하겠는가? 그리고 제국이 대외적으로는 가공할 만한 위력을 떨치고, 대내적으로는 평화로우며, 유교의 원리에 따라 조직되어 풍요롭고 교양 있고 우아하고, 오랜 시간을 바쳐 힘들게 고전의 의미를 깨우친 사람에게는 적절한 예우를 해줄 경우, 이 모든 것이 사실이라면, 굳이 외국의 문물에 일별 이상의 관심을 기울일 필요가 있을까? 그러므로 중국인은 거의 예외 없이 건전한 상식의 명령에 따랐고, 예수회 선교사들이 중국에 전해 준 신기한 것들을 힐끔 쳐다보았을 뿐이다.

일본의 히데요시와 도쿠가와 쇼군들

우리가 다루고 있는 두 세기 동안의 일본사는 전통적인 생활을 면면히 이어온 중국의 경우와는 진혀 달랐다. 16세기 초에 일본은 만성적인 내란을 겪고 있었다. 지방의 사무라이, 무장한 승병(僧兵), 도시에 기반을 둔 해적, 그리고 각양각색의 호방한 모험가들이 이전투구를 벌이면서, 한편으로는 명색뿐인 조정에 입에 발린 충성을 맹세하고 있었다. 1540년대에 포르투갈인이 도착하자, 그런 정세에 중대한 변화가 일어났다.

일본인은 유럽 문명의 많은 측면에 깊은 인상을 받았다. 유럽식 의상과 그리스도교로의 개종이 유행하여, 일본열도 전체로 빠르게 확산되었다. 물론 모든 사람이 신기한 물건을 받아들인 것은 아니었지만, 유럽 화기의 유용성을 인식하지 못한 사람은 거의 없었다. 지방의 영주들은 포르투갈인이 수입한 화기를 구하기 위해 귀금속과 귀중품을 기꺼이 내놓았다. 그러나 유럽에서와 마찬가지로 대포와 소총이 전쟁에서 결정적인 무기가 되자 무장비용이 증대하였고, 결과적으로 대영주만이 군사비를 조달하여 승리를 보장해주는 무기를 장만할 수 있었다. 그 덕분에 정치적 통일이 급속하게 이루어졌다. 최초의 포르투갈 선박이 일본에 입항한 지 반세기도 지나지 않아, 일본열도 전체가 대장군 히데요시(1598년 사망)에 의해 사실상 통일되었다. 히데요시는 전장에서 우수한 지도력을 발휘함으로써 권위를 얻었다. 그는 출신이 미천했고, 소년시절에는 마부로 일하기도 했다. 그의 정부는 다수의 무가(武家) 사이에 체결된 동맹에 기반을 두었다. 각 무가에 소속된 무사들은 자신의 직속 주군에게, 그리고 그를 통해 히데요시에게 봉사하는 군역을 제공하고 그 대가로 특정한 마을에서 나오는 수입을 할당받았다.

일본을 통일한 히데요시는 일본의 군사적 에너지를 외국으로 향하게 했다. 그는 두 번이나 조선에 대대적인 공격을 시도했는데, 그의 선언을 곧이곧대로 믿는다면, 천하를 정복하려는 의도를 갖고 조선을 쳤다고 한다! 그러나 이미 언급했듯이 히데요시의 군대는 조선 땅에서 결정적인 성공을 거두지 못했고, 그가 사망한 뒤 새로운 내란이 발발할 위기가 닥치자 일본군은 철수했다. 단 한 번의 전투 끝에, 히데요시의 협력자 중 하나였던 도쿠가와(德川)가의 이에야스(家康)가 패권을 장악하는 데 성공했다.

일본의 새 지도자는 신중했고, 히데요시 같은 팽창주의자가 아니었다. 그는 해외정복의 꿈을 완전히 버리고, 대신에 실질적 또는 잠재적인 국내의 정적으로부터 자신을 보호하는 체계적인 작업에 착수했다. 이는 무엇보다도 해적의 통제를 뜻했다. 전란기에 영토를 상실한 무가의 수장이 해적으로 변신하여 잃어버린 재산을 되찾고자 할 가능성이 얼마든지 있었기 때문이다. 그뿐만 아니라 이전의 투쟁에서 상실한 영지의 회복을 도모할 정도로 충분한 자금을 확보해서 돌아올 수도 있었다. 도쿠가와 쇼군들—이에야스와 그 후계자들을 이렇게 불렀다—은 그런 위험에 직면하고 싶은 마음이 없었다. 따라서 그들은 처음에는 해상활동을 규제했고, 나중에는 그것을 완전히 금했다. 이 조치는 이미 설명한 것처럼 중국의 연안지방이 안전해지는 결과를 초래했다.

세력이 만만치 않은 일본 내 그리스도 교도의 공동체도 쇼군의 눈에는 위험하게 보였다. 히데요시 자신은 1587년에 외국인 선교사를 일본에서 추방하는 법령을 공포했지만, 자신조차 그 법령을 실제로 시행하는 데는 무관심했다. 포르투갈인이 그 보복조치로 무역관계를 파기하지 않을까 두려웠기 때문일 것이다. 네덜란드 선박이 최초로 일본 해역에 나타난 1609년 이후, 일본인은 서양의 병기창에서 필요한 것은 무엇이든 공급

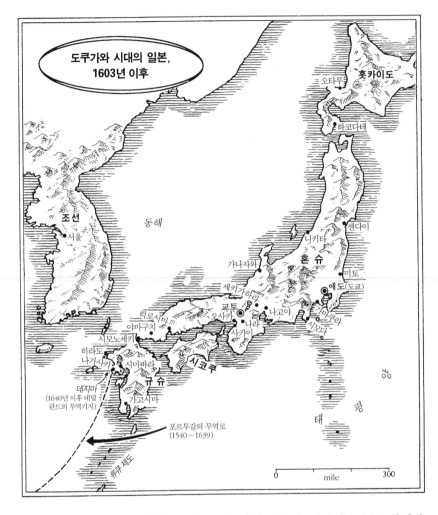

도쿠가와 시대의 일본,
1603년 이후

홋카이도

오타루

하코다테

조선

서울

동해

센다이

니키타

혼슈

가나자와

미토

세키가하라

에도(도쿄)

교토

오사카   나고야

나라

사카이

신모다

히로시마

야마구치

시모노세키   시코쿠

태

히라도

나가사키

시마바라   규슈

데지마

(1640년 이후 네덜
란드의 무역기지)

가고시마

평

양

포르투갈의 무역로
(1540~1639)

류큐 제도

0   mile   300

받을 수 있는 또 하나의 무역통로를 갖게 되었다. 따라서 쇼군은 안심하
고 일본의 그리스도교 공동체에 대해 산발적인 박해를 가하기 시작했다.
그 후 1637년에 그리스도 교도들이 규슈(九州)에서 반란을 일으키자, 쇼
군은 그들을 발본색원하기로 작정했다. 그리스도 교도의 마지막 거점이
함락되기까지는 꼬박 1년이 걸렸다. 체포된 그리스도 교도는 유럽인과
일본인을 불문하고 그 자리에서 처형되었다. 소수의 그리스도 교도가 살

아남아 숨어서 지냈는데, 그들은 미약했고 영향력도 없었다. 일본의 그리스도 교도는 거의 모두 사라졌고, 아시아의 문명국 가운데 가장 성공적이었던 그리스도교 선교활동은 유혈참극으로 막을 내렸다.

그 후 200년 이상 도쿠가와 막부(幕府)는 일본을 지배했다. 그렇지만 정치의 외양적인 견고함에도 불구하고, 경제 및 문화생활에서 일어난 중대한 변화가 일본의 사회와 문명에 눈에 보이지 않는 극심한 압력을 가하고 있었다. 이는 중국인의 생활이 1700년 무렵에 달성했다고 생각되는 평온한 안정과는 전혀 다른 양상이었다. 문제의 핵심은 전쟁이 끝나자 사무라이들이 의미 있는 직업을 상실했다는 것이다. 그들은 무사의 규범을 성찰하거나 자신의 사회적 지위에 어울리는 다양한 의식에 참여하는 등 고상하게 시간을 보내는 한편, 군사행동에 소집되기를 학수고대하며 하염없이 기다렸지만 소집령은 끝내 떨어지지 않았다. 어떤 사무라이들은 도시의 환락가에서 재산을 탕진하며 쾌락에 빠져들었다. 그곳에서는 활기차고 관능적이고 격식 없는 문화생활이 급속하게 발전했다.

다수의 사무라이는 사실상 파산했고, 마을에서 쌀을 징수하는 법적인 권리를 매각하거나 저당잡혔다. 그런 권리를 사들인 상인들은 자신들이 입수한 쌀을 주로 도시의 시장으로 보냈다. 그 결과 활발한 시장경제가 농민과 지주계급 사이에 끼어들고, 나아가 일본사회의 틈새에 깊이 침투하여 거의 전인구에게 영향을 주었다. 그런 힘에 맞서, 막부는 사무라이의 전통적인 생활양식을 강화하려고 필사의 노력을 기울였지만 이렇다 할 효과를 보지 못했다. 일본은 도시의 활기찬 서민생활과 엄숙한 예법을 중시하는 사무라이의 공식 문화로 뚜렷하게 나뉘는 이원화 양상을 보였다.

이 이원성은 막부가 지속되는 동안 계속 일본 사회의 성격을 규정했다. 어쩌면 두 가지 생활양식은 실제로 상호 보완적이어서 한쪽의 매력이 다른 쪽의 결함을 치유해주는 성질이 있었는지도 모른다.

23장
유럽의 구체제, 1648~1789

종교개혁과 반종교개혁에 의해 유럽에서 활화산처럼 분출한 정열은 1648년 이후 진정되었다. 교회와 국가의 지도자들은 신학적인 또는 다른 종류의 진리에 대한 절대적인 복종을 강요하려는 유혹에서 벗어났다. 유럽 사회의 지도자들은 인간의 정열이 걷잡을 수 없이 고조되거나 격해지는 것을 신중하게 피하고, 광신적이지 않고 침착한 자세로 진리의 부분적인 파악에 전념하는 훈련받은 전문가들의 능력에 의존하기로 했다. 이렇게 해서 온건한 전문가주의가 사회의 모든 전략적 거점, 병영·설교단·법정·대학·학교·관청, 그리고 특허회사와 은행 같은 신흥 유력기관에 뿌리를 내리는 새로운 현상이 나타났다. 이상의 직업과 그 밖의 전문화된 직업에 안정적인 지위와 적절한 기능을 부여함으로써, 유럽 사회는 유례없이 사상과 감수성의 다원화로 나아가는 문을 활짝 열었다. 각 직업은 제한된 범위의 지식을 추구하면서 이전 세대가 이룩한 성과를 진전시키고 정밀화했다. 그리고 모든 진리와 지식을 아우르는 종합적인 체계를 수립한다거나 그것에 맹종할 필요는 느끼지 않았다. 자신이 가진 직업의 자율성과 존엄성이 의문시되지 않은 한, 유럽의 실무자들은 다른 직업에 종사하는 사람들이 일정한 한도 내에서 마음 내키는 대로 생각하고 행동하게 내버려두어도 아무런 문제가 없다고 판단했다.

문명이 탄생한 이래 모든 문명에서 볼 수 있는 것처럼 유럽에서도 다원성과 타협은 물론 옛날부터 존재했다. 실제로 문명은 직업의 분화가 존재하는 사회로 정의되기도 한다. 따라서 17세기 후반의 유럽에서 새로웠던 것은 다원성 자체라기보다는 다원성의 필요성이 널리 인식되어 이전 세대의 집요한 개혁적 노력으로도 끝내 없앨 수 없었던 모순과 불일치를 기꺼이 감수하는 관용적 태도가 생겨났다는 것이다. 오랫동안 유럽인을 부추겨 서로를 비난하고 파괴하게 했던, 형이상학적 확실성의 열광적인 추구를 대신해서 중용과 균형, 예절이 중시되었다. 논리는 그러한 타협에 의해 분명히 손상되었다. 그러나 상식과, 상식이 통한다는 사실이 진리와 도덕의 문제에 대한 전문화되고 세분화된 새로운 접근을 지탱해주었다.

제한전쟁

중용과 균형, 예절은 심지어 국가 간의 관계에도 영향을 주었다. 파멸적인 30년전쟁이 종료된 뒤 수십 년 동안, 외교관과 군인을 위한 직업적인 행동규범에 가까운 그 무엇이 정립되었다. 전쟁의 형식화는 퐁트누아 전투(1745)에서 프랑스와 잉글랜드의 제후들이 먼저 발포(發砲)할 권리를 예의바르게 서로에게 양보했을 때 절정에 달했던 것으로 보인다. 그 뒤부터 유럽의 전쟁은 다시 격해지는 경향을 보였다. 무기는 갈수록 파괴적으로 변했고, 전쟁에 얽혀 있는 정치적 이해관계도 첨예해졌다. 급기야 프랑스 혁명의 지도자들은 다시 한번 대중의 정열을 고취시켜 전장에서 분출하게 했다.

1653년과 1689년 사이에 프랑스는 경쟁상대에 대해 결정적인 우위를 누렸다. 루이 14세(1643~1715년 재위)는 소년시절에 무력시위(이른바

프롱드의 난, 1648~1653)를 통해 왕에게 자신들의 권리를 주장하던 귀족들의 마지막 노력이 실패로 돌아가는 것을 목격했다. 성년이 된 그는 승승장구하던 그의 군대에게 라인 강과 피레네 산맥이라는 '자연적인 경계선'을 프랑스를 위해 점령하라는 임무를 맡겼다. 그는 애초에 기진맥진한 스페인 제국을 희생시켜 성공을 거두었으나, 1689년에 네덜란드와 잉글랜드가 합스부르크가와 동맹을 맺고 프랑스의 침입을 저지하는 바람에 결국은 좌절하고 말았다. 그 후 잉글랜드와 프랑스는 북아메리카와 인도의 지배권을 놓고 일련의 전쟁을 벌였다. 그러는 동안 유럽에서는 오스트리아가 이탈리아와 남부 네덜란드에서 스페인의 지위를 계승함으로써 스페인 제국이 최종적으로 해체되는 과정에서 가장 큰 열매를 차지했다(스페인 왕위계승전쟁, 1701~1714). 1763년까지 잉글랜드(1707년에 스코틀랜드와 아일랜드를 병합하여 영국이 되었다)는 인도와 캐나다에서 결정적인 승리를 거두었다. 이 성공은 다음 세대에 프랑스의 원조를 받은 영국 식민지의 반란자들이 북아메리카에서 독립국가를 건설하는 데 성공한 사건(1778~1783)에 의해 일부 손상을 입었을 뿐이다.

서유럽이 극도의 혼란 속에서 제한전쟁을 치르고 있는 동안, 동유럽에서는 더욱 철저한 세력재편이 이루어졌다. 1648년 이후 폴란드와 스웨덴은 서유럽의 네덜란드와 마찬가지로 더 이상 대제국으로서의 위상을 유지할 수 없었다. 대신에 오스트리아와 게르만인의 신흥국가 브란덴부르크-프로이센이 스웨덴과 폴란드의 영토를 차지하기 위해 러시아와 경쟁했다(1648~1721). 그 후 세 나라는 폴란드를 분할함으로써 폴란드 왕국을 지도에서 완전히 없애버렸다(1772~1795).

중유럽은 서유럽과 동유럽 사이에서 힘의 균형을 잡아주는 일종의 가교(때로는 전쟁을 벌이기 좋은 무대)였다. 베스트팔렌 조약(1648)으로 분할된 이탈리아와 독일의 소국들은 프랑스와 동맹을 맺거나 반-프랑스 동맹국에 가세하는 편이었는데, 어느 쪽을 택하는가는 각 지방의 환경과 경쟁자, 왕족과의 유대에 달려 있었고, 가끔은 단순하게 최고의 조건을 제시하는 쪽에 붙기도 했다.

국제적 이해관계의 균형

유럽의 모든 주권국가 내부에서, 정부는 외교정책과 관련된 행동의 자유에 법적 규제를 기하지 않았다. 그렇지만 실제로는 힘의 균형을 따져보아야 했기 때문에 모든 통치자의 재량은 비교적 좁은 범위 안에 한정되었다. 이와 유사하게 유럽의 모든 군주는 신하에 대한 절대적인 권력을 주장하는 경우에도 전통적으로 상이한 집단과 계급에 배분되어 있는, 왕의 이익에 반하는 복잡다기한 권익과 특권에 의해 사실상 제한되었다. 더구나 이 다양한 이권은 보통 일종의 단체화된 조직을 갖고 있어서, 조직이 이권에 유효한 정치적 비중을 부여할 수 있었고 또 실제로도 부여하고 있었다.

따라서 루이 14세의 궁정의 장중한 아름다움과 "짐이 곧 국가"라는 자만 뒤에는 전혀 다른 실상이 숨어 있었다. 심지어 루이의 청년시대에 왕에게 봉사하는 정력적인 관료들이 프랑스 행정의 체계적인 중앙집권화를 관철했을 때에도, 그것에 대항하는 특권적 집단의 힘이 프랑스 관료들이 달성한 실질적인 성공을 무색하게 만들었다. 그런 특권적 집단 중에는 오래전부터 존재하던 것(지방 대표자들의 모임 또는 프랑스의 '삼부회')도 있었고, 새로 성립된 것(프랑스 동인도회사)도 있었다. 그럼에도 불구하고, 왕의 정책은 귀족을 고분고분하게 길들인다는 큰 목표를 달성했다. 그러나 루이 14세는 이 목적을 이루기 위해 귀족의 권리와 특권을 직접 억압했을 뿐 아니라 연금이나 궁정 내의 관직을 적절하게 배분해야 했다.

루이 14세 사후에 프랑스 귀족들은 잃어버린 독립의 일부를 다시 쟁

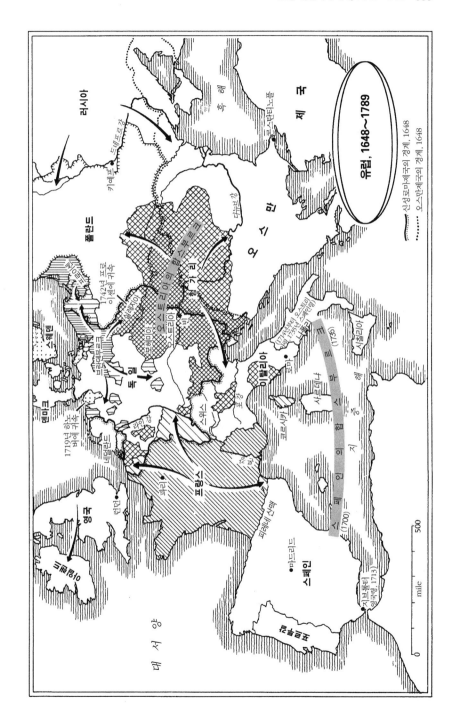

취하려고 했지만, 선조들과는 달리 무력에 호소하지 않고 법적 절차와 논의에 의지했다. 군대와 정부의 행정이 그런 방향으로 발달하자, 그 밖의 다른 방식은 실효성을 잃게 되었다. 보통사람에게는 폭력의 감소가 실현되고 지방에서 법에 의한 지배가 확립된 것이 프랑스와 기타 국가에서 구체제가 이룩한 가장 중요한 기본적인 성과였다.

상쟁하는 이해와 단체 사이의 균형은 국가별·시대별로 천차만별의 양상을 띠면서, 끊임없이 변하는 정치 패턴을 만들어냈다. 일반적으로 말하자면, 스페인과 오스트리아의 합스부르크 영토는 프랑스에 확연하게 뒤처졌다. 그곳에서는 중앙집권적인 개혁을 통해 지역차를 줄이거나 없애려는 관료들의 노력이 프랑스와는 달리 17세기가 아니라 18세기에야 실행에 옮겨졌다. 합스부르크가의 지배를 받던 지역의 교회는 프랑스의 교회에 비해 훨씬 큰 독립성을 유지했다. 프랑스에서는 중세부터 갈리아주의—로마 가톨릭 교회 안에 별개의 프랑스 교회가 있고 또 있어야만 한다는 주장—가 폭넓게 퍼져 있었는데, 그것은 실제로는 프랑스 교회의 주교와 그 밖의 고위 성직자가 왕의 정부에 종속됨을 의미했다.

잉글랜드의 의회제도

서유럽의 주변부에서는, 전형에서 벗어난 두 개의 정부가 1640~1688년에 독특한 형태를 갖추었다. 요컨대 한쪽에서는 잉글랜드의 의회제도가, 다른 한쪽에서는 프로이센의 군국주의가 결정적으로 형성된 것이 바로 이 시기였는데, 이것은 참으로 놀라운 우연의 일치였다. 잉글랜드 내란은 의회제의 탄생을 위한 시련이었다. 그러나 시대에 뒤떨어진 지방주의(하원의 지주와 시민이 강력하게 대표했다)와 국가의 정책적 요구 사이의 원만한 조정이 이루어진 것은 1668년의 명예혁명 이후였다. 찰스 2세(1660~1685년 재위)와 그의 동생 제임스 2세(1685~1688

년 재위)의 치세에, 부활한 스튜어트 왕조의 군주들은 당연히 의회를 신뢰하기 어려웠고, 실제로 프랑스의 보조금을 받아 의회의 승인에 지나치게 종속되지 않으려고 노력했다. 이런 상황에서 국가정책이 성공적으로 실행될 리는 만무했다.

1688년의 명예혁명과 함께 상황은 급변했다. 혁명에 의해 제임스의 여동생 메리와 그녀의 남편 오라녜 공 빌럼(윌리엄)이 공동으로 잉글랜드 왕위에 올랐다. 윌리엄은 네덜란드 총독도 겸하고 있었으며, 루이 14세에 대항하는 외교-군사연합의 지도자였다. 당연히 그의 관심은 대륙으로 향했다. 그는 의회의 지도자들이 루이 14세를 견제하는 데 필요한 수단을 제공한다면, 잉글랜드 정치를 의회에 일임할 각오가 되어 있었다. 그때부터 조지 3세가 즉위한 1760년까지 영국의 군주 중에서 의회 지도자들을 회피하거나 통제하려고 시도한 사람은 아무도 없었다. 그리하여 의회 지도자들은 지방과 국가의 관심사, 국제관계를 충분히 존중하면서 나라를 다스리는 관행을 발달시켰고, 그것에 필요한 여러 제도를 만들어냈다.

그런 요구에 부응하기 위해, 잉글랜드의 정치가와 의회주의자들은 내각과 국채라는 두 가지 새롭고 중요한 제도를 발달시켰다. 내각의 각료는 물론 왕이 임명했지만, 의회에 대해 책임을 졌다. 의회에서 다수파의 표를 확보하여 법안을 통과시키는 내각의 능력은, 의원들 사이의 관계를 느슨하지만 실질적으로 규정하는 당파와 정당의 연합 시스템을 어떻게 조정하느냐에 달려 있었다. 이 정치 시스템은 때로는 패배한 측이 제기하는 불만으로 인해 삐걱대기도 했지만, 의회에서 대표되는 각종 이해관계가 끊임없이 변하는 현실에 신속하게 대처할 수 있다는 장점을 갖고 있었다. 18세기의 중앙집권화된 관료제는 사회변화에 그토록 민감하게 적응하지 못했다. 바로 이 점이 18세기에 잉글랜드에서 시행되던 의회정치의 본질적인 우월성이었다. 하지만 그것은 결코 민주적인 정체는 아니었다. 재산이 없는 대다수와 국교회에 반대하는 자들은 의회에 대표자를 보내지 못했기 때문이다. 부패선거구와 정치적 비호세력의 덕을 볼 수 있는 돈 있고 집안 좋은 사람들이 의회를 완전히 지배했다.

1688년 이후 잉글랜드에서 의회정치가 성공할 수 있었던 원인은 새로운 신용제도인 국채의 발명이었다. 국채 발행으로 잉글랜드는 긴급한 경비를 매우 유리한 조건으로 사회에서 차입할 수 있었다. 기본발상은 의회가 차입금 상환을 책임지게 하는 데 있었다. 이전까지 정부는 왕의 이름으로 돈을 빌렸고, 무슨 수를 쓰든 그 빚을 갚을 의무도 왕 개인에게 있는 것으로 간주되었다. 하지만 1694년에 의회가 잉글랜드 은행을 설립하면서 사정이 변했다. 은행의 가장 중요한 기능은 정부에 돈을 빌려주는 것이었고, 의회는 각종 세금을 부과함으로써 상환을 보증해주었다. 이런 식으로 하면 전쟁비용을 여러 해에 걸쳐 나누어 갚을 수 있었다. 더욱 중요한 것은 지불보증이 확실할수록 이자는 낮아진다는 점이었다. 잉글랜드 정부는 자국민뿐 아니라 외국인한테도 돈을 빌릴 수 있었다. 다른 정부는 차입금 변제에 대한 의회의 보증이 없었기 때문에, 잉글랜드처럼 유리한 조건으로 자금을 차용할 수 없었다. 이로 인해 잉글랜드의 국력은 급상승했다.

7년전쟁(1756~1763)에서 프랑스를 상대로 거둔 빛나는 승리는 이런 정부가 얼마나 가공할 만한 힘을 발휘하는지 보여주었다. 이와 대조적으로 사소하고 개별적인 이해를 초월하는 왕당을 육성하여 의회를 통제하려던 조지 3세의 노력이 실패했다는 것은 아메리카 독립전쟁(1776~1783)에서의 치욕스러운 패배로 입증되었다. 조금씩, 그리고 완전히 비체계적으로 진화하던 잉글랜드(1707년 이후에는 영국) 정부 패턴은 날이 갈수록 대륙에서 유행하고 있던 관료적 군주제의 규범에서 멀리 벗어났다. 특히 1763년 이후 프랑스와 유럽 대륙의 다른 국가들은, 1640년과 1688년에는 구태의연하고 혼란스러운 중세의 유물처럼 보였던 잉글랜드의 의회제도가 사실은 자국의 경직된 정부 시스템을 재편하는 데 유익한 모델이라고 믿게 되었다.

프로이센의 군국주의

프로이센의 발전은 잉글랜드의 경우와 많이 달랐다. 신하들을 끊임없이 독려했던 엄격한 프리드리히 빌헬름(1640~1688년 재위) 대선제후는 자신이 호엔촐레른가의 선조로부터 물려받은 여기저기 산재해 있던 영토들을 통합하여 기강이 엄하고 빈틈없이 중앙집권화된 국가를 만들었다. 30년전쟁에서 브란덴부르크(호엔촐레른가 영지의 중심부에 있는)가 스웨덴과 다른 외국군대에 의해 반복적으로 파괴되는 고통을 체험한 각 지방은 대선제후의 정책에 저항할 엄두도 내지 못했다. 그는 적의 공격을 격퇴할 수 있는 충분한 군사력을 양성하는 것을 목표로 정했고, 이것을 위해서라면 어떤 대가라도 지불할 각오가 되어 있었다. 물론 그 대가는 컸다. 그의 영토는 가난했고 인구도 그리 많지 않았기 때문이다. 그렇지만 그는 극도의 절약과 부단한 노력에 의해 국가를 방위할 뿐 아니라 영토를 확장할 수도 있는 강력한 상비군을 만들었다. 빌헬름의 후계자들도 같은 정책을 추진하여 그에게 뒤지지 않는 성과를 거두었으나, 그의 서릿발 같은 위엄은 보여주지 못했다. 대왕 프리드리히 2세(1740~1786년 재위)는 과거에 비해 훨씬 크고 영토적으로도 통합된 국가를 물려주고 사망했는데, 그것이 바로 프로이센 왕국이었다. 프로이센은 유럽의 열강 대열에 합류하여, 오스트리아와 경합을 벌였고 동방의 거인 러시아에게도 전혀 밀리지 않았다.

호엔촐레른가의 지배자들은 경제발전에 체계적인 관심을 보였다. 프로이센의 왕들은 산업과 인구가 전쟁에서 승리를 보장하는 원동력이라는 점을 잘 알고 있었다. 그들의 치하에서 불모의 모래땅과 한정된 광물

자원을 개발하는 데 성공한 프로이센은 18세기 말에 이르자, 좀 더 서쪽에 있는 나라에서나 볼 수 있는 사회적 복잡성을 자랑하게 되었다. 직인, 상인, 전문직업 종사자, 기타 도시의 사회계급이 수적으로도 증가했고 영향력도 커졌다. 사정이 이렇게 되자, 대선제후와 그 직후의 몇몇 후계자의 시대에 두드러지게 나타났던 병영적인 분위기는 가라앉았다. 그렇지만 완전히 사라지지는 않았다. 다만 장교집단의 좁은 세계로 퇴각했을 뿐이다. 이 직업군인들은 주로 동프로이센과 기기에 인접한 발트 헤 지방의 지주계급('융커')의 젊은 아들들에 의해 충원되었다.

농업과 기술의 진전

유럽의 경제생활은 구체제의 기간을 통해 빠른 상승세를 이어갔다. 농업은 여전히 경제의 근간이었고, 인구의 대다수는 어디서나 농민으로 일했다. 고도로 도시화된 국가에서도 사정은 마찬가지였다. 광범위한 지역에서 관습적인 경작방식이 유지되었다. 장원 양식의 집단농경이 뿌리를 내린 곳에서는, 기존의 친숙한 경작법에 큰 변화를 주기가 아주 어려웠다. 소유권의 중첩으로 인해 중요한 사항을 변경하기 위해서는 만장일치의(또는 만장일치에 가까운) 동의가 필요했기 때문이다. 그렇지만 오랜 옛날부터 해오던 농사주기를 지키면서도, 체계적으로 종자를 선택한다든가 쟁기의 디자인을 개선하는 것 같은 간단한 방법을 통해서 수확량을 크게 늘릴 수 있었다.

유럽 극서부에서 중요한 변화가 일어났다. 중세 농업의 약점은 겨울철에 소와 말에게 먹일 마땅한 사료가 없다는 것이었는데, 토끼풀과 순무 같은 새로운 작물이 재배되면서 이 문제가 해결되었다. 순무 재배에는 세심한 손길이 필요했는데, 이 과정에서 자연히 잡초가 제거되었다. 이는 옛날처럼 잡초 제거를 위해 휴경지를 쟁기로 갈아엎을 필요가 없어졌음을 뜻했고, 여기에 비례하여 농업생산성도 높아졌다. 게다가 순무는 뿌리에 질소가 들러붙어 있어서 토지의 비옥도를 높이는 데도 일조했다. 하지만 유럽 농업에 가장 큰 변화를 준 것은 식량생산 능력을 현저하게 증대시킨 감자의 보급이었다. 예컨대 발트 해 연안 독일의 모래땅과 한랭한 기후에서, 감자는 곡물의 4배에 달하는 칼로리를 인간에게 제공할 수 있었다. 그 결과 감자가 중유럽에서 처음으로 중요한 작물이 된 1750년경부터 독일인구는 급증했고 경제도 눈부시게 성장했다. 발칸 지방과 헝가리에서는 옥수수가 비슷한 역할을 했다. 그러나 북유럽은 기후가 너무 추워서, 또 서유럽은 습도가 너무 높아서 옥수수가 잘 자랄 수 없었다.

제조업과 교통도 진일보했다. 프랑스가 앞장서서 전천후 도로와, 전국의 모든 중요한 수계(水系)를 하나의 네트워크로 묶어주는 운하체계를 발달시켰다. 잉글랜드는 1750년이 지나서야 프랑스를 쫓아가기 시작했다. 하지만 제조업 분야에서는 양국의 관계가 역전되었다. 비교적 엄격한 규제를 받는 유럽 대륙의 경제에 비해, 잉글랜드에서는 사기업의 활동이 훨씬 자유로웠고 경험에 바탕을 둔 발명도 한층 활발했다. 게다가 잉글랜드의 탄광은 매장량도 풍부했고 개발하기도 쉬웠다. 또한 코크스 제조법의 발명(1709년경)으로, 석탄을 철광석 제련에 사용할 수 있었다. 이에 따라 철과 강철의 공급량이 늘어났고, 나무 대신 금속이 기계 부품으로 사용되는 비중이 커졌다.

하지만 가장 중요한 변화의 전기는 석탄을 가열할 때 나오는 증기 압력을 이용하여 기계 에너지를 만들어내는 강력한 엔진의 발명이었다. 1712년경 토머스 뉴커먼은 광산의 수갱(竪坑)에서 물을 퍼 올리는 소박한 증기기관을 발명했다. 그것은 증기의 응축에 의해 생기는 부분적인 진공상태에 대기압이 반작용하는 현상을 이용한 것이었다. 1769년에 제임스 와트는 증기를 이용하여 실린더 내의 피스톤을 움직이는 훨씬 개선된 기관을 개발해서 특허를 취득했다. 와트의 기관은 뉴커먼의 기관과는 달리 교대로 가열과 냉각을 반복할 필요가 없었기 때문에 훨씬 능률적이었다. 그것은 즉시 공장과 광산에 동력을 공급했고, 얼마 후에는 수송기관에도 이용되었다.

와트의 증기기관을 가장 효과적으로 이용한 것 중의 하나는 18세기에 급속하게 규모가 커지고 복잡해진 방적기였다. 증기기관을 방적기의 동력으로 이용한 결과, 일정한 시간 내에 생산할 수 있는 직물의 양이 엄청나게 증가했고, 완세품의 가격은 급속히 하락했다. 실제로 1789년이 되자 인도에서 재배되어 희망봉을 돌아 잉글랜드로 수입되는 면을 사용하던 잉글랜드의 방적공장은 인도 자체에서 손으로 짠 것보다 저렴한 제품을 생산할 수 있었다! 잉글랜드가 18세기에 석탄과 철, 새로 발명된 기계를 활용하여 동력화에 성공함으로써 경이로운 기술적 진보를 이룩했다는 사실을 이보다 더 생생하게 보여주는 사례는 없다. 그 전까지는 인도 직공들의 뛰어난 솜씨와 값싼 인건비로 인해 인도산 면직물은 전세계에 경쟁상대가 없는 상태였다.

거의 모든 유럽의 전통 공예에 때로는 사소하고 때로는 근본적인 변화가 일어났다. 게다가 유럽인은 외국제품을 체계적으로 신중하게 모방하여 새로운 공예품을 만들어내기도 했다. 이런 식으로 유럽의 기술이 풍부해진 대표적인 사례는 직인·과학자·기업가·정부관리가 협력하여 중국 도자기를 복제한 것이었다. 중국인은 사업상의 비밀을 잘 지켰기 때문에, 유럽인은 장기간의 시행착오를 거친 뒤에야 비로소 중국산과 거의 구별되지 않는 도자기를 제작할 수 있게 되었다.

이런 기술적 진보 못지않게 중요한 것은 인간조직의 형태가 동시에 발전했다는 점이다. 조직혁신 덕분에 유럽인은 장기간의 노력과 많은 사람의 협동을 요구하는 사업에 인적 자원을 대량으로 동원할 수 있었다. 동인도회사와 같은 특허회사가 유럽인의 해외사업에 중요한 역할을 했다는 것은 이미 언급했다(19장의 '유럽의 식민지 건설과 무역' 참조). 게다가 중앙은행이나 국채 같은 중요한 재정적 장치가 구체제 시대에 도입됨으로써, 금과 은의 제한된 공급량에 묶여 있던 경제관계가 해방되었다. 그러나 그 부작용으로 가격체계가 교란되어 물가가 주기적으로 극심한 등락을 반복하던 초기에는 많은 오해와 혼선을 빚기도 했다. 예컨대 최초의 신용대출 붐(남해회사 거품사건, 1718~1720)*은 주식회사의 신용을 바닥으로 떨어뜨려, 모든 주요 유럽 국가에서 주식회사를 불법화하는 결과를 초래했다. 그리고 이 상황은 19세기까지 이어졌다.

　유럽인은 직인의 손기술을 수학적 계측의 정확성으로 보완하는 방법을 터득함으로써, 상품의 제조과정을 조율하기 위한 또 다른 강력한 장치의 가능성을 탐색했다. 완성된 대포와 소총이 적절하게 발사되기 위해서는, 이들 화기의 천공(穿孔)이 한치의 오차도 없이 정확해야 했다. 마찬가지로 와트의 증기기관은 피스톤이 실린더 벽에 꼭 들어맞아야 했고, 톱니바퀴·나사·베어링, 기타 구동 부품의 전반적인 조화가 이루어져야 했다. 자명종·몸시계·망원경·현미경 등은 부품을 제원에 맞게 만든 다음 각각의 부품들을 실제로 작동하는 완제품으로 조립할 수 있는 전문가만이 제작할 수 있었다. 그런 전문가가 되기 위해서는 손과 눈의 숙련이 요구되었을 뿐 아니라, 각 작업에 대한 고도로 정확한 수학적 계산 그리고 제조공정마다 제품을 엄밀히 계측하는 꼼꼼함이 필요했다.

　유럽의 경제조직은 1789년에는 여러 모로 초보적인 수준에 머물러 있었고, 그 후에야 대규모로 응용되었다. 그렇지만 이미 첫발은 내딛었고, 기본적인 아이디어는 알려져 있었으며, 그 실용성은 입증되었다. 제조과정을 철저하게 합리화할 가능성이 이처럼 예고된 것은 유럽의 유리한 입지와 장래의 번영을 약속하는 것이나 마찬가지였다.

---

* South Sea Bubble. 노예무역을 목적으로 설립된 남해회사가 국채를 주식으로 전환하는 과정에서 주가가 천정부지로 치솟았다가 폭락함에 따라 수많은 투자자를 파산시킨 투기사건—옮긴이.

수학과 과학

17세기 후반에, 한 세기 이상 종교논쟁에 집중되었던 유럽의 지적 에너지는 갑자기 초점을 바꾸었다.

수학은 요하네스 케플러(1630년 사망)와 갈릴레오 갈릴레이(1642년 사망) 같은 인물이 활약하던 종교개혁 시대에 급속히 발달했다. 새로운 기수법(記數法)은 계산을 단순화하고 그 범위를 확대했으며 새로운 개념을 도입했다. 특히 아라비아 시대부터 따로 연구되어왔던 기하학과 대수학이 융합되어, 해석기하학이 탄생했다. 해석기하학은 다시 '도함수'(導函數) 또는 미적분을 만들어냈는데, 미적분은 수학적 추론의 범위를 확대시키고 그 힘을 심화시켰으며, 물리학 연구에 긴요하게 응용되었다.

수학이 크게 유행하여, 많은 사람은 수학적 추론의 기법을 인간의 조건에 관한 모든 의문에 엄밀하고 신중하게 적용하면 보편적으로 수용될 수 있는 진실한 결론이 도출되리라고 확신했다. 이런 과감한 시도를 한 최초의 영향력 있는 인물이 르네 데카르트(1650년 사망)였다. 그는 공리와 자명한 제1원리를 기초로 해서 연역적 추론을 하고자 했는데, 이것은 기하학자의 방식을 모방한 것으로 대단히 설득력이 강했기 때문에 열광적인 데카르트주의자들의 학파가 프랑스와 그 밖의 지역에서 빠르게 커져 나갔다. 그들은 데카르트의 견해를 열심히 보급하고 옹호했다. 다른 사람들도 동일한 수학적 확실성의 비전에 고무되었으나, 안타깝게도 양립할 수 없는 상이한 결론에 도달했다. 네덜란드의 바뤼흐 스피노자(1677년 사망)와 잉글랜드의 토머스 홉스(1679년 사망)가 그런 철학자들 중에서 가장 유명한 인물이었다. 다음 세대에서는 곳프리트 빌헬름 라이프니츠(1716년 사망)가 같은 야망을 불태웠다.

이들 철학자의 견해 차이를 조정해줄 수 있는 만족스러운 수단은 존재하지 않았다. 중립적인 전문가가 그들의 대립적인 견해를 평가하는 데 필요한 경험적인 실험방법이 없었던 것이다. 아이잭 뉴턴(1727년 사망)이 자신의 저서 『자연철학의 수학적 원리』(일명 프린키피아)에서 물리학적·천문학적 운동에 대한 장대하고 우아한 분석을 전개한 뒤로는 사정이 변했다. 선배들과 마찬가지로, 뉴턴은 관찰을 통해 얻은 다양한 결과를 수학적인 질서로 환원시켰다. 천상과 지상의 모든 운동을 설명하기 위해, 그는 만유인력이라는 신비로운 힘을 상정했다. 그는 그 힘이 어이가 없어 웃음이 나올 정도로 단순한 수학적 공식—인력은 두 물체 사이의 거리의 제곱에 반비례한다—에 따라 공간에서 작동한다고 가정했다.

뉴턴의 동시대인들 중 일부는 원거리에서 작용하는 신비한 힘의 의미에 대해 거부감을 표했다. 뉴턴은 에테르라는 실체를 언급하고 공간을 '하나님의 마음'에 비유하면서 문제를 해명하려고 노력했으나, 사람들의 불안감을 누그러뜨리지는 못했다. 그러나 대부분의 사람에게 확신을 준 것은 뉴턴의 이론이 경험적으로 시험될 수 있다는 사실이었다. 뉴턴의 운동법칙은 원래 달의 움직임을 수학적으로 표현하려고 노력하는 과정에서 탄생했다. 그렇지만 그의 공식이 정확한지 시험해보는 데 사용될 수 있는 움직이는 물체는 무수히 많았다. 그런 관찰과 측정을 기초로, 얼마 후 그의 공식은 유효한 것으로 밝혀졌다. 현실이 실제로 뉴턴의 운동법칙에 부합했던 것이다.

우리 시대에는 과학적 예측과 자연법칙의 작용을 보통 당연한 것으로 받아들인다. 그러므로 위에서 말한 이론들이 처음 발표되었을 때 얼마나 사람들을 놀라게 하고 흥분시켰는지 이해하기 위해서는 상상력을 발휘해야 한다. 우주는 대단히 활동적이고 인간적인 하느님에 의해 지배되며, 하느님은 언제 어떤 상황이든 개입하여 과거의 잘못을 용서하거나 기적을 일으켜 인간을 회개시킨다는 생각에 세뇌된 사람들에게, 뉴턴의 우주관은 개방적인 동시에 두려운 것이었다. 하느님은 마치 수학자처럼 보였고, 수학적 원리에 따라 우주를 창조하기로 마음먹은 것 같았다. 그런 우주에서 기적을 행한다는 것은 하느님의 위엄을 훼손하는 것이라고 생각되었다. 기적 자체는 하느님이 스스로 명령한 바를 국지적·일시적으로 파기하는 것이자, 선량하고 필연적인 모든 목적을 달성하기에는 자연법칙이 불충분하다는 것을 고백하는 것이었기 때문이다. 하느님과 개별 인간의 영혼 사이에 존재하는 지극히 개인적이고 전혀 예측할 수 없는 관계에 기초를 둔 루터와 로욜라의 우주관과 이보다 더 이상 극명하게 대비되는 발상은 상상조차 할 수 없었을 것이다.

그러나 대부분의 사람은 뉴턴의 자연우주관에 설득되어 그것을 수용한 뒤에도 그리스도 교도로 남아 있었다. 뉴턴 역시 성서의 주석을 쓰면서 성전의 숨은 뜻을 발견하려고 애썼다. 그의 긴 생애(1642~1727)는 하느님과의 개인적인 관계와 경험을 강조하는 새로운 종교운동이 유난히 많았던 시대였다. 예컨대 프로테스탄티즘 내에서는 잉글랜드의 퀘이커와 감리교, 독일의 경건주의가 뉴턴 생전에 활동을 하기 시작했다. 로마 가톨릭에서는 장세니슴과 퀴에티슴이 뉴턴 시대에 가장 큰 영향력을 행사했다. 이 두 종파는 교황의 공식적인 비난을 받고 결국 소멸되었으나, 세 가지 프로테스탄트 운동은 중간에 변화를 겪긴 했지만 오늘에 이르기까지 번창하고 있다.

다른 과학들은 명확한 수학적 법칙의 영향을 순순히 받아들이지 않았다. 다양한 동식물의 생활상에 관한 정보를 수집하는 데 많은 노력이 경주되었고, 자기가 관찰한 바를 기록으로 남긴 선교사와 그 밖의 지식인들을 통해 멀리 떨어져 있는 인간사회—문명과 미개를 불문하고—에 대한 새로운 지식이 유럽에 유입되었다. 그렇지만 방대한 양의 새로운 정보로부터 생물학과 사회과학의 수학적 공식화는 생겨나지 않았다. 물론 스웨덴의 식물학자 칼 폰 린네(1778년 사망)는 아직까지 기준이 되고 있는 식물의 분류체계를 고안했고, 프랑스의 '중농학파'와 스코틀랜드의 애덤 스미스(1790년 사망)는 정부가 개인의 자연적인 행동에 개입하지 않는다면 무역과 산업에 무슨 일이 일어날 것인가에 대한 추론을 시도하여 인상적인 성공을 거두었다. 인간은 합리적인 이기심에 따라 움직인다고 믿었던 그들은 그 같은 정책에 의해 부와 자유가 증진될 것이라고 결론지었다. 뉴턴의 운동법칙과 달리 자유방임주의 이론은 경험적으로 시험해본다는 것이 불가능했다. 정부와 인간은 합리적으로 행동하기를 집요하게 거부했기 때문이다.

정치이론·역사서술·경험철학

사회사상의 두 가지 다른 영역도 의미심장한 변화를 겪었다. 첫째, 하느님이 일상적인 인간사에 개입한다는 것을 더 이상 당연시하지 않는 사람들은 정치적 정당성에 대한 새로운 이론을 발전시켜야 했다. 신권에 의해 통치한다고 주장하는 왕은, 하느님이 실제로 가능성이 있는 모든 후보 가운데 그를 왕으로 선택한 것이 아니라면 권력 찬탈자에 불과했다. 뉴턴의 우주관을 수용한 사람은 시대에 뒤떨어진 이론을 믿을 수 없었다. 무엇보다도 전혀 왕답지 못한 왕을 무수히 목격했기 때문이다. 사람들은 이 문제에 대한 해답을 사회계약이라는 관념에서 찾았다. 그것은 암묵적으로 또는 좀 더 적극적이고 명확한 방식으로, 특정 국가의 테두리 안에 사는 모든 사람이 정부의 형태와 권한에 대해 합의에 이르렀다고 전제하는 사고방식이었다. 두말할 나위도 없이 그런 계약에 어떤 조건을 붙이느냐에 따라 전혀 다른 실질적 결론이 도출될 수 있었다. 예컨대 토머스 홉스는 사악하고 잔인한 본성을 타고난 인간은 절대군주에게 무제한의 권력을 부여하지 않으면 문명사회를 확립할 수 없다고 주장했다. 존 로크(1704년 사망)는 반대로 계약은 공중(公衆)과 통치자 사이에 맺어지는 것이므로 통치자가 특정 한계를 벗어나면 인민은 그의 권리침해에 맞서 반란을 일으킬 수도 있다고 논했다. 1688년의 명예혁명으로 의심할 여지없이 정당한 군주가 잉글랜드의 왕좌에서 추방당하자, 시대에 뒤떨어진 신의 섭리라는 관념에 젖어 있던 많은 잉글랜드인은 분개했고 얼마 전에 끝난 내란이 재발할지도 모른다는 공포감에 휩싸였지만, 로크는 자기식의 사회계약이론으로 명예혁명을 옹호했다. 바다 건너 프랑스에서는 훨씬 급진적인 견해가 다음 세기에 장 자크 루소(1778년 사망)에 의해 제창되었다. 루소는 인민의 일반 의지 속에 양도할 수 없고 파기할 수 없는 주권이 있으므로, 왕이 인민을 만족시키지 못하는 경우에는 사회계약이 반란을 정당화한다고 주장했다.

인간관에 또 다른 중대한 변화가 일어난 것은 언어학자·고전(古錢)학자·역사학자와 여타 학자들의 꾸준한 노력의 부산물이었다. 유럽이 물려받은 복잡한 문학적·역사학적 문서들을 분류하고, 하나의 역법체계를 다른 역법체계로 바꾸는 방법을 발견하고, 왕의 치세와 전쟁, 그 밖의 역사적 사건들을 신뢰할 수 있는 연대기적 순서로 정리하는 데 각고의 노력을 기울인 결과, 역사지식은 과거에 비해 훨씬 깊어졌고 정확해졌다. 이 학문의 세계에서 가장 독보적인 인물은 장 마비용(1707년 사망)이었다. 그는 중세 초기의 상이한 시대에 서로 다른 수도원과 왕립 공문서관에서 사용된 각기 다른 형태의 필적에 관한 상세한 지식을 축적했고, 그 덕분에 임의의 문서가 언제쯤 어디에서 작성되었는지 때로는 한눈에 판별하는 것이 가능해졌다. 물론 그의 전문적인 지식은 과거의 다양한 시대에 이런저런 이유로 역사문서에 삽입된 다수의 가짜문서를 가려내는 데도 이용될 수 있었다. 마비용이 유럽의 학문에 제공한 유용한 도구와 개념은 후세에 다른 문명의 연구에도 적용되었다. 18세기가 끝날 무렵, 바로 그런 연구의 눈부신 첫 성과가 사람들의 이목을 끌었다. 윌리엄 존스(1794년 사망)는 인도의 성스러운 언어인 산스크리트가 유럽의 여러 언어와 밀접한 관계에 있으며 그 관계가 상당히 오래되었다는 사실을 발견함으로써, 호기심 많은 유럽인에게 자신들의 미개한 선조의 성격이 새롭게 해명되리라는 기대를 갖게 했다!

이상에서 언급한 학자들의 노고 덕분에 사람들은 이전보다 훨씬 정확하고 충실한 역사서를 쓸 수 있었다. 에드워드 기번의 『로마 제국 쇠망사』(1776~1788년에 출판)는 그 가능성을 보여주는 가장 유명한 예이다. 볼테르(1778년 사망)와 데이비드 흄(1776년 사망) 같은 역사가들도 당시에는 기번 못지않게 유명했다. 역사가들은 자신의 시대와 그리스도교가 처음 성립된 시대 사이에 다양한 에피소드와 도덕적·신학적 부침을 수반한 길고 복잡한 인간의 역사를 삽입함으로써, 그들 나름대로 종교적 논쟁의 열기를 식혔다. 과거사의 전모가 밝혀지자, 종교개혁기의 커다란 열망처럼 교회와 국가를 사도들의 시대로 즉각 되돌린다는 꿈은 실현할 수도 없을뿐더러 일부 로마 황제들의 행태를 볼 때 바람직하지도 않은 것으로 생각되었던 것이다!

정치이론과 역사학이 발전을 거듭하는 동안, 형이상학은 경험적 비판이라는 바늘구멍을 통과해 건강한 모습으로 나타났다. 다소 난해해지고 일상의 관심사에서 멀어지긴 했지만 말이다. 데카르트와 그에게 동조했던 17세기 동료 철학자들의 자신만만한 연역적 추론을 일군의 잉글랜드 경험주의자들이 꼼꼼하게 검토했다. 처음에는 존 로크가, 다음에는 데이비드 흄이 감각에 의한 경험이 어떻게 인간의 관념에 결부되는가 하는 곤혹스러운 질문을 던졌고, 어떤 것에 관한 확실한 지식은 불가능하다는 결론에 도달했다. 이마누엘 칸트(1804년 사망)는 흄의 결론을 받아들였으나, 그의 논리를 뒤집어서 인간정신의 구조와 능력을 주의 깊게 분석하면 모든 가능한 감각경험의 성질에 대해 정확하고 필수적인 지식을 얻을 수 있다고 주장했다. 왜냐하면 〔우주·영혼·신과 같은〕 인식 불가능한 '물자체'(物自體)는 인간의 감각과 사유를 통해서만 의식될 수 있기 때문이다. 이런 식으로 칸트는 정신이 인식 가능한 실체를 정의하는 데 창조적인 역할을 한다는 점을 설득력 있게 보여줌으로써, 19세기 독일 철학자들이 정신을 해부하는 길로 나아갈 수 있는 문을 활짝 열었다.

고전파와 낭만파의 예술

17세기 후반에 새로운 시대를 열었던 자연과학과 사회과학의 진보와 비교해보면, 음악을 제외한 예술은 보수적인 상태에 머물러 있었다. 색다른 양식들이 명멸하고 국가별 유파들이 부침하는 가운데, 가뜩이나 다양한 문화유산에 무엇인가를 추가하려는 경향이 뚜렷하게 나타났다. 그러나 활발하기만 할 뿐 전통에 얽매인 그런 활동에서 뉴턴의 세계관처럼 근본적으로 새로운 것은 나오지 않았다.

17세기 말과 18세기 초에, 프랑스 문화의 위세는 하늘을 찔렀다. 루이 14세 정부의 힘과 위용에 대한 찬탄은 물론이고, 프랑스의 문학·풍속·취미에 대한 찬탄이 끊이지 않았다. 예술적 탁월함을 만들어내는 규칙은 식별 가능하고 또 반드시 준수되어야 한다는 신념에 입각한 고전주의는 시각예술과 문학예술에서 모두 유행했다. 위대한 예술가의 손길에 그런 규칙은 걸림돌이 되지 않았다. 예컨대 런던의 건축가 크리스토퍼 렌(1723년 사망)과 프랑스의 위대한 고전파 극작가 피에르 코르네유(1684년 사망)·몰리에르(1673년 사망)·장 라신(1699년 사망)은 그들보다 못한 예술가라면 무거운 짐이 되었을 정확한 규칙에 따르면서 위대한 성과를 거두었다.

18세기는 유럽 음악사에서 가장 위대한 시대 가운데 하나였다. 새로 고안된 또는 새로 완성된 악기와, 음의 고저에 대한 물리-수학적 분석은 음악가들에게 새로운 기술적 폭과 변수를 제공했다. 작곡가들은 새로운 것을 소화하면서 자신들이 다룰 수 있는 변수의 범위에 주의를 집중했고, 그 결과 조화와 균형이라는 '고전주의적인' 규칙은 방해요인으로 작용하지 않고 오히려 독창성을 자극했다. 요한 제바스티안 바흐(1750년 사망)와 볼프강 아마데우스 모차르트(1791년 사망)의 작품은 향후 유럽 음악의 규범을 확립했다. 이 규범은 15세기에 등장한 대기원근법과 선원 근법에 의해 정립된 유럽 회화의 규범에 필적하는 근본적인 것이었으나, 그것만큼 영속성을 누리지는 못했다.

문학에서는 고전주의적인 이상이 특히 독일과 잉글랜드에서 18세기 중엽부터 퇴색했다. 자국의 역사 및 중세에 관한 연구와, 고동치는 인간의 마음, 즉 감정의 발로에 대한 설득력 있는 탐구가 이루어진 결과, 다수의 독일인과 일부 잉글랜드인은 진정한 문학적 위대함이란 자연발생적인 충동을 자유롭게 표출하는 작업을 통해서만 완성될 수 있다고 생각하게 되었다. 이 낭만주의적 관점은 일반인의 언어와 자국어에 대한 새로운 평가와 연결되어 있었다. 예를 들어, 요한 곳프리트 헤르더(1803년 사망)는 독일인은 프랑스어가 아닌 독일어를 사용해야만 국민적인, 그리고 문학적인 위대함을 성취할 수 있다고 역설했다. 이와 유사하게 토머스 퍼시(1811년 사망)도 문학의 국민적 원천에 관심을 가졌고, 잉글랜드와 스코틀랜드의 전통 발라드를 모아서 『고대 잉글랜드 시의 유산』(1765)이라는 책을 출판했다.

그렇지만 유럽 문화사를 고전주의 시대와 그 뒤를 이은 낭만주의 시대로 구분하는 전통적인 분류에 너무 큰 비중을 두는 것은 잘못이다. 어느 시대에나 문학적 취향과 예술적 창조성은 지극히 다양했다. 예컨대 영국 문학사를 보면, 존 밀턴(1674년 사망)이 위대한 그리스도교 서사시 『실낙원』을 썼던 것은, 윌리엄 위철리(1716년 사망)가 왕정복고에 대한 외설적인 희극을 상연하고 있을 때였다. 그리고 18세기 말에는 저 유명한 새뮤얼 존슨(1784년 사망)의 만연체 미문이, 로버트 번스(1796년 사망)의 재치 넘치는 단순한 시가와 공존했다. 또한 르네상스 시대의 산물인 루터의 성서와 셰익스피어의 연극은 자국에서 결코 유행에 뒤떨어지지 않았다. 한편 고대 로마와 그리스의 고전문학은 유럽의 모든 교양인에게 공통의 지식과 감정의 폭을 제공함으로써, 각국의 국민문학에 광채를 더했다. 작가와 예술가는 그리스와 로마의 고전을 언급해도 사람들이 금세 쉽게 이해한다는 점에 착안하여, 그 풍부한 문학유산을 적재적소에 한껏 활용할 수 있었기 때문이다.

유럽 우위의 뿌리

풍부함·다양성·활력, 그리고 눈앞에 나타난 신기한 것과 씨름해보려는 적극적인 정신이 구체제 시대 유럽의 문화생활을 특징지었다. 세계의 다른 지역은 그것에 견줄 만한 모험적인 정신을 보여주지 못했다. 유럽은 군사·기술 면에서뿐만 아니라 과학·철학·역사학 같은 학문 분야에서도 좀 더 보수적인 구세계의 다른 문명을 눈에 띄게 앞지르기 시작했다. 이성을 당면 문제에 대담하고 자유롭게 이용하는 것이 결정적인 힘을 발휘하지 못하는 영역, 예컨대 미술의 영역에서는 유럽이 의심할 바 없이 분명한 우위를 누렸다고 말할 수는 없다. 실제로 중국과 이슬람 예술의 세련미와 양식적 일관성은 끊임없이 다양한 양식을 시도하던 유럽인이 생산해낼 수 있었던 것보다 훨씬 위대했다.

하지만 세계 지배를 향한 서양의 흥기는 분명히 시작되었다. 이하의 장에서는 우위를 확보한 유럽이 인류의 다른 위대한 문명들의 문화적 자립성을 침해하고 결국에는 무너뜨리는 과정을 살펴볼 것이다.

24장
아메리카 대륙과 러시아, 1648~1789

1648년, 식민지 아메리카 대륙과 정교회 러시아는 여전히 유럽의 주변부였고, 유럽 문명을 충분히 공유하지 못했다. 1789년에 이르자 상황이 변했다. 예전의 주변부는 유럽 문명이라기보다는 서양문명이라고 불려야 할 세계에 적극적으로 가담하게 되었다. 유럽형 사회가 아메리카 대륙에 확고하게 뿌리를 내렸고, 아메리카의 사상과 제도는 새롭게 독립한 아메리카 합중국에 의해 널리 알려졌으며, 그때까지 한번도 도전에 직면하지 않았던 유럽의 구체제를 위협했다. 러시아에서도 1789년까지 지배계급이 유럽식 고급문화의 세련된 습관을 몸에 익혔고, 러시아의 국력은 유럽의 전쟁과 정치에 중요한 역할을 하기 시작했다. 그 광대한 국토와 전제정부도 비교적 규모가 작은 서유럽 국가들을 위협했다. 이 위협은 아메리카판 민주혁명이 서양세계에 가하던 것에 뒤지지 않을 정도로 강력했다. 따라서 이 시대에는 러시아와 아메리카라는 유럽의 양대 지파를, 팽창일로에 있던 서양문명의 일부로 분류하는 것이 좋을 것 같다. 물론 아메리카 사회와 러시아 사회는 서로를 구별해주는, 또 각자의 문화를 유럽 중심부의 생활양식과 구별해주는 중요한 특색을 갖고 있었지만, 그 특색이 만들어낸 차이는 독자적인 문명이 출현했다고 볼 정도로 크지는 않았다. 대신에 대서양과 러시아의 국경을 가로지르는 상호교류가 갈수록 긴밀해짐에 따라, 서유럽과 그 주변부인 러시아와 아메리카 사이의 문화적 격차는 차츰 줄어들었다.

러시아 및 아메리카 대륙의 사회를 서양문명 중심부의 여러 나라와 구별짓게 해주는 기본적인 요인은 비교적 토지가 풍부하고 노동력(또는 적어도 훈련받은 숙련 인력)이 부족하다는 것이었다. 이런 상황에서 나올 수 있는 반응은 두 가지이다. 하나는 문명사회를 하나로 묶어주며 사회계급과 전문가 집단들 사이의 관계를 활용 가능한 패턴으로 만들어주는 것, 즉 기능·서열·용역·경의(敬意) 유형 등의 정교한 맞물림이 모두 해체되어 무정부주의적 평등과 문화적인 신야만주의가 출현하는 것이다. 러시아의 카자흐와 다수의 시베리아 개척자가 그런 식으로 생활했다. 캐나다의 프랑스인 모피상인, 영어를 사용하던 미국의 개척자, 브라질의 노예사냥꾼 집단(반데이라), 아르헨티나의 유목민(가우초), 오스트레일리아의 방랑자, 남아프리카의 보어인 개척자(포르트레커르), 알래스카의 개척자도 마찬가지 경우였다. 인접한 적대국의 규제를 받지 않는 문명사회는 팽창과정에서 그런 종류의 조야한 평등주의와 난폭한 신야만주의의 방향으로 해체되는 경향을 보인다.

두 번째 반응은 변경사회에서 주인과 사용인(使用人) 사이에 극단적인 양극화가 발생하는 것이다. 이는 외부로부터 경제적·정치적·군사적 압력이 가해질 경우, 때로는 변경의 평등주의와 상반되는 복잡한 사회조직이 요구되기 때문이다. 변경에서는 노동시장의 비인격적인 법칙이 통하지 않기 때문에 어떤 개인이 누군가를 위해 노동하지 않아도 무방하고, 사회계층의 저변에 있는 사람이 황야로 도주하여 자유를 얻는 것이 물리적으로 어렵지 않다. 이런 사태를 방지하기 위해서는 법적으로 제재하거나 때로는 실력을 행사할 수밖에 없다. 그러므로 미국의 경건한 국민적 전통은 변경생활을 자유 및 평등과 동일시하는 경향이 있지만, 그

못지않게 변경사회의 특징을 잘 보여주는 것이 신세계의 노예제와 구세계의 신(新)농노제였다.

중요한 예외가 있긴 해도 전반적으로 보면, 변경의 인력 부족에 대한 평등주의적이고 자유주의적인 반응은 북아메리카와 일부 남아메리카의 사회와 정치가 발전하는 과정에서 강하게 나타났고, 억압적인 반응은 러시아에서 지배적이었다. 그렇지만 아메리카 대륙에서 가장 자원이 풍부하고 발전된 지역, 즉 스페인인이 차지하고 있던 지역에서는 극도로 계층화된 사회가 1789년 이후에도 오랫동안 명맥을 유지했고, 반면에 러시아에서는 무정부주의적이고 자유를 희구하는 정신이 공공생활의 표면 바로 밑에서 면면히 흐르고 있었다. 다시 말해서 일견 정반대로 보이는 현상이 많은 공통점을 갖고 있는 것이다.

아메리카 대륙을 둘러싼 각축

17세기 초엽에 프랑스·네덜란드·잉글랜드의 모험가들이 만든 작은 식민지들이 뿌리를 내리고 번영함에 따라, 아메리카 대륙은 각국의 영향권으로 나뉘게 되었다. 그 결과 식민지 쟁탈전은 유럽에서의 전쟁을 충실히 반영했고 때로는 그것을 촉발했다. 그리고 식민지 쟁탈전에는 인디언 전사, 유럽인 병사, 식민지의 민병이 모두 참가했다.

식민지를 둘러싼 일련의 투쟁에서 최초로 발생한 결정적인 사건은 네덜란드가 아메리카 대륙의 식민화 과정에서 주도적인 역할을 하지 못하게 되었다는 것이다. 이 일은 1654년과 1664년 사이에 일어났다. 네덜란드는 처음에는 포르투갈에 대한 (조건부) 충성을 선언한 현지의 반란자들에게 브라질을 빼앗겼고, 다음에는 뉴암스테르담을 영국에게 잃었다. 영국은 그것을 뉴욕으로 개명했다. 두 번째 중대한 전기는 1763년에 프랑스가 사상 유례 없이 지구상의 광대한 영토를 놓고 벌인 격렬한 전쟁

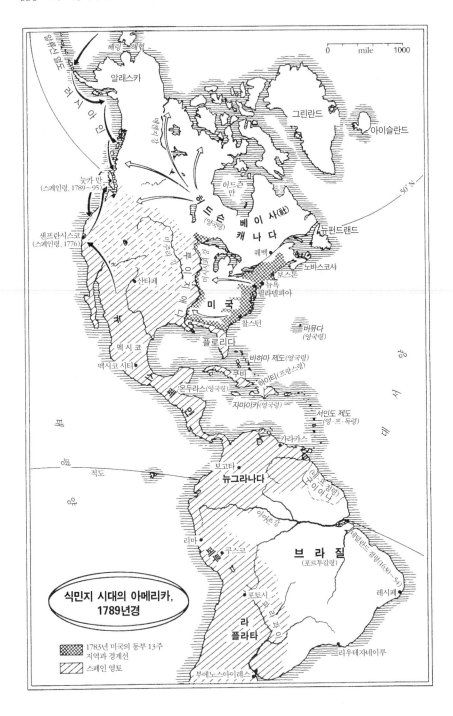

식민지 시대의 아메리카,
1789년경

1783년 미국의 동부 13주
지역과 경계선

스페인 영토

을 벌인 끝에 캐나다를 영국에게 내준 것이었다. 하지만 이 압도적인 성
공(영국은 동시에 인도의 지배권도 얻었다)은 얼마 지나지 않아 본국 정부
의 과세조치에 불만을 품은 아메리카 식민지 개척자들과의 분쟁으로 이
어졌다. 캐나다로부터의 위협이 사라지자, 식민자들은 영국의 징세관과
붉은 코트를 입은 영국군의 존재가 불필요하다고 느꼈다. 처음에는 논쟁
이 벌어졌고, 그 논쟁이 전쟁(1775~1783)으로 발전했는데, 프랑스의 원
조를 받은 식민자 쪽이 승리했다. 프랑스는 1778년부터 1783년까지 결
정적으로 개입하여 과거의 패배를 설욕했다.

아메리카 대륙의 태평양 연안에서도 유럽의 국가 간 경쟁관계가 사태
에 영향을 미쳤다. 1728년과 1741년 사이에, 러시아의 해군함장 비투스
베링이 알래스카와 현재 그의 이름으로 불리는 해협을 발견했다. 러시아
모피상인들이 곧 그 뒤를 따라 알류샨 열도와 알래스카에 정착지를 만들
었다. 이 소식에 자극받은 영국의 허드슨베이사(社)는 로키 산맥 서쪽의
캐나다를 탐사하고 그곳의 영유권을 주장했다. 이 주장은 1789년까지
실현되었다. 스페인인은 러시아의 진출에 대항해 태평양 연안을 따라 북
상하여 샌프란시스코(1775)와 눗카(1789)에 선교회를 설치했다.

그러므로 유럽 열강이 각축을 벌인 최종적인 결과는 신세계의 모든 지
역이 제법 경계가 뚜렷한 파편들로 분할되었다는 것이다. 물론 각국이
영유권을 주장하던 지역 전체가 실제로 식민자들에 의해 점유되었던 것
은 아니다. 독립전쟁 무렵에 북아메리카 식민자들의 발길은 간신히 애팔
래치아 산맥에 미쳤고, 그 밖의 지역에서도 내륙 오지에는 백인의 유럽
형 사회가 건설되지 않았다.

장대한 스페인령 아메리카

오늘날의 경제적·정치적 상황을 감안하면, 미국시민들이

식민지 시대에 대해 역사적으로 올바른 시각을 갖기는 어렵다. 그렇지만 어떤 잣대를 들이대더라도, 18세기에 변경의 삼림지대였던 매사추세츠나 구릉지대였던 버지니아의 빈곤함과 시골풍의 소박함은 리마와 멕시코시티 같은 부왕령(副王領)의 위용과는 비교도 되지 않았다. 실제로 1793년에 멕시코시티에는 10만 명이 살고 있었는데, 런던과 파리를 제외하곤 유럽에도 그렇게 큰 도시가 없었다.

아메리카 인디언의 인구는 16세기와 17세기 초에 격감했으나, 1650년경에 감소세가 멈추었다. 그 후 멕시코와 스페인 제국의 다른 지방에서는 인구가 급증했다. 이는 아메리카 인디언이 유럽과 아프리카에서 유래했으며 선조들의 목숨을 무수히 앗아갔던 질병에 대해 면역력을 갖게 되었기 때문이라고 생각된다. 인구성장은 전반적으로 상업이 번영하는 데 밑거름이 되었다. 특히 1774~1778년에 스페인령 아메리카 항구들의 연안무역을 금지했던 독점적 규제가 완화된 뒤부터 상업이 크게 발전했다. 그 전까지는 식민지의 모든 수출입이 오직 스페인의 카디스 항을 통해 이루어졌다.

유서 깊은 대학과 귀족적인 문화 전통 덕분에, 스페인 제국의 지식인들은 예전부터 유럽의 문화와 지적 생활에 참가하고 있었다. 18세기 후반에 경제적 팽창이 재개되는 과정에서 아메리카 대륙으로 건너온 그들은 전문직·상인·관리 등으로 일하면서 소수이지만 활기 넘치는 중간계급을 형성했고, 새롭게 '계몽된' 스페인에서 발산되는 최신 유행과 사상에 적극적인 관심을 보였다.

스페인령 아메리카 사회는 영어를 사용하는 북쪽의 식민자들보다 훨씬 앞서서 출발했지만, 두 가지 요인 때문에 더 이상 발전하지 못했다. 첫째, 인디언 농민들—이들의 무기력한 노동이 그 사회의 성립 기반이었다—은 스페인 식민자들의 고급문화를 전혀 공유하지 못했다. 둘째, 교회가 지적인 면이나 도덕적인 면에서 나태함과 타성에 젖어 본연의 역할을 다하지 못하자, 식민지 사회에서 교회가 누리고 있던 엄청난 경제적 특권에 대한 비난이 쏟아졌다. 교회를 통해서 인디언은 자신들이 스페인 문명의 중요한 일부에 참여하고 있다는 감정을 가질 수 있었다. 그러나 세속적인 자유주의자들이 교회를 비판하자, 인디언을 백인의 지배 아래 묶어두던 유일한 제도적 연결고리가 끊어졌다. 따라서 교회에 반대하는 모든 심상치 않은 움직임은 인디언의 반란과 사회적 혼란을 초래할 소지가 다분했다. 자신들의 신념이 그런 부산물을 만들어내자, 자유주의자들도 깜짝 놀랐다. 심각한 내적 불안감이 스페인의 엘리트 계층을 엄습했고, 이 틈을 타고 이익을 추구하는 모험적 상인과 정치 모리배들이 활개를 쳤다.

하지만 이상의 논평은 19세기와 20세기에 스페인령 아메리카가 어떻게 발달했는지 알고 난 다음에야 납득할 수 있다. 18세기가 끝날 때까지는 스페인 제국의 사회가 장차 약화되리라는 점이 분명하지 않았다. 태평양 반대편의 중국 제국과 마찬가지로, 스페인령 아메리카는 인접한 모든 국가·민족·문화에 견주어 단연 돋보였다.

식민지의 후진성과 급성장

스페인 식민지의 동남쪽에 위치한 브라질은 네덜란드가 철수한 뒤에도 정치적으로 혼란스러운 상태였다. 오지 주민들의 지칠 줄 모르는 사금 탐색, 파라과이의 예수회 원주민 보호구역에 대한 가혹한 공격, 그리고 플랜테이션의 노예들에게 이식된 아프리카 문화의 활력은, 합리적인 행정에 의해 질서와 평화가 유지되고 있던 스페인 부왕령 사회의 화려함에 비하면 초라하기 짝이 없었다. 그럼에도 불구하고, 광범위한 지방자치가 이루어져 브라질의 일반인은 북아메리카의 영국 식민지의 평민이 그랬듯이 먹고 살기가 한결 나아졌다.

브라질과 마찬가지로 영국식민지 역시 스페인 식민지의 장려함에는 미치지 못했다. 물론 보스턴·뉴욕·필라델피아 같은 항구에는 영국의 사회와 문화생활의 축소판이 생겨났다. 여러 식민지 사이에서, 그리고 얼마 후에는 각 식민지 내부에서 종교적 불화가 표면화되어, 1700년 이후에는 종교적 통일이 사실상 무망해졌다. 세속주의가 만연한 것은 아마도 교회의 권위가 실추된 결과였을 것이다. 그러나 기성 종교의 좌절은 열성적인 종교부흥운동의 길을 터주었고, 이는 식민지 생활의 현저한 특징이 되었다.

많은 측면에서 영국 식민지는 당대 유럽의 발전에 뒤떨어져 있었다. 그러나 몇 가지 점에서는 북아메리카 사회의 진화가 구세계를 앞질렀다. 이 현상을 가장 생생하게 보여준 사건이 아메리카 독립전쟁이었다. 물론 식민지인들이 조지 3세와 영국의회에 대한 자신들의 반란을 설명하고 정당화하는 데 동원한 이념은 '영국인의 권리'에 대한 전통적인 정의에 크게 의존했다. 하지만 그 밖에 '인간의 권리'에 대한 더욱 근본적인 정의도 한몫했고, 이 때문에 아메리카 혁명은 국지적인 대사건 이상의 의미를 갖게 되었던 것이다. 많은 유럽인은 실제로 미국에서 실현된 인간의 권리가 프랑스인처럼 미개하고 후진적인 유럽의 제(諸) 국민들이 희망을 갖고 추구해야 할 모델이라고 믿었다. 이렇게 해서 아메리카 독립전쟁과 그 산물인 헌법은 모범적인 사례라는 찬사를 받으며 당당하게 세계사의 무대에 등장했다. 얼마 전까지만 해도 영국인의 가난한 시골 사촌쯤으로 간주되던 사람들이 표명한 자유의 원칙은 미국의 문제를 유럽 정치의 전면에 부각시켰다.

러시아의 근대화

유럽사의 주류에 합류할 때, 아메리카의 식민자들은 심리적 상처를 받지 않았다. 그 반대로 그들은 선조들이 잉글랜드를 떠나올 때 버리고 온 문화적 전통을 완전히 되찾았다. 이념적 전향이나 종교적 회심은 전혀 필요 없었다. 하지만 러시아는 그리스도교의 진리를 유일하게 물려받았다는 정교회의 주장과 절대군주인 차르에 대한 충성에 바탕을 둔 특수한 생활양식을 부정해야 했다. 과거를 버린다는 것은 어려운 일이었지만, 러시아인들, 좀 더 정확히 말하면 러시아의 통치자들은 총대주교 니콘이 교회의 전례서를 공식적으로 개혁하는 작업에 착수한 1654년과 표트르 대제가 사망한 1725년 사이에 그 일을 해냈다.

니콘은 그리스의 정통 원전에 의거해 교회의 모든 전례에 사용될 편람을 만들어냈다. 그렇게 해야만 러시아 전역에 걸쳐 전례서의 통일성을 보장하고, 현존 러시아어 사본의 오류를 지적하던 로마 가톨릭 교회 선전자들의 통렬한 비난을 잠재울 수 있다는 발상이었다. 교회뿐 아니라 세속 정부의 지도자들도 그런 사고방식을 받아들였다. 그래서 니콘이 차르와 의견이 대립되어(1658) 총대주교의 지위를 박탈당한(1666) 뒤에도 그의 개혁정책은 유지되었다.

그러나 가난하고 미천한 대다수의 그리스도 교도는 교회 전례의 친숙한 용어들이 공식적으로 변경되자, 적(敵)그리스도의 지배가 시작되었다고 느꼈다. 사악한 무리가 아니라면 누가 감히 구원에 필요한 성스러운 문구들을 고친단 말인가? 그 결과 개혁에 반대하는 사람들의 공동체가 생겨났다. 후세의 러시아사에서 '분리파 교도' 또는 '복고신앙파'로 불리게 되는 그들은 공권력의 강제에 복종하기를 완강하게, 때로는 영웅적으로 거부했다. 그런 공동체를 무력으로 해산시키려는 노력은, 때로는 포위된 분리파 교도들의 집단자살을 초래했다. 또 반대자들이 지하로 잠적하는 경우도 있었다. 겉으로는 새로운 예배질서에 순종하는 듯이 보이던 농민들은, 타락한 교회와 세속국가의 성스럽지 못한 동맹을 세계의 종말이 임박했음을 알리는 적그리스도의 소행으로 간주하던 전도사들의 말에 귀를 기울였다.

그런 의견이 러시아 인민 사이에 얼마나 광범위하게 퍼져 있었는지 정확히 알 수는 없다. 하지만 상황이 달랐다면 정치적인 형태로 분출되었을 농민들의 크나큰 불만이 대부분 종교적인 방향으로 쏠리게 된 것은, 박해받던 비밀집단이 지하에서 곧 하늘이 열리고 그리스도의 재림을 알리는 기적이 펼쳐질 테니 조금만 더 참고 기다리라고 농민들을 설득했기 때문이라고 봐도 무방할 것 같다. 그런 심리적 안전판이 있었기에, 표트르 대제와 그 후계자들이 무자비하게 러시아를 개혁하는 동안에도 사회 기능을 마비시키는 폭동이 일어나지 않았던 것으로 보인다. 표트르의 개혁은 작은 당파의 작품이었다. 그 당파의 주축은 표트르 대제의 지인이나 술친구였고, 여기에 포로가 된 스웨덴인, 납치된 네덜란드인, 차르의 영토를 떠돌고 있던 유럽인이 가세했다.

표트르는 1689년에 어린 나이로 즉위했다. 그가 오래된 러시아의 생활을 혁명적으로 뜯어고치기 시작한 것은, 자신의 정체를 숨긴(그러나 널리 선전된) 서유럽 순방에서 돌아온 1698년부터였다. 그 후 그는 필요한 산업적·행정적·지적 수단을 총동원하여, 세계 어느 나라의 군대에도 뒤지지 않는 육해군을 건설하는 데 필사적인, 때로는 상궤를 벗어난 노력을 기울였다. 정력적이고 광포한 표트르의 성격은 분명히 많은 업적을 이룩하는 데 기여했으나, 그의 정책이 실행에 옮겨질 수 있었던 것은 그의 위압적인 명령에 순순히 복종하도록 교육받은 일군의 부하 덕분이었다. 그는 수하의 대부분을 소년시절에 자신이 창단한 근위대의 병사 중에서 발탁했다. 나중에는 귀족의 자제들도 근위대에 병사로 들어갈 것을 요구하여 조직의 강화를 꾀했다. 그곳에서 두각을 나타내어 그의 눈에 띈 자들은 출세할 수 있었고, 문관이든 군인이든, 외교든 사법이든 그때그때 필요에 따라 적당한 임무를 맡았다.

제도는 원활히 작동했다. 러시아 각지에서 궁정으로 몰려든 청년들은 우선 근위대의 일원으로 새로운 습관을 익힌 다음 평화시 또는 전시의 임무를 수행하기 위해 현장에 배치되었다. 마케도니아의 필리포스 2세와 위대한 오스만의 술탄들도 동일한 방법으로 자신의 명령에 순종하는 군단과 행정집단을 만들어냈다. 이들도 표트르의 친구들처럼 완전히 새로운 궁정문화의 매혹적인 광채에 넋을 빼앗겨 자신의 과거를 까맣게 잊고, 왕과 황제의 명령 한마디에 일사불란하게 위로부터의 혁명을 완수할 수 있었다.

1725년에 표트르가 사망하자, 그의 친구들은 심각한 고민에 빠졌다. 정치적 정통성의 명확한 원칙을 발견할 수 없었기 때문이다. 혁명적인 차르가 자기 아들을 죽여버리고 남성 후계자를 남겨놓지도 않았는데, 어떻게 왕위 계승자를 정할 것인가? 이에 따른 불안한 정세는 음모와 궁정 쿠데타의 온상이 되었다. 그 중에서도 가장 극적인 사건은 1762년에 독일 대공의 딸이 남편인 표트르 3세를 살해한 후 러시아의 제위에 오른 것이었다. 예카테리나 2세는 황제로서의 정통성을 의심받았지만, 그녀의 치세는 길고 화려했으며 얼마 후 표트르와 마찬가지로 '대제'라는 별명을 얻었다. 정세를 안정시킨 요인으로는, 지배적인 당파 내의 대립과 음모가 도를 넘을 기미가 보이면 당사자 전원이 알아서 발을 뺐다는 점을 들수 있다. 귀족들은 불만을 가득 품은 무수한 러시아의 농민 대중에 비해 자신들이 얼마나 약소한 존재인가를 잘 알고 있었기 때문이다. 18세기 후반에 우크라이나에서 상업적 농업이 시작되면서 러시아 경제가 장기간의 호황을 누린 것도 러시아 지주들 사이의 실질적인 결속을 다지는데 일조했다.

강대국으로 부상한 러시아

군사와 외교 문제에서 표트르는 불완전한 성공을 거두었

다. 그는 길고 힘든 전쟁(1700~1721)에서 스웨덴을 물리치고, 핀란드 만 내의 짧은 해안선을 확보했다. 그 후 엄청난 힘을 기울여 네바 강 입구의 늪지대에 신도시 상트페테르부르크를 건설한 뒤 러시아의 새 수도로 삼았다. 한편 투르크에 대해서는 그보다 못한 성과를 올렸다. 처음에는 승리했으나(1696), 불과 몇 년 뒤에(1711) 그가 획득한 영토를 모조리 빼앗겼다. 하지만 사망하던 해에는 또 다른 무슬림 이웃인 이란의 샤

에 승리를 거두어, 러시아 국경을 카스피 해의 남단까지 확장했다.

표트르의 후계자들은 러시아 군대를 유럽의 분쟁에 정기적으로 투입했다. 러시아의 실력이 가장 극적으로 입증된 것은 7년전쟁(1756~1763) 기간이었다. 러시아의 차르가 바뀌면서 러시아 군대는 말 그대로 하룻밤 사이에 프로이센에 우호적으로 돌아섰고, 덕분에 프리드리히 2세는 참패가 확실시되던 절망적인 상황에서 기사회생했다. 그 후 러시아 군은 두 차례 투르크를 상대로 전쟁을 벌였으나 결판을 내지 못하다가, 예카테리나 대제 치하에서 술탄을 상대로 결정적인 승리를 거두었다(1768~1774). 물론 투르크를 타도하고 새로운 비잔틴 정교회 제국을 건설하여 러시아 제국의 보호 아래 두려던 그녀의 원대한 계획은 실현되지 않았다. 그러나 러시아는 드네스트르 강에 이르는 흑해 연안을 병합했고, 폴란드의 제1차 분할에서 그 불행한 국가의 대부분을 점령했다(1772). 분할에 참여한 프로이센과 오스트리아가 그것을 인정한 것은 패배한 투르크에 대한 러시아의 추가 공격을 견제하기 위해서였다. 이어진 두 차례 분할에서도 러시아는 자기 몫을 챙겨(1793·1795), 국경을 서쪽의 비스와 강까지 확장했다.

이렇게 러시아가 배타적인 유럽 열강의 일원으로 적극 활동하면서 위세를 떨치고 있는 동안, 국내적으로는 남쪽의 우크라이나 지방으로 정착지가 확대되고 제조업과 무역이 급성장함에 따라 러시아 사회는 한층 더 유럽적인 색채를 띠기 시작했다. 국민 대다수를 차지하는 농민은 여전히 '귀와 눈이 먼' 채로 주인과는 별세계에 살고 있었고, 그 주인은 서방 여러 나라의 귀족들이 보여주는 풍습을 모방하고 그들이 향유하는 법적 권리를 획득하는 데 주력하고 있었다. 예컨대 1762년에는 귀족이 차르에게 봉사해야 한다는 법적인 의무규정이 폐지되었고, 많은 귀족은 실제로 자신의 영지로 돌아갔다. 이 무렵에는 전통적으로 귀족이 도맡아왔던 직책을 담당할 수 있는 충분한 인력이 육성되어 있는 상태였고, 정부의 세

수 역시 증가하여 관리들에게 이반 뇌제와 표트르 대제 시대에 주로 지급하던 토지 대신 적지 않은 봉급을 줄 수 있었다.

농노들은 귀족지주층에 대한 자신들의 법적 의무가 완화되기는커녕 더욱 강화되자, 주인들이 특권을 챙긴 것에 대해 심한 불만을 느꼈다. 자기들처럼 가난하고 힘없는 자들도 강제노동의 굴레에서 해방되어야 할 것 아닌가? 이런 감정이 분출된 사건이 에멜리얀 푸가초프가 주도한 대반란이었다. 반란 중심지는 자유로운 변경시대의 기억이 생생하게 살아 있던 러시아 남부와 서부였다. 푸가초프의 반란은 무자비하게 진압되었고(1773~1775), 그 후 농민은 예전처럼 종교적 불복종과 음주로 응어리진 불만을 표출했다. 한편 대부분의 귀족은 프랑스나 다른 유럽 열강과 어깨를 나란히 하거나 그들을 능가하기 위해 갖은 애를 썼다. 적어도 예카테리나 다음 세대의 귀족들은 (자기이익을 추구하는 동시에) 자신들의 이상주의와 에너지를 십분 발휘하여, 러시아의 농업·상업·행정을 진전시켰다. 전제정부의 관리들은 농민의 불만은 아랑곳하지 않고 자신들이 모든 국민의 진정한 이익을 위해, 그리고 러시아를 부강하고 세계에서 존경받는 국가로 만들기 위해 활동하고 있다고 확신하고 있었다. 러시아 사회의 하층민이 맡은 바 역할을 다할 수 있도록 어떤 억압적 조치를 취한다 하더라도, 이는 전쟁과 외교 방면에서 러시아가 거둔 확실한 성공에 의해 충분히 정당화된다는 게 그들의 생각이었다.

25장
유럽 구체제에 대한 아시아의 반응, 1700~1850

무슬림의 눈에는 헝가리의 영토 거의 전부를 승리자인 오스트리아에게 양도하라고 결정한 카를로비츠 강화조약 (1699)이 역사의 본의에 정면으로 배치되는 것으로 보였다. 더욱 당혹스러운 것은 그런 심각한 패배가 신학상의 근본원칙과도 모순된다는 것이었다. 메디나에 있던 마호메트의 추종자들이 메카의 조소자들을 공격하여 정복한 이후, 전장에서의 승리는 신의 은총을 보여주는 상징으로 인식되어왔다. 그럴진대 어떻게 알라가 자신들의 그릇된 신앙마저 충실히 지키지 못하는 이교도인 그리스도교의 주구들을 도와줄 수 있단 말인가?

이 수수께끼로 인해 무슬림이 진짜 골머리를 않게 된 것은 18세기 말엽이었다. 1768년과 1774년 사이에 러시아 군대는 오스만에 치욕스러운 패배를 안겨주었다. 러시아가 콘스탄티노플을 점령하여 술탄의 권력을 박살내지 못했던 것은, 투르크 정권 자체에 힘이 있었기 때문이 아니라 유럽의 여러 나라가 외교적으로 개입했기 때문이다. 그렇다 하더라도 전쟁을 종결지은 쿠추크카이나르지('작은 샘') 조약은 미래에 암운을 드리웠다. 그 조약은 투르크 지배하의 정교회 교도에 대해 차르의 애매모호한 보호권을 인정함으로써, 러시아가 오스만의 내정에 간섭할 수 있는

빌미를 제공했다. 또한 러시아는 흑해에 접한 중요한 지역을 획득하고, 그 지역의 자유항해권과 해협통행권도 얻었다. 그 결과 술탄의 궁전과 콘스탄티노플 자체가 러시아 함대의 사정권에 들게 되었다.

무슬림이 볼 때는 그리스도교 세계의 정치지도자인 신성로마 제국 황제에게 패배한 것과, 킵차크한국의 칸에게 순순히 복종하던 자들의 후손에게 패배한 것은 차원이 다른 문제였다. 그리고 그리스 정교회를 믿는 러시아인은 술탄의 신민인 발칸의 그리스도 교도와 동격이라고 생각되었다. 더구나 1774년 무렵에는 인도에 대한 무슬림의 주권도 빼앗길 위기에 처했고, 사파비 왕조가 붕괴된 뒤 이란과 투르키스탄은 서로 경쟁하는 군사지도자들에 의해 사분오열되었다.

신의 은총과 군사적 성공이 밀접하게 결부되어 있다고 생각하는 경건한 무슬림에게, 1699년 이후의 세계정세는 풀 수 없는 수수께끼처럼 보였다. 전면적인 배교만이 맹신—시류가 변함에 따라 뒤바뀌어버린 세계사의 패턴이 헤아릴 수 없이 심오한 알라의 지혜에 의해 다시 역전되기만을 기다리는 신념—에 대한 유일한 대안인 것 같았다. 물론 무슬림은 변절하지 않았다. 서양의 상승기를 통하여, 유럽인에 대한 무슬림의 전형적인 반응은 숙명론에 의지하여 원한을 삭이면서 인내하는 자세였다.

하지만 알라의 개입을 마냥 기다리고 있을 수만은 없던 사람들도 있었다. 두 가지 명쾌한 대응책이 제시되었다. 하나는 '프랑크'가 군사적 우위를 보이는 기술적인 비결을 습득하여 적의 힘을 능가하는 것이고, 또 하나는 무슬림의 생활에 파고든 부패의 흔적을 말끔히 일소하여 이슬람 세계를 정화함으로써 알라의 은총을 되찾는 것이었다. 각 방책의 대표자들은 18세기 초에 개혁의 소리를 드높였다. 그러나 일본인과 달리 이들은 불운했다. 두 해결책이 사사건건 정면충돌했던 것이다. 따라서 개혁가들의 노력은 빛을 잃었고, 무슬림 사회의 대중은 예전보다 더 큰 혼란과 좌절을 맛보았다.

와하비 운동

　　종교적 정화운동을 대표하는 가장 중요한 인물은 무하마드 이븐 아브드 와하브(1691~1787)였다. 그는 아라비아 사막에 살았고, 사우드 왕가에 의지해 추종자들을 보호하고 자신의 교리를 전파했다. 와하브의 목표는 명확했다. 예언자 마호메트가 선포한 초기의 순수한 신앙을 회복하자는 것이었다. 이것이 실제로 의미하는 바는 수피 성자들이 이슬람교에 도입한 성인숭배 같은 타락행위를 불요불굴의 정신으로 거부하고, 코란에 적혀 있는 개인의 행동에 대한 모든 계율을 엄격하게 준수하는 것이었다. 예컨대 음주나 기타 종교적 위반행위는 엄벌에 처해졌는데, 와하비파는 의문의 여지가 있는 사안에 대해서는 더 엄정하고 엄격한 견해를 취하는 경향이 있었다.

　　아라비아의 와하비 공동체는 최초의 이슬람 공동체가 성장하던 것과 같은 방식으로 아주 작은 규모에서 출발하여 차츰 세를 불려 나갔다. 아브드 와하브가 사망할 무렵에, 그의 신봉자들은 아라비아의 대부분을 지배하고 있었으나, 와하비 운동은 이내 심한 군사적 타격을 입었다. 유럽식 모델에 따라 훈련받고 무장한 이집트 군대가 아라비아 사막의 구식 전사들을 상대로 대승을 거두었던 것이다(1818). 비록 전투에서는 패배했지만, 와하비 운동은 파괴되지 않았다. 오히려 이 패배를 계기로 사우드 왕가와의 밀접한 군사적·정치적 관계에서 벗어나게 되었고, 인도와 오스만 제국의 경건하고 진지한 무슬림의 마음을 사로잡아 실제로는 세력이 더 커졌다.

　　대부분의 무슬림 지역에서는 초기 이슬람의 율법주의와 후기의 수피 신비주의 사이의 미묘한 균형이 오랫동안 유지되었다. 하지만 이 균형은 한편으로는 서양의 회의주의, 다른 한편으로는 와하비 운동의 격정을 견

려낼 수 없었다. 기계적인 암기를 통해 세대에서 세대로 무사히 전해진
친숙한 경구 뒤에 숨어 있던 지적 경직성은 입법자 술레이만의 시대 이
후 수니파 학문의 특징이었다. 이런 무사안일의 보수주의는 코란의 말씀
을 엄격하게 받아들이고 그것을 인간생활의 모든 조건에 새롭게 적용하
려는 와하비 열혈당에게는 통하지 않았다. 그렇지만 무슬림 학문과 문명
의 후계자들은 아브드 와하브의 최초의 신봉자였던 베두인 부족민에 비
해 세상사가 복잡하게 돌아간다는 사실을 훨씬 잘 알고 있었다. 따라서
약삭빠른 도시인들은 신앙심을 갖고 와하브의 가르침에 그대로 따르기
만 하면 모든 것이 바로잡힐 것이라는 주장을 곧이곧대로 믿지 않았다.
그 결과 와하비 운동은 이슬람 내부에서 활발한 지적 생활이 이루어질
수 있는 기반을 마련하지 못했고, 오래된 행동규범과 공식에서 근본적으
로 탈출하는 것을 더욱 어렵게 만들었다.

개혁의 실패

유럽의 기술을 차용함으로써 무슬림 국가를 강화하려던
개혁가들은 1850년 이전에 작은 성과를 거두었다. 18세기에는 그런 생
각을 진지하게 받아들인 오스만의 관리가 거의 없었다. 게다가 전투에서
승리를 거둘 때마다, 오래된 관습을 좀 더 손질해야 할 명백한 필요성이
줄어드는 역설적인 결과가 초래되었다. 예컨대 1699년 이후 일군의 오
스만 관리가 투르크의 포병대를 개혁하여 신형 포로 무장시켰다. 1683
~1699년의 장기전에서 오스트리아 군대가 오스만을 상대로 그 위력을
입증했던 것과 같은 종류의 포를 도입했던 것이다. 그 후 다시 한번 오스
트리아 군대에 참패한(1716~1718) 뒤에는, 소수의 보병부대에도 개혁
의 손길이 미쳤다. 그 결과, 오스트리아와 러시아 양국이 투르크를 공격
했을 때(1736~1739), 새롭게 개혁된 부대의 활약에 힘입은 투르크군은

오스트리아에 뜻밖의 패배를 안겨주었다. 이 패배 직후 오스트리아는 전쟁에서 발을 뺐고, 러시아도 이어서 군대를 철수시켰다. 이처럼 군사개혁의 당위성이 생생하게 입증되었음에도 불구하고, 오스만 정부는 개혁을 계속할 필요성을 절감하지 못했다. 오히려 군사적 승리는 더 이상의 변화가 필요 없다는 의미로 해석되었고, 전후에 찾아온 긴 평화기에 새로운 부대는 하릴없이 방치되어 있다가 마침내 무용지물이 되고 말았다. 그 결과, 러시아의 예카테리나 2세가 오스만 제국을 공격한 1768~1774년의 전쟁에서, 투르크군은 7년전쟁(1756~1763)을 거치면서 새롭게 단련된 러시아군에게 싸움 한 번 제대로 해보지 못하고 참패했다.

1774년의 충격적인 패배는 오스만군을 근대화하려는 노력을 부활시켰지만, 1826년까지는 획기적인 전기가 마련되지 않았다. 이는 러시아군이 오스만 제국에 안긴 재앙이 워낙 커서 모든 제도의 철저한 재편이 필요했기 때문이라고 생각된다. 그런 상황에서 보수파는 제국의 이슬람적 성격이 총체적으로 위기에 빠져 있으며, 군대를 개혁하기 위한 아주 온건한 조치도 광적인 저항을 불러일으킬 수 있다고 주장했다. 개혁의 명분이 폭넓은 지지를 받게 된 것은, 술탄의 지배하에 있던 세르비아와 그리스의 주민들이 반란에 성공한 것을 포함하여 일련의 군사적 패배를 겪은 뒤였다. 그 후에도 개혁에는 막대한 희생이 따랐다. 반란을 일으킨 예니체리 부대와 그들을 지지하는 콘스탄티노플의 군중을 향해, 술탄은 포병대에 발포를 명할 수밖에 없었다. 오스만은 피를 부른 폭력적인 수단에 의해 보수적인 군대세력을 파괴하는 데는 성공했으나, 구식 군대를 제국 방어능력이 있는 신식 군대로 교체하는 데는 실패했다. 그 결과 오스만 제국은 유럽의 열강과 무시무시한 이집트의 폭군 무하마드 알리(1849년 사망) 같이 급부상한 경쟁자들에게 새로운 굴욕을 당하게 되었다.

1850년 무렵에 오스만의 관리와 실무자는 유럽의 군복과 총을 모방하는 것은 현상유지나 다를 바 없이 무익하다는 결론에 대체로 도달했다.

뾰족한 해결책은 찾을 수 없었다. 결국 오스만 제국의 정책입안자들은 외교적 계략으로 유럽 열강을 분열시켜 그 중 어느 국가가 '유럽의 병자' 오스만 제국을 구원하고 나서도록 획책하기로 했다.

영국의 인도 지배

무굴 제국은 1857년까지 명목상으로만 존속되었다. 유럽의 세력균형은 이 제국에 유리하게 작용하지 않았다. 오히려 인도에서의 무역과 지배권을 둘러싼 투쟁은 1763년 이후 영국에 결정적으로 유리해졌다. 그 후 인도의 혼란스러운 정세는 영국의 지속적인 침투를 허용했고(사실상 초래했고), 1818년 이후에는 펀자브의 시크 교도와 서북 변경 지대의 부족민만이 진정한 의미에서 영국의 지배를 받지 않고 독립을 유지했다.

무굴 제국의 쇠퇴는 아우랑제브 황제가 1707년에 사망하기 전부터 명백해졌다. 그가 남부 인도를 평정함으로써 제국은 영토적으로는 최대 판도를 이룩했지만, 그의 치세에 몇 차례의 심상치 않은 반란이 일어나면서 제국의 권위는 흔들리기 시작했다. 특히 중앙 인도의 고원에 사는 힌두 교도인 이른바 마라타족이 게릴라 전법을 구사하자 기동력이 떨어지는 무굴제국의 군대는 속수무책이었다. 그 후에는 시크 교도들이 반란을 일으켜 서북지방의 통치권을 확립했다. 얼마 뒤에는 다수의 지방 통치자가 중앙정부로부터 독립했고, 심지어 수도인 델리에 인접한 지역도 때로는 황제의 명령에 따르지 않았다.

이런 상황하에서 유럽 무역회사의 대리인들은 신변안전의 필요성을 느꼈다. 그들은 인도인 병사('세포이')를 뽑아 유럽식으로 무장시키고 훈련시킨 뒤에 유럽인 장교의 지휘를 받게 했다. 머지않아 이 군대는 인도에 존재하던 다른 어떤 군대보다 실력이 월등하다는 점이 명백해졌다.

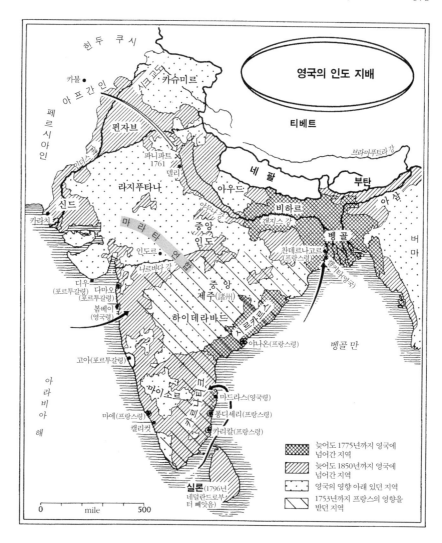

지방의 통치자들과 토지 영유권을 확보하려던 책사들은 너나없이 그런 군대를 사병으로 거느리고 싶어 했고, 유럽인을 고용하여 '세포이' 군대를 지휘하게 했다. 이것이 유럽 열강들 사이의 경쟁을 부채질했다. 지방의 통치자에게 고용된 유럽인 지휘관은 당연히 궁정에서 자국인의 편을 들 것이라고 생각되었기 때문이다. 이로 인한 혼란 속에서, 강력한 인도회사를 설립하려고 애쓰던 프랑스인과 1600년부터 인도양에서 무역활동을 해왔던 영국인은 견원지간이 되었다. 그러나 영국 해군력의 압도적 우위가 승패를 갈랐다. 양국이 전쟁을 할 경우, 인도의 영국군은 해로를 통해 자유롭게 이동할 수 있고 본국으로부터의 보급도 확보할 수 있었던데 비해, 프랑스 군대는 본국과의 연락이 두절될 위험도 있었고 육로를 횡단하는 것 외에는 전략적 기동성을 발휘할 방법이 없었다. 그러므로 1756년에 영국과 프랑스 사이에 전면전이 발발했을 때, 영국군이 압도적인 승리를 거둔 것은 그리 놀랄 일이 아니었다. 종전(1763) 이후 프랑스는 더 이상 인도의 정치와 경제에 간섭할 수 없었다.

프랑스와 영국의 회사들이 서로 싸우고 있는 동안, 아프간의 침략군이 인도 서북부를 쑥밭으로 만들고 델리 인근의 파니파트에서 마라타족 군대를 궤멸시켰다(1761). 따라서 이때부터 인도의 지방 제후들은 호전적인 두 외세, 즉 바다를 건너온 영국인과 남하한 아프간인 사이에 끼게 되었다. 선택이 필요한 경우에는 대부분 영국인을 선호했다. 그러므로 큰 전투 없이, 1818년까지 거의 모든 인도의 지방왕국은 영국과 조약을 체결하고 종속적인 동맹관계에 들어갔다. 영국의 통치는 보통 각 왕국의 궁정에 파견된 영국의 총독대행에 의해 이루어졌다. 총독대행은 협정이 충실히 이행되는지 지켜보는 감시인 역할을 했다. 인도의 일부 지역에서는 영국 동인도회사가 직접 통치했다. 그러나 회사가 실제로 현지인 지배자를 왕좌에서 추방한 것은 그들이 완강하게 동맹 요구를 거부하거나 너무 무능한 것으로 밝혀진 경우뿐이었다.

런던에 있던 동인도회사의 중역들은 영토적인 진출에 거세게 반대했다. 그들이 군사행동을 꺼린 것은 돈이 많이 들고 무역에 방해가 되기 때문이었다. 그들의 유일한 목적은 최소한의 비용으로 최대한의 수익을 올리는 것이었다. 이는 무엇보다도 인도인을 그리스도 교도로 개종시키려고 한다거나 전통적인 생활양식과 정치형태를 바꾸려고 하는 일체의 시

도를 자제하는 것이 회사의 방침임을 뜻했다. 실제로 회사의 많은 간부
는 불과 한줌의 영국인이 인도를 지배하고 그 아대륙에서 자신들의 유리
한 지위를 유지하기 위해서는 그 밖에는 다른 방도가 없다고 확신했다.

　진정한 의미의 독립된 국가들이 인도에 계속 존재하는 한, 그들의 주
장은 상당한 설득력을 갖고 있었다. 하지만 마라타와의 최종 전쟁이 영
국의 낙승으로 끝난 1818년 이후에는, 인도 내에 영국에 대적할 만한 경
쟁자가 남아 있지 않았다. 그러자 본국으로부터 선교활동을 하라는 압력
이 가해졌고, 소수의 힌두 교도는 법률적이고 인도주의적인 개혁을 요구
하는 목소리를 높여갔다. 한편 내분과 정치적·군사적 취약성으로 인해
서양인을 인도에 끌어들인 당사자인 무슬림은 그저 간섭받지 않기만을
바랐다.

이란과 투르키스탄

　이란과 투르키스탄에서도 무슬림의 정치와 경제는 상승세
를 타고 있던 유럽의 힘에 비하면 굴욕스럽게 쇠퇴했다. 물론 사파비 왕
조의 마지막 왕을 퇴위시키고 인도 침입에 성공했던 나디르 샤(1736~
1747년 재위)의 빛나는 군사적 공적과, 그에 못지않게 화려한 아프간의
수장 아흐마드 샤 두라니(1747~1773년 재위)의 생애는 선조들의 전사
전통을 유감없이 보여주었다. 문제는 그 위대한 정복자들이 예전과는 달
리 원정에 나설 때마다 유럽식으로 훈련받고 무장한 군대와 맞닥뜨리게
된다는 것이었다. 사실은 그들도 적지 않은 양의 총과 탄약을 수입에 의
존하고 있었다. 이런 상황에서는 풍부한 탄약을 보유하고 있는 인근의
문명국이 적절하게 원조를 배분함으로써 강자를 정상에서 끌어내리거나
그에 맞설 경쟁자를 키울 수 있었다. 따라서 19세기 초부터 이란과 투르
키스탄의 정치적 존망은 영국 및 러시아의 원조와 다분히 응징적인 공격

에 좌우되기 시작했다. 응징적인 공격의 예로는 1839년에 영국군이 아프간의 수도 카불에 진입한 것을 들 수 있다.

한때 당당하던 이슬람 제국이 1850년까지 쇠락을 거듭하여 비참한 상태에 빠진 것을 보고 만족해 할 무슬림은 단 한 사람도 없었다. 암울한 정치적 상황을 구원해줄 문화적 재생이나 지적 각성은 일어나지 않았고, 경제면에서는 1830년경부터 유럽에서 기계로 제조된 상품이 쏟아져 들어와, 이슬람 세계의 전통적인 직인 공동체를 궁핍하게 만들었다. 도대체 이런 판국에 알라는 어디에 계신단 말인가?

힌두의 개혁

무슬림 세계의 피지배민인 힌두 교도와 그리스도 교도는 새로운 질서에 비교적 쉽게 적응했다. 힌두 교도는 인도를 지배하던 이방인(즉, 페르시아인과 투르크인)의 무굴 제국이 다른 침략자에 의해 파괴되는 모습을 보고 크게 흥분하지는 않았다. 과거에도 지배자가 교체되는 유사한 사태가 자주 일어났으므로, 이번 일이 기이하거나 특별히 중요한 것으로 보이지 않았던 것이다. 그러므로 유럽인의 존재는 오랫동안 힌두 공동체 내부에서 눈에 띄는 반향을 불러일으키지 않았다. 힌두 교도는 유럽인을 그저 또 하나의 카스트로 간주했다.

더구나 이미 살펴본 것처럼 영국의 공식 방침은 기존의 사회제도와 사회관계에 대한 충격을 최소화하는 것이었다. 예컨대 1837년까지는 공용어가 바뀌지 않았기 때문에, 정부 관직을 얻고자 하는 젊은 힌두 교도는 영어가 아니라 옛 지배자 무슬림의 언어인 페르시아어를 배워야 했다.

하지만 19세기에 들어서자, 영국인과 힌두 교도 양측의 자발적인 의사에 의해 서양 문화와 힌두 문화의 교류의 장이 확대되기 시작했다. 처음부터 동인도회사의 정책을 아예 무시하고 설립된 선교학교가 새롭고 중요한 요소를 도입했다. 개인 자격으로 인도에 도착한 정력적인 선교사 몇 명이 영어 원서를 인도의 각 지방에서 사용되는 방언으로 번역하는 작업에 착수했던 것이다. 이 작업은 인도의 독자들에게 서양문화의 중요한 측면을 알리는 계기가 되었을 뿐 아니라, 근대 인도어의 문학적 발전을 강력하게 자극했다.

힌두교는 이슬람교뿐 아니라 그리스도교에 대해서도 굳건한 방어벽 역할을 했기 때문에, 인도인 중에서 그리스도교로 개종하는 사람은 거의 없었다. 그러나 활발한 선교활동에 의해 유럽 문명에 대한 지식을 접할 수 있는 기회가 늘어나자, 여기에 자극받은 소수의 인도인은 영국인 지배자들이 살고 있는 기이한 바깥세계를 이해하려고 노력하게 되었다. 이런 노력을 기울인 선구적인 인물로는 람 모한 로이(1833년 사망)가 있다. 그는 그리스도교와 이슬람교를 연구한 끝에, 모든 세계종교는 동일한 메시지, 즉 윤리적 일원론을 전하고 있다고 확신하게 되었다. 로이와 그 일파, 그리고 그를 따르던 소수의 열성적인 서양인 제자들은 힌두 철학자들이 다른 민족에 앞서 그 보편적인 진리를 발견했다고 믿었다. 라이의 가르침으로 자부심을 갖게 된 경건한 힌두 교도들은, 인도인이 상대방에게 전해줄 귀중한 정신적 통찰을 갖고 있는 한, 유럽의 기술을 아무리 많이 차용해도 괜찮다고 느꼈다. 서양의 학자들은 확실히 우파니샤드와 베가에서 많은 것을 배웠고, 특히 19세기 초에는 인도의 학문을 연구하려는 열기가 뜨거웠다.

하지만 초기 인도의 성전에 관한 정력적인 연구는 뜻밖의 역류를 만났다. 당시에 행해지던 힌두교의 관습은 베다와 거의 아무런 관계가 없던 것이다. 여기에 주목한 힌두 개혁자들이 활동을 개시했다. 그들은 힌두교에 관한 방대한 종교문헌 중에서 자유주의적이고 인도주의적인 개혁을 뒷받침할 수 있는 권위 있는 자료를 취사선택했다. 다수의 그리스도교 선교사와 소수의 동인도회사 관리도 힌두교 개혁의 필요성에 공감

했다. 시범적인 사례는 수티, 즉 사망한 남편을 화장하는 장작불에 부인
을 함께 태워서 죽이는 관습이었다. 베다에는 그런 풍습의 근거가 없었
다. 람 모한 로이는 일련의 소책자를 발행하여 수티를 비난했고, 영국 당
국에 수티 금지를 요청했다. 수티 풍습은 1829년에 금지되었다. 6년 뒤
에 당국은 인도인에게 유럽식 교과과정을 영어로 가르치는 학교제도를
도입하기로 결정했다. 이 또한 인도의 젊은이들이 과학적 진리를 배우기
위해서는 반드시 필요한 제도라고 람 모한 로이가 주장하던 바였다.

   일단 전통적인 관습과 제도가 수정되기 시작하자, 개혁 요구가 봇물
터지듯 쏟아졌다. 영국 당국은 어떤 개혁을 단행하고 나면 또 다른 개혁
이 필요함을 깨닫게 되었다. 그 결과, 전통적인 사회구조를 강경하고 근
본적으로 개혁하려는 각종 요구에 행정력이 미처 대응하지 못하는 사태
가 일어났다. 소수의 교육받은 힌두 교도는 신속한 대응을 요구했다. 물
론 대다수 힌두 교도는 개혁파의 관심과 열망을 막연하게 의식했을 뿐,
수동적인 태도를 고수했다. 그럼에도 불구하고 힌두 공동체는 무슬림 공
동체와 근본적인 차이를 보였다. 힌두교 지도자들은 개혁을 요구하지 않
을 때에는 묵묵히 영국의 지배에 순종했던 데 비해, 무슬림은 상하의 계
층을 막론하고 자기의 모든 주변상황을 개탄했다. 인도의 양대 종교 공
동체에서 발견되는 이런 차이는 오늘날까지 남아 있는데, 그것이 바로
인도를 힌두의 땅으로 만든 가장 큰 요인이다.

발칸의 그리스도 교도

   이슬람 세력권의 또 다른 측면에 해당하는 발칸 지방의 그
리스도 교도들도 오스만 지배자의 쇠락을 비교적 환영하는 입장이었다.
물론 콘스탄티노플의 그리스도 교도 중에서도 투르크인에게 융자를 알
선하거나 자문을 해주고 큰돈을 벌던 사람들은 자신들의 부의 원천인 제

국조직이 와해되는 것을 반기지 않았다. 그러나 전략적으로 중요한 위치를 차지하고 있던 도시인, 특히 상인과 전문직 종사자는 계몽이라는 이름으로 불리던 세속판 서양문화의 마력에 빠져 변화를 갈망했다. 니케아 신경(1권 298쪽 '이단과 정통' 참조)의 문구에 관한 고리타분한 신학적 논쟁은 볼테르와 루소의 독자들에게는 관심 밖의 이야기였다. 더구나 시민의 자유나 자연권 같은 이념에는 지리적·문화적 경계가 따로 없었다. 따라서 그런 이념을 진지하게 받아들인 발칸의 정교회들이 쇠퇴하고 있는 오스만 정권을 대체할 수 있는 자유롭고 근대적인 국민국가를 건설하려는 열망에 사로잡힌 것은 당연지사였다.

그런 정신이 발칸의 산적 기질과 결합하여, 세르비아(1803~1815)와 그리스(1821~1830)의 혁명에 독특한 성격을 부여했다. 이 혁명은 양국이 서양사회에 완전히 편입되기 위한 첫 발걸음이었다. 문제는 발칸의 그리스도교 국가들이 상충하는 영토적 야심을 품고 있었다는 것인데, 1850년까지는 이 골칫거리가 표면화되지 않았다. 미래에는 자유로운 인간의 형제애가 어디서나 구현되리라는 기대가 혁명파 사이에 만연해 있었기 때문이다.

중국에서의 그리스도교 선교

동아시아에서는 영국의 인도 정복이나 러시아의 오스만 제국 격파 같은 극적인 사건으로 유교세계의 고요함이 깨져버리는 그런 일은 일어나지 않았다. 18세기를 통해 중국은 강대국이었고, 일본은 철저한 쇄국정책을 고수했다. 하지만 1775년경부터 양국에서 일어난 변화는 평화와 번영의 기반을, 처음에는 전혀 눈치채지 못할 정도로 조금씩 허물어뜨리기 시작했다. 따라서 산업혁명과 민주혁명을 통해 힘을 키운 유럽 열강이 19세기 중엽에 동아시아에 밀어닥쳤을 때, 중국과 일본의 저항력은 형편없이 약화되어 있었다.

18세기가 끝날 때까지 중국의 정치는 따로 기술할 필요조차 없을 정도로 전통적인 모습을 유지하고 있었다. 유럽인은 계시적인 종교와 세습적인 귀족계급이 없는 중국사회에서 배울 것이 많다고 생각했다. 다수의 '계몽된' 서구인은 덕망 높은 중국인이 자신들이 꿈꾸던 사회의 모델을 이미 만들어냈다고 확신하면서, 자기네 나라도 그런 사회가 되어야 한다고 주장했다. 하지만 중국인은 그런 찬사에 화답하지 않았다. 그들은 유럽의 지식과 기술을 처음 접했을 때는 신기하다는 반응을 보였지만, 실제로 18세기에는 그 정도의 관심도 보이지 않았다. 그 부분적인 이유는 중국에 와 있던 그리스도교 선교사들 사이에서 격렬한 '전례논쟁'이 벌어진 결과, 유럽인의 신용이 전반적으로 떨어졌을 뿐 아니라 두 문화에 속한 학자들이 교류하는 규모와 밀도가 줄어들었다는 데 있다.

전례논쟁의 핵심적인 문제는 그리스도교 선교회에게는 근본적인 의미를 지니고 있었다. 일찍이 중국에서 선교를 시작한 예수회 수사들은 그리스도교의 가르침과 명백히 모순되지 않는 한, 현지의 습관과 의례적 준수사항을 수용한다는 방침을 따랐다. 예컨대 중국에서 조상과 공자에게 제사를 지내는 것은 종교적 숭배가 아니고 민간의식이기 때문에, 그리스도교 개종자에게 그것을 금할 필요가 없다는 결론에 도달했다. 예수회보다 정치적이지 못한 선교사들, 특히 프란체스코회 선교사들은 그런 방침에 충격을 받고 교황에게 이의를 제기했다. 또 다른 쟁점은 중국어 '天'이 'God'의 대응어로 적절한지, 그 단어를 정확한 번역어로 보기에는 이교적 연상이 너무 강하지 않은지에 관한 것이었다.

물론 교황은 'God'라는 말을 어떻게 중국어로 옮겨야 할지 결정할 입장이 아니었다. 교황청은 타협점을 모색하기 위해 장고를 거듭하다가 결국에는(1715) 예수회의 방침에 반대하기로 결정했다. 그러나 그 문제를 보고받은 중국황제는 이미 예수회의 견해를 지지하기로 결정하고 있었다. 천자는 당연히 교황의 결정이 자국에서 자신의 권위를 모욕하는 것이라고 느꼈다. 그래서 황제는 예수회의 견해에 동의하지 않는 그리스도교 선교사에 대해서는 입국을 금지했다. 1715년 이후 교황의 결정에 순종하기로 한 가톨릭 교도는 입장이 난처해졌다. 선교회의 활동을 포기하거나 아니면 불법체류를 감수해야 했다. 법망을 피해 입국한 자들이 더러 있었지만, 이런 식으로 황제의 권위를 무시한 선교사들은 가난하고 미천한 계층만을 상대로 활동할 수 있었다. 이에 따라 그리스도교는 궁정과 교육수준이 높은 중국인 집단에 발을 붙이지 못하고, 소규모 비밀결사 사이에서 명맥을 유지했다. 하지만 일견 중요해 보이지 않는 그 결사는 반정부적이고 때로는 노골적으로 혁명적인 성향을 띠고 있었다. 극소수의 예수회 수사가 천문학자로 궁정에 남았지만, 1773년에 교황이 예수회를 해산시키자 그 임무는 라자로회*에 인계되었다. 그러나 전례논쟁은 그리스도교 선교사들이 어디까지나 외세의 앞잡이라는 점을 중국인에게 극적으로 보여주었다. 제국의 충성스럽고 순종적인 관리들은 궁정에 있는 천문학자들과의 접촉을 기피했다.

중국의 문호개방

1775년경까지는 중국의 정치체제와 경제적 질서가 순탄하게 작동했기 때문에, 외국의 문물에 관심을 보일 이유가 없었다. 하지만 그 후로는 왕조의 쇠퇴를 알리는 전형적인 징후가 나타나기 시작했다. 가장 근본적인 문제는 중국의 많은 지역에서 인구가 급증한 탓에 농지가 자잘한 땅뙈기로 분할되었고, 이런 소농 규모의 소출로는 흉년이 들 경우 농민 일가가 입에 풀칠하기도 어려운 지경이 되었다는 것이다.

* 해외 선교활동에 주력하는 로마 가톨릭 사제와 수사들의 단체―옮긴이.

빚을 진 농민들은 결국 땅을 빼앗길 수밖에 없었다. 그 결과 토지재산은 대금업자들의 수중에 집중되었고, 돈을 빌린 농민들의 누적된 불만은 산발적인 폭동으로 분출되었다. 농민반란은 1774년에 본격적으로 시작되어 그 후 수십 년 동안 광범위하게 확산되다가, 급기야 1850년의 재앙적인 태평천국의 난으로 발전했다.

　이런 국내의 긴장에 국경지대의 외환이 겹쳤다. 19세기 초에 중국의 서북 변경은 안정적이었다. 스텝지대 여러 민족의 군사력은 18세기에 중국과 러시아의 무기에 의해 완전히 와해되었다. 그러나 서북부의 이례적인 안정은, 유럽에서 온 '남만'(南蠻)과의 무역이 집중되어 있던 남해안에서 발생한 미증유의 새로운 문제에 의해 상쇄되었다. 이 무역은 오랫동안 유럽의 경쟁자들을 대부분 밀어낸 영국의 동인도회사와 광저우의 상인협회 사이에서 오랫동안 독점적으로 이루어졌다. 하지만 1834년에 영국정부는 동인도회사의 중국무역 독점권을 폐지하고, 유럽의 항구에서 이루어지는 정상적인 교역형태를 광저우에 도입하려고 했다. 중국인은 여기에 반대했다. 중국 정부는 무역에 대한 공식적인 규제를 강화하려고 했기 때문이다. 중국인의 관점에서 보면, 19세기 초에 광저우 무역이 발전한 것은 실로 개탄할 만한 일이었다. 아편을 피우는 중국인의 수가 증가하기 시작했고, 영국인과 그 밖의 유럽인은 주로 인도에서 생산된 아편을 기꺼이 중국에 공급했다. 중국의 관료들이 아편수입을 금하자, 유럽의 무역상들은 밀수와 뇌물로 대처했다. 그 결과, 유럽인과의 무역은 다시 초기의 연안무역과 마찬가지로 비합법적인 형태를 띠게 되었다.

　1839년, 중국 정부는 특사를 광저우에 파견하여 밀무역을 단속하고 아편수입을 엄금하도록 지시했다. 특사의 단호한 조치는 큰 효과를 거두었다. 하지만 얼마 후 영국 수병들이 해안에서 현지인을 살해한 사건의 처리를 둘러싼 논쟁이 발단이 되어 영국과 중국 사이에 전쟁이 벌어졌다. 중국의 해안방비는 영국의 함포사격 앞에 맥없이 무너졌고, 중국인은 충격과 실망을 감출 수 없었다. 전쟁을 종결지은 1842년의 난징(南京)조약은 영국측의 요구를 거의 다 들어주었다. 유럽과의 통상을 위해 광둥(廣東) 외에 4개 항구를 개항했고, 홍콩은 영국에 할양되었으며, 영국 영사가 모든 개항장에 주재할 수 있게 되었다. 곧 다른 서양국가들도 같은 특권을 요구하여 인정받았다. 게다가 중국에 거주하는 자국민에 대한 치외법권을 요구함으로써, 원래 영국이 보장받은 조건보다 유리한 항목을 추가했다. 중국인은 엄청난 굴욕을 느꼈으나, 외국인을 내쫓기 위해 그들이 할 수 있는 일은 아무것도 없었다.

중국이 18세기에 도달한 영화의 절정에서 급전직하 추락한 것은 분명 놀라운 일이었지만, 과거에도 비슷한 사례가 있었다. 다른 왕조들도 거의 같은 방식으로 쇠퇴했던 것이다. 그러므로 1850년까지는 전통적인 생활의 틀이 본질적으로 변하지 않았다. 외국인이 초래한 재앙은 아무리 불쾌하다 하더라도 처음 겪는 일도 아니었고, 따라서 중국인은 전통적인 대응책만으로도 충분하다고 생각했다.

일본의 사회적 긴장

일본의 역사는 전혀 달랐다. 중국의 군대가 18세기에 중앙아시아에서 제국의 판도를 확대하는 동안, 일본은 평화를 유지했다. 일본의 인구는 거의 일정했기 때문에, 중국에서처럼 인구압에 의해 농지가 너무 잘게 분할되는 일은 일어나지 않았다. 게다가 일본은 1854년까지 외세에 시달리지 않았다.

그럼에도 불구하고 일본사회는 1700~1850년 사이에 진통을 겪고 있었다. 사무라이 계급은 전통적인 군사적 역할을 상실했다. 무위도식은 사치스러운 생활을 낳았고, 사치에 물든 생활은 일본의 무사계급을 빚더미에 올라앉게 했다. 그 결과, 정치권력의 소재와 경제력의 소재가 서로 어긋나는 현상이 고착되었다. 일본의 문화도 첨예한 이중성을 반영하여, 사무라이의 격식 있고 간소한 미학과 게이샤와 벼락부자의 도회적이고 관능적인 '덧없는 세상'(浮世)이 양립했다.

그 두 세계를 격리시킨 장벽은 시간이 흐를수록 낮아졌다. 무가(武家)는 때때로 상인의 아들을 양자로 삼아 재산 증식을 꾀함으로써 소수의 평민을 상류계급에 가세시켰다. 예술가들이 중국·서양·일본의 고유한 전통에서 유래한 요소들을 사용하여 예술양식의 혼합을 시도한 것도, 이전까지 분리되어 있던 것이 융합되는 세태를 반영했다.

일본의 장래와 관련해 더욱 중요한 것은, 소수의 일본 지식인이 많은 장애를 극복하고 중국과 서양의 학문을 배웠다는 것이다. 도쿠가와 정권은 성리학을 관학(官學)으로 삼고 다른 철학의 연구를 금지하기도 했다. 그러나 막부에 불만을 품고 있던 소수의 개인은 그것에 굴하지 않고 외국의 학문을 탐구했다. 외국의 학문은 매년 나가사키(長崎)에 입항하던 공인된 네덜란드 선박이 싣고 온 책을 통해 일본에 침투했다.

성리학과 애국적인 사상에 기초하여 도쿠가와 막부에 반대하는 일본인도 있었다. 성리학에서 설파하는 최고의 덕이 상급자에 대한 복종이라면, 쇼군과 천황의 정당한 관계는 어떤 것이어야 하는가? 역사적 기록을 고쳐 쓴다 할지라도, 쇼군의 지위를 찬탈자 이외의 다른 존재로 둔갑시킬 수는 없었다. 일부 학자는 목숨을 걸고 대담하게 그렇다고 공언했다. 어떤 사람은 성리학을 버리고 고대의 신도를 택하여, 다소 막연한 신화와 제의의 집합체를 좀 더 체계적이고 엄숙한 교의로 가다듬기 위해 경건한 노력을 기울였다.

이런 지적 이단의 조류에서 정말로 중요한 점은 그것들이 한 방향으로 흐르고 서로를 지지하는 경향이 있었다는 것이다. 서양의 학문이 높이 평가받은 것은 그 자체가 가치를 지녔기 때문이기도 했지만, 그때까지 의심 없이 받아들였던 성리학의 교의에서 결점을 지적했기 때문이다. 따

라서 쇼군에 대한 비판, 천황에 대한 존경, 일본인의 애국심, 서양학문에
대한 열정 등이 하나로 합쳐져서 일종의 지적 반체제를 형성했다. 특히
일본열도의 변경지대, 다시 말해 '도자마다이묘'(外樣大名)들이 자신의
선조가 도쿠가와가의 가신이 아니라 경쟁자였던 시대를 기억하고 있는
지방에서 그런 이념은 권력가의 보호를 받았다. 따라서 1854년에 쇼군
이 마지못해 쇄국정책을 포기하기로 결정했을 때, 일본에는 자기 나라를
위해 새로운 정책을 명확하게 구상하고 있던 소수이지만 활기찬 집단이
존재하고 있었다.

　다시 말해서 일본의 개국은 방아쇠를 당긴 것과 같았다. 개국 자체가
이 나라에 혁명을 가져온 것은 아니었다. 하지만 개국으로 인해 기존 체
제에 반대하던 사람들이 정권을 잡을 수 있었고, 천황과 고대의 정통을
회복한다는 명목하에 서양의 산업기술을 전폭적으로 수용하여 자기 것
으로 만들기 시작했던 것이다. 일본인처럼 유럽 문명과의 접촉이 제공한
기회를 십분 활용할 준비가 되어 있던 민족은 아시아에 없었다. 다른 민
족은 도쿠가와 시대의 일본에 만연해 있던 것 같은 문화의 이원성과 대
립적인 이념 간의 긴장을 전혀 경험하지 못했기 때문이다.

4부

전지구적 코즈모폴리터니즘의 출현

18세기 말부터 유럽 사회에서는 서로 짝을 이루는 두 개의 변혁이 시작되었다.

프랑스에서 시작된 정치혁명은 구체제의 얽히고설킨 특권집단을 파괴하여, 무수한 개별 시민의 에너지를 해방시켰다. 정부와 국민은 예전에 비해 훨씬 긴밀히 협력하게 되었다. 국민의 의지를 이끌어 나가는 동시에 그 의지에 따라 행동함으로써 정부는 한층 강대해졌다. 국민의 의지가 표명되는 수단으로는 선거·폭동·시위·언론이 있었고, 현재 존재하는 리더십을 묵묵히 따르는 것도 그런 의지의 표현이었다. 수백만에 달하는 국민이 어느 정도 자발적으로 전쟁에 동원되었다. 경제와 정치에서 혁신의 영역은 확대되었고, 개인의 발의를 구속하는 법률상의 장애는 줄어들었다.

이 '민주혁명'은 주춤거리면서도 결코 거스를 수 없는 대세를 이루며 프랑스에서 유럽의 다른 국가로 퍼져 나갔다. 얼마 후 새로운 형태의 특권층이 프랑스에 생겨났다. 그리고 유럽의 다른 국가들에서는 자유민주주의의 이론과 그 현실적인 실천 사이에 다종다양한 타협이 이루어졌다. 1789년에 희망차게 시작된 신체제, 또는 부르주아 체제도 노쇠한 기미가 역력했다. 19세기가 끝날 무렵에는 기존 제도에 대한 새로운 사회주의의 도전이 힘을 얻었다.

프랑스가 격렬한 정치혁명의 소용돌이에 휘말려들 무렵, 영국은 기계력을 제조업에 응용함으로써 경제적 변용을 개시했다. 창의적인 기계공과 정력적인 기업가가 개발한 새로운 기술자원의 힘을 보여준 대표적인 초기의 사례는 증기기관을 이용하여 면직물을 생산하던 방적기였다. '산업혁명' 역시 민주혁명과 마찬가지로 멈칫거리면서도 결코 피해갈 수 없는 위력을 발휘하며 유럽의 다른 국가로, 얼마 후에는 유럽 너머의 땅으로 확산되었다. 과학이론을 체계적으로 이용한 참신한 발명에 의해 1870년쯤부터 산업혁명은 새로운 차원으로 도약했다. 이런 상황하에서, 서양의 공업화된 여러 나라가 재량껏 사용할 수 있는 부와 힘—경제력과 군사력—이 급격히 증대되었다.

제1차 세계대전과 제2차 세계대전 기간에, 두 가지 기본적인 변화는 나란히 움직였다. 다시 말해서, 민주적 형식에 의해 유지되면서 권력을 증대시킨 정부가 정치적 목적을 위해 공업생산의 기술적 공정을 재편했다. 처음에는 전쟁에서 승리하는 것이 목적이었다. 1945년 이후에는 복합적인 목표가 우선권을 다투었다. 경제·사회·정치 분야에서 경합을 벌이던 정책목표로는 소비수준의 향상, 군비경쟁, 가격안정, 자본투자 등을 들 수 있는데, 최근에는 자연환경 보존이 추가되었다.

이렇게 해서 서양국가들의 힘이 현저하게 커지자, 종전과는 달리 유럽인과 미국인은 다른 민족의 전통적인 방해를 받지 않고 자유롭게 활동할 수 있었다. 수송과 통신의 개선으로 지구상의 거리는 단축되었다. 19세기 후반에 인간이 거주할 수 있는 전세계의 모든 중요한 지역은 전지구적인 단일한 상업망으로 연결되었고, 지적·문화적·정치적·군사적 상호관계는 경제적 교류만큼이나 필수적인 것이 되었다. 수십 년 동안 유럽의 제국들은 아프리카의 거의 전역과 아시아의 대부분 지역으로 영향력을 확대했다. 제2차 세계대전이 끝난 뒤, 그 제국들은 성장할 때보다 훨씬 빠른 속도로 세력이 축소되었다. 그렇다고 해서 '신생국들'이 1789년 이래 서양세계에서 형성된 코즈모폴리턴한 근대성으로부터 후퇴했다거나 이탈하지는 않았다. 그 반대로 정치적 독립은 비서양세계의 모든 지역에 근대성의 특징이 더욱 깊이 이식되는 계기였다.

인간사회에서 그토록 급속하고 광범위한 변혁이 이루어지면, 폭력과 강렬한 이데올로기적·정치적 변화가 뒤따르게 마련이었다. 19세기에 시대를 주름잡은 것은 영국·프랑스·프로이센(1871년부터는 독일)·오스트리아·러시아 같은 유럽의 전통적인 강국이었다. 1917년에 러시아에서 일어난 공산주의 혁명과, 그것에 대항하여 미국이 세계분쟁의 처방으로 선포한 '민족자결'은 새롭고 강력한 정치적 이데올로기를 전면에 부각시켰다. 그러나 1920년대에 미국과 러시아는 세계무대에서 극도로 몸을 사렸다. 그러다가 독일과 일본에서 발원한 새로운 격변이 제2차 세계대전을 촉발하자, 미국과 러시아의 막강한 힘이 재확인되었다. 1945년 이후 두 초강대국은 세계의 정치와 군사를 계속 지배했다. 그렇지만 다른 국가들, 특히 고대에 문명을 일으켰던 중국과 아시아의 다른 국가들은 좀 더 완전한 정치적·문화적 자율성을 달성하기 위해 집요하게 노력했다. 따라서 세계정치는 공산권과 비공산권으로 단순하게 양극화되지는 않았다.

과학과 기술, 그리고 부강한 나라로부터 힘의 비결을 배우려는 약소국과 약소 민족의 자연스러운 욕망이 세계를 통합시키는 방향으로 작용했다. 지리적 차이와 언어의 장벽, 그리고 자국의 문화전통을 보존하길 원하는 바람은 그 반대방향으로 작용했다. 그러므로 장래의 세대들이 얼마나 다양해질지 또는 얼마나 균일해질지 현재로서는 알 수가 없다. 세계의 모든 지역에서, 과거와의 문화적 연속성은 심각한 도전에 직면해왔다. 도시화·산업화·관료화·자동화 등으로 인한 일상생활의 변화는 워낙 광범위할 뿐 아니라 현재진행형이기 때문에, 인류가 새로운 생활여건에 과연 안정적으로 적응할 수 있을지 아무도 예측할 수 없다.

이처럼 급격하고 근본적인 변화의 시대를 살아간다는 것은 확실히 마음 편한 일은 아닐지도 모른다. 그러나 세월이 흐른 후, 인류는 현대의 몇 세기를 되돌아보며 전지구적 규모의 코즈모폴리터니즘이 처음으로 실현된 예사롭지 않은 시대라고 생각할지도 모른다.

26장
산업혁명과 민주혁명에 의한 서양문명의 변용, 1789~1914

1870년 무렵까지 산업혁명의 중심지는 영국이었다. 그 후 동쪽의 독일과 서쪽의 미국이 영국의 산업기술을 따라잡기 시작했다. 1789년 이후 민주혁명의 중심지는 프랑스였다. 군주제 관료정부의 결함이 드러나고 공중(公衆)의 비판적 기질이 분출된 결과, 이성과 국민의 의지(라고 추정되는 것)에 따라 전통적인 정치제도를 개조하려는 장기적이고 정열적이며 신중한 노력이 개시되었다. 이 두 가지 거대한 운동은 최초의 중심지로부터 서양세계 전체로 퍼져 나갔고, 오래지 않아 서양문명의 경계를 넘어서 확대되었다.

이렇게 되자, 사회·문화·정치의 오래된 패턴이 철저하게 변했다. 그래서 혹자는 근대 산업문명을 유럽과 그 밖의 지역에서 과거에 존재했던 문명과 질적으로 다른 것으로 취급한다. 반면에 생활양식의 대폭적인 변화를 유럽(서양) 문명이 장기간에 걸쳐 이룩해낸 일련의 자기변용의 최신 단계라고 보는 사람도 있다. 두 견해 모두 설득력이 있다고 생각되며, 20세기에 살고 있는 우리는 충분한 시간적 거리를 확보하지 못했기 때문에 자신 있게 둘 중 하나를 택하기가 어렵다.

하지만 프랑스 혁명이 일어난 1789년과 제1차 세계대전이 발발한

1914년 사이의 기간으로부터는 많은 시간이 경과했기 때문에, 그 시대에 유럽이 어떻게 발전했는지 그 골자를 살펴보는 것은 어렵지 않다. 그 125년 동안 유럽과 해외 영토의 서양인 제 국민은 힘과 부를 엄청나게 증대할 수 있었다. 이는 부분적으로 서기 1000년부터 시작된 식민과 무역의 확대가 간단없이 이어져왔기 때문이다. 예컨대 북아메리카 대륙에서는 수백만 개척농민이 대륙을 횡단하여 서부로 향했다. 그들 중에는 유럽에서 막 건너온 자도 있었고, 미국과 캐나다의 동부에서 온 자도 있었다. 이런 식으로 19세기 말까지는 북아메리카 대륙 전역이 서양문명의 세계로 확고하게 편입되었다.

유사한 식민화 과정이 남아메리카의 일부(아르헨티나·칠레·우루과이), 남아프리카, 오스트레일리아, 뉴질랜드에서 진행되었다. 그러나 러시아의 경우는 그런 식민활동의 규모를 훌쩍 뛰어넘었다. 볼가 강 하류지역, 흑해와 카스피 해 사이의 지역, 우랄 산맥에서 멀리 태평양에 이르는 시베리아의 일부와 같은 러시아의 광대한 지역에 살고 있던 농민과 개척자들이 대거 동쪽과 남쪽으로 이동했다. 19세기 말까지는 유럽 러시아(우랄 산맥 서쪽의 러시아)와 중앙아시아에서 농경에 적합한 토지는 대부분 개간되어 경작지로 변했다. 북방의 삼림지대에서 남쪽으로 진출하던 러시아의 입식자들은, 같은 시기에 팽창하고 있던 다른 어계(語系)의 주민들 —중국인·조선인·투르크인·페르시아인·루마니아인— 을 만났고, 때로는 그들과 통혼하기도 했다. 마찬가지로 뉴멕시코에서 미국인 입식자들은 스페인인과 인디언 원주민의 농경공동체와 조우했고 이들을 그 땅에서 쫓아내지 않고 함께 어울려 살았다. 시베리아와 아메리카 대륙에 살고 있던 원시적인 수렵채집민은 입식자들이 진출하자 변변한 저항도 해보지 못하고 소멸해버렸다.

이런 엄청난 식민의 결과, 서양문명의 지리적 기반은 서유럽 중심지에서 문자 그대로 지구 전체로 확장되었다. 서부로 향하던 미국인과 동부

로 향하던 러시아인이 알래스카에서 만났기 때문이다. 러시아 황제의 지
배를 받던 알래스카는 1867년에 미국에 팔렸다.

물론 러시아와 미국은 변경지대로서의 뚜렷한 특징을 간직했다. 특히
억압적인 강제노동제도는 1861년에 러시아가 농노제를 폐지하고 미국
이 1863년에 노예제를 폐지하기 전까지 존속되었다. 미국에서는 노예제
를 둘러싼 첨예한 갈등이 있었다. 사실 링컨 대통령이 노예해방령을 선
포한 것은 노예를 보유한 남부의 여러 주와 나머지 주와의 격렬한 내전
(1861~1865)이 진행되고 있던 때였다.

남북전쟁에서 북군이 승리하여 미국에서 노예가 사라진 것은 서양세
계 전체에 불고 있던 노예제 반대운동의 일부였다. 이 운동의 첫 번째 개
가는 1833년에 영국의 지배를 받던 모든 지역에서 노예제가 폐지된 것
이었다. 서양국가 중에서 마지막까지 노예제를 유지했던 브라질은 1888
년에 노예제 금지를 법으로 명문화했다. 보수적인 성향이 강한 무슬림의
나라들, 예컨대 예멘에서는 최근까지도 노예제가 남아 있었다. 그러나
세계의 대부분 지역에서는 그 무렵에 인구가 급증한 관계로 노동력이 풍
부했으므로, 불쾌한 일도 마다하지 않을 사람이 얼마든지 있었다. 북적
대는 노동시장에서 힘겹게 살아가는 미숙련 노동자가 과거의 노예에 비
해 딱히 형편이 나아졌다고 말하기는 어렵다. 그럼에도 불구하고, 노예
제 금지는 지난 두 세기에 인류가 달성한 긍정적인 성과의 하나로 꼽기
에 부족함이 없다.

서양형 사회의 지속적인 영토 확장을 지탱하고 촉진한 것은 서양문명
의 심장부에서 일어난 가히 혁명적인 변화였다. 특히 18세기 후반에 두
드러지게 나타난 기술적 진보는 일반적으로 '산업혁명'—이 용어는
1880년대에 영국의 한 역사가가 사용한 이래 널리 보급되었다—으로
알려졌다. 게다가 서양의 정부와 국민은 광범위한 국내 재편을 경험했
다. 이 변화는 '민주혁명'이라고 요약할 수 있는데, 1950년대에 만들어진

이 표현은 산업혁명처럼 확립된 용어는 아니지만, 산업혁명과 민주혁명은 하나의 짝을 이루는 것으로 간주할 수 있다. 이 두 혁명은 서양인에게 과거에는 상상조차 할 수 없었던 규모로, 그것도 장기간에 걸쳐, 멀리 떨어져 있는 인간과 물자를 동원할 수 있는 힘을 부여했기 때문이다.

역사상 이 두 혁명에 견줄 만한 변혁을 달성한 민족은 달리 없었다. 따라서 세계의 다른 문명에 대한 서양의 우위는 이미 구체제하에서도 존재했지만 19세기를 지나면서 더욱 확고해졌다. 그 결과, 1850년경 이후에는 서양의 침입을 방해하던 모든 전통적인 걸림돌이 제거되었다. 서양인은 새로 획득한 힘을 이용하여, 거주 가능한 지구상의 모든 지역으로 쇄도했다. 그리하여 세계는 인류 역사상 최초로 전지구적 코즈모폴리터니즘이라는 모험을 개시했다. 20세기를 살아가는 우리는 아직 그 모험의 첫 단계에서 버둥거리고 있다.

*　　　*　　　*

서양문명이 구체제에서 부르주아 체제로 변용되는 과정을 경제·정치·지적 문화의 세 측면으로 나누어 분석하는 것이 편리할 것 같다. 그러나 이런 도식은 인위적이고 불완전하게 마련이어서 그 분류를 가로지르는 관계를 모호하게 만드는 경향이 있다는 점을 미리 밝혀두고자 한다. 예컨대 산업혁명과 민주혁명은 인간이 가진 이성의 힘을 경제와 정치에 적용한 결과라고 생각할 수도 있다. 그러나 사실은 그 반대로, 산업혁명에 의해 막대한 경제적 이익이 창출된 결과, 이전에는 생각지도 못했을 정도로 많은 사람이 많은 시간을 투자하여 지적·예술적 탐구에 정진할 수 있었던 것이다. 그리고 민주혁명은 신분의 장벽을 없앰으로써, 재능과 적성을 갖춘 사람들에게 사업·정치·예술 분야에서 활동할 수 있는 기회를 제공했다. 이처럼 경제적·정치적·지적 변화는 서로가 매우 복잡하고 긴밀하게 얽혀 있었다. 요컨대 서양세계가 체험한 세 가지 양상은 실은 하나의 전체를 이루고 있었다.

산업혁명

18세기 영국의 눈부신 기술진보는 특히 섬유공업 분야에 집중되었다. 1769년에 와트는 섬유공장의 신식 기계를 움직일 수 있는 강력한 증기기관을 개발하여 자신의 첫 특허를 취득했다. 19세기에는 급진적인 기술변혁이 기존의 모든 제조업 부문으로 확산되었을 뿐 아니라, 그때까지 찾아볼 수 없었던 새로운 산업과 제품을 만들어내는 데 응용되었다.

산업혁명에는 두 단계가 있었다. 1870년경까지 실용적인 발명의 주체는 창의적인 기계공과 정력적인 기업가였다. 이들은 체계적인 연구와 과학적 이론보다는 상식과 전통적인 기술에 의존했다. 당시는 철도에 의해 육상수송의 속도와 효율성이 새롭게 향상되고, 대양항해의 발전에 의해 범선이 기선으로 교체된 석탄과 증기의 시대였다. 또한 기술과 산업의 모든 분야에서 영국의 주도적 위치가 확고했던 시대이기도 했다. 섬유기계와 증기기관, 철도와 기선, 그리고 신기술의 필수불가결한 기반이었던 석탄과 강철은 모두 영국에서 최초로 개발되었거나 대규모 발전이 이루어졌다.

화학공업의 탄생과 그것에 뒤이은 전기 테크놀로지의 발달은 산업혁명의 성격과 방향을 바꿔놓았다. 물론 오래된 형태의 주먹구구식 발명도 계속되었다. 예컨대 미국에서는 헨리 포드와 라이트 형제가 오랫동안 이리저리 궁리하고 시행착오를 거듭한 끝에 자동차(1903)와 비행기(1903)를 만들어내는 데 성공했다. 그러나 이런 식의 고립적이고 개인적인 발명은 차츰 체계적인 연구로 대체되었다. 엔지니어와 과학자들이 팀을 구성해 설비를 갖춘 실험실에서 한편으로는 과학적 이론을, 다른 한편으로는 기술상의 공정을 염두에 두고 각종 발명에 몰두하게 되었던 것이다.

　이론과 실천의 연계가 처음으로 일반화된 곳은 독일이었다. 대학과 고등교육 제도가 현저히 발달한 독일에서는 수준 높은 교육을 받은 우수한 이론가들이 속속 배출되었다. 그리고 직인들은 오랜 경험에서 터득한 풍부하고 실용적인 기술을 갖고 있었다. 이런 생산적인 토양에서 이룩된 성과는 때때로 경이적이었다. 예컨대 제1차 세계대전 발발 무렵에 독일은 다수의 공업용 화학제품을 공급하던 유일한 나라였다. 독일의 전기산업도 기술적 창의성과 효율성 면에서 세계를 선도했다. 독일 이외의 국가에서는 현재 회사에 이익을 안겨주고 있는 기계와 기술을 무용지물로 만들어 버릴지도 모르는 연구진과 엔지니어에게 거액을 투자하는 것은 정신 나간 짓이라고 생각하는 분위기가 지배적이었다. 이미 기반을 다진 산업의 경우에도 사정은 마찬가지였다. 그런 연유로 1914년 이전에는 과학적 이론과 실천적 기술의 체계적인 교류가 그 잠재력을 거의 보여주지 못했다. 계획적인 연구에 바탕을 둔 발명이 처음으로 진가를 드러낸 것은 20세기의 양차 대전 사이의 기간이었지, 결코 그 이전은 아니었다.

　그럼에도 불구하고 19세기에 속출된 기술적 발견과 개량은 과거에 일어났던 변화와 비교해보면 대단한 것이었다. 20세기의 친숙한 생활도구인 사진·자전거·타자기·재봉틀·전화·전등·자동차·축음기·영화 등이 모두 19세기에 발명되었다. 물론 나중에 성능이 개선되고 디자인도 변했기 때문에, 그 도구들의 초기 모델만 보고 현재의 물건을 연상하기란 불가능에 가깝다. 라디오와 비행기도 1914년 이전에 선구적인 모델이 나왔지만, 그것이 본격적으로 발달한 것은 제1차 세계대전 기간과 그 이후였다.

　주목할 만한 것은, 중요한 신제품이 다른 새로운 산업의 출범을 유발하거나 요구했다는 사실이다. 예컨대 자동차는 타이어의 수요를 증가시켜 고무산업을 혁신시켰다. 또 전기산업은 구리산업에 크게 영향을 미쳤다. 전류의 전도체로 구리가 사용되었기 때문이다.

이처럼 산업이 증식됨에 따라, 종래의 제조공정에도 근본적인 변화가 일어났다. 일반적으로 말하자면, 수공업이 기계생산으로 전환되었다. 이는 생산기계의 표준화와 최종제품의 표준화를 의미했다. 또한 공장 전체가 원활하게 돌아가기 위해서는 전원이 같은 시간에 작업을 시작해서 생산공정에서 자기에게 할당된 역할을 적절한 속도로 수행해야 했다는 의미에서, 노동자 역시 표준화되었다. 기계든 인간이든 조금이라도 지체한다든가 혹은 고장이 난다든가 하면, 예전보다 훨씬 큰 손해가 발생했다. 새로운 대량생산체제하에서는 막대한 양의 원료·자본·노동이 결합될 필요가 있었기 때문에, 한군데의 지체나 고장은 모든 움직임의 중단을 뜻했다.

그러나 작업 중단이라는 복잡한 기계생산공정의 취약점은, 모든 것이 정상적으로 돌아갈 때의 생산성 증가에 의해 만회되었다. 공장에서 쏟아져 나오는 상품은 서양세계뿐 아니라 다른 사회와 문명권에서도 수공업 제품을 몰아냈다. 전지구상의 직공(織工)과 금속세공인, 그 밖의 무수한 수공업자는 얼마 지나지 않아 기계로 대량생산되는 저렴한 제품과 경쟁할 수 없다는 사실을 깨닫게 되었다.

따라서 산업혁명의 첫 번째이자 가장 뚜렷한 특징은 규모의 엄청난 확대였다. 증대된 동력, 더 많은 원료, 더 많은 완제품, 더 많은 폐기물, 대규모 수송, 제조 및 판매 과정을 관리하는 더 많은 사무원, 늘어난 소비자와 판매자, 대자본과 방대한 노동력을 보유한 대기업, 이 모든 것이 순식간에 톱니바퀴처럼 맞물려 돌아갔다. 좀 더 단순한 구식 제조업은 공장에서 생산된 제품의 저렴한 가격과 개선된 품질에 밀려 사라졌다.

산업의 규모가 커지자, 수송과 통신도 대폭 강화되어야 했다. 먼 곳에서 원료를 운반해오고, 완제품을 먼 곳의 시장까지 운반하는 것은 기계에 의한 대량생산의 성공에 불가결한 요소였다. 유럽의 많은 지역과 미국에서는 도로와 운하의 개선이 중요한 문제였다. 그러나 육상수송의 모든 형태 가운데 가장 중요한 것은 철도망의 구축이었다. 철도 부설은 1840년대에 시작되어, 1850년대와 1860년대에 급진전되었고, 제1차 세계대전 직전까지 막대한 자본을 흡수했다.(시베리아 횡단철도는 1903년에 완공되었다. 베를린과 바그다드를 잇는 철도는 1914년에 착공되었으나 그 후 완성되지 못했다.) 철도는 내륙개발에 일조했고, 철광석과 석탄처럼 부피가 큰 원료를 비교적 먼 거리까지 수송할 수 있게 해주었다. 슐레지엔과 펜실베이니아의 탄전은 철도를 이용한 장거리 육상수송의 새로운 가능성 덕분에 생산을 확대할 수 있었던 초기의 예다. 미국과 러시아의 오지에 위치해 있던 다른 탄전은 좀 더 시간이 지난 뒤에야 대규모 채탄작업에 들어갔다. 캐나다 서부와 중앙아시아의 탄전은 늦게는 1950년대에도 개발되었다.

해상수송의 혁명은 다소 더디게 진행되었다. 로버트 풀턴은 일찍이 1807년에 최초의 증기선을 만드는 데 성공했으나, 그것을 움직이는 데는 너무 많은 석탄이 필요했다. 따라서 그 후로도 오랫동안 장거리 대양항해에서 기선은 범선의 상대가 되지 못했다. 1870년경에 보일러가 개량되고 선체도 대형 강철제로 바뀐 뒤에야, 증기선은 대양을 횡단하는 화물수송에 정기적으로 사용될 수 있었다. 이것이 가져온 한 가지 결과는 북아메리카·아르헨티나·오스트레일리아의 광대하고 비옥한 평원에서 (새롭고 강력한 농기계를 사용하여) 생산된 곡물이 대량으로 유럽에 유입되었다는 것이다.

수에즈 운하의 개통(1869)과 파나마 운하의 개통(1914)은 인간이 거주할 수 있는 세계의 지정학적 판도를 바꿔놓았다. 한편 항공기에 의한 수송은 제1차 세계대전 전까지는 상상의 영역에 지나지 않았다.

새롭게 확대된 산업활동에 참가하고 있던 사람들을 연결하는 수단으로서, 통신은 수송에 못지않게 중요했다. 영국에서 1840년에 확립된 1페니 우편제도는 근대 우편제도의 발달을 선도했다. 1875년에는 국제우편

협정이 제정되어, 우편배달제도를 갖춘 구미 국가들 사이의 우편업무가 통일되었다. 1837년에는 전신이 발명되었다. 두 지점 사이에 전선을 가설하는 데는 큰 비용이 들지 않았기 때문에, 전신제도는 아주 빠르게 서양세계 전체로 확산되었다.(최초의 대서양 횡단 해저전선이 깔린 것은 1866년이었다.) 무선전신도 1895년에 굴리엘모 마르코니가 최초의 실용화 시범을 보여준 이후, 급속하게 중요한 장거리 통신수단으로 자리를 잡았다. 통신의 발달은 뉴스의 전달을 촉진했고, 1850년대에는 다량의 부수를 발행하는 신문이 출현했다. 신문은 정치와 외교에 영향을 미쳤다. 정치가는 신문에 의해 조성되고, 신문 지상에 표명되는 여론을 자신에게 유리하게 이용하거나 여론에 적절히 대응할 필요가 있었다.

산업혁명의 영향

전체적으로 보면, 산업혁명은 서양세계의 부를 현저하게 증대시켰고, 위생·건강·안락함 등의 수준을 근본적으로 향상시켰다. 물론 초기 단계에는 신생 공업도시에 노동자들이 집중되고 오래된 도시가 급속히 팽창함에 따라, 전통적인 제도로는 대처할 수 없는 각종 사회문제가 발생했다. 이런 현상은 사회주의 혁명에 의해 문제가 해결되기 전까지는 풍요 속에서 다수의 프롤레타리아트가 갈수록 빈곤해진다는 카를 마르크스(1883년 사망)의 견해의 근거가 되었다. 마르크스가 자신의 주요 사상을 처음으로 명확하게 밝힌 1848년에는 그런 견해가 설득력을 갖고 있었다. 실제로 폭도가 파리의 바스티유를 습격하여 프랑스 대혁명의 막을 올린 1789년 이래, 도시의 빈민층을 중심으로 한 혁명적 폭력은 유럽의 정치에서 유력한 힘으로 작용했다.

하지만 1848~1849년에는 성격이 유사한 일련의 군중봉기가 실패로 돌아갔다. 그 직후부터 다양한 사회적 정치가 고안되어 초기 산업사회의 고통과 추악함을 억제하고 개선하기 시작했다. 도시경찰 같은 근대적인 공공질서의 기본적인 제도가 만들어진 것도 1840년대 이후였다. 그것에 못지않게 중요한 것은 하수도 시설, 쓰레기 수거 서비스, 공원, 병원, 건강보험과 재해보험, 공립학교, 노동조합, 고아원, 보호시설, 감옥 같은 제도적 장치와 각종 인도주의적 자선단체가 가난하고 병들고 불행한 인간들의 고통을 덜어주었다는 점이다. 19세기 후반에는 이상에서 열거한 것에 더하여 새로 생긴 다른 시설과 제도가, 도시의 팽창에 의해 발생하는 각종 문제에 발 빠르게 대처했다. 그 결과, 사람들의 혁명적인 감정은 고도로 산업화된 국가에서는 약화되는 추세였고, 산업화가 한창 진행 중인 주변부에만 생생하게 남아 있었는데, 그 대표적인 지역이 러시아였다. 제정 러시아의 관료들은 산업화가 진행 중인 사회에서 특징적으로 나타나는 각종 요구에 대해 늑장을 부리며 냉담하게 반응했다.

산업혁명의 두 번째 기본적인 특징은 가속화된 인구성장이었다. 예컨대 1800년에 유럽 대륙의 총인구는 약 1억 8,700만이었다. 하지만 1900년에는 인구가 4억에 육박했다. 19세기에 6천만 명이 해외로 이주했고, 추산할 수는 없지만 상당수가 유럽 러시아에서 우랄 산맥을 넘어 시베리아와 중앙아시아로 이동했다는 사실을 감안하면, 그것은 대단한 증가였다. 인구의 급증을 초래한 주된 요인은 사망률의 급격한 하락이었는데, 사망률이 떨어진 부분적인 원인으로는 의학의 발달과 공중위생의 개선, 식량공급의 확대, 물질적인 생활여건의 전반적인 향상 등을 꼽을 수 있다.

제1차 세계대전 전에는 오직 영국에서만 인구의 과반수가 농촌을 버리고 도시에서 일자리를 찾는 현상이 일어났다. 그 밖의 주요 국가에서는 1914년 이후에도 대다수의 인구가 오랫동안 정든 땅에서 파종과 수확의 주기에 맞춰 생활했다. 그럼에도 불구하고 농경지에서 공장으로, 마을에서 도시로 이동하는 것은 서양세계의 어디서나 낯선 풍경이 아니었다. 이것은 기본적으로 신석기시대에 확립된 생활양식에서 새로운 생

활양식으로의 이행을 의미했다. 우리는 아직도 그 새로운 생활양식의 잠
재력과 한계를 알아내려고 노력하는 중이다.

　대대적인 이농에 의해 촉발된 일상의 경험과 습관의 변화는 인류가 단
순한 포식자의 굴레에서 벗어나 식량을 생산하기 시작했을 때 일어났던
근본적인 변화에 견줄 만한 것이라고 생각된다. 만약 그렇다면, 산업혁
명의 역사적 중요성을 지나치게 강조해서는 곤란하며, 지금 우리가 알고
있는 사회제도와 생활양식이 궁극적으로 산업화된 경제에 가장 잘 어울
릴 것이라고 확신하기는 더더욱 어렵다.

프랑스의 민주혁명

　　　　정부의 정당한 권력은 오직 피지배자의 동의에 기초를 둔
다는 원칙은 1776년 조지 3세에 대항한 미국의 반역자들에 의해 세계에
널리 선전되었다. 이 민주주의적 개념은 독립전쟁 동안과 그 이후에 이
루어진 미국의 헌법제정 작업을 이끌던 이념이었다. 그 사상은 유럽의
많은 국가, 특히 영국에서 강력한 호소력을 발휘했다. 영국에서 1688년
이후에 확립된 의회의 우위는 의원선거에서 투표권을 행사하던 제한된
재산보유계층의 우위를 의미했다. 그러나 신선한 정치적 원리의 자극을
받아 절대군주제를 타도하는 극적인 혁명을 개시한 곳은 프랑스였다.

　18세기에 프랑스의 정국은 경색되었다. 국왕은 이론상 여전히 절대적
인 존재였다. 그러나 실제로 행정을 개혁하려는 시도의 대부분은 관료기
구 내부에서 발생한 특수한 이해관계의 대립에 의해 중도에 좌절되었다.
국내의 참담한 상황은 해외에서의 연이은 패전을 동반했다. 그리고 1778
~1783년에 프랑스는 미국의 독립을 원조하여 영국의 콧대를 꺾는 데
성공했으나, 그로 인해 정부는 절망적인 파산상태에 빠져들었다. 이는
어쩌면 당연한 귀결이었다. 행정개혁이 이루어지지 않아 세수는 고정되

어 있었던 데 반해, 군대에서 사용되는 무기가 정교해짐에 따라 군사비
용은 눈덩이처럼 불어났기 때문이다.

루이 16세(1774~1792년 재위)는 정치개혁의 필요성에 어느 정도 공
감했고, 정부와 일반 대중의 관계가 밀접해지는 것이 바람직하다고 생각
했다. 세금 인상 시도가 늘 그렇듯이 거센 저항에 밀려 좌절되자, 그는
프랑스의 유서 깊은 대의제회의인 삼부회를 부활하기로 결정했다. 삼부
회를 설득하여 세금 신설을 인정하게 함으로써 정부의 재정 압박을 해소
하려 했던 것이다. 그러나 1789년 5월 1일에 열린 삼부회에서 다수의 대
의원은 세금 신설을 인정하기 전에 정부의 대폭적인 개혁이 이루어져야
한다는 의견을 피력했다. 그들의 일반적인 목표는 국민─실제로는 재산
을 보유한 사람들─에 대해 책임을 지는 정부였다.

개혁의지는 제3신분, 즉 평민 대의원들 사이에서 가장 강했다. 그러나
소수의 성직자와 귀족도 개혁안을 지지했다. 이런 반응이 국왕의 확고하
고 일관된 정책이 결여된 상황과 맞물려 정국의 향배를 결정했다. 6월에
삼부회는 국민의회로 탈바꿈했고, 프랑스 왕국의 헌법을 기초하는 작업
에 착수했다.

개혁의 주창자들은 곧 국민들 사이에 광범위하게 흥분을 불러일으켰
다. 국왕이 국민의회를 진압할 준비를 하고 있다는 소문이 돌자, 폭도들
은 바스티유를 습격했다(7월 14일). 이 날은 후세에 프랑스 대혁명 기념
일로 기억되었다. 그 후 파리는 혁명정부, 즉 코뮌을 조직했다. 그 지도
자들은 권력의 기초를 전적으로 파리의 인민에게 두고, 실제로 위기의
순간에는 인민을 소집하여 집단시위를 벌이게 했다. 파리 군중은 자신들
이 대변한다고 자부하던 프랑스 국민의 존엄성을 위협하는 자나 그렇게
보이는 자들을 집단행동을 통해 위압할 수 있었다.

파리에서 지방으로 흥분이 퍼져 나갔다. 7월과 8월에는 농민들이 귀
족의 성을 불태우고 관행화된 세금과 지대의 납부를 거부했다. 여기에

반응하여 국민의회는 1789년 8월 4일 밤 격앙된 분위기 속에서 봉건적인 권리와 의무의 폐지를 선언했다. 그 결과 농민 대다수가 혁명의 대의명분을 지지하게 되었는데, 이 점은 그 후 몇 년 동안 결정적으로 중요하게 작용했다.

새 헌법을 제정하는 작업은 굉장히 어려웠고, 의회는 급박한 문제에 대처하느라 여러 번 그 작업을 중단해야 했다. 특히 정부의 재정파탄에 대해서는 시급한 처방을 내놓아야 했다. 의회는 교회의 재산을 몰수하여 그것을 담보로 일종의 지폐—아시냐—를 발행하기로 결정했다. 몰수된 토지가 매각되면 아시냐도 회수될 것이라고 예상했기 때문이다. 하지만 실제로는 갈수록 더 많은 지폐가 발행되었고, 물가는 급등했다. 언제나 그렇듯이, 임금은 물가상승을 따라가지 못했다. 현실의 경제적 고통은 군중시위를 격화시켰다. 가난한 임금노동자에게 물가상승이 '인민의 적'의 소행이라고 납득시키는 것은 그리 어렵지 않았기 때문이다.

1791년에 새 헌법이 마련되었다. 그것은 제한된 군주제를 인정했고, 최종 권한은 입법의회에 부여했다. 새 의회는 선거자격을 갖춘 시민, 즉 매년 일정액 이상의 세금을 납부하는 사람에 의해 선출되는 의원들로 구성되었다.

1791년 헌법에서 가장 영속적인 면은 오랫동안 프랑스의 정치를 저해하는 요인으로 작용했던 복잡다기한 지방행정상의 특수한 규정을 폐지한 것이었다. 대신에 프랑스는 거의 크기가 같은 새로운 지리적 단위인 주(데파르트망)로 분할되었다. 전국의 행정·사법·교회의 관할구역은 완전히 인위적인 새 데파르트망의 구획과 일치하도록 정비되었다.

1791년 헌법에서 가장 논란이 많았던 것은 교회에 관한 규정이었다. 주교와 사제는 국가에서 봉급을 받도록 했고, 일반 행정관과 마찬가지로 해당 관구(管區) 및 교구의 주민들에 의해 선출되도록 했다. 교황과 대부분의 성직자는 교회법을 무시하는 그런 규정을 비난하고, 몰수된 교회의

재산을 반환하라고 요구했다. 그 후 '성직자공민헌장'이라는 교회 관련
법률이 제정되자, 프랑스 국민은 새로운 이념을 지지하는 자들과 로마
가톨릭 교회의 오랜 전통을 고수하려는 자들로 뚜렷이 분열되었다.

하지만 이 헌법의 최대 약점은 이미 혁명의 이상에 대한 공감을 상실
한 국왕 루이 16세에게 광범위한 권력(국회의결 거부권, 군사령관의 임명
권 등)을 부여했다는 것이다. 그는 실제로 외국(오스트리아와 프로이센)의
왕실, 그리고 프랑스에서 도주한 망명귀족과 접촉하면서 음모를 꾸미고
있었다. 1792년 4월, 오스트리아와 프로이센 사이에 전쟁이 벌어졌고,
프랑스 군대는 첫 번째 국면에서 패배했다. 그러자 국왕에 대한 의혹이
커졌고, 1792년 8월에 파리의 군중은 다시 한번 들고 일어나 사태에 개입
했다. 그 결과 입법의회는 루이 16세의 헌법상의 권력행사를 정지시켰다.
새 의회인 국민공회가 선거에 의해 성립되어, 신헌법 제정에 착수했다.

이렇게 해서 훨씬 급진적인 혁명의 두 번째 단계가 시작되었다. 국민
공회는 공화정 수립을 선포하고 국왕 루이를 처형했으며, '인민의 적'에
대한 공포정치를 실시했다. 그 와중에 수천 명의 프랑스인이 약식재판에
서 유죄를 선고받고, 의사 기요탱이 고안한 단두대에서 과학적으로 참수
되었다. 행정적 권한은 국민공회가 설치한 각 위원회에 집중되었다. 그
중에서 가장 중요한 것이 공안위원회였다. 신체 건장한 모든 시민을 조
국방위를 위해 동원하려는 공안위원회의 정력적인 노력이 효과를 보이
기 시작했다. 프랑스 군대는 얼마 후 라인 강까지 진격했고, 벨기에와 서
부 독일에 혁명의 원칙을 퍼뜨렸다.

그와 동시에 프랑스 내에서는 대항적인 정치적 당파들이 자파의 입장
을 정당화하고 권력을 강화하기 위해 격렬하고 효과적인 선전활동을 펼
쳤다. 1793년과 1794년 전반부에 가장 성공적인 당파는 자코뱅 클럽이
었다. 적극적이고 야심만만한 혁명가들은 막시밀리앙 로베스피에르
(1758~1794)를 비롯해서, 공화정의 이상에 따라 덕의 정치를 확립하려

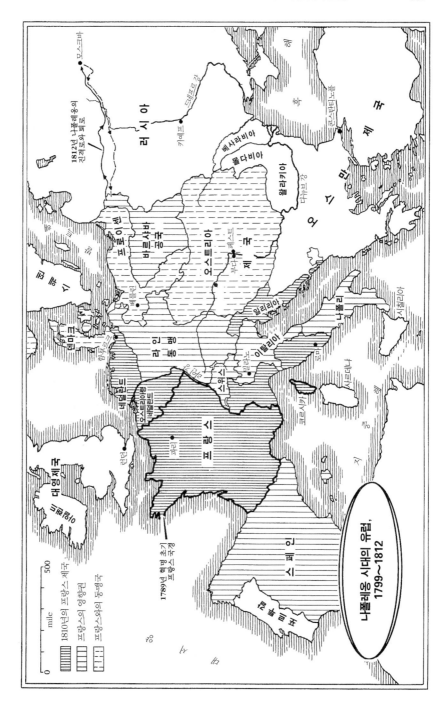

고 하는 사람들의 격정적인 웅변에 귀를 기울였다. 각축을 벌이던 당파
들은 의견 차이를 국민공회 회의장에서 발언과 투표로 해결하는 것에 만
족하지 못했다. 로베스피에르와 그 동료들은 폭도들의 시위와 단두대를
이용하여 '변절자들'의 집단을 차례차례 격퇴했다. 그러나 혁명군이 외국
의 침략군을 몰아낸 뒤부터, 고압적인 폭력은 점차 정당성을 상실했다.
1794년 7월(혁명력으로는 테르미도르), 국민공회가 뜻밖에도 로베스피에
르를 체포하여 처형하기로 결의한 것은 그런 새로운 상황을 반영한 것이
었다.(로베스피에르의 적들 가운데 적어도 몇 명은 그를 처형할 의사가 없었
다.) 그러나 혁명적 극단주의의 상징이 되어왔던 인물을 제거한 사건은
광범위한 반동을 불러일으켰고, 공안위원회는 곧 해산되었다.

　1795년, 국민공회는 마침내 새로운 프랑스 헌법을 제정했다. 헌법에
의해 탄생된 총재정부가 그 후 4년 동안 프랑스를 통치했다. 1799년에는
쿠데타가 일어나, 승승장구하던 젊은 장군 나폴레옹 보나파르트(1769~
1821)가 권좌에 올랐다. 그는 여러 차례의 헌법개정을 통해 절대권력을
장악했다. 1804년에 프랑스 황제가 된 뒤에도, 나폴레옹은 자신의 권력
이 국민의 의지에 바탕을 두고 있다고 주장했다. 그리고 새 헌법을 제정
할 때마다 국민투표를 실시함으로써 자기의 인기를 증명하려고 안간힘
을 썼다.

　사실 여러 면에서 나폴레옹은 혁명의 진정한 후계자였다. 그는 프랑스
법률의 재편성을 완성했다(나폴레옹 법전). 이 법전은 혁명의 주창자들이
보편적인 용어로 표현한 많은 원칙을 일상적인 법적 관행에 반영시킨 것
이었다. 이를테면 계약의 자유, 민사상 혼인과 이혼의 자유, 법 앞에서의
평등이 그것이다. 나폴레옹 법전은 나폴레옹 군대의 승리에 의해 프랑스
의 영향을 받게 된 여러 나라에서 법률개혁의 손쉬운 모델이 되었다. 그
런 개혁이 여러 지역과 국가의 일상적인 관습과 법률관계를 간결하게 변
화시키고 나자, 구체제의 복잡한 관습과 특권을 회복한다는 것은 사실상

불가능해졌다.

나머지 유럽 국가들의 민주혁명

따라서 유럽의 거의 모든 세력이 결집된 연합군 앞에 나폴레옹이 결국 무릎을 꿇었을 때도(1812~1815), 유럽이 경험한 혁명적 격변의 흔적은 결코 사라지지 않았다. 실제로 1815년까지 혁명의 자국은 나폴레옹의 강력한 숙적들에게도 새겨졌다. 유럽 각국의 군대와 국민이 나폴레옹군에 대항하여 승리할 수 있었던 것은, 그 국왕들이 프랑스의 사례를 모방하여 국민의 감정과 이해에 호소함으로써 애국적 열정을 부추겼기 때문이다.

물론 빈 회의(1815)의 결의안은 많은 독일 애국자의 염원에 어긋나게 독일통일을 무산시켰고, 정치적으로 분열된 이탈리아를 다시 한번 오스트리아와 교황의 지배 아래 두게 했다. 오스트리아 외상이자 빈 회의의 주역 중 한 사람인 클레멘스 폰 메테르니히 공은 패전국 프랑스를 러시아에 대한 견제세력으로 남겨두기 위해 노력했다. 러시아의 차르 알렉산드르 1세(1801~1825년 재위)는 나폴레옹보다 훨씬 철저하게 유럽을 재편하려는 구상을 갖고 있었다. 메테르니히는 알렉산드르의 위험한 야망을 꺾는 데 성공했고, 인민의 혁명이 다시 한번 유럽의 평화를 어지럽히는 사태를 방지하려면 신중한 자제가 필요하다고 몇 년 동안 그를 납득시켰다.

그렇지만 자유와 혁명을 원하는 정열의 불꽃은 특히 교육받은 중간계급 사이에서 뜨겁게 타오르고 있었다. 1830년과 1848~1849년에 유럽 대륙의 주요 지역에서는 인민봉기가 일어나 기존 체제를 전복시켰다. 그러나 혁명가들은 그들이 바라던 독일 통일과 이탈리아 통일을 실현하지는 못했다. 프랑스는 다시 공화국이 되었으나(1848~1852), 나폴레옹 3

세는 대통령에 선출된 뒤 숙부인 나폴레옹 1세를 모방하여 국민투표를 통해 프랑스를 자기의 제국으로 변모시켰다. 영국은 혁명을 피했으나 점진적 개혁에 착수해, 1832년(선거법 개정안)부터 서서히 참정권을 확대하고 1884년에는 거의 모든 성인 남성의 참정권을 도입하기에 이르렀다.

1848년 혁명이 실패로 돌아가자, 많은 사람은 국민의 의지에 바탕을 둔 근본적인 정치적 변화를 실현할 수 있다는 희망을 잃어버렸다. 그렇시만 프랑스의 나폴레옹 3세(1852~1870년 재위)와 영국의 유력 정치가 몇 명은 자유주의적인 의회정치를 유럽의 다른 국가로 수출하는 것은 적극 권장할 만하고 바람직한 일이라 생각했다. 1848년 이후 러시아는 중유럽의 현상(現狀)을 유지하는 주축이 되었다. 러시아가 투르크에게 선전포고하는 실책을 범하자(1854), 프랑스와 영국이 즉각 참전하여 크림반도에서 러시아군을 물리쳤다.

제정 러시아의 국력이 의외로 약하다는 사실이 드러나자, 두 명의 야심만만한 정치가 사르데냐의 카밀로 카보우르 백작(1861년 사망)과 프로이센의 오토 폰 비스마르크 백작(1898년 사망)은 1859년과 1871년 사이에 각자 자신의 왕국을 중심으로 이탈리아와 독일의 통일을 이룩했다. 비스마르크의 성공은 덴마크(1864), 오스트리아(1866), 프랑스(1870~1871)를 상대로 차례차례 통쾌한 승리를 거둠으로써 달성되었다. 앞의 두 전쟁은 지속적인 상처를 남기지 않았으나, 프랑스-프로이센 전쟁(보불전쟁)에서의 패배와 승전국 독일이 요구했던 평화조건(알자스와 로렌이 프랑스에서 독일로 넘어갔다)은 모든 애국적인 프랑스인에게 복수심을 불러일으켰다. 하지만 비스마르크가 독일의 정책을 좌지우지하는 한, 프랑스는 중유럽에서 동맹군을 구할 수 없었다. 게다가 프랑스 국내의 당파 간 항쟁은 나폴레옹 3세의 패전으로 제국이 와해된 뒤에 출현한 제3공화정의 힘을 약화시켰다.

이탈리아에서는 중부 이탈리아의 교황령 상실에 한이 맺혔던 교황의 집요한 반대에도 불구하고 입헌군주제가 확립되었다. 한편 독일에서는 비스마르크 총리가 새로운 독일제국(1871~1918)의 헌법을 제정했는데, 그것은 양립하기 힘든 정치사상을 교묘하지만 불안정한 형태로 조합한 것이었다. 민주주의의 원칙은 남성의 보통선거에 의해 구성되는 제국의회(라이히슈타크)의 형식으로 수용되었고, 의회는 예산심의권을 인정받았다. 그렇지만 신권(神權)에 의한 통치라는 전제정치의 원칙은 포기되지 않았다. 독일 황제는 군사와 외교에 관한 전권을 장악했고, 총리는 제국의회가 아니라 황제에게 책임을 졌다.

프로이센의 경쟁자들과는 달리, 오스트리아의 합스부르크가 황제들은 대의제 의회정치를 요구하는 내셔널리즘이나 자유주의적 요구와 타협할 수 없다고 판단했다. 게다가 제국 내에 살고 있던 다수의 이민족이 격하게 다투고 있었기 때문에, 어차피 국민의 총의를 민주적으로 도출하기도 어려웠다. 그럼에도 불구하고, 1914년에는 유럽의 모든 주요 국가에 일종의 대의제 의회가 존재했다. 심지어 러시아에도 1906년부터 의회가 있었다. 그리고 각국 정부는 정부정책과, 신문 및 정당을 통해 표명되고 조성되는 '여론' 사이의 효과적인 협력관계를 유지하려고 노력했다.

표면적으로는 국민에 의한 정치라는 이상—1789년에 대부분의 실무자가 무모하고 비현실적인 꿈이라고 생각했던—이 찬란한 승리를 거둔 듯이 보인다. 그러나 실제로는 그 이상이 유럽 각국으로 퍼져 나가는 과정에서 구체제의 요소가 혼입되는 바람에, 자유주의적이고 민주주의적인 원칙은 크게 훼손되었다. 이런 현상은 특히 동유럽과 중유럽에서 두드러졌다. 오스트리아·러시아·독일에서는 정부가 만들어낸 허울 좋은 의회제도보다는 위로부터의 관료적 통제가 더욱 강력한 힘을 발휘했다. 예컨대 농노제의 폐지(오스트리아, 1848; 러시아, 1861)와 헝가리의 광범위한 자치권 확립(1867) 같은 동유럽의 중대한 사회적 변화는 정부가 주도한 정책적 조치의 부산물이었다. 러시아에서 1880년대부터 본격적으로 철도가 부설되고 주요 광공업이 개발된 것도, 정부의 주도 그리고(또는) 정부의 특별허가에 크게 힘입었다.

좀 더 자유로운 서유럽 국가에서는 다종다양한 이익단체—법인·카르텔·노동조합·정당·교회, 그리고 군인·관료·법률가 등의 특수직업군—가 19세기에 성장하여, 이념상의 국민주권을 크게 제한했다. 이는 복잡하게 뒤엉킨 기득권이 혁명 전야에 이념상의 절대왕권을 크게 제한했던 것과 같은 양상이었다. 이렇게 되자 19세기 초에 그토록 밝은 희망을 안겨주었던, 자유민주주의 정치를 구현하려는 혁명적 추진력은 점차 힘을 잃었다. 민주주의의 이상이 현실의 벽에 부딪혀 변질되었던 것이다. 특권층은 혁명에 의해서 인민의 옹호자들이 그들의 가면을 벗겨버린 것에는 아랑곳하지 않고, 오히려 비스마르크처럼 막후에서 민주적인 대중정치를 조종함으로써 권력을 확대하고 공고히 하는 법을 터득했다.

이렇게 해서 혁명의 정열(또는 적어도 혁명의 수사)은 19세기 중반부터 자유주의에서 사회주의로 방향을 틀었다. 1848년에 카를 마르크스(1818~1883)와 프리드리히 엥겔스(1820~1895)는 『공산당 선언』에서 국제적인 혁명 프롤레타리아트가 권력을 장악하여 진정한 자유와 평등을 실현할 것이라는 구상을 발표했다. 하지만 마르크스의 구상은 그 자체가 매력적이긴 하지만 실현은 곤란한 것으로 밝혀졌다. 국제사회주의 운동의 초기 단계는 요란한 논쟁만 남긴 채 막을 내렸다. 마르크스의 사후에야, 좀 더 안정된 조직인 제2 인터내셔널 노동자협회(1889)가 결성되었다.

그러나 비교적 규율이 잡힌 대형 사회주의 정당들이 출현했다는 사실은, 이들 조직도 그 시대의 의회주의 체제와 잠정적으로 타협하기 시작했음을 의미했다. 따라서 1914년에 유럽의 국가들 대부분이 전쟁에 휘말렸을 때, 독일과 프랑스의 사회주의자들은 각기 자기 나라의 깃발 아래 뭉쳐, 공식적으로 선언된 인터내셔널의 원칙에 반하여 서로 싸웠다.

극소수 과격분자만이 본래 모든 사회주의 운동을 규정하고 있던 국제적인 계급연대의 원칙을 어기지 않았다.

계획적인 사회변화와 민주정치

이상의 정치적 진보를 전체적으로 보면, 프랑스 대혁명의 주체와 그 자유주의의 후계자들은 두 가지를 성취했다.

첫째, 혁명가들은 정부란 실제로 인간이 만든 것이고 따라서 어느 정도는 계획에 따라 수정되고 조작될 수 있다는 점을 의심의 여지없이 입증했다. 하느님의 뜻에 의해 정부가 만들어졌고 하느님이 특정한 인간에게 다른 인간을 지배할 권한을 주었다는 낡은 사상은, 위정자의 권력은 국민의 의지에서 나온다고 선언한 정권이 성공을 거두는 현실 앞에서 설득력을 잃었다. 사회개혁을 전향적인 과정으로 파악하는 사고방식도 자유주의적인 정치적 견해의 산물이었다. 사회에 고통과 불의가 엄연히 존재한다면 계획적인 조치에 의해 그 상황을 시정할 수 있고 또 시정해야만 한다고 믿는 사람의 수가 점차 늘어났다. 사회는 굉장히 유연하고 탄력적인 존재로, 정당성의 기준이 바뀌고 필요한 것이 새로 생기면 그때그때 조금씩 수정되어야 한다고 인식되었다.

이 모든 것은 낡은 사고방식과는 완전히 딴판이었다. 1789년 이전에 대부분의 사람은 자신들이 안정된 사회구조 속에 살고 있다고 확신했다. 또 사회제도는 하느님의 뜻에 따라 설계된 것이므로 고칠 수도 없고 고쳐서도 안된다고 생각했다. 하지만 새로운 자유정신이 확산되자, 급속하게 산업화된 사회가 만들어내는 각종 요구에 대해 예전보다 신속하고 효과적으로 대처할 수 있었고, 변화에 대한 저항도 약화되었다.

둘째, 프랑스 혁명이라는 정치적 체험과 수십 년 동안 그 소용돌이에 휘말린 모든 유럽 정부의 정치상황은, 정치지도자가 국민 대다수의 지지를 확보할 수 있는 수완을 발휘할 경우, 그 정부는 구체제의 지배자들보다 훨씬 막강한 권력을 휘두를 수 있다는 사실을 보여주었다. 그 대표적인 예가 국민징병제였다. 국민 일반의 공감을 얻은 정부는 구체제의 군주가 꿈도 꾸지 못했을 규모로 인력을 징집할 수 있었다. 세율의 점진적인 인상도 국민의 뜻을 존중하는 정부의 권한이 확대되었음을 보여주는 괄목할 만한 실례이다. 이 점은 국민과의 긴밀한 관계를 만들어가지 못한 국가——예컨대, 오스트리아——와 비교해보면 확연히 드러난다.

정치적 유연성이 증대되고 권력이 확대된 것은 서양문명의 민주혁명이 초래한 결과였다. 따라서 민주혁명은 산업혁명의 진정한 쌍둥이였다. 산업혁명도 자체의 탄력성을 높였고, 서양인의 힘을 더욱 확대시켰다. 두 혁명이 결합한 결과, 서양의 생활양식은 힘과 부를 획득하여 다른 문명세계를 압도했다. 다른 문명권의 나라들은 더 이상 서양의 침입에 저항할 수 없었다.

지적·문화적 혁명

서양이 그 밖의 세계에 대해 우위를 누린 비결은 단지 물질적 풍요나 정치조직의 발달이 아니었다. 물론 그런 것도 중요했지만, 그 외에 19세기와 20세기 초에 이루어진 서양과학의 지적 성과와 진리와 미를 추구하는 서양인의 욕구를 표현한 예술도 유례없이 심오하고 힘차고 세련된 경지에 도달했다.

1789~1914년 사이에 서양세계에서 펼쳐진 문화적 활동은 그 규모로 보나 다양성으로 보나 간단히 요약하기가 어렵다. 이 점은 특히 미술과 문학 분야에서 두드러진다. 19세기 초의 낭만주의자들 사이에서는 개인의 자기표현과 독창성이 그 자체로 가치를 인정받았다. 그리고 유럽 각국과 각지의 고유한 역사적 과거에 대한 관심은 당시의 내셔널리즘 운동

과 서로 영향을 주고받았다. 그 결과 국민적 독자성을 높이 평가하는 풍토가 조성되었고, 문학은 점차 각국의 뚜렷한 특징을 나타나게 되었다.

　반면에 과학은 여전히 국제적이고 개방적이었다. 아마도 그 때문에 다른 분야에 비해 발전의 주요 경로를 파악하기가 수월한 것 같다. 이 시기에는 기본적으로 상충하는 두 개의 대립적인 세계관이 상당히 정교하게 다듬어졌다. 그러다가 제1차 세계대전 발발 직전에 일련의 난제와 모순이 부각되자, 사람들은 경합하는 두 세계관에 결점과 한계가 있다는 것을 깨닫게 되었다.

　그 중 하나는 기본적으로 뉴턴적인 세계관으로, 자연계의 모든 현상은 네 개의 기본요소—물질·에너지·공간·시간—에 의해 설명될 수 있다고 보았다. 이 관점에 입각한 연구는 괄목할 만한 성과를 거두었다. 분자, 원자, 그리고 (1897년 이후) 원자보다 작은 미립자로 구성되는 불멸의 물질이 똑같이 불멸의 성질을 가진 에너지와 짝을 이루었다. 모든 화학적·물리적 변화는 균일하고 무한한 시간과 공간의 영역 내에서 그 두 가지가 결합하고 재결합한 결과로 설명될 수 있다는 것이었다.

　그때까지 서로 무관한 것으로 보였던 많은 현상이 그 거대한 체계의 한 부분으로 자리매김되었다. 특히 화학적 변화의 과정은 에너지를 흡수하거나 방출하는 분자·원자·전자의 상호작용으로 이해되었다. 이미 살펴본 바와 같이 이런 식의 이해를 바탕으로 화학자들은 자연계의 과정을 관리하고 변경함으로써 미증유의 속도로 새로운 산업을 창출하고 종래의 제품을 개량할 수 있었다. 마찬가지로 가시광선·적외선·자외선·전파·엑스선, 더 높은 에너지를 내는 그 밖의 방사선처럼 겉으로 보기에는 다종다양한 현상도 연속적인 전자기장의 일부로 간주되었다. 그것을 통제하고 조작함으로써, 제1차 세계대전 직전에 인간의 능력은 비약적으로 향상되었다.

　그렇지만 19세기가 끝나갈 무렵, 뜻밖의 약점이 노출됨으로써 그 우아하고 명쾌한 우주관에 금이 가기 시작했다. 처음에는 분자가, 다음에는 원자가 비교적 광대한 허공에서 진동하는 미립자로 분해됨에 따라, 물질은 고정성을 상실했다. 에너지도 때로는 입자, 또는 양자(量子)로 분해되는 것으로 보였다. 그러나 연구자들을 가장 놀랍게 하고 곤혹스럽게 한 것은 우주공간에서 운동하는 지구의 속도를 측정하기 위해 고안된 실험의 기묘한 결과였다. 앨버트 마이컬슨(1931년 사망)은 고감도의 장치를 사용하여 실험한 결과, 아주 빠르게 움직이는 지구상에서 발사된 광선이 모든 방향으로 균일한 속도로 나아간다는 사실을 발견했다. 1887년에 처음 세상에 알려진 그 결과는 절대적인 공간과 시간에 관한 뉴턴적 관념과 완전히 모순되는 것으로 생각되었다. 지구가 움직이는 방향으로 발사된 광선은 그 반대 방향으로 발사된 광선에 비해 빠른 속도로 움직일 것이라고 예상되었기 때문이다. 전자의 경우에는 지구의 속도를 빛의 절대속도에 더해야 하고, 후자의 경우에는 그것을 빛의 절대속도에서 빼야 하는 것이 뉴턴 역학의 상식이었다.

이 놀라운 결과에 수학적 질서를 부여하기 위해, 앨버트 아인슈타인(1879~1955)은 1905년에 공간과 시간을 서로 분리되지 않은 단일한 시공연속체로 인식해야 한다는 이론(특수상대성이론)을 발표했다. 어떤 두 물체의 상대적 운동에서 일어난 변화는 한쪽에서 다른 쪽을 계측한 수치에 영향을 미친다는 것이었다. 일반인은 물론이고 적지 않은 수의 과학자도 공간과 시간에 관한 직감적인 친숙한 사고방식을 비틀어버리는 아인슈타인의 이론을 받아들이기가 난감했다. 하지만 20세기 초반에 다양한 미립자와 에너지 양자가 속속 발견됨에 따라, 우아하고 단순한 과거의 이론체계는 여지없이 무너졌다. 1890년경까지만 해도 널리 받아들여지던 절대적인 과학적 진리의 체계, 단지 몇 가지 사소한 현상을 해명하지 못해 완전한 타당성을 성취할 수 없었을 뿐 실험에 의해 증명되고 무수한 현실적 응용에 의해 확인된 그 세계관이, 뉴턴적 도식에 들어맞지 않는, 믿을 수 없을 만큼 미세하고 상상할 수 없을 만큼 광대한 현상의 혼란스러운 뒤죽박죽 앞에서 갑자기 붕괴되었다.

19세기 유럽의 두 번째 세계관은 시간의 기본적인 성격을 강조하고, 모든 자연적·생물학적·사회적 실체를 무한하고 발전적인 진화의 한 과정으로 보았다. 이런 관점을 가진 사람들은 물리학자나 화학자들이 제시했던 절대적이고 보편적인 법칙을 추구하는 것이 아니라, 특수한 환경과 일정한 조건 속에서 발생하는 진화의 패턴을 파악하려고 노력했다. 실재의 어떤 측면에 특별히 관심을 가지고 있든, 그들은 이전까지 창조되지 않았던 것을 창조할 수 있는 새로운 가능성이 열렸을 때, 실재는 독자적인 전략적 순간을 파악할 수 있다고 생각했다. 이런 사고방식에 의하면 미래는 이미 사전에 결정되며, 장래의 개선노력은 모두 헛수고가 되든가 아니면 적어도 방해를 받게 된다.

독일의 철학자 게오르크 빌헬름 프리드리히 헤겔(1831년 사망)은 모든 실재를 무한한 변화의 과정으로 보는 지적 작업을 선도했다. 그 후 지질학자·생물학자·고고학자·역사학자가 그때까지는 상상도 할 수 없었던 광대한 지구의 역사를 펼쳐 보임으로써 사람들을 깜짝 놀라게 했다. 지질학적 연대구분, 유기체의 진화(1859년 찰스 다윈에 의해 처음으로 명확하게 제시된), 인간의 역사는 서로 분리될 수 없는 것으로 보였다. 심지어 그리스도교의 교리와 영원히 변치 않을 것 같던 행성도 곧 진화론적 전망의 범위 안에 들어왔다. 신학자들은 고전과 중세의 원전에 관한 여러 세대에 걸친 연구작업을 통해 갈고 다듬어진 역사비평과 문헌비평이라는 도구를 가지고 성서를 검토했다. 그 결과, 성서는 많은 사람의 손을 거쳐 만들어졌고, 특정 시대와 상황에서 생겨난 하느님과 종교에 관한 다양한 견해를 반영하고 있는 것으로 밝혀졌다. 그 같은 면밀한 검토가 이루어지자, 전통적으로 수용되던 교리의 확실성이 붕괴되었다. 그리고 천문학자들이 행성과 은하계의 탄생과 소멸에 관해 탐구하여 우주의 영원성에 대한 고정관념을 깨뜨리자, 사람들은 경악을 금치 못했다.

이런 포괄적인 세계관은 비슷한 시기에 발견된 소립자론의 믿기 어려운 미세한 세계와 마찬가지로 인간의 일상적인 경험의 폭으로는 소화하기 어려운 것이었다. 모든 것이 변하고 변화 자체를 제외하고는 절대적이고 영원한 것이 없는 세계에서, 특정 장소와 시간에 얽매어 있는 인간의 가치관도 의심받지 않을 수 없었다.

예술의 혁명

예술도 제1차 세계대전 직전에 유럽의 사상을 특징짓고 있던 광범위한 불확실성을 어김없이 반영했다. 주로 파리에 살고 있던 소수의 화가는 미술의 구성원리인 원근법을 왜곡해서 사용하거나 완전히 폐기했다. 대신에 파블로 피카소(1881~1973)와 조르주 브라크(1881~1963), 그 밖의 화가들은 시각적으로 경험한 요소들을 분해하고 아울러 관찰된 실재를 단지 막연하게 연상시키는 형태들을 가지고, 하나의 양식을 창조했으며 어떤 분위기를 암시했다. 그들이 극구 부정한 것은 회화를 예술과는 무관하게 혹은 예술을 초월해서 어떤 것을 묘사하는 도구로 이용하고자 하는 관념이었다.

문학은 언어와 불가분의 관계를 맺고 있으므로 회화에 비해서는 덜 국제적이었고, 전통적인 형식을 버릴 정도로 과격하지도 않았다. 하지만 러시아에서는 옛 러시아의 정교회 문화전통과 새로 유행하던 서양식 사고방식이나 감수성 사이의 긴장이 표도르 도스토옙스키(1881년 사망), 레프 톨스토이(1910년 사망), 안톤 체호프(1904년 사망)를 자극하여, 각자 새로운 도덕적 우주를 창조하게 했다. 19세기 러시아 문학의 그런 특성 때문에, 그 대표적인 작품들은 유사한 문제에 직면한 20세기 독자들에게 특히 깊은 공감을 불러일으켰다. 하지만 러시아를 제외한 서양의 작가들은 기본적으로 르네상스 시대에 정립된 전통에 따라 오랜 세월을 거치며 친숙해진 사고와 감성의 양식 안에서 문학을 꽃피웠다.

서구문학은 비교적 보수성이 강했지만, 서구의 과학·사상·예술에서 일어난 변화와 산업혁명의 결과 나타난 일상적 관습의 대전환, 그리고 민주혁명의 진전에 의해 확립된 정치와 사회구조의 변화는 매우 철저하고 대대적이었다. 그래서 혹자는 서양문명이 1914년에 사실상 붕괴되기 직전이었고, 유럽인이 미증유의 대전에 돌입함으로써 그 붕괴를 완성했다고 주장한다. 그렇지만 좀 더 낙관적인 견지에서, 유럽 사회의 모순은 우리 시대의 다양한 조류가 새로운 해결방안을 찾기 위해 전인미답의 길을 걷고 있다는 징후라고 믿을 수도 있다. 두 가지 해석 가운데 어느 것이 옳은지는 미래에 결정될 것이다.

그 전에 분명히 말할 수 있는 것은, 서양문명이 20세기 초에 온갖 어려움에 처했지만 세계의 다른 지역에 대한 서양의 영향은 적어도 단기적으로는 줄어들지 않았다는 것이다. 오히려 새롭게 강력한 힘을 획득하여 다른 지역을 압도하는 위치에 서게 되었다. 역사상 유례가 없는 그런 사태에 직면하여 큰 축을 이루어온 다른 지역의 인류는 어떻게 반응했는지 검토하는 것이 이어지는 장들의 테마이다.

27장
산업주의와 민주주의에 대한 아시아의 반응, 1850~1945

산업혁명과 민주혁명이 확립되어 유럽의 국가들이 면모를 일신하자, 서양의 외교관·군인·상인·선교사가 행사할 수 있는 군사적·경제적·문화적 힘이 엄청나게 증대되었다. 결정적인 전환점은 1850~1860년에 찾아왔다. 이 기간에 아시아의 대문명들은 종래의 방식으로는 서양의 침입자들을 막아낼 수 없다는 사실을 깨닫게 되었다.

서양의 진출에 대한 아시아의 방어벽이 무너졌다는 사실을 보여준 공적인 사건들은 잇따라 발생했다. 최초의 사건은 1850년 중국에서 일어난 태평천국의 난이었다. 이 대규모 농민반란을 주도한 사람들은 선교사와의 접촉을 통해 어느 정도 그리스도교의 영향을 받았다. 물론 태평천국운동의 그리스도교적인 요소는 시간이 흐르면서 퇴색했다. 서양열강은 청조에 대항하고 있던 반란군을 원조할 의사가 전혀 없다는 것이 분명해졌기 때문이다. 그런데 14년 동안 중국의 절반 이상에 영향을 미쳤던 반란을 진압하는 과정에서, 청조 정부는 서양식 군비에 의존할 수밖에 없었다. 그 결과 필수불가결한 서양의 신병기를 입수하는 데 한몫했던 외교관과 상인, 선교사들의 활동영역이 비약적으로 확대되었다.

이런 상황에서, 외국인이라면 무조건 조공을 바치는 야만족으로 취급하던 중국의 전통적인 대응방식은 더 이상 통용되지 않았다. 서양의 모험가들은 1839~1841년의 아편전쟁 이후 외국인에게 개방된 조약항으로 몰려들었다. 이들은 유교전통에 따라 외국상인에게 요구되던 겸허한 역할을 단호하게 거부하고, 중국인에게 기계로 만든 제품을 파는 데 혈안이 되었다. 중국인의 입장에서 가장 기분 나빴던 점은, 중국 관료들에게 사사건건 시비를 기는 그 무례한 상인들의 등 뒤에는 서양의 대포와 외교관이 버티고 있었다는 것이다. 교육받은 중국인들은 그런 상황을 극히 비도덕적이고 불공평하다고 여겼다. 그러나 그들은 유교적 방식을 포기함으로써 그 불균형을 바로잡으려는 결단을 내리지 못하고 오랫동안 망설였다. 그래서 중국은 20세기에 이르기까지 대(對)서양관계에서 약자의 위치에 머물러 있었다. 이는 중국의 국력이 약해서라기보다는 중국 사회의 지도자와 위정자들이 오랜 역사를 통해 엄청난 효과를 발휘했던 선조들의 방식을 포기하지 못해서 나타난 결과였다.

중국이 서양의 압력에 저항하지 못하는 것을 보고 일본인은 교훈을 얻었다. 1638년 이래 철저한 쇄국정책을 펴고 있던 일본은 서양 해군력의 의지에 밀려 더 이상 쇄국을 고집할 수가 없었다. 일본의 해안방위는 최신식으로 무장한 서양의 군함을 저지하기에는 역부족이었기 때문이다. 소수의 현실적인 일본인은 아편전쟁에서 중국이 굴욕을 당했을 때 이미 그것을 깨닫고 있었다. 하지만 대부분의 일본인은 외국인을 더욱 혐오하는 단순한 반응을 보였다. 결정적인 사태는 1853년 페리 제독이 이끄는 네 척의 미국 군함이 일본의 항구에 입항한 것이었다. 페리가 요구한 것은 미국과의 통상과, 샌프란시스코와 상하이 사이를 운항하는 선박에 연료를 보급하는 기지로 일본의 항구를 이용할 수 있는 권리였다. 도쿠가와 막부는 망설임 끝에 미국의 요구조건을 수락했다(1854). 각 번의 우국지사들은 외국의 요구에 굴복하는 것을 도저히 묵과할 수 없다며 격렬

하게 반대했다. 다수의 불평분자는 천황에게 희망을 걸었다. 그 후로도
몇 차례 더 외국 해군력의 압박에 굴복한 도쿠가와 막부의 신용은 바닥
에 떨어졌다. 그러다가 1868년에 쿠데타가 일어나 막부가 타도되고, 왕
정복고가 이루어졌다. 그러나 역설적인 것은 천황의 이름으로 막부를 전
복시킨 사람들이 일단 권력을 장악하자 서양의 침입을 물리칠 수 있는
유일한 방법은 서양인의 기술과 힘의 비결을 배우는 것이라는 결론에 도
달했다는 사실이다. 소수의 일본인은 1854년에 페리가 일본을 '개국'시
키기 전부터 그런 작업에 착수했다. 개국이 된 뒤로는, 갈수록 많은 수의
일본인이 서양열강을 강력하게 만든 원동력인 기술과 지식을 체계적으
로 습득했다. 자기 땅을 지키기 위해, 그들은 계획적으로 혁명을 일으켰
던 것이다.

　서양의 우세한 힘에 일본인처럼 활기차게 또는 성공적으로 대응하기
시작했던 국민은 없었다. 무슬림의 거대한 세 제국, 오스만·페르시아·무
굴은 특히 무기력했다. 크림 전쟁(1854~1856)에서 오스만 제국은 프랑
스군과 영국군의 도움을 받아 러시아를 물리쳤지만, 역설적이게도 과거
에 러시아에 패배했을 때보다 더 큰 타격을 입었다. 이전에는 술탄이 영
토를 잃었어도 국내에서는 통치권을 유지했다. 그러나 크림 전쟁 기간과
그 이후에 투르크 정부는 전통적인 오스만의 제도를 자유주의적인 서양
의 방식에 따라 '개혁'하라는 서양 외교관의 충고를 수용할 수밖에 없었
다. 술탄과 그의 대신들, 그리고 제국 내의 일반 무슬림은 혐오스러운 개
혁을 때때로 방해하기도 했지만, 대부분의 경우에 그들이 할 수 있는 일
이라곤 화를 내며 투덜거리는 것뿐이었다. 일반 무슬림의 눈에는 그 개
혁이 제국 내의 그리스도 교도에게만 유리하고, 하나같이 이슬람교의 원
리에 반하는 것으로 보였다. 그렇지만 술탄은 서양의 후견이라는 불쾌한
굴레에서 벗어날 수 없었다. 두말할 필요 없이 제국의 존폐는 유럽 열강
의 지지에 달려 있었기 때문이다. 1870년대까지는 영국이 투르크의 주

된 보호자 역할을 맡았고, 그 후 1890년대까지는 독일이 영국의 역할을 대신했다.

인도 무굴 제국의 운명은 외부의 원조가 없을 경우 거대한 무슬림 국가에 어떤 일이 닥칠 수 있는가를 보여주었다. 1857년에 투르크가 러시아에 승리했다는 소식이 영국인을 위해 일하던 인도인 용병(세포이)의 귀에 들어갔다. 이로 인해 '세포이들' 사이에서 영국인 지배자들에 대한 대규모 폭동이 일어났다. 일부는 무슬림이고 일부는 힌두 교도인 이 용병들은 단기간에 영국인을 해외로 축출할 기세였다. 그러나 그들은 명확한 정치적 목표가 없었고, 인도의 일반 대중을 동원할 능력도 없었다. 영국정부는 증원부대를 파견해서 반란군을 진압할 수 있었다. 그 후 의회는 그때까지 인도를 통치하는 영국의 공식기관이었던 동인도회사를 해산하고, 대신 런던의 내각에 의해 임명되는 총독을 통해 직접통치를 실시하기로 결정했다. 이로써 무굴 제국의 종언이 공식적으로 선언되었고, 무슬림의 인도 지배권도 소멸되었다. 이때부터는 다수자인 힌두 교도가 영국인 지배층에 직접 맞서게 되었다.

이란(페르시아)의 무슬림에게도 불안한 상황이 전개되었다. 영국과 러시아는 경쟁적으로 페르시아와 아프가니스탄의 궁정에 대리인을 보내 자국의 영향력을 확대하려 했으며, 때로는 무기를 공급했고 때로는 원정군을 파견했다. 페르시아와 아프가니스탄의 지배자들은 그 중 한 나라에 종속된 무기력한 꼭두각시 신세를 면치 못했다.

물론 이들 아시아 제국의 약체화가 전적으로 우월한 서양의 군사력과 경제적 압박에 기인한 것은 아니었다. 오스만·무굴·만주 제국은 서양의 압력이 가해진 절체절명의 시점에 모두 내부문제로 위기에 처해 있었다. 일본의 막부도 도쿠가와 초기의 강력한 지배력을 상실한 상태였다. 현지에 있던 서양인의 수는 언제나 소수에 지나지 않았다. 인도 역시 예외가 아니었다. 1850년 이후의 수십 년 동안 서양인이 몇 척의 포함이나 1개

연대의 카자흐 병사만 있으면 아시아의 대제국에 대해 먼 곳에 있는 유럽 정부의 의지를 수월하게 관철시킬 수 있었던 것은 서양의 본질적인 강점과 아시아의 내재적인 약점이 동시에 작용했기 때문이다.

여기서 주목할 만한 것은 만주인·무굴인·오스만 튀르크인이 그들의 제국에 살고 있던 신민 다수의 눈에는 이방인으로 보였다는 사실이다. 이런 상황에서 당국이 국민적·문화적 집단의식에 호소하는 것은 매우 위험했다. 그런 호소에 의해 집단의식이 고조되면, 소수의 이방인 자신들의 지배체제가 당연히 흔들릴 것이었기 때문이다. 그러나 전 인구를 동원하여 서양의 침입에 저항하기 위해서는 그런 수단말고는 달리 방도가 없었다. 따라서 중국·인도·서아시아의 제국 정권은 서양인에 대한 대중의 효과적인 저항을 불러일으킬 입장이 아니었다. 일본과 아프가니스탄처럼 지배층과 인민이 같은 민족인 지역에서는 서양의 압력에 대해 훨씬 효과적인 저항이 나타났다. 특히 아프가니스탄은 독립을 유지할 만한 물질적 기반이 부족했음에도 불구하고 서양열강에 항복하지 않았다.

중국의 대부분, 인도의 여러 지역, 그리고 오스만 제국 전역을 뒤흔든 두 번째 문제는 인구 과잉에서 비롯되었다. 농민의 수는 1650~1750년에 거의 모든 문명세계에서 증가하기 시작하여 해마다 꾸준히 늘어났다. 수세기 동안 한 농가당 경지면적이 계속 줄어들어서 농민가족이 도저히 먹고 살 수 없을 지경이 되었다. 따라서 농민이 만성적인 부채와 반(半) 기아상태에 허덕인 것은 당연한 일이었다. 이런 상황에서는 대제국조차 뒤집어엎을 수 있는 정치적 폭동이 발생할 가능성이 있었고, 실제로 농민반란은 심심찮게 일어났다. 중국에서 발생한 태평찬국의 난이 바로 그런 경우였다. 그 대란이 무수한 목숨을 앗아가는 참상을 겪고 나서야, 폭동을 유발한 절망적인 상황이 사라지기 시작했다. 상당수의 인간이 살해되거나 질병과 기아로 죽고 나면, 생존자들에게는 생계를 유지하기에 충분한 토지가 남게 되기 때문이다. 그 결과, 전란으로 황폐해진 지역이 하나둘씩 회복되기 시작했고, 폭동의 활력은 사그라졌다. 따라서 청조는 비교적 수월하게 반란군을 최종적으로 진압할 수 있었다(1864). 이와 유사한 잔혹한 리듬이 오스만의 유럽 영토(특히 펠로폰네소스 반도)에서 발견된다. 그곳에서도 인구압이 반란을 촉발했고, 반란은 무자비하게 진압되었으며, 인구가 감소했다. 약 한 세대가 지나자 다시 인구압이 높아져 같은 주기가 반복되었다.

서양의 인구도 급증했다. 그러나 대부분의 서양국가에서는 산업혁명에 의해 새로운 고용기회가 창출되었고 확대일로에 있던 식민지로 이주할 수도 있었기 때문에, 꾸준한 인구증가는 골칫거리가 아니라 힘의 원천이었다. 일본을 제외한 아시아 국가들은 그런 식으로 반응할 수 없었다. 아시아에서는 도시 자체가 경제적 위기에 직면했다. 도시의 직인들에게 의존하던 전통적인 수공업, 특히 섬유 중심의 수공업이 서양의 기계제품과 경쟁할 수 없었기 때문이다. 실직한 직인집단이라는 버거운 짐을 떠안고 있던 도시는 농촌의 과잉인구를 흡수하여 생산적인 경제활동의 기회를 제공할 형편이 아니었다. 그러나 아시아의 도시에는 여전히 농촌인구가 꾸역꾸역 몰려들었다. 고향에서는 도저히 살아갈 도리가 없던 수백만의 가난한 농민이 도시로 이주했던 것이다. 그들을 기다리고 있던 운명은 굶어 죽거나 날품팔이로 일하면서 비참한 최저생활을 하는 것이었다. 심지어 구걸과 도둑질로 근근이 연명하는 자들도 있었다. 번듯한 일자리를 구한 사람들도 형편없는 급여를 받았다. 좌절을 겪고 불만을 품은 거대한 도시빈민층 전체가 정치적 폭동의 도화선이었다.

아시아 사회의 정치적·사회적·경제적 취약성은 막연하게나마 서양의 존재와 관련되어 있었다. 전통적인 사회구조를 크게 교란시킨 인구성장은, 멀리 떨어져 있는 지역 사이의 교류가 빈번해짐에 따라 질병의 성질과 분포가 변한 데서 그 원인을 찾을 수 있다. 그런데 지역간 교류의 증대는 16세기에 유럽인이 대항해시대를 연 결과였다. 게다가 중국·인도·

오스만 제국의 정치체제는 중포(重砲)의 도움을 받아 출현했다고 해도 과언이 아니다. 세 제국의 중앙권력이 처음으로 지방의 경쟁자들을 쉽게 제압할 수 있었던 것은, 요새화된 성벽 안에서 장기간의 포위공격을 견디던 종래의 방어전술을 무력화시킨 대포의 위력 덕분이었다. 그 중포의 확산도 1500년 이후 서양의 탐험가와 무역상들이 열어놓은 해상교통에 크게 빚지고 있었고, 당초에 그것을 개발한 것도 서양인들이었다. 아시아의 불운이라면, 만주·무굴·오스만 제국이 전성기에 도달한 뒤 2~3세기가 지나는 동안에 누적된 관료제도의 전통적인 병폐—부패, 불공평한 세제, 경직된 관행, 고관들의 무사안일주의—가 적나라하게 드러나고 있던 시점에, 산업혁명과 민주혁명에 의해 새로운 힘을 얻은 서양이 아시아에 대한 압박을 한층 강화했다는 것이다.

그렇지만 여기서 우리가 명심해야 할 것은, 실제로 아시아에 대한 서양의 영향은 아주 최근에 나타난, 그것도 비교적 표면적인 현상에 불과했다는 점이다. 아시아의 대문명들이 기존 정치적·군사적 제도로는 서양의 도전에 맞대응할 수 없다는 사실을 깨달은 19세기 중반으로부터 4~5세대가 경과했다. 처음에는 소수의 아시아인만이 서양문명의 직접적인 영향을 받았다. 대다수의 농민은 최근까지도—인도에서는 1930년대까지, 중국에서는 1950년대까지—이전과 거의 다를 바 없는 생활을 영위했다. 일본과 무슬림 국가들에서는 그보다 이른 시기에 전통적인 농촌의 생활방식이 무너지기 시작했다. 그러나 아시아 전체를 놓고 보면, 인구의 대다수가 서양의 영향을 실감하게 된 것은 기껏해야 지난 2~3세대 동안이었다. 무수하게 명멸했던 사회의 역사에서 그것은 지극히 짧은 기간이다. 1850년 이후 시작된 동서 문화의 충돌로부터 장기간 지속될 수 있는 안정적인 관계나 양식이 출현했다고 생각하는 것은 어리석기 짝이 없다.

서양의 우세에 대한 이슬람의 반응

19세기 중반부터 이슬람 문명의 후계자들이 직면한 딜레마는 아주 단순했다. 요컨대 어떻게 하면 지나치게 무슬림답지 않은 무슬림이 될 수 있는가 하는 것이었다. 다시 말해서 이슬람교의 정치적·지적 지도자들은 참기 힘들 정도로 엄격한 이슬람 율법의 속박—수세기 동안 무슬림 문명의 균일성을 뒷받침했던—에서 벗어나는 동시에 서양문명에 대한 무슬림의 문화적 정체성을 유지할 수 있는 방안을 모색해야 했다.

이 난제에 대해 1978년까지 폭넓은 지지를 얻은 유일한 대응책은 언어적 국민성이라는 서양의 관념을 차용하여 세속적인 근대국민국가를 만들어내는 것이었다. 그러나 이 시도는 불행하게도 무슬림 세계를 비교적 작은 국가들로 분열시키는 결과를 낳았고, 어느 국가도 이슬람이 세계에서 최근까지 차지했던 그 자랑스러운 위상을 되찾지 못할 것 같은 인상을 주고 있다. 더구나 내셔널리즘은 이슬람의 보편주의와 양립할 수 없다는 또 다른 문제점을 안고 있었다. 무슬림 공동체를 지배하는 어떤 세속적인 근대정부도 국민의 전폭적인 지지를 얻을 수 없었다. 이슬람교의 교사와 설교자들은 정부가 마호메트를 통해 계시된 하느님의 뜻에 따를 생각이 눈곱만치도 없다고 비난했고, 많은 국민도 그렇게 생각했기 때문이다. 무슬림에게는 내셔널리즘이 몸에 맞지 않는 옷 같았다. 물론 이슬람 율법도 거추장스럽기는 마찬가지였다. 근대적인 정부나 사고방식과 모순되었던 율법은 이슬람의 전통세계가 서양의 파괴적인 공세에 제대로 대항할 수 없었던 사실상의 근본원인이었던 것이다.

구습에 얽매여 있는 제국적인 무슬림 국가들의 무기력함이 결정적으로 드러난 뒤에도, 서양의 도전에 대한 반응은 지지부진했다. 어쨌든 무슬림은 알라가 세계를 지배한다고 철석같이 믿었다. 무슬림 제국들이 전복되어 마호메트의 신봉자들이 이교도의 지배에 굴복하는 것이 알라의 뜻이라

면, 경건한 신도로서는 하느님의 심오한 뜻이 분명해질 때까지 참고 기다리는 수밖에 없었다. 만일 변혁이 필요하다면, 그 변혁은 코란의 계율을 더욱 엄격하게 준수하여 초기 이슬람교의 순수한 금욕주의로 회귀하는 방향으로 추진되어야 했다. 이는 18세기 이후 아라비아 반도에서 활동하던 와하비 개혁가들의 주장이었다. 이슬람교의 기본원리를 감안할 때, 그런 주장에 저항하기는 힘들었다. 인도와 다른 지역의 예민하고 진지한 무슬림은 그 사상에 감화되었다. 그렇지만 아라비아 사막 이외의 지역에서는 와하비 개혁이 개인적인 차원에 머물렀을 뿐, 그 이상의 정치적인 영향력을 발휘하지 못했다.

물론 반대의 관점을 가진 사람들도 있었다. 이들에게 개혁이란 서양의 군사·법률·헌정을 모방하는 것을 뜻했다. 그것은 1839년 이래 오스만 제국의 공식 정책이었고, 1850년대부터는 일상생활에서 일부 실질적인 변화가 일어나기 시작했다. 소수의 투르크인은 서양의 압력에 대한 그런 식의 대응이 정말로 효과가 있을 것으로 믿었다. 그러나 그들은 자신들이 선택한 정책의 방향과 이슬람의 원리와 조화시킬 수 없었다. 마호메트의 메시지를 더 이상 확신하지 않는 사람만이 외국의, 즉 비(非)무슬림의 방식을 모방하자고 주장할 수 있었다. 그 결과, 개혁가들은 오스만 사회에서 지지를 얻지 못했고, 언제나 서양 외교관들의 꼭두각시나 장난감에 지나지 않았다. 적어도 다수는 그렇게 생각했다.

1878년과 1908년 사이에 술탄 아브둘 하미드 2세는 다른 정책을 추진했다. 그는 개혁을 거부하고 초기 오스만 제국 술탄들의 전제정치로 되돌아갔다. 하지만 무슬림의 감정을 움직여 오스만 제국을 지지하게 하려던 그의 노력은 별 다른 효과를 보지 못했다. 경건한 무슬림은 자신이 칼리프(마호메트의 정통 후계자)라는 하미드의 주장을 진지하게 받아들이지 않았기 때문이다. 더욱이 군대를 근대화하려던 그의 노력도 역효과를 냈다. 다양한 서양의 기술(포병장교의 경우에는 수학, 군의관의 경우에는 의학)을 배운 청년 장교들은 정치에 참여하기를 원했다. 개혁을 원하는 젊은이들의 모임인 청년 투르크당은 1908년에 쿠데타를 일으켜 하미드를 권좌에서 몰아냈다. 얼마 후 발칸 전쟁(1912~1913)과 제1차 세계대전(1914~1918)이 터졌고, 그 결과 오스만 제국은 그때까지 남아 있던 발칸의 영토를 거의 다 상실했다.

제1차 세계대전이 끝나고 오스만 제국이 승전국들에 의해 분할되었을 때, 이슬람의 정치적 운명은 저점에 달했다. 이 최후의 파국에 앞서, 발칸과 아프리카에 존재하던 이슬람 세계의 서부지방이 완전히 사라졌다. 발칸에는 그리스도교를 신봉하는 신생독립국들이 들어섰고, 아프리카에는 유럽의 식민정권이 수립되었다. 같은 운명이 이슬람의 동부 변경에도 들이닥쳤다. 필리핀 남부의 미국인, 인도네시아의 네덜란드인, 인도 서북부의 영국인, 중앙아시아의 러시아인이 무슬림 국가와 민족을 압박하면서 굴종을 강요했다. 1914년에 이르면 만신창이가 되어 간신히 독립을 유지하고 있던 아프가니스탄·이란·오스만 제국만이 이슬람의 역사적 심장부를 가로질러 가느다란 띠를 이루고 있었다.

하지만 제1차 세계대전의 재앙은 적어도 부분적인 정치적 회복의 전조였다. 격분한 투르크인은 승전국의 강화조건을 완강히 거부했다. 과단성과 카리스마를 겸비한 장군 출신의 정치지도자 무스타파 케말(1881~1938)의 지도 아래 투르크인은 고향 아나톨리아를 지키는 데 성공했고, 1923에는 유럽 열강의 동의를 얻어 콘스탄티노플을 되찾았다. 무스타파 케말이 전투를 치르는 중에 만들어낸 새로운 터키 공화국의 혁명정부는 세속적이고 내셔널리즘적이었다. 또한 사유재산과 개인의 권리를 희생시켜 정부의 권력을 무한대로 확대했다는 점에서, 자유주의적인 가치관은 완전히 무시되었다고 볼 수 있다. 이슬람 체제의 해체, 과도하게 국제화된 도시 콘스탄티노플에서 앙카라로의 수도 이전, 강제적인 풍속 교정—예컨대 여성의 차도르 착용 폐지—을 비롯한 철저한 내정개혁은 전통적인 생활을 뿌리째 뒤흔들었다. 혁명정부는 그런 법령의 제정과 더불어 조직적이고 지속적인 선전을 통해, 사회의 각계각층에 터키인이라는 강한 자부심과 정권에 대한 공감을 주입하기 위해 노력했다.

정부의 노력은 농민층의 관심을 불러일으키고 터키인 사이에 내셔널리즘을 고취시키는 데 성공했다. 그렇지만 이슬람교에 대한 집착도 사회의 저류에 남아 있었다. 그리고 1945년 이전에는 근대적인 산업을 육성하려는 정부의 노력이 별다른 성과를 거두지 못했다. 터키 공화국이 국민의 지지를 얻고 국민을 정치에 참여시키는 데 성공하는 과정에서 일부는 이슬람교에, 일부는 터키의 전사(戰士) 전통에 바탕을 둔 태도와 가치관이 전면에 부각되었다. 그러나 이런 태도와 가치관은 대개 산업화와 어울리지 않았고, 따라서 근대화와 경제발전을 위한 노력을 방해했다.

이 딜레마는 이란과 아라비아에서 더욱 심각했다. 왕위 찬탈자 레자 팔레비는 1925년 페르시아에서 권력을 잡고, 같은 시기에 터키의 무스타파 케말이 추진하고 있던 것과 유사한 위로부터의 세속적인 개혁에 착수했다. 그러나 새 국왕의 권력은 미약했고 페르시아의 이슬람 신앙은 강력했기 때문에, 근대화는 터키보다 훨씬 더디게 진행되었다. 아프가니스탄 역시 비슷한 상황에 처해 있었지만, 제1차 세계대전 이전의 수십 년 동안 누렸던 형해화된 독립에 비하면 훨씬 실질적인 독립을 달성했다.

그러나 아라비아인 사이에서는 제1차 세계대전의 격변에 대해 다른 반응이 나왔다. 1919년의 평화협정에 의해 아랍 세계에서 비교적 풍요롭고 안정된 지역은 프랑스와 영국의 식민행정부에 할당되었다. 이라크·시리아·팔레스타인 주민들은 처음에는 반대했으나 곧 승복했다. 하지만 아라비아 반도에서는 아브둘 아지즈 이븐 사우드(1880~1953)의 승리를 통해 금욕적인 와하비 개혁운동이 힘을 얻었다. 이븐 사우드가 18세기에 와하비의 개혁운동이 시작된 이래 그 개혁가들의 주된 정치적·군사적 보호자였다. 1925년까지 이븐 사우드는 아라비아 반도의 대부분을 평정했고, 특히 성도(聖都) 메카와 메디나를 장악했다.

대단히 얄궂게도, 이븐 사우드는 새로 획득한 권력을 이슬람의 성지를 상대로 행사하면서, 와하비의 이상을 실현하여 진정으로 알라를 기쁘게 할 수 있는 사회와 정부를 만들 생각은 하지 않고, 자신의 지배하에 있는 여러 도시에 도로·비행장·전신망 같은 중앙집권체제의 도구들을 설치했다. 이븐 사우드가 권력을 장악한 지 10년도 지나지 않아, 서양의 사업가들은 아라비아에서 막대한 양의 석유자원을 발견하여 지하에서 석유를 채굴하고 로열티를 지불함으로써 왕가에 상상도 할 수 없는 엄청난 부를 안겨주기 시작했다. 석유에서 흘러나오는 새로운 부에 배신당한 와하비 운동의 정신적 활력은 급속히 사그라졌다.

세속주의는 이집트·이라크·시리아에서도 급속히 힘을 키웠다. 무엇보다도 그 정신은 제1차 세계대전 이후 서아시아를 양분한 프랑스와 영국으로부터의 독립을 요구하는 선동의 형태로 나타났다. 이라크는 적어도 문서상으로는 1932년에 독립을 달성했다. 그러나 진정한 의미의 독립이 아랍 세계에 찾아온 것은 제2차 세계대전 이후였다. 아랍 내셔널리스트들은 진정한 신앙의 깃발 아래 모든 아랍인이 일치단결했던 초기 이슬람의 영광으로 복귀하기를 꿈꾸었다. 그러나 그런 범(汎)아랍적인 이슬람의 이상은 제1차 세계대전 후에 프랑스와 영국에 의해 설정된 정치적 경계선 내에서 각국이 기울이던 노력과 충돌했다. 범아랍주의의 이상은 아랍어가 사용되는 아시아와 아프리카의 여러 지역 사이에 존재하는 현격한 차이 때문에 비현실적이었고 지금도 그 차이에는 변함이 없다. 게다가 이슬람교의 원리는 근대국가 형성의 큰 걸림돌이었다. 그렇지만 아랍인의 의식은 예나 지금이나 이슬람교와 불가분의 관계를 맺고 있기 때문에, 터키의 케말과 이란의 레자 팔레비가 추진했던 세속적인 비(非)이슬람 개혁운동은 폭넓은 지지를 받을 수 없었다.

그런 정치적 상황은 대단히 비관적인 것이었고, 1850년과 1945년 사이에 무슬림은 문화적으로나 경제적으로나 현상을 타파하는 성과를 거두지 못했다. 전통적인 무슬림의 교육제도는 서양의 교과목을 가르치는 신식 학교제도와 공존했다. 이 제도적 구분은 일종의 정신적 구분에 상응했다. 서양의 사상에 노출된 무슬림의 대부분은 이슬람교의 사상과 원리를, 서양에서 유래한 기술과 지식에 내포된 사상으로부터 철저히 분리시켰다. 이런 상황에서 진정한 창의성이나 내적 확신을 기대하기는 어려웠고, 실제로 1850년과 1945년 사이에 무슬림 중에서는 세계적으로 유명한 인물이 나오지 않았다.

경제 방면에서도 근대적인 산업은 무슬림의 땅에 뿌리를 단단히 내리지 못했다. 기술혁신의 속도는 이전에 비해 빨라졌으나, 새로운 사업과 기술적 진보는 여전히 외국인에 의해 도입되었다. 예컨대 유럽의 행정당국은 이집트와 이란의 관개시설을 개선하여 새로운 경작지를 만들어냈고, 그 결과 양국의 농민들은 당분간은 늘어난 인구를 먹여 살릴 수 있는 새로운 토지를 확보할 수 있었다. 마찬가지로 1930년대에 페르시아 만 전역에서 대대적으로 개발되고 있던 유전은 외국인에 의해 관리·운영되었다. 국영이든 민영이든, 독립적인 무슬림이 주도하는 산업의 비중은 크지 않았다.

그럼에도 불구하고 이슬람교는 쇠퇴하지 않았다. 마호메트를 향한 신앙은 수백만 신도에게 살아 있는 신앙이었다. 무슬림과 비신자를 구별짓는 종교의식은 가장 서구화된 사람들 사이에서도 일반적으로 준수되었다. 이슬람교권과 그리스도교권의 오래된 대립관계로 인해, 무슬림 문명의 후계자는 자신의 종교를 버리기가 어려웠다. 그런 행위는 종교적 변절일 뿐 아니라 문화적 배신으로 간주되었기 때문이다.

더욱이 19세기와 20세기 초에는 세계의 중요한 지역에서 장기간에 걸쳐 이슬람교로 개종하는 사람들이 끊이지 않았다. 특히 아프리카의 중부와 서부에서, 이슬람 교사들은 그리스도교 선교사들과의 경쟁에서 승리했다. 그리스도교 선교사의 약점은 유럽의 식민 지배체제와 밀접한 관계를 맺고 있다는 것이었다. 인도와 동남아시아의 일부 지역에서도 사정은 마찬가지였다. 그 일대의 지배권을 상실한 무슬림은 과거 그들의 신민이었던 힌두 교도 및 불교도와 함께 유럽의 정치적 지배에 굴복한 뒤에, 강한 자의식을 얻었고 내적으로도 단련되었다.

마호메트를 하느님의 예언자로 인정하는, 인류의 7분의 1에 해당하는 사람들 사이에서 근대 산업혁명과 민주혁명은 1945년까지 이렇다 할 진척을 보이지 못했다. 이와 대조적으로 한때 이슬람의 지배하에 있었던 두 개의 주요 공동체인 발칸 반도의 그리스도 교도와 인도의 힌두 교도는 서양의 부르주아 체제에 내재된 각종 문제에 대해 훨씬 성공적으로 대응할 수 있었다.

발칸의 그리스도 교도

발칸의 그리스도 교도들은 1803년에 세르비아가 투르크의 권력에 맞서 반란을 일으킨 이래, 1912~1913년에 불가리아인·세르비아인·그리스인의 일치된 노력에 의해 투르크가 작은 교두보만 남기고 유럽에서 축출되기까지, 일련의 반란과 외교적 위기를 거쳐 오스만의 지배에서 독립했다. 각국의 내셔널리즘이 도시주민뿐 아니라 농민의 마음까지 사로잡으며 적대적으로 경합하던 발칸은 19세기 내내 정치적 격전지였다.

무슬림과 달리 발칸의 그리스도 교도는 전통적인 그리스 정교회의 교리와 서양식 근대화 사이에서 중대한 모순을 발견하지 못했다. 따라서 19세기와 20세기 초에 내셔널리즘적 정부들은 일관되진 않았으나 적극적으로 경제발전과 사회발전을 추구했다. 국력 신장과 안보를 도모하기 위해서는 최소한 국내에 병기창을 세우고 위험에 처한 국경지대로의 신

속한 이동을 보장해주는 교통망을 정비해야 한다는 것을 깨닫는 데는 대
단한 지혜가 필요하지 않았다. 하지만 그런 노력이 확실한 성공을 거둔
것은 제2차 세계대전이 끝난 뒤였다. 이로써 발칸 사회는 그 어느 때보
다도 공고하게 서양세계에 편입되었다. 심지어 로마 시대에도 로마제국
영내에서 그리스어를 사용하는 지역과 라틴어를 사용하는 지역의 문화
적 격차는 이루 말할 수 없이 컸기 때문이다.

힌두 교도

인도의 힌두 교도와 서양문명의 관계는 발칸의 그리스도
교도의 경우와는 크게 달랐다. 1857년에 잠시나마 영국세력을 위협했던
세포이의 반란이 충격을 준 뒤에는, 호의적이지만 기본적으로 독재적인
영국의 행정당국은 인도에 대한 장기적인 일련의 개혁을 실행했다. 개혁
을 담당한 문관들은 거의 전원이 영국의 대학 출신이었고 자유주의적 이
념을 가지고 있었기 때문에, 경제발전을 추진할 때도 정부의 권력을 사
용하는 강압적 조치는 취하지 않았다. 또한 무역과 제조업은 민간인에
맡기는 게 최선이라고 생각했다. 그렇지만 그들은 인도 아대륙 전체를
묶어주는 통합된 철도망을 건설했고, 새로운 교육제도를 도입했다. 신설
된 학교와 대학은 본국에서 가르치는 것과 거의 같은 교과를 가르쳤고,
고등교육기관에서는 영어를 사용했다. 인도인의 대다수는 학교에 다닐
수 없었지만, 학교와 대학은 영향력이 상당한 소수 정예의 영국화된 인
도인을 배출했다. 이들은 대부분 정부관리로 일했는데, 처음에는 영국
관리의 도움을 받다가 점차 그 업무를 인계받았다.

이런 구조 내에서 서양문명에 대한 인도의 대응은 평화리에 그리고 비
교적 신속하게 진행되었다. 경제적 혁신은 주로 이방인—파르시 교도·
그리스인·영국인—에 의해 이루어졌다. 새로운 상공업에 투자하려는

힌두 교도는 거의 없었다. 그들은 여윳돈을 마을에서 옛날식 사채나 토지 매입에 사용하는 쪽을 택했다. 하지만 양차 대전 중에 영국의 보급선이 일부 단절되자, 인도의 행정당국자는 수많은 필수품의 대체 공급원을 긴급하게 물색해야 할 필요에 직면했다. 이에 따라 시급하게 새로운 산업을 출범시키고 기존의 산업을 확대하려는 노력이 경주되었다. 전시상태에서 민간기업과 국영기업 사이의 구별은 모호해지거나 아예 사라졌다. 이리하여 인도는 1947년에 독립한 뒤에 전시의 긴급조치에 바탕을 둔 반(半)사회주의적인 경제체제를 수월하게 발전시켰다.

정치 부문에서, 영국의 통치에 대한 인도의 반응은 인상적이고 독특했다. 이미 지적한 것처럼, 19세기 초에 람 모한 로이(1833년 사망)는 영국의 사상과 수사를 구사하여 인도의 법제개혁을 부르짖었다. 1885년에 이르러 영국식 학교와 대학에서 교육받은 인도인의 수가 크게 늘어났고, 이들은 그 해에 인도의 궁극적인 자치를 목표로 조직된 인도 국민회의를 널리 선전하고 강력하게 지지했다. 제1차 세계대전이 끝난 뒤, 국민회의의 지도권은 모한다스 카람찬드 간디(1948년 사망)에게 넘어갔다. 그는 신봉자와 숭배자에 의해 '위대한 영혼'을 뜻하는 '마하트마'로 불렸다. 영국의 복잡한 법체계를 공부한 간디는 법률가의 치밀함과 인도의 종교적 전통에 직접 호소하는 힘을 겸비한 정치지도자였다. 특히 그가 비폭력주의에 입각해 조직한 대규모 불복종운동(1919~1923, 1930~1934)에는 수백만의 도시민과 일부 농민이 참가했다. 영국 당국은 권력의 자의적 행사를 적당히 자제한다는 자신들의 방침을 어기지 않고서는 간디의 운동을 억압할 수 없었다.

마하트마 간디는 상급 카스트인 바이샤로 태어났지만, 이른바 '불가촉천민'이라는 하급 카스트에 대한 힌두 교도의 인습적인 신분차별을 타파하려고 노력했다. 하지만 이 문제에 관해서는, 영국의 지배에 맞서 힌두 교도의 힘을 동원한 것에 비해 덜 성공적이었다. 그는 인도 성자들의 생

활방식을 본받아 생활했고, 일부 쟁점에 관한 영국 당국의 양보를 받아
내기 위해 몇 번이나 '목숨을 건 단식'에 들어갔다. 그는 전통적이고 독특
한 인도적인 지도자상과, 근대적인 대중매체가 영국인의 정책과 심리에
미치는 영향을 사전에 계산할 줄 아는 치밀한 능력을 절묘하게 결합시켰
다. 옛것과 새것의 결합, 그리고 인도적인 방법과 영국적인 방법의 결합
은 굉장한 효과를 발휘했고, 제2차 세계대전 후 인도 독립에 직접적으로
기여했다.

　한편 간디와 그 추종자들이 갈수록 많은 수의 힌두 교도를 인도 국민
회의를 중심으로 결집시키자, 인도의 무슬림은 위기감을 느꼈다. 간디의
원칙에 따라 인도가 독립하면, 인도의 무슬림은 종교적 소수자로 전락할
판이었다. 무슬림은 그런 전망을 도저히 받아들일 수 없었다. 따라서
1940년 무슬림 연맹(1905년에 발족)이 파키스탄에 무슬림의 독립국을
세운다는 목표를 천명하자, 인도의 무슬림 대다수가 동조했다. 그 결과,
인도 국내에서는 무슬림 내셔널리즘과 힌두 내셔널리즘이 폭력을 동반
하여 정면충돌했다.

　따라서 간디가 고대 힌두의 지도자상에 호소한 것은 결과적으로 인도
의 사회 내부에 직접적·배타적으로 종교에 바탕을 둔(간디의 운동은 절대
그렇지 않았다) 무슬림 운동을 낳았다. 힌두 교도와 무슬림은 애초에 인
도 영토를 나누어 가질 생각은 없었으나, 1947년에 실현된 독립은 곧 인
도 땅의 분할로 이어졌다.

서양의 우세에 대한 중국의 반응

　수세기에 걸쳐 강력한 문명을 유지하며 번영을 누리고 있
던 중국의 관료들은 조야한 외국인들로부터 딱히 배울 것이 있다고 믿지
않았다. 따라서 제국정부가 태평천국의 난을 진압하기 위해 외국의 군사

전문가를 고용할 필요가 있다는 점을 인정한 뒤에도, 그것을 교훈 삼아 중국의 약점을 뼈저리게 실감한 관료는 거의 없었다. 좀 더 효율적인 육해군의 기틀을 다지려는 노력도 흐지부지되었다. 보수세력이 반대하기도 했지만, 개혁가들이 열의가 없었고 중국의 전통적인 사회구조에 영향을 줄 수 있는 조치를 취하려 하지 않았기 때문이다. 신식 군대를 창설하기 위해서는 대대적인 기술적·교육적·행정적 변혁이 필요했다. 19세기 중국의 개혁가들은 그런 작업에 착수할 각오가 되어 있지 않았다. 이것은 군사적 치욕으로 귀결되었다. 1860년에는 청조 당국이 프랑스와 영국의 외교관들을 투옥한 데 대한 보복으로, 양국의 원정군이 베이징을 점령하고 황제의 여름 별궁을 불태웠다. 같은 해에 열강의 압박에 시달리던 청조는 아무르 강 이북을 러시아에게 할양했다. 이리하여 러시아는 태평양 쪽으로 진출할 수 있는 교두보인 블라디보스토크를 손에 넣었다. 프랑스가 인도차이나―베트남·캄보디아·라오스―를 영유하고(1885) 영국이 버마를 정복함에 따라(1886), 그때까지 중국에 조공을 바치는 속국으로 간주되던 지역들이 떨어져 나갔다. 이런 통한의 패배에다 설상가상으로 서양열강에게 관세관리권(1863), 우편사업권(1896), 철도부설권(1888년 이후)까지 내어주자, 마침내 중국은 주권상실의 길에 접어든 것으로 보였다. 그러나 유럽 열강에게 당한 수모보다 중국의 자존심을 더 상하게 한 것은 조선에서 일본군에게 패한 것(1894~1895)이었다. 중국은 조선을 속국으로 간주했는데, 지리적으로 제국의 수도에 가까웠기 때문에 다른 속국보다 중요하게 여겼다. 일본은 1870년대에 조선에 관심을 보이기 시작했고, 결국에는 조선정부를 꼭두각시로 전락시켰다. 이 사태에 개입하려던 청군은 일본군에게 참패했다. 일본의 육해군은 서양의 최신 병기와 군대조직에 적응할 시간적 여유가 없었다는 점에서 중국과 엇비슷한 형편이었는데도 시종 청군을 압도했다. 시모노세키(下關) 강화조약에 의해 중국은 조선에서 완전히 철수하고 포르모사(타이완)와 중국 연안의 작은 섬들을 일본에 넘겨주어야 했다. 또한 일본은 중국 본토에 거점(랴오둥[遼東] 반도)을 확보했을 뿐 아니라 배상금까지 받아냈다.

이제 일본은 유럽 열강과 함께 중국에 고통을 주는 존재가 되었고, 태평양 일대로 제국주의적 팽창을 개시했다. 조선은 1896년 이후 러시아와 일본의 각축장이 되었고, 양대 제국주의 세력의 격렬한 대립은 1904년 러일전쟁으로 이어졌다. 일본은 러시아를 어렵지 않게 격파해 다시한번 세계를 놀라게 헸고, 포츠머스 강화조약을 통해 조선에 대한 지배권을 인정받았다. 조선의 민족주의적 저항이 전개되자, 일본은 조선의 마지막 왕을 폐위하고 한반도를 병합했다(1910).

일본이 한 세대 만에 육해군을 무장시켜 중국과 러시아의 군대를 압도할 수 있었다는 사실은 지극히 보수적인 중국 관료들에게도 큰 충격을 주었다. 그렇지만 중국이 안고 있는 여러 문제점을 치유하려는 노력은 별로 효과를 보지 못했다. 그 이유 가운데 하나는 경합하고 있던 유럽 열강과 일본의 외교관들이 청조에 각종 이권을 요구했다는 것이다. 다수의 중국인이 볼 때, 외국인에게 이권을 넘겨주는 정부의 행위는 국익에 반하는 것이었다. 이때부터 만주족의 청조를 타도하고 순수한 한족(漢族)의 애국적인 정부를 수립하려는 비밀결사가 특히 학생과 청년들 사이에서 우후죽순으로 생겨나기 시작했다. 이 혁명적이고 내셔널리즘적인 관점은, 1898년에 광서제(光緖帝)가 단기간 급진적 개혁을 시도했을 때 새로운 추진력을 얻었다. 하지만 이 개혁은 특권적 지위가 상실되는 것을 우려한 만주족 대신들에 의해 좌절되었다. 중국의 무기력함에 대한 또 다른 격렬한 반응은 극단적 배외주의를 표방한 비밀결사 의화단(義和團)의 난으로 나타났다. 서양인은 권법을 연마하던 그 단원들을 '복서'(Boxer)라고 불렀다. 의화단이 선교사와 외국인들을 공격하자, 서양열강과 일본은 군대를 파견하여 베이징을 점령하고(1900) 강화조약을 체결했다. 청조는 의화단이 입힌 손해에 대해 열강에게 배상하기로 했다.

정부의 연이은 실패로 인해 만주제국의 위신은 완전히 땅바닥에 떨어졌기 때문에, 1911년에 신해혁명(辛亥革命)이 일어났을 때 청조를 지지하는 사람은 거의 없었다. 이렇게 해서 별로 피를 흘리지 않고 중화민국이 탄생했다(1912). 그러나 누가 신정부를 이끌 것인가에 대해 구체적인 합의가 이루어지지 않았다. 제1차 세계대전이 발발하자 혼란은 증폭되었다. 유럽이 전쟁에 돌입한 상태를 틈타, 일본은 중국에서의 이권 확대를 획책했다(1915년의 21개조 요구). 중국측은 애매한 반응을 보였고, 미국은 일본의 야심을 견제하기 시작했다. 그러나 이 외교적 문제는 1922년까지 해결되지 않았다.

이 무렵 일본은 중국에서 물러날 용의가 있었다. 한편으로는 사사건건 반대하는 미국을 상대해야 했고, 다른 한편으로는 세력을 회복한 러시아와 마주쳐야 했기 때문이다. 볼셰비키 혁명 이후의 내전으로 시베리아와 연해주에 대한 러시아의 통치는 중단되었다. 모스크바가 블라디보스토크를 다시 손에 넣은 것은 1922년이었다. 워싱턴 회의(1922)에서는 태평양 지역의 새로운 세력균형에 대한 전반적인 합의가 이루어졌다. 이는 1918~1919년에 파리에서 제1차 세계대전 이후 유럽의 새로운 질서가 결정된 것에 비견될 만한 것이었다.

중국에서 특별한 이권을 얻으려던 일본의 노력은 열강의 외교간섭에 의해 저지되었지만, 중국은 내란으로 혼란상태에 빠져 있었다. 군벌들이 각지에서 사병을 양성했고, 중앙정부는 다수의 지역에 대해 명목상의 지배권만 행사할 수 있었다. 헌법을 비롯한 광범위한 개혁방안이 문서상으로는 마련되어 있었다. 그러나 만주의 마지막 황제가 퇴위한 1912년을 전후하여 정부형태를 바꿔보려던 시도는 근본적인 변화를 이끌어내지 못했다. 지방에서는 폭력과 무질서가 난무하여, 중앙정부의 정책이 거의 먹혀들지 않았다. 폭력의 증가는 서양의 경제적 침투를 억제하는 효과를 발휘했다. 폭동 때문에 곳곳에서 운행이 중단되는 철도와 비슷한 이유로 간헐적으로만 조업에 들어가는 근대적인 광산은, 평화시에 비해 서양화 도구로서의 능률이 떨어질 수밖에 없었다. 더욱이 상하이와 일부 항구도시에서 실제로 외국인이 관리하던 제한된 구역 외에는 투자가 이루어지지 않았다. 따라서 민간인의 폭동은 중국의 내륙지방에서 철저하게 전통적인 사회적·경제적 질서가 유지되는 결과를 낳았다.

토지 부족, 부채, 무거운 소작료와 세금 등으로 인한 농민의 불만은 국내의 혼란을 부채질했다. 역대 중국의 왕조들도 그런 참상을 겪고 무대 뒤로 사라졌다. 그러나 20세기에는 왕조 교체의 양상이 변했다. 청조를 무너뜨린 혁명의 취지는 과거의 역성혁명과는 달랐는데, 이는 지식인들이 새로운 사상에 매료되었기 때문이다. 1905년에 제국 관료의 등용문이었던 과거제도가 폐지된 뒤에, 중국의 지식인과 정치지도자는 거의 다 유교에 등을 돌렸다. 과거에 유교경전을 배워야 했던 학생들은 서양식 학교로 몰려들었다. 다수는 일본의 교육기관에 유학했고, 일부는 구미 각국으로 건너갔다. 중국 국내에는 미션스쿨이 급속하게 늘어났고, 종교와 무관한 학교들도 신설되었다. 따라서 비교적 많은 수의 젊은 남녀가 서양학문을 접했고, 그것을 완전히 이해하지 못하면서도 열정적으로 포용했다.

서양의 지적 문화를 단번에 소화하려던 중국 학생들의 첫 세대는 극도의 혼란을 체험했는데, 도덕적 훈계와 사회적 유토피아 사상, 내셔널리즘을 소박하게 결합한 쑨원(孫文, 1925년 사망)은 그 점을 고스란히 보여주었다. 그렇지만 지적 혼란과 극단적 사고에도 불구하고, 쑨원은 국민당의 창설자가 되었다. 1911년과 1949년 사이에 국민당은 중국의 지배권을 놓고 지방군벌과 일본의 괴뢰정권, 공산당과 경쟁을 벌였다. 쑨원의 혁명운동은 처음에는 고문들의 분열과 미숙한 조직 탓에 고전을 면치 못했다. 하지만 1923년에 러시아 볼셰비키의 베테랑들이 광저우에 도착하면서 국민당은 면모를 일신하기 시작했다. 이들의 지도 아래, 규율 있고 이데올로기적으로 의식화되고 군사적 능력을 갖춘 혁명정당이 만들 어졌던 것이다.

1925년 쑨원의 사망 직후, 국민당 지도부는 북벌(北伐)을 개시했다. 총사령관 장제스(蔣介石)는 소련의 고문들과 반목했는데, 그때까지 국민 당과 합작했던 중국공산당(1921년에 설립됨)을 공격하기로 결정함에 따 라 그들과 최종적으로 결별했다. 중국공산당은 농촌지역으로 들어가 세 력을 보존하면서, 농민들을 조직화하여 지주와 고리대금업자에게 대항 하게 했다. 장제스의 국민당은 지방군벌들을 타도하여 중국의 대부분 지 역에서 지배권을 확립한 뒤에도(1928), 숙적인 중국공산당을 토벌할 수 는 없었다. 국민당과 공산당의 내전은 비록 산발적이긴 했으나 양차 세 계대전 사이의 기간에 계속해서 중국에 고통을 가했다.

1930년대에는 일본이 팽창을 재개함에 따라, 중국문제가 한층 복잡해 졌다. 일본은 처음에는 만주를 점령했고(1931), 다음에는 중국 본토에 침 입했다(1937). 장제스는 양쯔 강 상류의 충칭(重慶)으로 퇴각하여 제2차 세계대전 기간에 그곳에 머물러 있었고, 일본은 중국의 모든 해안지역을 통제했다. 마오쩌둥(毛澤東)이 이끄는 공산당은 중소 국경에 가까운 중 국 북서부에 근거지를 두고 있었다. 일본이 전쟁에서 패하여(1945) 중국 본토에서 철수하기 시작하자, 장제스의 국민당과 마오쩌둥의 중국공산 당 사이의 내전은 한층 격렬해졌다. 중국의 지배권을 둘러싼 두 세력간 의 싸움이 일본 점령기에는 잠잠해졌다가 제2차 세계대전이 종료되자 다시 불붙은 것이다. 중국 본토에서 내전이 끝난 것은 중국공산당이 결 정적인 승리를 거둔 1949년이었다.

정통사상이던 유교가 붕괴되고 부정되자, 지적·문학적 분야의 급진적 인 변혁이 시작되었다. 소수의 중국인은 서양의 과학과 기술을 열심히 습득했으나, 정치적·군사적으로 불안한 상황에서 기술 진보를 이루기란 어려운 일이었다. 문어를 근본적으로 단순화하여 일상적인 구어에 가깝게 바꾸려는 백화(白話)운동은 후스(胡適, 1962년 사망)에 의해 선도되었다. 새로운 문체는 그것이 처음 제창된 1917년부터 빠르게 수용되었고, 백화를 사용한 신문과 기타 간행물들이 봇물 터지듯 쏟아져 나와 세계의 최신 사상의 조류를 중국에 소개했다. 따라서 중국의 지식 엘리트는 외국의 사상과 이상을 쉽게 접할 수 있었다. 한편 중국 사회의 압도적 다수를 차지하는 농민은 정치적 불안, 인구과잉, 빈곤이라는 악순환에서 헤어나지 못하고 있었다. 중국의 엄청난 농민대중이 실제로 새로운 사상과 기술을 접하게 된 것은 1949년 이후였다. 그리고 그 사상에는 국민당이 아니라 마르크스주의의 도장이 찍혀 있었다.

일본의 자기변용

중국에서는 사회질서와 정부가 철저히 붕괴된 뒤에야 비로소 사람들이 외국의 사상과 기술에 큰 관심을 기울이게 되었다. 일본은 그 반대의 길을 걸었다.* 일본에서도 전통적인 사회질서가 적어도 제1차 세계대전까지는 일부 중요한 측면에서 남아 있었다. 한편 일본의 지도자들은 자력으로 일본인의 생활을 하나씩 차례로 개조했고, 결국에는 전통적인 권력기반을 무너뜨렸다. 그러나 그 전에 일본인의 내적 단합을 유지할 수 있는 새로운 정치적 상징과 가치를 확보해두었다.

일단 쇼군이 외국선박의 입항에 동의한 이상(1854), 상황을 반전시킬 수는 없었다. 막부의 결정에 반발하여 결국 막부를 타도한(1868) 사무라이 집단은 외국인을 추방하려고 했다. 그러나 그 지도자들은 그 목표를 달성하기 위해서는 외국인이 보유한 군함과 대결하여 승리할 수 있는 선

---

* 시암도 마찬가지였다. 국왕 라마 4세(1851~1868년 재위)는 유럽 상인과 군인들의 요구에 응해 철저한 개혁을 시도했고, 결국 적지 않은 성공을 거두었다. 그 결과, 시암(1939년에 타일랜드로 국명을 바꾸었음)은 현재까지 일관되게 독립을 유지하고 있다.

박과 무기를 보유할 필요가 있다는 점을 이미 알고 있었다. 따라서 근대적인 육해군 창설이 최초의 목표였고, 일본인은 지체 없이 이 작업에 착수했다. 그들은 전문가를 초빙했고, 사절단을 파견해 근대식 군함과 해안경비용 대포를 구입하도록 했다. 그러나 처음부터 일본의 목적은 자국 내에서 근대적인 무기를 생산하는 것이었다. 그러기 위해서는 당연히 새로운 각종 공장과 광산이 필요했다. 다시 말해서, 신속하게 군사강국이 되기 위해 일본의 지도자들은 독자적인 산업혁명에 착수했다.

그들은 괄목할 만한 성공을 거두었다. 물론 경영자·기사·노동자를 훈련시키는 데는 많은 어려움이 따랐다. 최초로 세운 공장들 가운데 일부는 원활하게 돌아가지 않았고, 조잡한 제품을 생산했다. 그러나 일본인은 품질 개선을 위해 부단히 노력했다. 대개는 외국제품을 가능한 한 정교하게 모방하는 작업부터 시작했다. 차근차근 실력을 쌓아가던 일본인에게 제1차 세계대전은 절호의 기회가 되었다. 영국과 다른 서양 국가들이 전시체제에 돌입하자, 유럽제품은 아시아 시장에서 거의 자취를 감추었다. 일본인은 섬유제품과 그 밖의 소비재 부문에서 아시아 시장을 휩쓸다시피 했다. 전후에 유럽제품이 다시 아시아에 유입되었을 때에도, 일본제품은 이미 확보한 기반을 지킬 수 있었다. 값싼 노동력과 효율적인 신식 기계 덕분에 생산비를 낮춘 일본은 다른 국가들이 엄두도 못 낼 저가의 상품을 만들어냈다.

정부는 일본의 산업화에 매우 적극적이고 핵심적인 역할을 했다. 처음에 생긴 공장들은 대다수가 정부자금으로 건설되었고, 초기 시설투자비를 회수한 뒤에는 민영으로 전환되었다. 그 후 일본에 본격적인 민간기업이 출현했을 때도, 정부의 요구와 정책은 여전히 지대한 영향력을 행사했다. 이윤추구는 결코 최종 목적이 아니었다. 일본의 회사는 언제나 명예와 위신을 찾았고, 공장 관리자는 국가에 봉사하고 상사에게 복종하며 하급자를 훈육하고 보호하는 것이 자신의 의무라고 생각했다. 이런 태도는 수세기 동안 일본을 지배했던 사무라이 정신에서 직접 유래했다. 용기·인내·충성 같은 오래된 무사의 미덕은 제철소·섬유공장·조선소를 신설하고 경영하는 데 큰 역할을 했다.

회사나 공장 내의 인간관계도 오래된 사무라이와 농민의 관계에 따르는 경향이 있었다. 공장 관리자는 명령과 지시를 내렸고, 노동자는 그것에 복종했다. 그러나 그렇게 함으로써 노동자는 평생을 보장받았다. 불황기에도 종업원은 해고되지 않고, 부서 재배치나 작업 분담을 통해 계속 근무할 수 있었다. 그 대가로 회사는 종업원의 절대적인 충성과 복종을 기대했고, 그 기대는 어김없이 충족되었다. 유럽 국가들의 골칫거리였던 파업과 그 밖의 노동쟁의는 일본에서는 거의 일어나지 않았다.

게다가 예전부터 존재하던 직인의 점포와 소규모 가내공업이 '하청제도'에 의해 신상품을 생산하는 데 요긴하게 동원되었다. 그것은 대기업이 청사진·원료·동력기계·대출을 직인의 가족에게 제공하고, 생산된 제품은 그 식구가 웬만한 생활을 유지할 수 있을 정도의 가격에 매입하는 제도였다. 이 제도가 원활하게 작동한 것은 상급자와 하급자 사이의 전통적인 호혜적 의무관계 때문이었다.

오래된 무가의 복종과 의무라는 관념을 적당히 수정함으로써, 일본인은 대단히 효율적인 노사관계를 만들어냈다. 계속해서 신기술이 도입되는 동안에도 명령과 복종의 지휘계통이 흔들리지 않았던 것은 일본 사회에 상호 의무와 책임의 관계가 살아 숨쉬고 있었기 때문이다. 이는 전통시대 일본에서 그 상호관계를 관련자 모두가 의문을 느끼지 않고 기꺼이 받아들였던 것과 다를 바가 없었다.

20세기 중반에 이르자 일본은 서양국가들과 어깨를 나란히 할 수 있었는데, 그 원동력이 된 공업·기술·과학 분야의 진보는 꼭 자유민주주의 사상이나 의회정치와 결부되어 있지는 않았다. 실제로 초기 단계에서는 외국에 문호를 개방하고 기존 생활양식을 바꾸는 정책은 별로 인기가 없었다. 민주적인 정권이었다면 그런 정책을 관철시키지 못했을지도 모른다. 일본에서 위로부터의 혁명이 이루어지던 초기 단계에, 서민들은 궁극적인 성공을 예상하기는커녕 주변에서 전통적인 풍습이 함부로 파괴되고 무시되는 광경을 목격했을 뿐이다. 일본의 지도자들은 천황에 대한 전통적인 충성심에 호소하고 천황을 하나의 신으로 여기는 신도의 내셔널리즘적 측면을 강조함으로써, 그 골치 아픈 단계를 극복할 수 있었다.

일본정부가 만들어낸 서양식 육해군도 신구의 요소들을 매우 효과적으로 조합했다. 오랫동안 일본에서는 사무라이 신분으로 태어난 자만이 무기를 휴대할 수 있다는 원칙이 철저히 지켜졌다. 그럼에도 불구하고 1872년, 4년 전에 왕정복고를 실현했던 사무라이들의 파벌은 국민개병제를 도입하기로 결정하고, 당대 프랑스와 독일의 근대적 군대를 본받기로 했다. 당시에 막 정권을 잡은 일본의 지배자들에게 유럽적인 것은 무엇이든 선망의 대상이었다. 그러나 결정적인 요인은, 천황의 힘을 '부활'시킨 쿠데타에서 소외되어 권력을 잃은 데 불만을 품은 다수의 사무라이 집단에 대항하기 위해 강력한 군사력이 필요했다는 것이다. 메이지(明治) 정부는 이미 종래의 토지소유 제도를 해체했고 봉건적인 특권과 의무를 폐지했다. 이런 조치를 취한 것은 사회정의라는 추상적 이념을 구현하기 위해서라기보다는, 자신들에게 반대할 가능성이 있는 집단을 분쇄하기 위해서였다. 그러므로 정부가 신식 군대를 창설할 때 사무라이와 평민의 전통적인 신분차이를 무시한 것은 지극히 당연했다.

그 결과 장기적으로 군대는 애국심을 함양하는 학교이자 사회적 신분상승의 중요한 수단으로 기능했다. 해군은 비교적 귀족적이고, 더욱 서양화되고, 한층 복잡하게 전문화되었다. 그러나 육군은 평범한 농민의 아들이 적절한 훈련만 받으면 장교로 승진할 수 있는 기회를 부여했다. 다른 직종에서는 그런 식으로 사회적 신분을 바꾸는 것이 불가능했다. 고등교육을 받으려면 여전히 돈이 많이 들었고, 학위를 따기 위해서는 수년 동안 학업에만 전념해야 했는데, 농민의 아들은 그럴 여유가 없었다. 그러나 육군에 입대하면 넉넉하진 않아도 안정된 봉급을 받을 수 있었고, 능력만 있으면 얼마든지 출세할 수 있었다. 새로 장교가 된 군인들 중 다수는 가난한 농가 출신이었지만, 그들 역시 의식적으로 사무라이의 전통과 가치관을 체득하고 있었다. 산업계와 마찬가지로, 군대도 독특한 일본정신을 버리지 않고 기술의 근대화와 서양화를 실현했다.

이와 같이 일본인의 생활에 뿌리 깊은 전통이 남아 있었던 것에 비해, 왕정복고와 헌법제정에 의해 추진된 정치변화는 표면적인 차원에 머물러 있었다. 메이지 천황(1868~1912년 재위)은 즉위하면서 의회를 설립하고 여론을 존중하며 통치하겠노라고 선언했다. 1889년에 천황은 헌법을 발포함으로써 그 약속을 지켰다. 메이지 헌법은 비스마르크의 프로이센 헌법에 크게 의존했다. 하지만 남성의 선거권은 일본 정치에 대중적이고 민주적인 요소를 도입하여, 그 후 수십 년 동안 정치발전을 이끌었다. 1889년부터 번벌(藩閥)의 지도자와 고위직 인사들은 국민의 지지를 얻어야만 권력을 유지할 수 있었다. 제1차 세계대전 이후에는 귀족 출신이 아닌 개인도 의회의 강력한 지지를 받는 경우에는 정권을 쥘 수 있게 되었다.

이런 식으로 일본은 서양의 민주혁명과 어느 정도 유사한 과정을 겪었다. 그러나 국민의 선거에 의해 구성된 의회는 메이지 헌법하에서 제한적인 권한만 누렸고, 메이지 유신을 수행한 지도층의 후계자인 '겐로'(元老)들이 1930년대까지 막후에서 큰 영향력을 행사했다. 이 무렵 육군의 야심만만한 청년장교들이 권력을 다투는 새로운 경쟁자로 부상했다. 이들은 아시아 본토에 대한 공격적인 정책을 추진하는 육군을 문민정부가 충분히 지원하지 않는 것에 불만을 품고, 애국적인 비밀결사를 결성하여 자신들의 주장에 반대하는 정치가들을 여러 차례 암살했다. 그래서 정부는 자의반 타의반으로 육군과 손을 잡고 만주(1931)와 중국의 대부분

(1937~1941)을 정복하게 되었다.

일본이 군사정복의 길에 들어서자, 태평양 일대에서 일본과 미국의 이해가 충돌했다. 일본의 의도를 저지하기 위해, 미국은 석유와 고철(둘 다 일본이 수입에 의존하던 것이다)에 대한 통상금지조치를 취했고, 일본은 진주만의 미국 함대에 대한 기습공격을 감행했다(1941). 이 작전의 목적은 미국의 해군력을 오랫동안 마비시킨 다음, 그 사이에 보르네오의 원전을 장악하고 동남아시아와 태평양 서남부에 경제적으로 자급적인 '대동아공영권'을 건설하는 것이었다.

미국 함대에 대한 공격작전은 대성공을 거두었고, 대동아공영권은 군사적으로 실현되었다. 그러나 일본의 예상과 달리 미국이 신속하게 전열을 정비하여 일대 반격에 나섬으로써, 일본의 당초 계획은 수포로 돌아갔다. 1945년까지 미국의 잠수함이 일본의 상선을 대부분 침몰시키고 공군의 공습이 일본열도를 초토화하자, 일본의 국내경제는 파탄에 이르렀다. 1945년 8월, 히로시마(廣島)와 나가사키(長崎)에 원자폭탄이 투하된 뒤에 일본정부는 항복했다. 이렇게 해서 제2차 세계대전은 끝이 났고, 미국의 점령체제하에서 일본의 사회와 경제는 다시 한번 철저한 변용을 겪었다.

어떤 기준에서 보더라도, 일본은 1854~1945년에 산업혁명과 민주혁명에 대단히 성공적으로 반응했다. 문화와 지적 분야에서도 엄청난 변혁이 이루어졌다. 일본이 자기변용을 개시한 초기 단계에는 서양의 사상과 양식이 전면적으로 수용되었다. 구미에 파견된 사절단은 유용해 보이는 것은 무엇이든 연구하고 수입했다. 유학생들은 각자 특정 분야의 서양학문을 공부하여 해당 분야의 전문가가 되어 귀국한 다음, 해외에서 얻은 지식을 다른 일본인에게 체계적으로 전수하는 역할을 했다.

일찍이 정부는 일본의 모든 어린이에게 읽고 쓰는 법을 가르치기 위해 초등교육제도를 발전시켰다. 서양식의 다양한 기술전문학교와 대학교는 전문화된 고등교육의 기회를 제공했다. 그리하여 1930년대에 이르자 연구소의 과학자들은 활발하게 세계의 지식에 기여하기 시작했고, 일본의 기술자와 기사는 세계 각국의 동료들과 대등하게 경쟁할 수 있는 능력을 갖게 되었다.

그렇지만 일본의 전통예술은 사라지지 않았다. 실제로 1930년대에는 육군을 중심으로 조성된 강력한 애국주의의 영향으로, 일본적인 모든 것을 강조하고 외국의 양식과 관습을 경시하는 경향이 있었다. 전통적인 미술과 연극, 토착적인 건축양식, 대중화된 신도의 종교형식은 결코 활력을 잃지 않았다.

전반적으로 일본인의 지적·문화적 생활은 신구의 조화가 제대로 이루어지지 않아 다소 어색했다. 천황은 태양의 여신의 직계 후손이며 따라서 신성하다고 주장하는 신도의 신화는 최신식 생물학 실험실과 어울리지 않았다. 미술 분야에서는 한 화가가 일본식 화풍과 서양식 화풍을 모두 시도하는 경우가 적지 않았는데, 두 전통을 창의적으로 종합한 참신한 작품은 거의 나오지 않았다.

*   *   *

지금까지 개관한 내용에서 눈에 띄는 것은 1850년경 전통적인 방어체제가 완전히 붕괴된 뒤부터 제2차 세계대전이 끝날 때까지 3세대가 경과하는 사이에 아시아 각국의 국민이 서양문명에 대해 보여준 반응은 실로 다양했다는 점이다. 이 시기에는 문화적 교류가 사상 유례 없는 규모로 이루어졌는데, 우리 시대의 역사와 앞으로 다가올 시대의 역사는 그 과정 위에 만들어지고 있고 또 만들어질 것이다.

28장
아프리카와 오세아니아, 1850~1945

 19세기에 접어들어서도 아프리카는 유럽인에게 여전히 '검은 대륙'이었다. 한편 편의상 오세아니아라 총칭되는 오스트레일리아와 뉴질랜드, 넓은 지역에 산재하는 태평양의 섬들은 유럽의 선원들에 의해 피상적으로 탐험되었을 뿐이다. 유사 이래 이들 지역은 줄곧 문명세계의 주변부에 머물러 있었다. 그러나 1850년 이후 아프리카와 오세아니아는 팽창하고 있던 문명의 힘을 처음으로 실감하게 되었고, 지구 전체로 확대되고 있던 인간사회의 상호교류권에 급속하게 빨려들었다.

아프리카와 오세아니아가 오랫동안 고립과 낙후에서 벗어나지 못한 이유는 기본적으로 지리적인 것이었다. 오세아니아의 일부는 환초(環礁), 즉 광대한 태평양에 산재해 있는 작은 섬들로 구성되어 있다. 정확한 항해용 크로노미터가 발명되어 유럽의 항해자들이 위도뿐 아니라 경도까지 계측할 수 있게 된 1759년 이전에는, 작은 환초의 정확한 위치를 파악하여 그 방향으로 배를 몰고 간다는 것은 불가능했다. 이는 태평양의 정확한 해도 작성이 18세기 후반에야 이루어졌음을 뜻한다. 그리고 1820년대에 남태평양의 고위도 해역에 떼지어 서식하는 향유고래의 경유(鯨油)가 고가의 교역품이 되고 나서야, 구미의 선박들이 남쪽의 바다

를 가로질러 모습을 드러내기 시작했다.

오스트레일리아는 대륙의 대부분이 불모의 사막이었다. 강수량이 풍부하여 토지가 비옥한 동부 해안지역은 대부분이 광대한 산호초로 둘러싸여 있어서 선박의 접근이 어려웠다. 석기시대의 수렵채집인과 비슷한 생활을 하던 원주민은 유럽의 선원과 교역할 만한 물건을 갖고 있지 않았고, 따라서 선박들은 몇 세기 동안 오스트레일리아를 찾지 않았다. 하지만 영국 해군이 18세기 후반에 오스트레일리아의 해안선을 체계적으로 측량하던 중, 동부 해안의 대보초(大堡礁, Great Barrier Reef) 남쪽에서 양질의 토지를 발견했다. 이에 따라 1788년에 영국 정부는 죄수들을 실은 배를 시드니 항으로 보냈다. 이 조치는 영국 형무소의 부담을 더는 동시에 죄수들에게 모국을 떠나 지구 반대편에서 새로운 생활을 개척할 기회를 제공한 것이었다. 반세기가 지난 1840년에는 영국 제도의 빈곤과 인구과잉을 경감하기 위한 정책의 일환으로, 더 멀리 떨어져 있지만 더 많은 매력을 갖고 있는 뉴질랜드의 섬들로 본국의 주민들을 이주시켰다. 한편 오세아니아의 또 다른 구석에 있는 폴리네시아의 하와이 제도는 1850년까지 미국의 선교사와 포경선 선원의 영향을 크게 받았다. 폴리네시아인과 오스트레일리아의 원주민, 오세아니아의 다른 민족들은 점증하던 서양의 침입에 대항할 형편이 아니었다. 사실상 그들은 그곳을 방문한 배의 선원들이 옮긴 질병에 대한 저항력이 없었기 때문에 절멸 위기에 처했다.

1850년에 아프리카의 상황은 훨씬 복잡다기했다. 지중해에 접한 북아프리카는 파라오 시대부터 문명사의 일부를 형성했다. 에티오피아와 서아프리카의 상(上)나이저 강 유역에도 천년 이상 문명국가와 제국이 번영했다. 인도·서아시아·인도네시아·유럽에서 온 상인들이 아프리카 해안지대에서 수백 년 동안 교역을 했고, 동아프리카에는 남쪽의 잠베지 강에 이르기까지 많은 항구가 발달했다. 내륙에는 수십 개의 왕국이 존재했는데, 그 중 일부는 조직적으로 전쟁과 노예무역에 종사했고, 일부는 평화로운 생활을 영위했다.

그렇지만 이런 사실과 초기 문명의 중심지에 가깝다는 이점에도 불구하고, 아프리카 대륙은 전체적으로 유럽과 아시아에 뒤처졌다. 세 가지 지리적 요인이 그 이유를 설명해준다.

첫째, 아프리카의 토양과 기후는 전반적으로 농경에 적합하지 않다. 또 강우량이 부족한 지역이 많다. 광대한 사하라 사막에는 사람들이 살기 어렵다. 그 불모의 사막은 지중해 연안지대와 사하라 사막 이남의 토지를 나누는데, 사막이라는 장애물을 통과할 수 있는 것은 대상뿐이다. 대륙의 남서부에도 광대한 칼라하리 사막이 있다. 두 사막 주변에는 소의 방목지로나 사용될 수 있는 반(半)건조지대가 있다. 물론 콩고 분지나 서아프리카 해안지역처럼 물이 풍부한 지역도 있다. 이 일대의 풍부한 강우량은 열대우림을 만들어냈다. 이 삼림을 베어내고 땅을 개간하는 것은 지난한 작업이고, 토질도 별로 좋지 않다. 너무 많은 양의 비가 식물 성장에 필요한 미네랄을 표토에서 씻어내기 때문이다. 농경에 적합한 토지가 존재하는 곳은 동아프리카 고지(에티오피아·케냐·탄자니아)와 남아프리카 해안지방(나탈·희망봉)뿐인데, 대륙 전체로 봐서는 극히 일부분에 불과하다.

또 하나의 불리한 조건은 아프리카의 초기 농경민이 이용할 수 있던 작물이 유럽과 아시아에서 재배되던 작물에 비해 생산성이 낮았다는 것이다. 이런 사정이 크게 변한 것은 서력기원이 시작될 무렵에 인도네시아에서 건너온 근채식물과 1500년경 아메리카 대륙에서 유래한 작물 덕분이었다. 아메리카산 옥수수는 특히 중요한 의미를 갖고 있었다. 옥수수는 처음에 서부 해안지역에서 재배되다가 다른 곳으로 퍼져 나갔는데, 그 결과 그것의 생장에 적합한 토양과 강우량이 있는 지역의 인구가 상당히 증가했다.

아프리카의 후진성을 유발한 두 번째 일반적인 이유는 대륙의 대부분 지역에 소모성 질환이 만연했다는 것이다. 말라리아·수면병·황열병이 특히 광범위하게 퍼져 있었다. 수면병은 체체파리를 매개로 하는 원충에 의해 감염된다. 이 병은 인간과 가축 모두에게 영향을 미친다. 최근까지도 아프리카에는 수면병 때문에 사람이 살 수 없었던 비옥하고 매력적인 토지가 남아 있었다. 실제로 체체파리는 과거에 인간이 대형 동물을 멸종시키지 못한 원인이기도 했다. 체체파리는 주로 영양의 피를 빨아먹고 사는데, 수면병에 대한 내성을 갖고 있는 영양에게는 별다른 피해를 주지 않지만 그렇지 못한 인간과 가축에게는 치명적인 피해를 준다. 따라서 영양 사이에 널리 퍼져 있는 감염에 극히 취약한 수렵민은 영양을 식량으로 삼고서는 생존할 수가 없었다. 체체파리가 많은 지역에서 인간은 최고 포식자의 역할을 사자에게 넘겨주어야 했다.

아프리카에 살고 있는 인류에게 다행이었던 점은 체체파리가 대륙 전체를 감염시키지는 않았다는 것이다. 훨씬 광범위한 지역에 퍼져 있었던 것은 아노펠레스 모기가 매개하는 말라리아였다. 그러나 아프리카의 흑색 주민은 말라리아에 대한 높은 내성을 획득했다. 이는 겸형적혈구(鎌形赤血球)라는 돌연변이에서 비롯되었는데, 이 적혈구는 정상 적혈구에 비해 말라리아 원충에 대한 강한 저항력을 가지고 있다. 따라서 아프리카인은 말라리아 감염지역에서도 살아남았지만, 유럽인과 다른 외지인은 즉시 사망했다. 한편 양친으로부터 겸형적혈구 형질을 물려받으면 치명적인 결과를 초래했다. 절반은 정상의 적혈구유전자, 절반은 겸형의 적혈구유전자를 물려받은 인간만이 말라리아에 대한 저항력을 가질 수 있다.

황열병은 곤충이 매개하는 세 번째 질병으로, 넓은 지역에서 아프리카 주민들에게 심각한 영향을 주었다. 이상에서 언급한 질병들의 영향을 감안하면, 지리적으로 훨씬 조건이 좋은 유럽과 아시아의 토지에 비해, 19세기에도 사하라 사막 이남 아프리카 전체에 인구가 희박했던 사정을 쉽게 이해할 수 있다.

아프리카를 괴롭힌 세 번째 지리적 장애는 수송과 교통이 여의치 않았다는 것이다. 대륙 대부분이 해면보다 높이 융기되어 있기 때문에 강은 그 하구 근처에서 급경사를 이루며 떨어질 수밖에 없다. 이 점 때문에 하천을 이용한 수송이 원활하지 않았고, 해외에서 온 물자를 내륙으로 몇 킬로미터 이상 운반하기가 곤란했다. 단 나일 강과 나이저 강은 예외였다. 두 강의 경우 낙폭이 큰 곳은 바다에서 제법 멀리 떨어져 있다. 아프리카에서 가장 오래되고 가장 발달된 문명이 나일 강과 나이저 강 유역에서 발생한 것은 결코 우연이 아니었다. 이 두 강에서는 선박을 이용해서 대규모 물자를 먼 곳까지 운반할 수 있었다. 따라서 지배자들은 어떤 장소에 비교적 많은 양의 식량과 원료를 집중시킬 수 있었고, 그곳에서 전문가들은 기술 개발—우리가 흔히 문명화라고 부르는 작업—에 전념할 수 있었다.

물자를 운반하는 수단이라곤 가축이나 사람밖에 없는 지역에서, 한 장소에 식량과 물자를 모으는 데는 엄청나게 많은 비용이 들었고, 전문가들이 기술 개발에 쓸 수 있는 여유분은 얼마 되지 않았다. 그러므로 아프리카의 대부분 지역에서 문명의 출현은 불가능한 일이었다. 물론 금·소금·구리 같은 귀중한 자원이 발견되는 곳에서는 대규모 취락이 들어설 수 있었다. 예컨대 로디지아의 대(大)짐바브웨 유적지는 그런 이유에서 성립된 것이라고 추정된다. 초기의 조사자들은 그 거대한 일군의 석조건물이 아프리카 내륙에 존재하는 이유를 설명하지 못해 골머리를 앓았다.

지리적 조건이 강력한 국가의 발흥과 상인들의 광범위한 활동을 극심하게 제한했던 까닭에, 아프리카에는 다른 곳에서는 찾아볼 수 없는 다종다양한 언어와 문화, 체질적 특성이 살아남았다. 북아프리카와 동아프리카의 일부 지역에 살고 있는 지중해 인종의 신체적 특징은 남유럽인이나 서아시아의 아랍인과 유사하다. 그 밖에도 아프리카는 콩고의 열대우

림에서 수렵채집인으로 살아가는 피그미족과, 대호수지역*에서 가축을
사육하며 모여 사는 마사이족의 보금자리다. 후자는 세계에서 가장 키가
큰 종족으로 알려져 있다. 칼라하리 사막과 그 인근에 살고 있는 산족(부
시먼)과 희망봉 주변에서 (간혹 백인과 피를 섞으며) 살아남은 코이코이족
(호텐토트)은 서로 밀접하게 관련되어 있지만, 대륙의 다른 종족과는 체
질이 전혀 다르다.

아프리카에서 가장 광범위하게 퍼져 있는 원주민의 신체적 형태는 흔
히 흑색 인종(Negroid)이라 불린다. 이 일반적 범주 안에서도 부족과 마
을에 따라 신체적 변이의 폭은 제법 컸다. 1850년 이전에는 아프리카의
지역 공동체가 문화적으로나 생물학적으로나 철저하게 고립되어 있어서
외부인의 영향을 받지 않았고, 따라서 각 공동체 내부에서 특징적인 신
체적 형태가 발달했기 때문이다. 반면에 문명화된 생활여건에서는 외부
인과 정기적으로 빈번하게 접촉하게 되므로 자연히 유전자가 혼합된다.
그 결과, 아프리카의 상이한 공동체 사이에서 발견되는 것보다 변이의
폭이 작은 유전자 풀이 광범위하게 형성된다.

아프리카의 부족들은 수백 가지의 상이한 언어를 사용했다. 이 점은
지리적·기술적 조건으로 인한 지역간 교류의 어려움을 가중시켰다. 북
부와 동부 해안에서 사용되는 아랍어는 교역과 문명의 도구였다. 아랍어
는 서아프리카의 사바나지대에도 깊숙이 침투했다. 사바나는 사하라 사
막 이남에서 연안 열대우림지대 북쪽까지 걸쳐 있는데, 비교적 생활하기
에 좋은 이 지역에는 오래전부터 농업이 정착되었고 여러 국가가 발달했
다. 이들 국가는 1050년부터 이슬람교의 영향을 강하게 받았고, 그 후 현
지의 왕과 군주들은 정기적으로 이슬람 전문가들을 초빙해 마호메트의
성스러운 언어를 배웠다. 그러나 아랍어는 중세 유럽의 라틴어와 마찬가

---

* 빅토리아 호, 탕가니카 호, 키부 호, 차드 호 등의 광대한 호수가 밀집해 있는 지역―옮긴이.

지로 사하라 사막 이남 아프리카에서는 학문적인 언어였다. 또한 서로 다른 방언을 사용하는 사람들 사이의 의사소통을 위한 공통어로서의 역할을 했다.

아프리카에 널리 분포되어 있는 또 하나의 어족은 반투어족이다. 중앙 아프리카 전역과 남아프리카 대부분 지역에 산재하는 부족들이 반투어를 사용하는데, 이 언어는 변이의 폭이 비교적 작다. 반투어족에 속한 언어들 사이의 상당한 유사점은 그 부족들이 비교적 최근에 분산되었음을 말해준다. 반투어를 사용하는 부족들은 서력기원이 시작될 무렵 베냉 만 근처에서 인도네시아의 근채식물과 철기를 입수한 뒤에 콩고의 열대우림으로 진출해 화전농업을 시작했던 것으로 보인다. 그 후 일부는 콩고의 열대우림 동쪽에 위치한 목초지에 모습을 나타냈다. 그곳에서 가축을 손에 넣은 그들은 아프리카의 동부와 남부에 있는 고지의 초원을 통과해 북쪽과 남쪽으로 흩어졌다. 돌연변이에 의한 겸형적혈구 덕분에 말라리아에 대한 내성을 획득한 것이 반투인의 중요한 강점으로 작용했으리라 생각된다. 열대우림지대에서 그들은 피그미족을 몰아냈고, 스텝지대에서는 코이코이족과 산족을 쫓아냈다.

아프리카 동부의 해안도시에서는 아랍어와 반투어의 혼합에 의해 생겨난 스와힐리어가 교역용 언어로 발달했다. 에티오피아와 인근 지역에서는 아랍어 외에도 셈어족의 여러 언어가 사용된다. 그러나 서아프리카의 대부분, 특히 나일 상류와 대호수지대에 살고 있는 부족들은 수많은 언어집단으로 분열되어, 관련성도 거의 없고 서로 이해할 수도 없는 다종다양한 언어를 사용하고 있다.

*   *   *

19세기 중반에 이르자, 강력한 변화의 바람이 아프리카에 불어 닥쳤다. 아프리카의 북쪽과 동쪽에서는 이슬람이, 서쪽과 남쪽에서는 유럽이 압박을 가하기 시작했다. 그러나 이런 외적 요인은 이야기의 일부에 불과했다. 아프리카 내부에서도 극적이고 과감한 국가건설의 열기가 최고조에 달했는데, 대륙의 연안지역에 존재하던 무슬림과 유럽인은 그것을 돕기도 하고 방해하기도 했다.

두 가지 경제적 변화가 19세기 아프리카의 국가건설 열풍을 설명해준다. 첫 번째 변화는 새로운 작물의 도입과 이에 따른 식량생산의 증가였다. 기본적인 사실에 대한 기록이 거의 남아 있지 않기 때문에, 아메리카 원산의 작물—옥수수·땅콩·고구마—이 언제 어떤 경로를 거쳐 아프리카 각지에 처음 도입되었는지 상세히 알 수는 없다. 그러나 새로운 작물이 어느 지역에서 재배되기 시작했든, 식량생산이 크게 증가했다는 점만은 확실하다. 그러면서 인구가 증가하기 시작했고, 인구밀도가 높아지자 강력한 국가를 건설하는 데 필요한 병사와 다방면의 전문가를 지탱할 수 있는 자원이 증대되었다.

두 번째 변화는 노예무역이 억제되는 한편 상아와 야자유 같은 아프리카 특산품에 대한 수요가 증가했다는 것이다. 서아프리카의 노예무역은 18세기에 절정에 달했다. 그러나 영국의 그리스도교 복음주의 개혁가들이 앞장서서 인도주의적 감정을 일깨운 결과 1807년에는 서아프리카의 노예무역이 제한되었고 1833년에는 거의 금지되었다. 1833년 이후 영국정부는 노예무역선을 소탕하기 위해 서아프리카 해역에 소규모 함대를 배치했다. 노예상인이 체포되면, 배에 실려 있던 노예들은 시에라리온의 해군기지로 송환되었다가 풀려났다. 결과적으로 시에라리온 일대에서는 이례적인 인종의 혼합이 이루어졌고, 그곳 주민들은 열렬한 그리스도 교도가 되었다.

아랍인이 주도하던 동아프리카의 노예무역은 1860년대까지 계속 확대되었다. 하지만 영국이 외교와 해군 양방에서 압력을 가한 결과 차츰 억제되었고 1897년에는 완전히 폐지되었다.

노예무역이 한창일 때는, 이를 통해 부를 축적한 연안지방의 지배자들이 강대한 국가를 건설했다. 서아프리카 다호메의 왕들과 동아프리카 잔지바르의 술탄이 그 예였다. 그렇지만 노예사냥은 기본적으로 지역의 부와 인구를 파괴하는 행위였다. 따라서 노예무역 금지는 향후 국가건설을 위한 강력한 경제적 기반을 제공했음에 틀림없다.

노예무역이 쇠퇴하자, 유럽의 기계제 직물이나 다른 상품을 아프리카의 원료와 맞바꾸는 교역이 증가하는 추세였다. 이런 교역을 조직하고 세금을 부과하는 것이 새로운 국가를 만들어내는 훨씬 건설적인 기반이었다. 한편 유럽 상인들은 아프리카에 화기를 수출해서 돈을 벌었다. 사냥꾼들이 새로 입수한 총으로 코끼리를 쉽게 잡을 수 있게 되면서 상아무역이 성행했다. 또 수하의 병사들을 총으로 무장시킬 수 있었던 지배자와 지휘관은 압도적으로 우세한 입장에 섰다. 총이라는 효율적인 무기가 널리 보급되자, 창을 잘 쓰던 나탈의 줄루족 전사 밴드와 서아프리카 보르노 왕국의 무장기병 같은 오래된 군사조직은 쓸모가 없어졌다. 이는 물론 아프리카의 모든 정치체제를 심하게 동요시키는 요인으로 작용했다.

농경·교역·무기의 광범위한 변화는 아프리카 사회에 상당한 충격을 주었다. 아프리카에 변화의 바람을 일으킨 또 다른 요인은 종교였다. 무슬림 열성파와 그리스도교 선교사들의 활동은 1850년 이후 수십 년 동안 지대한 영향을 미쳤다.

무슬림은 이슬람교가 성립된 직후부터 아프리카에서 선교를 개시했고, 마호메트의 신앙을 새로운 지역에 전하려는 노력은 19세기를 거쳐 20세기까지 변함없이 이어졌다. 동아프리카와 서아프리카 각지에 존재하던 강대한 국가의 지배자들은 자신의 권력을 조직화하고 확대하는 데 무슬림의 법률관념이 큰 도움을 준다고 생각했다. 잘 조직된 아샨티 왕국(현재의 가나)의 궁정에는 지배자의 국정수행을 도와주던 무슬림 법률 전문가 집단이 있었다. 물론 이 왕국의 풍속은 다분히 이교도적이었고, 이슬람교는 지극히 표면적으로만 아샨티 마을에 침투했을 뿐이다.

때로는 유럽인과의 충돌이 광적인 무슬림 운동을 촉발하기도 했다. 모든 장면에서 어김없이 발휘되는 유럽인의 우월한 힘에 직면하여, 아프리카인이 느끼던 분노와 절망이 그런 운동을 통해 표출되었다. 한 가지 예는 1837년에 알제의 한 토착민이 메카 근처에 설립한 사누시라는 수도승형제회였다. 동부 사하라의 오아시스 일대에 퍼져 있던 사누시 회원들은 현지 유목민들을 이끌고 이 사막지대를 병합하려던 프랑스와 이탈리아에 맞서 장기간의 저항운동을 전개했다. 수단에서는 또 한 명의 무슬림 성자 무하마드 아흐마드가 자신이 마디, 즉 이슬람의 구세주라고 선언하고, 당시 나일 상류지역을 장악하고 있던 터키-이집트 세력에 대항해 반란을 일으켰다. 그러나 종교적 열정은 적의 포격에 대항하기에는 역부족이었다. 결국 1896~1898년에 영국군은 이집트 당국과 협력하여 마디의 세력을 진압하고 수단을 다시 정복했다.

이런 종류의 무슬림 운동은 아프리카의 상황에 기본적으로 새로운 요소를 추가하지는 못했다. 사누시 혹은 마디 운동 같은 광신적인 집단의 종교부흥운동이 영토정복운동으로 변형되는 경우는 과거에도 있었기 때문이다. 하지만 그리스도교 선교사들은 새로운 것을 다수 전해주었다. 학교와 병원이 설립되고, 현지어에 의한 교육이 실시되고, 서양문명의 지적·기술적 기반이 도입되었다. 이런 활동의 규모는 19세기 내내 꾸준히 확대되었다. 미션스쿨은 서양의 제도와 이념을 정식으로 교육받은 아프리카인의 집단을 배출했다. 그 결과는 전통적인 생활양식으로부터의 이탈이었다. 다시 말해서 서양식 학교교육이 확산되자, 조상 대대로 내려오던 사회적·정치적 구조의 영향력이 현저히 약화되었다.

현재의 관점에서 아프리카 역사를 되돌아보면, 서양식 교육을 받은 개인들이 20세기 후반에 결정적으로 중요한 역할을 했다는 것을 분명히 알 수 있다. 그렇지만 1850년에는, 아니 심지어 1875년에도 유럽식 교육이 아프리카 사회에 영향을 미칠 것이라는 점이 그리 명백하지 않았다. 그때까지는 토착적인 아프리카의 정치제도가 수세기 동안 대륙의 대부분을 지배하고 있었다. 사하라 사막 이남 아프리카에서는 영국에 의해 케이프 식민지가 건설된(1815) 대륙의 남단을 제외하곤 유럽인의 침투가 본격화되지 않았다. 1830년대에 아프리카 남단에서는 영국의 지배를 피해 달아나던 보어인(네덜란드인) 개척자들이 오렌지 강 근처로 진출하고 있던 반투족 군대와 충돌했다. 내륙의 대부분을 지배한 것은 천년의 역사를 자랑하는 차드 호 근처의 보르노 왕국처럼 오래된 국가들과, 줄루의 군사독재국가(1817년에 창건)* 같은 신생국들이었다. 그렇지만 어떤 지역에는 인구가 꽤 많은 경우에도 국가라고 부를 만한 조직이 존재하지 않았다. 가족과 마을의 유대만으로도 주민들에게 필요한 모든 것을 충족시킬 수 있었고, 정기적으로 세금을 요구하는 강력한 외부세력이 나타나지 않았기 때문이다.

그러나 1914년에 이르자 정치적·경제적 상황은 극적으로 변했다. 에티오피아를 제외한 토착 국가와 통치자들은 외국의 제국주의적 지배에 굴복하거나 예속되었고, 대륙의 모든 부분이 적어도 형식적으로는 국가 조직에 편입되었다. 어떻게 그리고 왜 순식간에 이런 일이 벌어졌을까?

한 가지 요인은 기술적인 것이었다. 아프리카에서 문명화된 생활양식의 확대를 줄곧 가로막았던 것은 수송과 교통의 장애였는데, 산업혁명을 체험한 유럽인 침입자들은 그 장애를 극복할 수 있었다. 콩고 강 하구 근처에 있는 폭포 바로 앞까지 자유롭게 항행하는 증기선이 폭포를 우회하는 철도와 연결되었다. 이 새로운 운송체계에 의해 벨기에 자본가들은 내륙 깊숙이 위치한 풍부한 구리광산을 개발할 수 있었다. 항행 가능한 강이 없는 지역에서는 철도라는 값싼 육상교통을 이용할 수 있었다. 철

---

* 창시자 샤카(1787~1828년 재위)는 군사전략을 혁신했다. 그는 전통적인 투창전술을 버리고 전사들을 무거운 창으로 무장시켜 접근전을 벌이게 했다. 그 효과는 고대 그리스인이 밀집대형전술을 도입한 것에 견줄 만했다. 또한 샤카의 군대에서 병사들을 연령별 집단으로 조직하여 병영에서 몇 년 동안 무기를 들고 훈련을 받게 한 것은 리쿠르고스가 고안했다는 고대 스파르타의 군사제도와 유사하다.

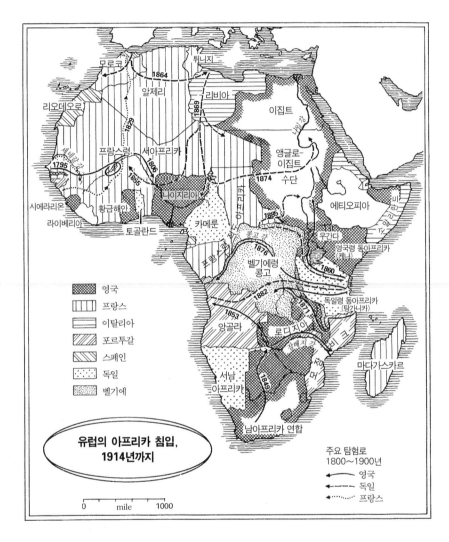

영국
프랑스
이탈리아
포르투갈
스페인
독일
벨기에

**유럽의 아프리카 침입,
1914년까지**

주요 탐험로
1800~1900년
영국
독일
프랑스

도 덕분에 남아프리카의 금광과 다이아몬드 광산, 케냐의 커피 플랜테이
션이 개발될 수 있었고, 그것을 노린 영국의 자본과 식민자가 쇄도했다.
　아프리카의 풍토병도 그 전염경로가 과학적으로 연구됨에 따라 과거
의 위력을 상실했고, 유럽인은 모기와 체체파리에 물리지 않는 방법을
강구했다. 그러나 유럽의 식민통치가 확립된 뒤로도 한참 동안 말라리아

와 수면병에 대한 효과적인 대책은 나오지 않았고, 아프리카 주민 전체가 혜택을 보게 된 것은 제2차 세계대전이 끝난 뒤였다.

모든 기술적·경제적 악조건을 감내하면서 유럽인이 아프리카 침입에 박차를 가하게 된 것은 식민침략을 획책하던 유럽 열강의 심리적 태도가 크게 변했기 때문이라고 생각된다. 선교활동은 대단히 중요한 의미를 지니고 있었다. 아프리카 선교사업에 대한 영국의 관심이 크게 높아진 것은 유명한 선교사 데이비드 리빙스턴의 탐험이 널리 알려지면서부터였다. 1849년부터 그가 사망한 1873년까지, 리빙스턴은 수백만의 영국인과 미국인에게 아프리카 탐험을 극적으로 보여주었다. 그가 아프리카 오지에서 행방불명되었다가 두 번째로 유명한 아프리카 탐험가 헨리 M. 스탠리(1904년 사망)에 의해 '발견'된 사건은 신문지상을 통해 유럽 전역에 알려졌다. 그러나 스탠리는 훗날 콩고에서의 경력이 말해주듯이 영혼의 구원보다는 아프리카의 경제적 가능성에 더 관심이 많았다.

사실 유럽인은 그 두 가지 유형의 사업이 모순된다고 보지 않았다. 그 반대로 무역을 확대하는 사업과 그리스도교를 확대하는 사업은 서로에게 도움을 줄 수 있을 것으로 생각되었다. 유럽인에게 서양문명의 혜택은 자명한 것이었으므로, 그들은 아프리카인(과 그 밖의 낙후된 민족)을 억지로라도 문명권에 끌어들이는 것을 도덕적 의무라고 확신했다. 이렇게 해서 수백만에 달하는 선의의 구미인이 열렬한 제국주의자가 되었다. 19세기 말엽에 유럽 각국의 정부는 문명의 모범적인 전달자인 선교사와 상인들이 현지의 지배자와 충돌할 경우, 언제라도 세계 각지로 군대를 파견해 그들을 지원할 용의가 있었다.

이상의 태도들이 함께 작용한 결과, 유럽은 돌연 아프리카 내륙으로 진출하기 시작했다. 일단 시동이 걸리자, 각국의 행보가 빨라졌다. 어떤 제국정부가 일보 전진하면, 다른 국가들도 위신을 세우고 경쟁에서 뒤지지 않기 위해 곧 뒤따라가는 형국이었다. 제국주의가 진출한 곳에는 각종 이권을 챙기려는 각양각색의 인간들이 몰려들었다. 지루한 병영생활에서 벗어나 명예를 얻으려는 군인, 대의명분을 찾아보려는 정치인, 일확천금을 노리는 자본가, 하인까지 부리며 고국에 있을 때보다 풍요롭게 생활할 수 있다는 것을 간파한 엔지니어·행정관·기술자, 그리고 그 밖의 사람들이 힘을 합쳐 제국주의의 모험을 뒷받침했다.

제국주의자들의 태도에는 상당한 위선과 폭력성, 그보다 심한 인종적 편견과 독단적인 자민족중심주의가 배어 있었다. 그렇지만 사람들의 감정이 온통 그런 쪽으로만 쏠려 있는 시대에, 위선적 제국주의에도 일말의 이상주의가 있었다는 점을 지적할 필요가 있다고 본다. 콩고에서 벨기에 국왕 레오폴드 2세를 위해 일하던 현지 대리인들이 경제개발을 촉진하기 위해 노예제를 연상시키는 잔학하고 비인도적인 방법을 사용한 것으로 조사에서 밝혀지자, 유럽인은 큰 충격에 휩싸였다. 결국 레오폴드 2세는 자신의 개인 사업을 포기해야 했고, 1908년에는 벨기에 정부가 콩고 통치의 책임을 물려받았다.

콩고에서 자행된 강제노동이 폭로되면서 유럽이 유난히 강력한 반응을 보인 것은, 19세기 초부터 유럽인이 아프리카에 군사적으로 개입한 명분이 노예제 폐지였기 때문이다. 노예무역을 발본색원하기 위해서는 유럽의 관리가 꼭 필요하다는 주장은 아프리카 오지로의 침입을 정당화하는 근거로 계속 사용되었다.

그렇지만 유럽의 도덕적·인도주의적 의식에는 명확한 한계가 있었다. 유럽인은 노예제, 이교(異敎), 아프리카 왕들의 독단적 명령에 따르는 사형집행자와 경호원들의 만행을 혐오했지만, 임금노동에는 아무런 문제가 없다고 생각했다. 노동조건을 이해하지도 못하고 교섭할 능력도 없으며 다른 일거리를 찾을 형편도 아닌 아프리카인을 임금노동에 종사하게 하는 것은 부정한 행위라고 생각하지 않았던 것이다. 실제로 아프리카에서 문명을 실현하기 위해서는 아프리카인의 노동이 필요했다. 그렇지만 노예제에 의존하는 것은 부정한 일로 간주되었기 때문에, 제국주의 행정 관들은 교묘한 속임수를 썼다. 아프리카인에게 세금을 현금으로 내라고 요구했던 것이다. 대부분의 아프리카인은 새로운 세금을 납부하기 위해 유럽인 고용주가 제공하는 임금노동에 종사할 수밖에 없었다. 이런 식으로 유럽인 고용주는 공공사업이든 민간사업이든 자신이 원하는 모든 사업에 필요한 노동력을 확보할 수 있었다.

아프리카를 유럽 문명에 개방시키기 위한 경쟁에서 선두주자로 나선 두 나라는 프랑스와 영국이었다. 프랑스가 아프리카에서 처음 획득한 영토는 1830년에 점령한 알제리였다. 이 식민지의 광대한 사막의 변경을 방위하기 위해 모험적인 프랑스 병사들이 사하라 사막 깊숙이 침투하여 세네갈에서 활동하고 있던 프랑스 제국주의의 대리인들과 합류했다. 프랑스 군대는 선교사들과 손을 잡고 아프리카를 문명화하는 동시에 대서양에서 홍해까지 아프리카의 북반부를 횡단하는 거대한 제국을 건설함으로써 프랑스의 위상을 드높인다는 야망을 갖고 있었다.

이 제국주의적 야망은 '케이프에서 카이로까지' 철도를 부설하고자 하는 영국의 계획과 충돌했다. 아프리카의 미래를 기약하는 이 원대한 비전을 제시한 대표적인 인물은 세실 로즈(1902년 사망)였다. 그는 남아프리카의 다이아몬드 광산에서 재산을 모은 뒤에 정치에 투신했다. 로즈는 본국에서 자신의 아프리카 정책에 대한 국민의 지지를 얻기 위해 각고의 노력을 기울였다. 19세기 후반 영국에서는 종래의 복음주의적 그리스도교의 선교정신과 적자생존의 원칙을 신봉하는 새로운 '현실적' 사상이 경합을 벌이고 있었다. 적자생존이 모든 역사와 인간생활의 관건이라고 보던 사람들은 앵글로색슨 민족의 장래는 지구상의 영토를 얼마나 많이 영국의 식민지로 삼을 수 있는가에 달려 있다고 믿어 의심치 않았다.

영국의 생존경쟁 사상에 고무된 독일은 다른 열강에 비해 뒤늦게 출발했지만, 그것을 만회하기 위해 더욱 공격적인 자세로 아프리카(탕가니카·서남아프리카〔나미비아〕·카메룬)와 오세아니아(캐롤라인 제도와 마셜 제도)에 식민지를 건설했다. 이탈리아도 프랑스와 영국을 본떠 아프리카에 진출하여 홍해 지역에서 어느 정도 성공을 거두었으나, 1896년에 소생한 에티오피아 제국에 치욕적인 패배를 당했다. 이는 아프리카 국가가 유럽의 침입자를 물리친 유일한 사례였다. 벨기에 국왕 레오폴드 2세가 1876년에 콩고 분지를 '개발하고 문명화'하기 위해 조직한 국제콩고협회는 얼마 지나지 않아 콩고의 자원을 착취하기 위한 국왕의 사조직으로 변질되었다. 포르투갈도 앙골라와 모잠비크에 대한 해묵은 영유권 주장을 재개했다.

치열한 식민지 쟁탈전을 벌이던 유럽 열강들 사이의 충돌은 불가피했다. 최초의 불꽃 튀는 경쟁을 전개한 것은 프랑스와 영국이었다. 일촉즉발의 위기가 찾아온 것은 1898년 프랑스의 한 대령이 인솔하는 부대가 상(上) 나일 강변에 있는 파쇼다라는 황량한 마을을 점령했을 때였다. 상 나일 강이 프랑스의 지배하에 들어간 것은 이집트에 대한 영국의 간접통치권(1882년 획득)을 명백히 위협하는 동시에 케이프에서 카이로까지 이어지는 대륙종단철도 부설계획을 방해하는 것이었다. 실제로 영국은 프랑스가 상 나일 강으로 진출할 것을 예상하고 이집트에 군대를 배치함으로써, 수단에서 마디를 추종하는 광신적인 무슬림이 일으킨 반란을 진압하고, 프랑스가 동아프리카로 전진하는 것을 저지하려 했다. 영국군은 수단을 재정복하는 만만치 않은 임무를 완수하느라 프랑스보다 조금 늦게 파쇼다에 도착했지만, 그곳에 주둔하고 있던 소수의 프랑스 수비대보다 수적으로 우세했다. 양국 사이의 일전이 임박한 듯이 보이던 몇 주 동안의 팽팽한 대치 끝에 결국 프랑스가 철수함에 따라 파쇼다 위기는 막을 내렸다.

그 후 몇 년 동안 유럽 제국주의의 2대 강국은 중요한 영토문제를 평화적으로 해결했다. 당시 유럽의 정세에서 독일이라는 강력한 신흥세력에 대항하기 위해서는 프랑스와 영국이 서로 손을 잡을 수밖에 없었기 때문이다. 이때부터 아프리카에서의 영토분쟁은 영국과 프랑스의 친선 관계를 강화하는 방향으로 진행되었다. 처음에 독일은 1899~1902년의 격전에서 영국군에 패한 보어인에게 공감을 표명함으로써 영국의 반감을 샀다. 그 후 독일 정부는 프랑스의 침입에 저항하고 있던 모로코의 술탄을 지지하는 듯한 태도를 취하여(1905, 1911), 프랑스를 격분시켰다. 이런 제국주의적 분쟁은 국제적 긴장을 크게 고조시켜 제1차 세계대전의 한 원인이 되었다.

1875~1914년에 유럽의 식민통치는 급진전되었으나, 아프리카의 대부분 지역에서는 여전히 표면적인 수준에 머물러 있었다. 남아프리카와 알제리에는 상당수의 유럽인 입식자가 살고 있었다. 그러나 그 밖의 지역에는 유럽인 정착지가 별로 없었고, 대다수의 경우 유럽인은 먼 곳에 떨어져 있는 통치자라는 입장에 있었다. 따라서 이들의 힘이 현지의 일상생활에 먹혀드는 경우는 별로 없었다.

두 가지 상이한 제국주의 이론이 식민지 행정에 약간의 영향을 주었다. 영국인은 일반적으로 간접지배를 선호했다. 이것은 영국인 행정관이 현지 지배자의 궁정에 주재하면서 모든 중요한 문제를 관리하는 인도의 식민지 행정에 바탕을 둔 방식이었다. 영국인은 아프리카에도 같은 방식을 적용했다. 현지의 수장과 왕은 기존의 지위를 보전했으나, 중요한 현안에 대해서는 영국인 정치고문이 수시로 개입하여 이런저런 충고를 했다.

프랑스인은 직접통치를 택했다. 이것은 임명된 현지 관리들이 식민지 중앙정부의 지시에 따라 정책을 수행하는 형태였다. 현지 관리들은 백인인 경우도 있었고, 흑인인 경우도 있었다. 이론상 ─ 그리고 어느 정도는 실제로도 ─ 관리로 임명될 수 있는 기준은 피부색이 아니라 교육수준과 능력이었다.

프랑스의 정책은 식민행정의 궁극적인 목표가 문화적 동화임을 시사했다. 프랑스의 학교에서 교육받은 아프리카인은 적어도 원칙적으로는 피부색만 다른 프랑스인으로 간주되었다. 이에 비해 간접통치를 택한 영국의 식민행정 아래에서는 토착적인 문화적 전통이 보존될 여지가 많았다. 심지어 정치의식에 눈을 뜬 대부분의 아프리카인이 신용을 잃은 수장과 부패한 왕들에게 등을 돌리자, 영국의 식민행정관들이 쇠락해가던 현지의 정치적·사회적 구조를 지지하는 사태까지 벌어졌다.

하지만 실제로는 식민지 행정의 성격을 결정한 다른 요인에 비해 이론은 미미한 역할을 했을 뿐이다. 문제는 언제나 재정이었다. 아프리카는 가난했고, 세수는 유럽의 통치자들이 염원하는 사업을 수행하기에는 턱없이 부족했다. 따라서 세수 증대를 위해서라면 무엇이든 적극 장려되었다. 이는 아프리카에 투자하려는 사람들을 환영했다는 뜻이다. 광산은 유럽의 투자자와 식민행정관 모두에게 매력적인 투기의 대상이었다. 금과 구리 같은 광물자원의 개발은 가장 확실한 이익과 가장 큰 세원을 제공했다. 따라서 광산과 기타 개발사업에 걸림돌이 되는 아프리카 토착민의 이해는 예외 없이 무시되었다.

그래도 토착 아프리카인들은 만만치 않게 유럽인의 활동에 반발했다. 수장과 왕들이 사용 가능한 자원을 총동원하여 유럽의 세력에 대항하거나 유럽인을 격퇴하는 경우도 있었다. 아틀라스 산맥의 베르베르인은 수십 년 동안 프랑스에 무장 저항했다. 서아프리카의 아샨티 왕국은 영국과 네 차례나 전투를 벌였고, 1901년에야 최종적으로 황금해안(현재의 가나)에 병합되었다. 마찬가지로 남아프리카의 줄루족도 최고 수장이 전투(1879)에 패하여 권력을 잃기 전까지는 영국의 간접통치에 굴복하지 않았다.

아프리카인의 저항은 모두 무위로 돌아갔다. 단 하나의 예외는 에티오피아의 메넬리크 2세가 이탈리아를 물리쳤던 것이다. 다수의 아프리카 지배자는 유럽의 군대에 무력으로 저항하는 것이 무모하다는 사실을 알고 있었기 때문에, 어느 정도 자발적으로 식민지 행정부와 화해하는 길을 모색했다. 간접통치방식이 가장 큰 효과를 낸 것은 바로 그런 경우였다. 때때로 아프리카의 지배자는 유럽 식민행정의 비호 속에서 자신의 권력을 강화하고 유지했다. 대표적인 예는 부간다 왕국이었다. 그 밖에 유럽의 식민행정관들이 붕괴위기의 국가를 구하고, 그 국가를 지원하기 위해 지배자의 영토권과 다양한 전통적 특권을 인정해주는 경우도 있었다. 바수톨란드(레소토)의 경우, 1868년에 영국의 식민행정관들이 개입하여 보어인 이주자들의 손에 파괴될 위험에 처한 그 부족을 구해냈다.

가장 관료주의적인 직접통치도 전통적인 사회구조를 일소하지는 못했다. 친족집단, 마을공동체, 부족적 유대는 사라지지 않았고 식민행정관들은 그런 조직을 통해 주민들을 통치해야 했다. 따라서 직접통치와 간접통치의 차이를 과장하는 것은 잘못이다. 모든 것은 식민행정관들이 파악하고 이용해야 할 토착 사회조직의 영토적 범위에 좌우되었다. 이런 상황에서 정책의 폭은 한정될 수밖에 없었다. 식민지 행정당국은 지역 사정에 따라 온갖 종류의 현지 지배자를 상대해야 했다. 이들을 외면하고서는 현지 정세를 파악할 수가 없었기 때문이다. 따라서 프랑스인은 이론상으로는 획일적인 관료제적 통치를 선호했지만, 실제로는 자기식 간접통치에 만족해야 했다. 예컨대 튀니스와 모로코의 경우, 유럽의 외교적 분규에 휘말린 프랑스는 토착 무슬림 지배자들의 지위를 보장할 필요가 있었다.

유럽 식민통치의 영향이 일상의 장에서는 표면적인 수준에 머물렀다 하더라도, 식민행정의 성립 자체는 아프리카를 크게 변화시켰다. 무엇보다도 명확한 국경선이 정해지고 모든 유럽 열강이 그것을 인정하고 나자, 폭력사태가 급격히 감소했다. 1900년경까지는 아프리카 전역에 유혈폭력이 난무했다. 유럽인이 내륙으로 침투하기 전의 수십 년 동안, 아프리카는 말 그대로 피에 물들어 있었다. 가장 유명한 아프리카 국가들

은 사실상 전쟁을 위해 만들어졌고 거의 매년 전쟁을 벌였다. 그러나 아
프리카 현지의 군대가 우수한 무기·훈련·보급 체계를 갖춘 유럽의 원정
군과 정면으로 대결할 경우 승부는 일방적이라는 사실이 명백해지자, 조
직화된 대규모 폭력은 극적으로 감소했다. 어제의 적들이 동일한 식민지
행정구역 내에서 함께 생활해야 하는 경우도 생겼다. 아프리카 전사부족
의 생활을 특징짓던 가축절도와 노예사냥도 효과적으로 억제되었다. 그
결과 아프리카의 사회유형과 도덕적 가치관이 크게 변했다. 진쟁과 폭력
이 억제되면서, 상이한 아프리카 민족 사이의 세력균형이 극적으로 역전
되는 경우도 있었다. 예컨대 케냐의 경우 유목생활을 하던 전사집단 마
사이족은 전통적인 생업이 사라지자 존재의 이유를 상실한 반면에, 농경
에 종사하던 키쿠유족은 인구가 크게 증가하여 과거의 적이었던 마사이
족을 수적으로 압도했다.

대규모 조직적 폭력이 억제되자, 인구가 전반적으로 증가했다. 농업의
진보도 인구증가에 기여했다. 나일 강 유역에서는 광범위한 관개공사가
이루어졌고, 서아프리카의 카카오와 땅콩, 동아프리카의 정향(丁香)과
커피, 남아프리카의 사탕수수와 오렌지 등 새로운 환금작물이 재배되었
다. 얼마 후 대륙의 일부 지역에서 농촌의 과잉인구가 문제화될 조짐이
보이자, 사람들은 도시로 이동하기 시작했다. 소박한 농촌에서 주로 유
럽식으로 설계된 번잡한 신도시로 이주한 개인은 자신의 관습과 풍습을
도시환경에 맞게 조정해야 하는 어려운 과제와 씨름하게 되었다.

하지만 1914년까지 아프리카인의 생활은 전통적인 틀에서 크게 벗어
나지 않았다. 제1차 세계대전은 아프리카의 판도에 사소한 변화를 초래
했을 뿐이다. 전쟁 중 독일의 식민지는 비교적 수월하게 영국과 프랑스
에 의해 점령되었고, 전후에는 심각한 분란 없이 승전국들 사이에 안배
되었다. 여러 면에서 제1차 세계대전은 아프리카와 그 밖의 지역에서 유
럽의 제국주의가 최고조에 달했던 시기였다. 1918년 이후에는 그때까지

제국주의의 확대를 뒷받침하던 사상과 이념이 약화되었다. 제국주의 추진자들이 탐욕스러운 유럽의 투자자들에게 약속했던 이익은 대개 실현되지 않았다. 사실 제국주의는 손익을 따져볼 때 전체적으로 수지맞는 장사가 아니었다. 아프리카의 식민지 행정과 개발에 들어간 경비는 아프리카에서 유럽으로 수출된 물자의 가치를 상회했을 것이다. 물론 광산을 비롯한 개인사업은 소유주와 경영자들에게 막대한 이익을 안겨주기도 했다. 그러나 실패한 사업도 많았고, 특히 공공사업의 경우 투입된 자본을 충분히 보상할 정도로 자원이 개발된 적은 별로 없었다. 물론 어떤 경비를 계산에 넣느냐에 따라 이야기는 완전히 달라진다. 그러나 백인이 아프리카의 자원을 약탈하여 거대한 부를 축적했다는 생각은 단순한 계산에서 나온 편견일 뿐이다.

양차 대전 사이의 기간에 적어도 겉으로 보기에 아프리카는 평온했다. 식민행정에 대한 반란은 찾아보기 어려웠고, 식민 열강 사이의 알력도 극히 적었다. 당시 아프리카 대륙에 존재하던 독립국은 남아프리카 연방·라이베리아·에티오피아였다. 1908년에 수립된 남아프리카 연방은 영국 왕실의 자치령으로, 보어인과 영국인 같은 백인에게는 완전한 정치적 자치를 부여했다. 라이베리아는 1847년에 미국의 해방노예를 수용하기 위해 서해안에 설립된 공화국으로, 미국의 헌법을 본뜬 헌법을 갖고 있었다.

테오도레 황제(1855~1868년 재위)를 필두로, 에티오피아의 지배자들은 매우 정력적이고 야심만만하고 냉혹한 인물들이었다. 이들은 한편으로는 무력에 호소하고 다른 한편으로는 아비시니아의 그리스도 교회에 구현된 유서 깊은 문화적 전통에 호소함으로써, 아비시니아 고원의 거칠고 드센 부족들을 통합했다. 하지만 1935년에 이탈리아가 1896년의 패배를 설욕하기 위해 다시 한번 공격해왔다. 이번에는 항공기와 독가스의 도움을 받은 이탈리아가 승리했다. 이탈리아인은 하일레 셀라시에 황제를 퇴위시키고, 에티오피아를 중심으로 아프리카 동북부에 단명한 이탈리아 식민제국을 건설했다.

이탈리아의 뒤늦은 행동은 유럽 제국주의의 쇠퇴라는 시대적 조류에 역행하는 것이었다. 영국은 이미 식민지에서 발을 빼기 시작했다. 1922년에는 이집트를 법적으로 독립시켰고, 1936년의 조약에서는 모든 영국군을 나일 강 유역에서 신속하게 철수하기로 합의했다.

전간기(戰間期)의 아프리카 역사에서 가장 중요한 것은 정치적 측면이 아니라 경제적·심리적 측면이었다. 1918년과 1945년 사이에 아프리카인은 온갖 새로운 경험을 했고, 그 결과 전통적인 사회는 모든 면에서 심각하게 약화되었다. 특히 양차 대전 중에 유럽의 군대에서 복무하며 새로운 기술을 배우고 새로운 시각을 갖게 된 아프리카인들은 예전의 마을생활로 돌아가려 하지 않았다. 미션스쿨에 다니던 학생들, 특히 중등교육 이상의 교육을 받은 청소년들도 비슷한 반응을 보였다. 수십만 명의 아프리카인은 고향을 떠나 광산이나 도시에서 일하게 되었다. 그들은 옛 관습이 통하지 않는 새로운 환경에서 새로운 일을 하면서 완전히 새로운 생활양식을 경험했다. 다른 지역, 다른 부족 출신의 낯선 동료들이 매일 얼굴을 마주보며 생활하게 되자, 서로가 적응할 수 있는 새로운 기준이 마련될 필요가 있었다. 친족과 부족의 행동규범은 두말할 나위 없이 그런 역할을 감당할 수 없었다.

그런 상황에서 유럽의 법률과 관습은 상당한 이점을 갖고 있는 모델이었다. 도시와 산업에 바탕을 둔 생활은 유럽인에게 전혀 새로운 것이 아니었기 때문이다. 학교와 행정당국도 아프리카인이 유럽의 기준에 따르도록 유도했다. 도시생활을 위한 유일한 대안적 모델은 이슬람교였다. 이슬람교가 수세기 동안 확고하게 뿌리 내린 지역에서는, 사람들이 그 유산에 의존했다. 하지만 사하라 사막 이남의 대부분 지역에서, 문명생활을 위한 성공적인 지침은 이슬람의 모델이 아니라 서양의 모델이었다.

과거에 이슬람 통치자가 국가권력을 행사한 적이 있는 지역(예컨대 나이지리아 북부)에서도 사정은 마찬가지였다. 사실 이들 지역에서는 이슬람교가 쇠락의 길을 걷고 있었다. 근대적인 아프리카의 도시주민들은 시대에 뒤떨어진 낡은 정치구조가 (유럽의 착취와 함께) 아프리카의 무기력과 빈곤을 초래했다고 비난했는데, 이슬람교는 바로 그 정치구조와 불가분의 관계에 있었다.

이런 과정을 통해 서양의 지식과 기술을 습득한 아프리카인 집단이 탄생했다. 수적으로는 많지 않지만 전략적으로 중요한 위치를 차지하고 있던 그들은 정치적 독립을 갈망했다. 자신의 사명을 자각한 사람들의 수와 조직화의 수준은 식민지에 따라 천차만별이었다. 그러나 이들은 아프리카 전역에 포진해 있었고, 만반의 준비를 갖추고 있었다. 제2차 세계대전 후에 제국주의 정부들이 하나둘씩 아프리카 식민행정의 부담을 지지 않기로 결정했을 때, 유럽의 행정관들로부터 지배권을 인수한 것은 바로 그들이었다.

* * *

오세아니아의 원주민들은 좀 더 가혹한 운명에 처했다. 태평양의 작은 섬들과 오스트레일리아 대륙에서는, 백인의 도래와 함께 질병이 확산되고 전통적인 사회구조가 붕괴되었다. 원주민은 전멸위기에 처했다. 백인 이주자들은 오스트레일리아의 전역과 뉴질랜드의 토지 대부분을 점령했다. 오스트레일리아는 1901년에, 그리고 뉴질랜드는 1907년에 남아프리카와 마찬가지로 영연방의 자치령이 되었다. 뉴질랜드의 마오리족은 다른 폴리네시아인들과 마찬가지로 백인과 최초로 접촉한 후 한때 인구가 급감했으나, 1900년경부터는 증가세로 돌아섰고 그 후로는 인구가 급증했다. 마오리인은 대개 농촌에 거주하고 있고 주식은 감자이다. 남아메리카 대륙이 원산지인 감자는 백인 이주자들에 의해 뉴질랜드에 처음 도입되었다.

폴리네시아의 또 다른 도서군인 하와이의 원주민은 가까스로 살아남았다. 1810년부터 하와이 제도는 토착 왕조의 지배를 받고 있었는데, 1893년에 미국에서 건너온 자들이 쿠데타를 획책하여 왕조를 무너뜨렸다. 1898년에 하와이는 미국에 병합되었다. 통치권 이양을 전후한 시기에 이주자들이 속속 하와이에 도착하여 미국의 사업가들이 세운 플랜테이션에서 일했다. 이주자들 중에서는 일본인의 수가 가장 많았지만, 실로 다양한 인종과 민족이 하와이로 건너왔다. 폴리네시아의 원주민 공동체는 붕괴되었고, 살아남은 사람은 소수민족으로 전락했다.

태평양 제도 가운데 뉴기니의 경우, 원시적인 생활이 거의 변함없이 지속되었다. 그것은 뉴기니에 서양인들을 매료시킬 만한 것이 별로 없었다는 뜻이기도 하다. 필리핀의 경우에는, 원주민들이 외국의 지배—처음에는 스페인(1571년부터), 그 후에는 미국(1898년부터)—에 성공적으로 적응했다. 태즈메이니아처럼 원주민 인구가 완전히 사라진 지역은 소수에 지나지 않았다. 그러나 서양인의 침입이 초래한 영향은 어디서나 발견되었다. 그때까지 고립되어 있던 개별 민족이 지구상의 실로 다양한 지역에서 온 이주민들과 뒤섞임에 따라 현지의 문화적·인종적 특징은 고유한 맛을 잃고 애매해졌다.

지구상의 다른 지역, 예컨대 동남아시아의 고지, 시베리아 북부, 브라질의 열대우림지대처럼 미개한 부족들이 19세기까지 고유의 정체성을 유지하고 있던 곳에서도 동일한 과정이 진행되었다. 그러므로 전반적으로 보면, 산업혁명이 만들어낸 새로운 수송과 교통의 수단은 문명인이 도달할 수 있는 지리적 범위를 확장함으로써 결국 인류의 균질화를 촉진했다고 말할 수 있다. 이것은 문명의 역사만큼이나 오래된 과정이다. 균질화의 필수조건은 문화·지리·유전자의 경계를 가로지르는 인간과 물자의 장거리 이동이었다. 문명사회는 그런 이동을 요구하는 동시에 실현했다.

그러므로 1850년과 1945년 사이에 지구상 곳곳으로 서양문명이 확대

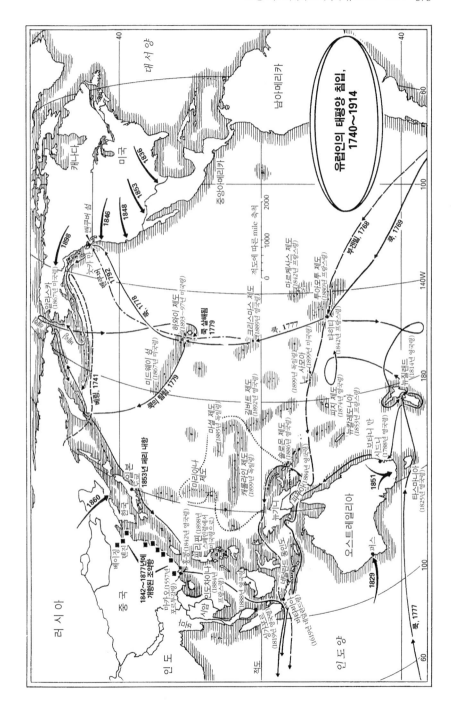

된 것은 새로운 현상은 아니었다. 다만 그 규모와 속도는 미증유의 것이었다. 더구나 유럽인과 유럽계 주민이 세계 각지에서 기술혁신의 주체로 활동하면서 지배적인 역할을 한 것도, 유럽과 아시아에서 복수의 문명 중심지가 출현한 이래 역사상 유례가 없는 일이었다.

　세계사의 개관을 마무리하기 위해서는 우선 다음 장에서 두 차례의 세계대전 사이에 서양세계에서 일어났던 생산적인 변화를 구체적으로 살펴볼 필요기 있다. 그리고 마지막 장에서는 당대의 상황을 지배하고 있는 전세계적인 상호작용의 고양에 대해 검토할 것이다.

29장
서양세계, 1914~1945

짧고 불안정한 평화기를 사이에 두고 1914 ~1918년과 1939~1945년에 일어난 두 차례의 세계대전은 전반적으로 유럽과 서양세계의 사회변화를 재촉하는 거대한 압력솥과 같은 역할을 했다. 또한 서양사회를 전혀 다른 방향으로 돌려놓았다. 특히 교전 중인 국가에서 전쟁수행을 위한 인적·물적 자원의 동원을 가로막던 걸림돌이 모두 제거된 것은 중대한 의미를 갖는다. 각국 정부가 특수한 목표를 달성하기 위해 국민의 노력을 집중시킬 때 전시 '명령경제'가 얼마나 강력한 힘을 발휘하는지 깨닫게 되자, 전쟁수행뿐 아니라 평화시의 목표를 위해서도 인간사회를 계획적으로 조작할 수 있는 새로운 가능성이 가시화되었다. 이에 따라 스탈린의 러시아, 히틀러의 독일, 그리고 프랭클린 D. 루스벨트의 미국을 비롯한 여러 정권은 계획에 따라 인간과 국가의 노력을 재조정하기 위해 힘을 쏟았다. 제2차 세계대전은 정부와 마찬가지로 경제와 사회 역시 사람이 만든 것이며, 충분한 수의 인간이 누군가의 명령에 따라 행동하도록 설득되거나 강제될 수 있다면 (적어도 다방면에 걸친 한계 내에서) 새롭게 만들어질 수도 있다는 사실을 확인하고 강화했다.

1815년과 1914년 사이에는 새로운 이상과 실천이 등장하여 우리가 유럽과 서양의 역사에서 '부르주아 시대'라고 적절히 부르는 시기를 규정했다. 미국의 독립혁명과 프랑스 혁명, 그리고 19세기의 자유주의적 헌법제정이 명확히 보여준 것은, 정치제도란 결코 자연적이거나 신이 부여한 것이 아니라 인간이 만든 것이며 충분한 수의 인간이 원하는 경우에는 그것을 바꿀 수 있다는 점이었다. 그러나 19세기의 자유주의자와 보수주의자들은 사회와 경제가 자연적인 것이며 따라서 인간이 그것을 의식적으로 통제할 수는 없다고 보았다. 인간생활의 사회적·경제적 측면은 타고난 인간성과 비인격적인 시장원리에 의해 결정되며, 공공세제와 교육 등의 제한된 분야에 대해서만 정부의 개입이 용인된다는 것이었다. 오직 사회주의자들만이 정부의 계획적인 행동을 통해 경제관계를 전면적으로 재편할 수 있다고 예견했다. 그러나 사회주의자들이 기대하던 혁명 이후의 사회상은 20세기의 정부가 실제로 달성한 사회와는 별로 비슷한 구석이 없었다.

따라서 제1차 세계대전은 유럽과 서양의 역사에서 특별히 중요한 의의를 지니는 분수령이었다. 4년에 걸친 전쟁기간에 교전국들은 거의 필사적으로 새롭고 강력한 사회경제적 동원수단을 탐색했다. 전쟁수행 노력은 계급간·지역간 격차를 완화시켰다. 그리하여 1918년에 이르자 러시아뿐 아니라 서양의 모든 선진산업국에서도 포스트 부르주아 양식의 새로운 대중사회의 윤곽이 명백히 드러났다.

사람들의 사상도 뿌리째 흔들렸다. 산업화된 전쟁이 4년 동안이나 교착상태에 빠질 줄은, 그리고 야만적인 살육이 전개되리라고는 아무도 예상하지 못했다. 전쟁이 끝나자 이미 1914년 이전부터 의문시되었던 인간의 진보와 이성에 대한 신념은 간단하게 부정되었다. 그러나 낡아빠진 18세기의 신념을 인간의 조건에 대한 어떤 종류의 비전으로 대체하느냐 하는 것은 지극히 어려운 문제였다. 20세기 전반에는 공산주의·파시즘·

나치즘과 같은 새로운 전체주의 이데올로기들이 속속 출현했지만, 사람들은 이렇다 할 합의에 이르지 못했다.

제1차 세계대전

제1차 세계대전의 발단은 우연의 산물이었다. 유럽의 정부들 가운데 전면전을 원했던 정부는 하나도 없었다. 그렇지만 이탈리아를 제외한 모든 유럽 열강은 경쟁국의 외교적 도발에 대해 양보하기보다는 싸우는 쪽을 선택했다.

유럽을 두 개의 적대적인 진영으로 갈라놓은 동맹체제로 인해 양 진영 모두 융통성을 발휘하기가 어려웠다. 싸움에서 발을 뺄 경우 동맹국들과의 관계가 소원해져 유사시에 필요한 도움을 얻지 못할 위험이 있었다. 따라서 독일이 세르비아에 맞서 오스트리아를 지원한 것은, 세르비아(혹은 발칸 전체)가 독일에 중요했기 때문이 아니었다. 그보다는 삼국협상—프랑스·러시아·영국—의 포위에 대항하기 위해 의지할 수 있는 유일한 동맹국이 합스부르크가의 오스트리아였기 때문이다. 프랑스도 이와 유사한 고려에 의해 러시아 편을 들어야 했다. 프랑스의 이해관계와 본질적으로 무관한 경우에도 자신이 충실한 동맹이라는 것을 증명해야만 앞으로 독일과의 사이에 위기가 발생했을 때 러시아의 도움을 기대할 수 있었다.

유럽 전체를 전쟁으로 몰아넣은 두 번째 요인은 주요 국가의 군대가 세운 동원계획이 경직되고 졸렬했다는 데서 찾을 수 있다. 그 동원계획은 수백만의 예비병을 민간에서 소집하여 군복과 무기를 지급한 뒤 수송수단이 확보되는 대로 신속하게 전선으로 보내는 것이었다. 역설적인 것은, 철도차량이 최후의 1대까지 사용될 정도로 동원계획이 충실히 실행될수록, 계획을 수정하는 데 더 많은 비용이 들었다는 것이다. 모든 것이

긴밀하게 맞물려 있을 때 중도에서 멈추는 것은 혼란을 초래할 뿐이었고, 혼란은 곧 군사적 패배로 이어졌는데, 패전을 방지하는 것이야말로 동원계획의 목적이었다.

따라서 전쟁과 동시에 러시아가 총동원령을 내리자(국경지대에 군사를 집결시키는 데 적군보다 더 많은 시간이 걸렸으므로 러시아로서는 '어쩔 수 없는' 조치였다), 이에 뒤질세라 오스트리아와 프랑스, 독일도 동원령을 내리는 연쇄반응이 일어났다. 정책보다는 자동적 반응이 사태를 결정했고, 문민체제는 군사체제로 교체되었다. 아무도 그렇게 하기로 결정하진 않았지만, 적군이 '계획에 따라' 국경을 넘어 돌진해오자 동원계획은 전쟁계획으로 이행되었다.

사전에 치밀하게 준비된 작전계획에 따라 자동으로 움직이는 그런 상황은 오래가지 않았다. 독일의 '슐리펜' 계획만이 실행에 옮겨졌다. 이 계획은 독일군의 대부분을 대(對)프랑스 전선에 집결시키고 특히 강력한 병력을 북방의 해안 주변에 배치하는 것이었다. 이런 계획을 세운 목적은 개전 후 몇 주 안에 파리를 포위하여 프랑스를 무찌른 다음 동부전선의 러시아를 상대로 전력을 집중하기 위해서였다. 그런데 독일이 이 계획을 성공적으로 수행하기 위해서는 벨기에를 통과할 필요가 있어 보였다. 계획대로 승리하려면 독일의 대군이 신속하게 통과해야 했는데, 그러기에는 프랑스와 독일의 국경은 너무 협소했기 때문이다. 1839년의 조약에서 벨기에가 영구중립을 선언한 것이 독일로서는 껄끄러운 점이었다. 그러나 1914년 당시의 독일군에게 그렇게 오래된 조약은 단지 '휴지조각'에 불과한 것으로 큰 걸림돌이 되지는 않을 것처럼 보였다. 그러나 그것은 잘못된 판단이었다. 독일이 벨기에의 중립을 침해한 사실은 영국 정부가 독일과의 전쟁에 개입하는 결정적인 구실이 되었던 것이다. 이탈리아도 입장을 정리하기가 쉬웠다. 1914년에 독일 및 오스트리아와 삼국동맹을 맺었던 이탈리아는 그 두 나라가 침공당한 것이 아니기 때문에 참전할 의무는 없다고 결정했다.

하지만 개전 후 몇 주일이 지나자, 이런 고려사항들은 별로 중요하지 않은 것으로 여겨졌다. 독일군은 프랑스 북부로 점점 깊숙이 압박해 들어갔다. 전쟁이 발발한 지 5주가 되자 독일군은 파리 근교까지 다다랐다. 그러나 독일의 병사와 말들은 기진맥진했고, 반면에 그 모든 패배에도 불구하고 프랑스의 저항의지는 조금도 흔들리지 않았다. 결정적인 전환점은 9월 둘째 주에 찾아왔다. 징발된 택시들이 파리 기차역에서 전선으로 병사들을 수송했다. 프랑스는 반격을 개시해, 진군하고 있던 독일 2개부대 사이의 빈 공간으로 침투했다. 한바탕 격전을 치른 후 독일군 최고사령부는 마른 강 후방으로 후퇴하기로 결정했다. 신속한 승리를 노리던 독일의 계획은 실패했고, 다른 참전국들의 계획도 실패로 돌아갔다.

서로 대치하고 있는 상황에서 적군의 측면을 공격하려는 헛된 노력이 계속되면서, 전쟁은 교착상태에 빠졌다. 얼마 후 북으로는 영국해협에서 남으로는 스위스 국경에 이르는 프랑스 전역에 걸쳐 거미줄처럼 얽힌 참호와 야전용 요새가 구축되었다. 그 후 몇 달 동안 전쟁의 주 무기는 총이 아니라 삽이었다고 해도 과언이 아니었다. 병사들은 참호를 더 깊게 파서 개량하고, 포상(砲床)을 강화하고, 보급로를 보호하고, 사로(射路)를 정비하고, 적군의 공격시 대피하기 위한 후방 참호를 만드는 작업을 했다. 이렇게 해서 형성된 전선은 실제로 서로에게 난공불락이었다.

장군들은 내키진 않았지만 보병의 공격으로는 상대방 참호에 배치된 기관총을 압도할 수 없다는 사실을 인정하게 되었다. 그들이 생각해낸 대책은 보병이 공격을 개시하기에 앞서 적군이 기관총을 사용하지 못하도록 예비포격의 규모를 증대하는 것이었다. 이에 따라 날이 갈수록 더 많은 대포가 필요해졌다. 며칠—실제로는 몇 년—간의 포격전은 그때까지는 상상도 못했던 막대한 양의 포탄을 소비했다. 새로운 공장건설이 시급했다. 또 대량의 포탄과 대포를 만들기 위해서는, 새로운 원료 공급원을 찾아야만 했다. 그러는 동안 참호를 지키는 수백만 병사에게 식량과 물자를 보급해야 했고, 포탄과 기관총에 의해 사망한 병사들을 대신할 수백만 명의 보충병을 훈련시키고 무장시켜야 했다.

그렇게 큰 규모의 군대를 만들어내고 보급품을 조달하기 위해서는, 후방의 국민생활에도 철저한 변화가 필요했다. 생활필수품뿐 아니라 각종 군수물자를 생산하려면 노동력을 확보해야 했다. 또한 전쟁수행에 필요한 군수품의 안정적 공급을 우선시히여, 식량과 연료, 원자재 같은 물자는 배급제로 할당되었다. 참전국 국민들은 이내 물자 부족에 시달렸다. 전쟁이 끝나갈 무렵에는 유럽의 많은 지역에서 식량과 의복이 부족해졌고, 필수품 이외의 물품은 완전히 사라지기도 했다.

초기의 몇 주 간은 전쟁을 지지하는 대중들의 열기로 모든 참전국이 고무되었다. 그러나 사상자가 늘어나고 전쟁으로 인한 고통이 심해지자, 열기는 급속히 식어갔다. 특히 처음부터 정부의 인기가 없었고 전쟁을 성공적으로 수행하지 못했던 러시아에서 그런 현상이 두드러졌다. 러시아의 문제는 동부전선의 성쇠와 서부전선의 치열한 공방을 비교해보면 극적으로 드러난다. 프랑스의 경우, 참호로 연결된 기나긴 전선을 지원하는 정교한 보급체계를 운영했고, 무수한 포탄을 발사했고, 수백만 병사가 목숨을 바쳤지만, 이 엄청난 노력과 출혈에 대한 보상은 전선을 약간 이동한 것이 전부였다. 3년이란 긴 시간을 바쳐 얻은 유일한 성과는 황폐해진 전장을 가로질러 고작 몇 킬로미터 전진한 것이었다.

하지만 서부전선과 달리 러시아 전선에서는 후방으로부터의 보급이 너무 부족했던 탓에 장기간 격렬한 전투를 계속할 수가 없었다. 동부전선에서는 병력과 물자 면에서 상대적으로 조금이라도 우세한 쪽이 전장에서 승리할 수 있었다. 패배한 군대는 수십 또는 수백 킬로미터 후퇴해서, 전진하는 적군의 보급품이 떨어질 때까지 기다려야 했다. 결국 쌍방 간의 격렬한 일진일퇴가 전개되었다. 1914년에 러시아는 동프로이센으로 진군했지만, 이내 총퇴각했다. 그 후 러시아는 세 번의 공세를 취해 상당한 영토를 회복했으나, 1917년 봄에는 전전(戰前)의 전선보다 훨씬 후방으로 밀려나게 되었다. 식량과 다른 물자의 심각한 부족은 군수품 생산에 지장을 초래했고, 러시아의 도시들, 특히 수도 페트로그라드에서 과격한 불만분자들의 폭동을 야기했다.

주요 교전국이 전쟁수행 노력을 한층 강화하는 한편 새로운 동맹을 전쟁에 끌어들여 전황을 유리하게 이끌어가려고 함에 따라, 전쟁은 확대일로에 있었다. 투르크는 전쟁 발발과 거의 동시에 동맹국(독일과 오스트리아)측에 가세했다. 한편 이탈리아는 1915년에 연합국(프랑스·영국·러시아)에 가담했다. 같은 해 불가리아는 동맹국측에 가세해 세르비아에 침입했으나, 루마니아와 그리스는 연합국측에 붙는 것이 낫다고 판단했다. 아랍인들은 영국의 지원을 받아 투르크에 대항하는 반란을 일으켰고, 태평양지역에서는 일본이 기회를 놓치지 않고 독일에 선전포고를 하고 중국과 남태평양에 있던 독일의 식민지를 점령했다.

이들 국가를 전쟁에 끌어들이기 위한 복잡한 협상과정을 통해 연합국측이 체결한 일련의 비밀조약은 조인국들 사이에 오스만 제국과 오스트리아 영토를 분할하기로 약속함으로써 훗날 심각한 문제를 야기했다. 그러나 당시에는 전선을 이탈리아와 발칸 반도로 확대함으로써 육상에서 동맹국을 효과적으로 포위했고, 해상에서는 프랑스의 지원을 받은 영국 해군이 독일과 오스트리아를 봉쇄했다. 연합국측에 의한 해상 봉쇄는 워낙 철저했기 때문에, 독일은 스위스와 네덜란드 같은 중립국을 경유한 보급품조차 손에 넣을 수가 없었다. 이렇게 해서 전쟁은 일종의 거대한 포위공격의 양상을 띠게 되었다. 연합국측은 바다를 통제하면서 미국과 그 밖의 지역으로부터 물자를 공급받을 수 있었던 반면에, 동맹국은 유럽 내부에 갇힌 채 지방의 자원에만 의존하는 신세였다.

전쟁이 장기화되면서 양측에서 이용할 수 있는 인적·물적 자원은 갈수록 바닥을 드러냈다. 전쟁은 지루한 소모전으로 변해갔다. 이런 싸움에서 가장 취약한 국가는 다른 열강에 비해 행정적·기술적인 면에서 전쟁수행 능력이 뒤떨어졌던 러시아 제국이었다. 1917년 3월에 국민의 불만은 혁명을 불러일으켰다. 차르는 물러났고, 임시정부가 조직되어 전쟁을 계속 수행하는 동시에 새로운 입헌제의 기초를 다지는 작업에 착수했다. 그 결과는 참담한 실패로 돌아갔다. 과격한 사회주의적인 선동에 동요한 병사들이 병영을 이탈하면서 군대는 와해되었다. 동맹국은 거의 마음먹은 대로 전진할 수 있었고, 농민들이 수확물을 시장에 내놓지 않자 러시아의 도시에서는 식량부족이 갈수록 심각해졌다. 1917년 11월, 두 번째 혁명 쿠데타가 일어나 사회민주당의 볼셰비키파가 권력을 장악했을 때, 러시아는 공식적으로 전쟁에서 군대를 철수시켰다. 이에 따라 독일은 남은 자원을 서부전선에 집중하여 최후의 대공세에 나설 수 있었다.

러시아 군대의 철수와 동시에 미국이 참전했다. 1917년 4월, 미국 의회는 독일에 선전포고를 했다. 계기가 된 것은 해상에서의 중립국 권리에 관한 논쟁이었다. 독일이 잠수함을 동원하여 영국 해상의 봉쇄를 선언하자, 미국은 그 조치를 비합법적이라고 비난하면서 군수품과 그 밖의 물자를 실은 선박을 영국에 계속 보냈던 것이다. 미국의 수송선 몇 척이 독일 잠수함의 공격을 받아 침몰하자, 미국인들은 이를 전쟁행위로 간주하고 전면적인 참전을 요구했다. 미국의 참전에 관한 모든 논쟁은 대부분 연막에 불과했다. 미국이 정말로 우려했던 것은 독일이 승리하여 유럽 전역이 미국에 적대적인 정부의 지배를 받게 되는 상황이었다.

미국이 전쟁을 위해 자원을 동원하는 데는 제법 시간이 걸렸고, 프랑스에 미군을 배치하기까지는 더 오랜 시간이 걸렸다. 한편 1918년 봄에 독일군은 이전처럼 장시간의 예비폭격을 통해 적측에 공격을 미리 알려주는 대신, 새로운 침입전술을 사용하여 총공격을 개시했다. 1914년과 마찬가지로 전선은 급속히 파리를 향해 이동했고, 전쟁에 지친 독일군은 마침내 승리를 목전에 둔 듯했다.

그러나 이 무렵에 이르러 전쟁의 성격이 바뀌었다. 전쟁의 승패를 좌우한 것은 더 이상 훈련과 장비, 보급체계 같은 요소가 아니었다. 대신에 러시아의 볼셰비키 지도자인 레닌과 미국 대통령 우드로 윌슨에 의해 선포된 새롭고 강력한 이데올로기가 국가와 군대의 행동에 영향을 주기 시작했다. 레닌은 특히 독일과 그 밖의 선진공업국 프롤레타리아트에게 자본주의의 지배에 대항하여 혁명을 일으킬 것을 촉구했다. 윌슨은 유럽과 세계의 국민들을 향해 병합이나 배상금 없이 민족자결이라는 민주적인 과정에 의해 전쟁을 종결하자고 외쳤다. 분쟁이 있을 경우에는 다수결에 의해 평화적이고 합리적인 결정을 내릴 수 있으리라고 주장했다.

레닌의 사회주의적 이상과 윌슨의 민주주의적 이상은 가히 혁명적이었다. 왜냐하면 그들의 계획대로 한다면 유럽의 기존 정부와 사회구조의 일부(윌슨) 또는 전부(레닌)의 전복을 의미했기 때문이다. 또한 양자는 전쟁에 지친 유럽 대륙의 국민들에게 실질적인 호소력을 발휘했다. 이에 비해 독일과 오스트리아, 오스만 제국은 승리를 위해 최후의 노력이 필요하다는 것을 국민에게 납득시킬 수 있는 강력한 이상을 전혀 제시하지 못했다.

심리적·이데올로기적 추세의 변화는 최후 몇 개월의 전황이 동맹국 측에 불리하게 돌아가는 데 결정적인 역할을 했다. 게다가 1918년 전반기에 미군이 대거 프랑스에 도착하기 시작하면서, 독일이 승리할 전망은 어두워졌다. 같은 해 봄 총공격을 개시했던 독일의 기세가 7월 들어 완전히 꺾이자, 동맹국측의 승리에 대한 희망은 물거품처럼 사라졌다. 오스만 제국과 합스부르크 제국의 지배하에 있던 국가들은 공공연히 독립을 위한 준비에 착수했다. 10월에 독일과 오스트리아의 정부는 윌슨 대통령의 유명한 14개항의 강화조건을 공식적으로 받아들였지만, 세부사항을 둘러싼 논쟁으로 인해 전쟁종결은 1918년 11월 11일까지 연기되었다. 이 시점에는 이미 혁명에 의해 독일과 오스트리아의 황제가 권좌에서 쫓겨났고, 중유럽과 동유럽 전역이 경제적·정치적 혼란에 빠져 있었다.

독일·오스트리아·오스만 제국의 붕괴는 사회주의 혁명을 위한 절호의 기회였다. 적어도 레닌을 비롯한 러시아의 볼셰비키는 그렇게 믿었다. 승전국들 사이에서는 프롤레타리아 혁명에 대한 두려움이 최대의 관심사였다. 그들이 동유럽의 신생 정권들을 지원했던 것은 이들 정권이 진정으로 국민의 지지를 받고 있었기 때문이라기보다는 반(反)볼셰비즘의 태도를 취하고 있었기 때문이다. 사실상 1918년과 1920년 사이에 혼란을 겪고 있던 중유럽과 동유럽의 대부분 지역에서 민주주의적 민족자결이라는 이상을 실현하는 것은 무리였다.

1918년에 러시아와 그 국경지역에서 발발한 격렬한 내전은 1920년까지 맹위를 떨쳤다. 우크라이나와 캅카스의 내셔널리즘 운동은 결국 실패했고, 이들 지역은 러시아와 연방협정을 맺고 소비에트 사회주의 공화국 연방을 구성했다. 그러나 핀란드·에스토니아·라트비아·리투아니아·폴란드에서는 내셔널리즘 운동이 러시아에 대항하여 승리를 거두었다. 1921년까지 이들 지역에는 신생 독립국들이 들어섰고, 러시아와 화해하게 되었다.

러시아와 그 국경지역에서 일어난 분쟁의 향배는 군사력에 의해 결정되었지만, 무력은 국내의 심리적·사회적 상황에 영향을 받게 마련이었다. 이런 점에서 볼셰비키는 러시아 중심부 전역에서 기본적으로 유리한 입장에 있었다. 거대한 농민계층의 대다수는 1917~1918년에 볼셰비키의 도움을 받아 지주들로부터 빼앗은 토지를 자기들이 그대로 보유할 수 있도록 레닌의 당이 허락해줄 것으로 믿었다. 레닌의 경쟁자들이 무어라 말하건 간에, 농민들은 그들이 토지를 이전 소유주들에게 돌려주기 위해 온갖 획책을 다할 것이라고 의심했다. 따라서 선택을 해야 할 때마다(선택의 기회는 자주 있었다), 농민은 대개 볼셰비키를 선택했다. 덕분에 레닌 일파는 궁극적인 승리를 거둘 수 있었지만, 그들이 승리했을 때 러시아 경제는 붕괴되기 일보 직전이었다.

1919년 1월 파리에서 개최된 강화회의는 러시아 정세의 처리에는 전혀 관심을 두지 않았다. 전승국들은 패전한 독일·오스트리아·투르크 정부에 대한 강화조건을 결정하는 데 급급했다. 국경선을 확정하는 문제는 합의에 이르기가 쉽지 않았다. 특히 1915년에 참전한 이탈리아가 참전 당시에 체결된 비밀조약에서 약속한 모든 영토를 요구한 반면에, 윌슨 대통령은 자신이 선언한 신성한 민족자결의 원칙이 미국과 무관한 비밀협정보다 우선해야 한다고 주장했다.

두 번째 난제는 독일이 두 번 다시 전쟁을 일으키지 못하게 할 확실한 방법에 대해 각국의 합의를 도출하는 것이었다. 윌슨 대통령은 국제연맹을 통한 합법적 절차에 의해 평화가 유지되기를 바랐다. 하지만 프랑스는 국제연맹을 거의 신뢰하지 않았고, 독일의 무장해제와 프랑스 군대의 독일 주둔권, 그리고 영국 및 미국과의 군사동맹을 원했다.

결과는 타협의 산물이었다. 윌슨은 자신의 국제연맹 설립방안을 관철시켰다.(하지만 나중에 미국은 가입을 거부했다.) 프랑스는 독일의 무장해제라는 성과를 얻었지만, 조약에 규정된 독일의 배상금은 받아내지 못했다. 폴란드·체코슬로바키아·루마니아·헝가리·유고슬라비아를 비롯한 동유럽과 중유럽의 신생국가들의 국경은, 민족자결주의라는 미명하에 유럽의 군사적·정치적 세력균형에 대한 전승국들의 세심한 계산에 따라 결정되었다.

강화회의는 전승국들 간의 동맹관계를 와해시켰다. 이탈리아는 영토적 야심을 만족시키지 못할 것이 뻔해지자 회의에서 철수했다. 프랑스와 영국은 아랍 땅의 배분과 그 밖의 문제를 놓고 서로 반목했다. 미국은 얼마 후 유럽 문제에 대한 흥미를 잃기 시작했다. 1920년에 미국 상원은 윌슨 대통령이 주도했던 베르사유 조약의 비준을 거부했다.

전간기

유럽에 대한 적극적인 관심을 철회한 미국의 태도는 워런 G. 하딩을 새 대통령으로 선출한 1920년의 선거에 의해 더욱 확고해졌다. 하딩은 선거유세에서 '정상상태'로 복귀할 것을 약속했다. 대부분의 미국인들에게 정상상태란 전전의 난순한 상황, 즉 골치 아픈 국제문제에는 신경 쓸 필요가 없고 개인은 정부가 무슨 일을 하건 자신의 부를 축적하기 위해 노력하면 되는 상황으로 돌아가는 것을 의미했다. 얼마 후 미국은 호황을 맞이했고, 1920년까지 인구의 대부분은 도시주민이 되어 자동차와 라디오를 비롯한 새로운 소비재를 소유하는 데 열을 올렸다. 또한 할부구매제도의 도입으로, 자동차와 같은 고가의 상품들이 처음으로 대중을 상대로 시장을 개척할 수 있었다.

영국 역시 정부에 의한 규제가 없던 전전의 생활양식으로 복귀했다. 그러나 과거의 번영은 좀처럼 다시 찾아오지 않았다. 오히려 탄전을 비롯한 몇몇 산업은 불황의 늪에 빠졌고, 국민은 만성적인 실업으로 고생했다. 황폐화된 국토를 복구하는 데 막대한 공공경비를 지출한 프랑스 정부는 미국과 영국을 따라할 엄두도 내지 못했다. 독일과 동유럽에서는 전전의 사회 및 경제의 양식을 자력으로 회복하는 것이 불가능했다. 전쟁과 그 직후의 여파가 오래된 사회구조를 송두리째 무너뜨렸기 때문이다.

이탈리아는 특수한 사례로, 전쟁으로 인해 각계각층의 국민이 모두 불만을 품게 되었다. 정치적 소요가 쿠데타로 발전하여, 1922년에는 새로운 파시스트 정권이 탄생했다. 파시스트들은 전체로서의 국가라는 명목을 내세워 특권계급과 개인의 이익을 억압함으로써 국가의 위신을 높이고자 했다. 한때 사회주의자였던 베니토 무솔리니(1943년 사망)에 의해 주도된 파시스트당은 군사적 가치를 찬양하고 호언장담을 늘어놓았다.

그렇지만 프랑스나 영국의 정부와는 달리, 이탈리아의 파시스트 정권은 전쟁 중에 매우 성공적이었던 국가자원 동원방식을 의욕적으로 평화시에 도입했다. 이런 의미에서 당시 무솔리니가 오만하게 말했던 것처럼, 그의 정부는 '미래의 물결'을 상징했던 셈이다.

미래가 자신의 편이라고 자랑스럽게 주장하는 또 다른 전후의 움직임으로는 국제 공산주의 운동이 있었다. 내전으로 인해 러시아 내부에 위기감이 고조되고 있던 1919년, 레닌은 외국의 공산주의자들을 소집하여 제3인터내셔널(코민테른)을 조직했다. 그 후 몇 개월 동안 유럽의 사회주의 운동은 공산당으로 개명한 볼셰비키의 리더십을 받아들이는 쪽과 공산당의 지배에 저항하는 쪽으로 분열되었다. 이런 분열은 전전에 사회주의 운동이 특히 강세를 보였던 독일에 결정적인 영향을 미쳤다. 독일 사회주의자들의 대다수가 '부르주아' 정당과 긴밀한 협력관계를 맺게 되었던 것이다. 공산주의자들과의 논쟁이 없었다면, 독일의 사회주의 지도자들은 그런 사태를 순순히 받아들이지는 않았을 것이다. 그 결과, 1918년 독일에서 일어난 사회주의 혁명은 결국 실패로 돌아갔다. 1919년에는 바이마르에서 제정된 흠잡을 데 없이 민주적인 신헌법하에서 일련의 연립정부가 들어섰다. 이런 정부는 좌파와 우파 양측에 의해 촉발되는 혁명적 폭동을 억제할 힘이 없었다. 그럼에도 불구하고 바이마르 공화국 정부가 정권을 유지할 수 있었던 것은, 잔존하는 독일군 장교단과 암묵적인 동맹을 맺고 결정적인 국면에는 군대의 힘을 빌릴 수 있었기 때문이다. 문제는 베르사유 조약에서 인정된 그 소규모 군대를 맡고 있던 한 줌의 인물이 신정권에 대해 전혀 공감하지 않았다는 것이다. 그렇지만 이 약점도 1924년 이후에는 큰 문제가 되지 않았다. 미국에서 들여온 차관의 도움으로 경기가 활황국면으로 돌아섰기 때문이다.

1920년대 후반에 독일의 경제활동이 급속히 되살아난 것과는 대조적으로 러시아에서는 경제회복이 훨씬 더디고 어려웠다. 내전이 끝난 뒤

에, 레닌은 일거에 공산주의 체제를 확립한다는 목표를 잠시 연기할 필
요가 있다고 판단했다. 사실상 그의 계산은 서유럽의 고도로 산업화된
나라들 역시 사회주의 혁명을 겪게 될 것이고, 따라서 프롤레타리아트의
축적된 경험과 힘을 이용하여 유럽과 전세계에서 공산주의 사회를 건설
할 수 있으리란 가정을 늘 염두에 둔 것이었다. 그러나 공산주의 혁명이
러시아의 경계 바깥에서는 일어나지 않자, 독일을 비롯한 외국 노동자계
급의 도움에 기초한 계획은 보류되어야 했나. 싫든 좋든 러시아는 오로
지 자국의 자원에 의존할 수밖에 없었다. 레닌은 1921년에 신경제정책
(NEP)을 발표하여, 농민에 대해서는 농산물의 자유판매를, 소규모 상인
에 대해서는 사적인 영업을 허가했다. 다만 러시아 경제의 '관제고지'
(commanding heights), 예컨대 은행·공장·대외무역·운송은 계속해서
국가가 통제했다.

수많은 이상주의적 공산주의자들의 눈에는 NEP가 무지한 농민층의
경제적 이기주의에 수치스럽게 양보한 것으로, 진정한 사회주의를 배신
한 행위로 보였다. 국외에서는 NEP를 공산주의가 성공할 수 없다는 증
거로 받아들이는 분위기가 일반적이었다. 그렇지만 레닌의 말대로 러시
아 경제의 도시부문은 본질적으로 국가의 수중에 있었다. 1924년에 레
닌이 사망하자 후계자 자리를 둘러싼 치열한 암투 끝에 1927년에 스탈
린이 권력을 장악했다. 이 무렵에는 경제를 일부는 자유주의적 형태로
(시장가격에 완만히 반응하는 무수한 개인, 주로 농민에 의해 경영되는 것),
일부는 통제된 형태로(당의 고위층에서 내린 지령에 완만하게 반응하며 시
장가격에는 거의 관심도 없는 관리들에 의해 경영되는 것) 운영하는 데 따르
는 어려움이 첨예하게 드러났다. 도시로 유입되는 식량과 원자재는 정부
가 추진하고자 하는 공업개발계획을 떠받치기에는 불충분했다. 따라서
스탈린은 NEP를 포기하고, 도시부문과 공업부문의 경제를 확대하는 데
필요한 식량과 원자재를 농촌에서 공출하기로 했다.

이를 위해 스탈린은 농업을 강제로 집단화했다. 농민은 자신의 토지와 가축을 집단농장에 내놓도록 강요받았다. 또한 각 집단농장은 구성원인 농민들에게 노동에 대한 보수를 배분하기 전에, 수확의 일부를 일종의 세금으로 국가에 바치도록 요구받았다. 소련의 농민은 집단화에 저항했다. 심지어 자신의 가축을 새로 생긴 집단농장에 보내지 않으려고 자기 손으로 죽여버리기도 했다. 이 같은 강제적인 농업집단화와 그에 대한 반발은 1930년대 초에 심각한 농업위기를 초래했다. 그러나 집단농장에서 곡물을 징발하겠다는 스탈린의 결의는 흔들리지 않았다. 그는 비협조적인 농민들이 굶어죽든 말든 아랑곳하지 않았다.

집단농장에서 강제 징발한 식량과 원자재는 공장과 댐을 건설하고, 새로운 광산을 개발하고, 국가의 기반시설을 개선하는 데 투입된 방대한 노동력을 부양했다. 실현 가능한 목표들을 길게 나열한 5개년계획이 공표되었다. 그 목표를 달성하고 심지어는 그 이상의 성과를 거두기 위해, 군사행동을 방불케 하는 조직적인 작전이 도입되었다. 인력과 물자가 모이면 군대식 지휘계통에 따라 작업이 진행되었다. 사용되는 용어조차 군대식이었다. 각종 신문과 연설은 특별작업대니, 전선(前線)노동자니, 계급의 적이니 하는 대상들에 대한 호소와 경고로 가득 차 있었다. 1932년에 스탈린은 제1차 5개년계획이 4년 반 만에 초과 달성되었다고 발표했다. 농업집단화에 따른 막대한 희생에도 불구하고, 소련의 계획적인 동원정책은 실제로 급속한 산업성장으로 귀결되었다.

이 무렵에 소련의 성공은 자본주의 세계에 큰 반향을 불러일으켰다. 1920년대의 호황은 1929년 뉴욕 증시의 붕괴와 함께 돌연 막을 내렸다. 공황은 전세계로 번져 나갔고, 대량 실업사태가 잇따랐다. 실업으로 인한 구매력 감소는 불황을 더욱 악화시켰다. 그러나 소련의 경제적 약진은 도저히 헤어날 수 없을 것 같은 악순환과는 무관해 보였다. 많은 서양인은 소련이 치른 강제적 집단화의 값비싼 대가도 대공황이 서양에 초래한 고통이나 공허감에 비하면 쉽게 용납될 수 있다고 생각했다.

마르크스주의자들이 예견한 자본주의의 붕괴가 대공황에 의해 입증되는 것처럼 보였다. 하지만 오랫동안 기다려온 사회주의 혁명은 서양의 고도로 발전된 공업국들 가운데 그 어느 나라에서도 일어나지 않았다. 불황을 극복하기 위해 정부가 과감한 조치를 강구할 수 없었거나 강구하기를 꺼렸던 프랑스와 영국의 경제는 비틀거렸다. 반면에 독일과 미국은 공황의 위기에 맞서 훨씬 강력한 대응책을 내놓았다.

1933년, 미국의 프랭클린 D. 루스벨트 대통령은 '뉴딜정책'을 개시했다. 이는 제1차 세계대전 중에 사용된 경제동원의 패턴으로 일부 되돌아가는 것이었다. 공공 근로사업 같은 비상계획 수립, 물가와 농업생산을 통제하기 위한 각종 노력은 실업사태를 해결할 정도로 충분한 성과를 거두지는 못했다. 하지만 대공황의 충격은 완화되었고, 제2차 세계대전의 발발로 인해 전혀 다른 일련의 문제가 대두될 때까지, 뉴딜이라는 혁신적인 경제통제정책에 대한 국민의 지지는 불안정하게나마 유지되었다.

독일의 국내정치는 더욱 철저한 변화를 겪었다. 1933년 1월에 독일 국가사회주의(줄여서 나치) 노동당의 지도자 아돌프 히틀러가 정권을 장악했다. 의지와 영웅주의를 신봉하던 히틀러는 독일인이 1918년에 유대인과 마르크스주의 사회주의자, 그 밖의 '매국노'에게 배신당했다고 생각했다. 참호 속에서 피어난 동지애는 히틀러와 대다수 나치 지도자가 간직하고 있던 소중한 추억이었다. 이들은 그 동지적 열정과 공격성의 배출구를 나치당원들 사이에서 발견했다. 나치의 신조 가운데 특히 꺼림칙했던 것은 금발의 순수한 '아리아 인종'이 세상에서 가장 우수하다는 주장이었다. 그런 믿음은 훗날 유대인을 비롯하여 열등하다고 추정되는 민족들을 공격하고 궁극적으로 말살하려는 노력을 정당화했다.

히틀러가 권좌에 오르면서 추진한 정책은 우선 헌법을 바꾸고 야당과 정치지도자를 제거함으로써 독재권을 확보하는 것이었다. 그런 다음 군사력을 재건하고, 인간과 기계를 다시 작업에 투입하고, 기민하고 과감한 외교적인 책략을 동원함으로써 다시 한번 위대한 독일을 만드는 작업에 착수했다. 프랑스나 영국은 히틀러의 행동을 효과적으로 저지할 수가 없었다. 미국과 소련은 노력조차 하지 않았다. 그리하여 히틀러는 놀랄만큼 빠른 기간 내에 독일을 또다시 유럽 대륙의 강대국으로 만들 수 있었고, 대내적으로는 유대인을 박해하고 실업을 해결함으로써 대다수 독일국민으로부터 지지를 받았다. 그가 성공할 수 있었던 비결은 독일이 제1차 세계대전 중에 만들어낸 경제동원의 패턴을 전적으로 따른 데 있었다. 처음부터 히틀러는 전쟁수행을 위한 군대의 재건을 국내정책의 최우선순위에 두었기 때문에, 나치의 정책은 전시체제와 잘 맞아 떨어졌다.

1938년까지 히틀러가 천명한 외교정책의 목표는 불공정한 베르사유 조약을 파기하는 것이었다. 이는 독일을 프랑스 및 다른 강대국과 동등하게 만들기 위한 재군비를 의미할 뿐 아니라, 모든 독일인을 하나의 정치적 지붕 아래 모이게 하는 것을 뜻하는 것이기도 했다. 따라서 민족자결을 원칙적으로 신봉하던 영국의 대다수 정치가에게, 1938년 3월의 오스트리아 병합과 1938년 9월의 체코슬로바키아 내 독일인 거주지역의 병합이 완전히 불합리한 행동으로 보이지는 않았다.

하지만 히틀러는 독일인이 살고 있던 지역을 병합하는 것에 만족하지 않았다. 그는 생활공간을 확보하기 위한 생사를 건 투쟁은 역사의 본질이며 실체라고 믿었다. 또 동방의 광대한 영토를 점령하고 그곳에 독일인을 정착시켜야만 아리아인의 미래가 보장될 수 있다고 주장했다. 이 주장만큼은 프랑스나 영국도 순순히 받아들일 수 없었다. 그러나 잃을 것이 가장 많았던 스탈린은 나치가 1939년에 폴란드를 종속시킴으로써 동쪽으로 세력을 확대하기 시작하자 히틀러와 사실상의 동맹을 맺었다. 1939년 9월 1일, 히틀러는 폴란드를 침공했고, 프랑스와 영국은 폴란드를 돕기로 한 약속을 지키기 위해 내키지는 않지만 독일에 선전포고를 했다. 이렇게 해서 제2차 세계대전이 시작되었다. 1941년 6월까지 스탈린은 경제적·외교적으로 히틀러를 계속 지원했다. 결국 폴란드가 무너지고 나자 독일은 전선은 오직 하나뿐이라고 확신하게 되었는데, 이는 1914년에는 독일이 누리지 못했던 사치였다. 물론 스탈린에게도 수확이 있었다. 소련은 폴란드의 절반가량을 병합했을 뿐 아니라, 발트 해 연안의 작은 나라 에스토니아·라트비아·리투아니아도 점령했다. 소련의 침공을 받은 핀란드는 동절기의 전쟁(1939~1940)에서 발트 해 연안 3국과 같은 운명에 처하지 않으려고 저항했지만, 국경지대의 영토 일부를 스탈린에게 내주어야 했다.

제2차 세계대전

1939년에 프랑스와 영국은 물질적으로나 정신적으로나 히틀러에게 변변히 대항할 수가 없었다. 독일은 동맹국 이탈리아(1940년부터) 및 일본(1941년부터)과 함께 개전 후 첫 3년 동안 연전연승을 거두었다. 폴란드는 4주 만에 함락되어 독일과 소련 사이에 분할되었다. 1940년 봄, 독일군은 덴마크와 노르웨이를 정복했는데, 이는 프랑스·벨기에·네덜란드에 대한 성공적인 총공세의 서막이었다. 이번에도 저항은 단 몇 주 만에 힘없이 무너졌고, 독일은 압승을 거두었다. 히틀러는 독일제국이 달성하지 못했던 것을 이룩했다. 승승장구하던 독일군의 발아래 유럽 대륙의 대부분이 굴복하게 되었던 것이다. 미국은 중립으로 남아 있었고, 소련은 고분고분했다. 오로지 영국만이 고군분투하고 있었다. 본토에서는 독일의 폭격기에 대한 대공방어에 성공했고, 해상에서는 독일 잠수함의 공격에도 불구하고 제해권을 유지했다. 그러나 거인처럼 의기양양하게 유럽을 위압하고 있던 독일을 무너뜨릴 만큼 영국의 자원이 충분하리라고 생각하는 사람은 아무도 없었다.

1940년 가을, 제공권과 제해권을 장악하기 전에는 영국에 침입하기가 어렵다는 것을 간파한 히틀러는 소련을 먼저 치기로 했다. 나치가 상투적으로 떠벌이던 아리아인의 생활공간을 동방에서 찾기로 한 것이었다. 더욱이 히틀러는 이데올로기 면에서 공산주의자를 경멸했고, 스탈린 정권을 타도하는 것은 간단한 일이라고 생각했다. 대부분의 제3자도 그렇게 생각하고 있었다. 1930년대에 장교단에 대한 대대적인 숙청이 단행된 이후 소련군은 후유증을 앓고 있었다. 실제로 1939~1940년에 핀란드를 침공한 소련군은 수적으로 열세인 핀란드군에 몇 개월 동안 고전을 면치 못했다.

소련을 침공하기 전, 독일군은 발칸 반도의 국가들을 상대로 '전격전'을 감행하여 3주 만에 유고슬라비아와 그리스를 점령하는 눈부신 성과를 거두었다. 다음 차례는 소련이었다. 1941년 6월 22일 밤, 히틀러의 군대는 공식 선전포고를 하지 않은 채 소련을 공격했다. 독일의 기습에 스탈린은 허를 찔렸고, 전진하는 독일의 기갑부대는 수백만의 소련 병사를 포로로 잡았다. 그렇지만 초기의 동요에도 불구하고 소련의 저항의지는 꺾이지 않았고, 겨울이 다가오자 사실상 더 강고해졌다. 독일군의 식량과 장비는 바닥을 드러내기 시작했고, 진군속도는 갈수록 느려졌다. 혹한이 찾아오자, 독일군은 더 이상 전진할 수 없었다.

속전속결을 자신하고 있던 나치는 소련의 겨울에 대한 대비를 전혀 하지 않았다. 독일군의 장갑차와 병사들은 영하의 기온에서 제대로 기능할 수가 없었다. 반면에 겨울 추위에 익숙한 소련군은 모스크바 근교와 그 밖의 지역에서 독일군의 최전선을 밀어내는 데 성공했다. 이렇게 해서 히틀러는 처음으로 심각한 패배를 맛보았다. 그렇지만 그 시점에서는 소련군이 독일의 침략군에 맞서 과연 총공세를 펼 수 있을지는 확실치 않았다. 그것이 실현된 것은 그로부터 1년이 지난 뒤였다.

모스크바 전선에서 독일군이 최초로 퇴각한 것은 1941년 12월 6일이

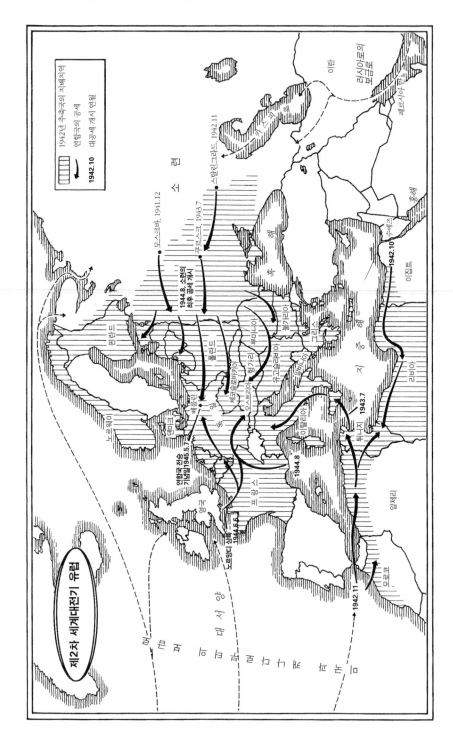

었다. 이튿날 일본은 진주만의 미국 함대를 공격함으로써 미국을 전쟁에 끌어들였다. 그 후 며칠 동안 미국은, 일본은 물론 독일에게도 선전포고를 할지 고심했다. 그런데 히틀러가 먼저 미국에 선전포고를 함으로써 미국정부의 고민을 해결해주었다. 미국이 독일에 대항하는 영국에게 제공한 '전쟁에는 이르지 않는' 일련의 장기적인 원조에 잔뜩 짜증이 나 있던 히틀러로서는 차라리 미국과 전장에서 한판 붙고 싶었을지도 모른다.

전면전에 돌입한 미국은 독일이 일본보다 훨씬 무서운 적이라고 판단하고, 우선 대독일전에 전력을 집중한다는 정책을 세웠다. 이는 미국이 영국 및 소련과 공조할 뿐 아니라, 그 3대 강국 주변의 다른 동맹국과도 협력한다는 것을 의미했다. 영국과 미국 사이에는 매우 효과적인 협력체제가 구축되었다. 그러나 소련은 영국과 미국이 보내준 민간용품과 군수물자 덕을 톡톡히 보면서도, 언제나 일정한 거리를 유지했다. 최초의 중요한 몇 달 동안 소련으로 물자를 수송하는 작업은 매우 힘들었다. 소련은 자국의 자원에 대한 충분한 정보를 전혀 공개하지 않았기 때문에, 영미의 전략계획 및 생산계획을 소련의 그것과 긴밀하게 연계시키는 것은 불가능했다.

1942년 가을에 이르자 미국의 군수생산은 엄청난 규모에 달했다. 개전 초기에 연전연승하던 일본의 기세는 한풀 꺾였고, 태평양과 아시아의 전선은 어느 정도 안정적이었다. 1942년 11월에 영미 양국에 의한 최초의 반격이 북아프리카에서 시작되었다. 이듬해 5월까지는 독일과 이탈리아가 북아프리카에서 쫓겨났고, 영국군과 미군은 시칠리아와 남부 이탈리아에 상륙했다. 결국 무솔리니는 권좌에서 물러났고(1943년 7월), 이탈리아 정부는 공식적으로 전쟁에서 손을 뗐다. 그러나 이탈리아 국토는 유럽의 전쟁이 끝날 때까지 전장으로 남아 있었다.

독일군에게 지중해에서의 작전은 어디까지나 부차적인 문제였다. 1942~1943년 내내, 주요 전투는 언제나 소련 전선에 집중되어 있었다.

1942년 여름에 대공세를 재개한 독일군은 볼가 강을 건너 스탈린그라드까지 진격했으나, 여기서 저지되었다. 1942년 11월과 1943년 2월 사이에 소련군은 독일군을 퇴각시키고 모든 공격을 차단했다. 1943년 여름 독일이 공세를 재개하려 하자, 소련군은 재빨리 전세를 역전시켰다. 그후 독일은 수세에 몰리게 되었고, 소련 영토로부터 조금씩 후퇴했다. 1944년 늦여름에 소련군은 전전의 국경을 넘어 베를린을 향해 압박해 들어갔다.

같은 해 여름 영미 연합군은 노르망디 해안에 상륙(D-Day, 1944년 6월 6일)했고, 라인 강을 향해 파죽지세로 진격했다. 연합군의 계획은 그 해 말까지 독일군을 제압하는 것이었지만, 독일의 저항은 예상보다 완강했다. 연합국측의 승리가 확실시된 것은 소련군과 미군이 독일의 엘베 강 근처에서 합류한 1945년 4월경이었다. 패배가 확실해지자 히틀러는 자살했고(1945년 5월 1일), 일주일 뒤에 독일군 최고사령부의 대표단이 독일의 항복문서에 공식적으로 서명했다. 전승국들은 나치 정부와의 협상을 거절했으며, 대신에 독일을 군사점령지대로 분할하여 그 각각을 4강(소련·영국·미국·프랑스)이 점령하고 자유 재량껏 현지 정부기관을 세우게 되었다. 하지만 독일문제를 4개국 합의에 의해 해결하려던 연합국측의 노력은 곧 무산되었고, 결국 독일은 둘로 쪼개졌다. 좀 더 넓은 서측에는 독일 연방공화국이, 상대적으로 좁은 동측에는 독일 인민공화국이 들어섰다. 전자는 영국·미국·프랑스의 점령구역을 합친 것이고, 소련의 점령구역이었던 후자는 공산당 지배 아래 놓이게 되었다.

1918년에 제1차 세계대전이 끝났을 때와 마찬가지로, 1945년의 유럽은 황폐해졌다. 대규모 공습은 독일과 다른 유럽의 도시들을 파괴했다. 통신 및 교통수단은 심하게 파괴되었고, 경제는 전체적으로 마비되었다. 그렇지만 전후의 부흥은 1918년 이후에 비해 훨씬 순조롭게 진행되었다. 가만히 앉아서 자연히 정상상태로 돌아가길 기대할 수는 없다는 것

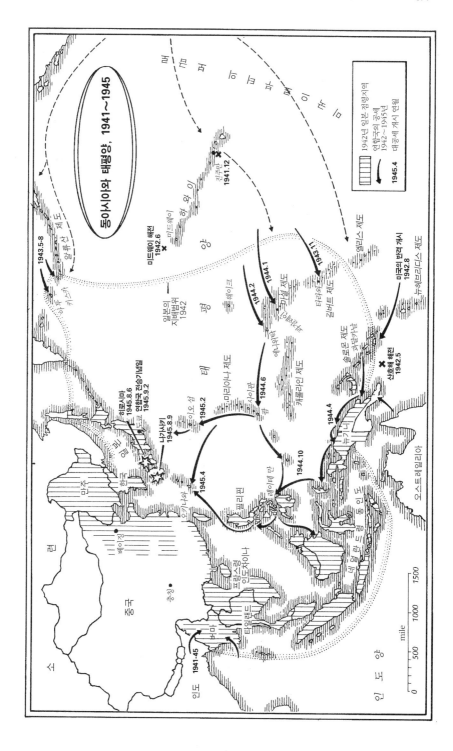

동아시아와 태평양, 1941~1945

을 모든 당사자가 깨닫고 있었기 때문이다. 그 결과 양차대전 기간에, 그리고 1930년대의 공황에 대한 반응으로 발전했던 사회와 경제의 관리기술이 전후 유럽의 재건에 이용되었다.

1949년 이후 경제회복은 가시화되었다. 놀라울 만큼 빠른 시간 안에 전쟁으로 인한 피해는 대부분 복구되었다. 해외 식민지의 대부분을 잃었음에도 불구하고, 유럽은 전전의 어느 시기보다도 더 높은 생산성과 번영을 누리기에 이르렀다. 전시에 고안된 사회와 경제의 통제수단을 평화시에 사용하여 이처럼 대단한 성과를 거둔 예는 일찍이 없었을 것이다. 전후 유럽의 부흥은 유럽의 전쟁수행능력과 마찬가지로, 거의 모든 사람이 지지를 보내는 목표를 위해 수백만의 숙련된 인간의 노력을 결집시키면 얼마나 위대한 성과를 달성할 수 있는가를 보여주었다. 다름이 아니라 바로 이 점이 20세기 서양세계가 달성한 기본적인 업적이다. 이 업적은 공산주의와 비공산주의를 불문하고 모든 정권에 의해 공유되었다. 오직 일본만이 대규모 노력을 집중시킬 수 있었다는 점에서 서양에 견줄만한 진보를 이루었고, 세계의 나머지 지역은 한참 뒤처져 있었다.

사상과 문화

20세기에 일어난 여러 현상 가운데 어떤 것이 장차 서양의 사상과 문화에서 진정 중요한 변혁으로 부각될지 현재로서는 알 수가 없다. 전통적인 가치와 전제는 분명히 도전을 받았고, 그 중 많은 것이 폐기되었다. 중세와 근대의 유럽인이 정의한 바로서의 서양문명은 붕괴되고 있다고 볼 수 있다. 19세기에 전통적인 사상과 행동양식으로는 서양의 침입에 대처할 수 없었던 중국인·인도인·무슬림의 문명이 무너졌던 것처럼 말이다.

다른 한편으로 20세기의 예술과 사상 가운데 새롭고 낯선 것은, '르네

상스와 종교개혁 '계몽주의' 또는 그 밖의 익숙한 역사적 명칭으로 알려
진 과거의 문화변혁과 유사한, 서양문화의 또 다른 자기변혁을 의미한다
고 볼 수도 있다. 시간이 더 경과하여 변화한 요소들과 지속된 요소들이
좀 더 분명하게 식별되기 전까지는, 이렇게 상반되는 견해 중에 어느 것
이 옳은지 명확한 판단을 내리기란 정말 곤란하다.

서양문명의 붕괴와 단절을 주장하는 논거는 다음과 같다. 20세기까지
서양세계에 살고 있던 사람들의 압도적 다수는 비서양세계의 경우와 마
찬가지로 농민이었고, 이들의 생활은 전통적인 계절의 주기에 의해 규제
되었다. 노동과 가족관계, 그리고 외부의 세계에 대한 농민의 태도는 근
본적으로 농사관행에 따라 형성되었다. 이런 농업적 규범은 20세기에 산
업화된 사회에서 급속하게 자취를 감추었다. 도시의 일상적인 생활습관
은 과거 농촌의 그것과는 크게 달랐다. 이것이 문화와 사회에 어떤 영향
을 미칠지는 좀 더 두고 봐야 알 수 있을 것이다. 그러나 그 영향은 상당
히 클 것으로 예상되며, 어쩌면 포스트 산업문명을 그 이전의 모든 문명
과 근본적으로 단절시킬 수도 있을 것이다.

도시공동체에 매스미디어가 널리 보급된 것은 새로운 문화적 국면의
전개를 알리는 신호탄일 수도 있다. 라디오와 영화는 1920년대에 영향
력을 키우기 시작했고, 1930년대부터는 정치에도 영향을 주었다. 훨씬
더 강력한 매체인 텔레비전은 제2차 세계대전 이후에야 나타났지만 비
슷한 방향으로 작용했다. 미디어는 계급과 지역의 구별을 타파하는 효과
를 발휘했다. 매스미디어 네트워크의 힘이 미치는 범위 내에서는, 모든
사상(事象)이 사회의 평균적인 수준에 가까워지는 경향이 있었다. 문어
를 피하고 구어를 중시하는 미디어가 사람들에게 불러일으키는 반응은,
사람들이 서로 얼굴을 마주보고 접촉할 때 생기게 마련인 반응과 유사했
다.(이는 텔레비전의 시각적인 효과에 의해 강화되었다.)

이는 인간행동을 의식적으로 조작할 수 있는 새로운 가능성을 활짝 열

어 놓았다. 대부분의 광고는 정서적으로 강렬한 이미지를 상품과 연관시켜 시청자의 잠재의식적인 반응을 자극하는 것이었다. 히틀러가 써먹었던 강력한 정치운동 역시 의식적으로 기만과 거짓에 호소했고, 계획적으로 강렬한 정서적 반응을 환기시켰다.

제1차 세계대전은 수백만에 달하는 사람들에게 인간의 행동이 비이성적인 차원을 포함하고 있다는 것을 처음으로 깨닫게 해주었다. 이런 시대상황하에서, 마음의 무의식 수준을 규명하려 한 지그문트 프로이트 (1939년 사망)는 전후 독일의 지식인과 예술가들을 매료시켰고, 얼마 후에는 프랑스와 영국, 미국에서도 많은 추종자가 생겨났다. 그러나 공산주의자들과 나치는 프로이트의 사상을 용납하지 않았고, 결과적으로 1939년 이후 프로이트 학파의 사상은 주로 영어권 국가에서 번성하게 되었다.

이것은 사상과 예술의 근본적인 의미에 대한 문화적 차이를 보여주는 한 가지 예이다. 프랑스어권과 영어권에서는 예술과 문학이 기본적으로 개인적인 산물로서 다른 개인들을 수용 대상으로 삼으며, 공적인 주제가 아니라 사적인 주제를 주로 다루는 것으로 간주되었다. 예술가와 작가가 각자 독자적인 세계의 탐구에 몰입하는 한, 그들의 작품은 타인에게 이해할 수 없는 것이 될 위험이 있었다. 따라서 예컨대 난해하기 그지없는 T. S. 엘리엇(1965년 사망)의 시를 이해하거나 언어의 곡예를 구사하는 제임스 조이스(1941년 사망)의 『피네건의 경야(經夜)』를 꿰뚫어 보려고 시도하는 자들은 소수에 지나지 않았다.

매우 흥미로운 사실은, 몇몇 화가의 경우 현실의 이미지를 묘사하려는 자세에서 탈피했음에도 불구하고 시각예술을 애호하는 사람들의 수는 증가했다는 것이다. 이는 사진 복제기술의 진보로 인해, 일반인이 (아마도 예술성은 희석된 상태의) 미술작품을 볼 기회가 무한대로 늘어났기 때문이다. 그리하여 미술사의 모든 양식이 인간의 눈앞에 펼쳐지자, 세계의 다양한 지역에서 유래한 자극이 예술가들에게 영감을 불어넣기 시작했다. 아프리카 미술을 비롯한 원시적 모델은 서양의 예술가들에게 상당한 영향을 주었다. 예술가 개개인의 표현양식도 굉장히 다양해졌다. 사진기술도 발전을 거듭하여, 과거에 비해 저변이 확대된 미술애호가들에게 방대한 영역의 시각예술을 제공해주었다.

공산주의 소련과 나치 독일에서는 전혀 다른 예술관이 지배했다. 물론 혁명 초기의 소련 예술가들은 전통에 얽매인 양식을 거부했다. 그러나 스탈린 치하에서 그들은 국가와 당에 봉사하도록 조직되었고, 어떤 주제를 다루고 어떤 양식을 사용할 것인지에 대해서도 지시를 받았다. 한마디로 예술은 대중의 태도와 행위에 영향을 주는 도구로 취급되었고, 정부가 인정한 사상을 고양시킨다고 판단되는 예술작품들만 빛을 볼 수 있었다. 히틀러도 유사한 정책을 추진했지만, 수용 가능한 양식을 정의하기보다는 반대자들을 박해하는 데 주력했다는 점에서 스탈린과는 달랐다.

'자본주의적' 미술과 문학의 특징은 개인의 무력감과 비합리성에 대한 관심이었다. 인간의 이성에 대한 그런 회의는 과학의 지속적인 발전과 묘한 대조를 이루었다. 1914년과 1945년 사이에는 자연과학의 모습을 변화시킬 만큼 근본적인 새로운 통찰은 나타나지 않았다. 하지만 1920년대 중반에 베르너 하이젠베르크(1976년 사망)와 에르빈 슈뢰딩거(1960년 사망) 등에 의해 개발된 양자역학은 원자보다 작은 극미한 현상을 다루기 위한 강력하고 새로운 수학적·개념적 도구를 제공했다. 또한 오래된 과학이론과 아인슈타인의 상대성이론이 놀랄 정도로 다양하게 응용되고 세분화되었다. 극소세계의 구조에 대한 해명과 짝을 이루어, 천문학 연구는 고도로 세련된 수준에 도달했다. 행성이 질량을 에너지로 전환시키는 방식에 관한 상세한 계산(아인슈타인의 공식에 따른)은 행성이 빛을 내는 이유에 대한 설득력 있는 설명을 내놓았다.

이론적인 진보는 자연과학의 전반적인 성취 가운데 극히 일부에 지나

지 않았다. 화학자들은 다수의 새로운 합성물질을 만들어냈는데, 그 중
몇 가지는 소비재와 산업 분야에 소중하게 사용되었다(나일론과 에틸 가
솔린). 물리학자들은 원자를 분쇄하기 위해 매우 빠른 속도로 전자를 가
속시킬 수 있는 새롭고 강력한 기계를 만들었다. 제2차 세계대전 중에
그 원자분쇄기술은 사상 유례 없이 강력하고 파괴적인 종류의 소비재를
생산하는 작업에 이용되었다. 최초의 원자폭탄 혹은 핵폭탄이 바로 그것
이다.

전시에 과학자들은 핵에너지를 제어하면서 방출시키는 방법을 알아냈
는데, 이는 발명의 과정에 중대한 변화가 일어났음을 보여주는 대표적인
사례이다. 1914년 이전에는 대부분의 중대한 발명이 자신의 과제를 연
구하던 개인들에 의해 이루어졌다. 발명이 실제로 사용되기 위해서는,
발명가 본인이나 중개인이 그것의 가치를 다른 사람들에게 납득시키기
위해 갖은 노력을 다해야 했다. 그러나 발명과 응용 사이의 그 전통적인
관계는 제1차 세계대전 중에 역전되었고, 제2차 세계대전 중에는 더욱
극적으로 변했다. 사람들은 어떤 기계와 무기를 만들 것인지 미리 결정
하고 난 다음에, 희망하는 물품의 제작을 전문가에게 의뢰하게 되었다.
따라서 발명은 이제 계획적이고 어느 정도 통제될 수 있는 과정이 되었
다. 사람들은 더 많은 화물을 적재하고 더 멀리 그리고 더 빨리 이동할
수 있는 전차나 비행기가 언제쯤 출현할지에 대해 확신을 갖고 예상할
수 있게 되었다. 심지어 그렇게 향상된 모델의 설계와 제조에 관련된 문
제를 해결하는 데 얼마나 많은 시간이 소요될 것인가를 추정하는 것도
가능해졌다.

계획적인 발명의 기술은 전쟁과 공황기에 널리 사용되었던 사회경제
적 관리방식과 흡사했다. 사람들은 우선 모든 공정을 구성요소들로 분해
했다. 그 후 공정을 입안자의 의도대로 운용하기 위해 규모를 확대하거
나 방법을 변경할 필요가 있는 병목지점을 찾아냈다. 다음에는 그 결정

적인 요소에 노력과 창의력을 집중하여 새로운 아이디어를 만들어내고 실험을 통해 실용화시킴으로써 공정 전체의 능률을 끌어올렸다. 대규모 산업시설의 기사와 설계자들은 오랫동안 이런 방식으로 일을 해왔다. 달라진 점이 있다면 첫 번째는 그 규모였다. 계획적인 발명을 행하는 주체가 하나의 공장이 아니라 전체 산업으로 변했다. 두 번째 새로운 점은 현재의 작업 패턴과 물질적인 한계는 연구를 통해 얼마든지 개선할 수 있다는 사고방식이었다. 그 효과는 굉장했다. 발명은 가속화되어, 명확한 의도에 따라 이례적으로 빠르고 정확하게 특정한 기술적 문제를 해결했다. 그것은 마치 더듬거리며 낯선 길을 통과하던 장님이 갑자기 시력을 얻은 것과 같았다.

계획적인 발명의 공정은 인간의 이성이 거둔 위대한 승리였다. 사회과학 분야에서도 이성은 괄목할 만한 성과를 올렸다. 예를 들어 경제학은 존 메이너드 케인스(1946년 사망)와 다른 학자들의 연구를 통해 엄청나게 발전했다. 전간기 내내 영국을 괴롭혔던 공황에 대해 성찰한 케인스는, 자유시장경제에서도 경제활동의 수준을 유지하기 위해서는 정부가 정책을 통해 화폐와 신용의 공급에 영향력을 행사할 필요가 있다고 생각했다. 케인스의 통찰과 현실의 경제활동에 관한 상세한 통계자료로 무장한 경제학자들은 정부의 경제정책에 유익한 조언을 해줄 수 있었다. 이들의 충고를 새겨들은 정부관리들은 조세 및 금융정책의 조정을 통해 전간기는 물론이고 그 이전 시기에도 사람들을 고통스럽게 했던 호황과 불황의 주기적 반복을 완전히 막지는 못해도 어느 정도 억제할 수 있었다. 이런 간접통제방식은 공산주의 정권의 관제(管制)기술에 의한 경제관리를 능가할 것으로 전망되었다. 교묘하게 관리되는 시장 메커니즘을 통해 수요와 공급을 적절하게 조정할 수 있다고 생각되었기 때문이다.

과학과 사회관리의 분야에서 인간의 이성이 지속적으로 승리를 거둔 것은, 20세기 들어 개인의 동기와 행위에 내재된 비합리적인 차원이 인식된 것과 묘한 대조를 이룬다. 원칙상, 합리적인 계산은 비합리적인 행동까지 참작할 수도 있을 것이다. 적어도 일회적인 사건이 아니라 통계적으로 유의미할 정도의 많은 사례를 다루는 경우에는 말이다. 실제로 비합리적으로 보이는 행동을 합리적인 틀 안에서 설명하는 것이야말로 경제학이란 학문의 본령이다. 경영자는 합리적인 계산에 입각하여 인간 정신의 비합리적인 차원에 호소함으로써 사람들의 행동을 변화시키려 한다. 예컨대 사람들에게 신제품 비누를 사라고 권하는 회사나, 특정 후보에게 투표하도록 대중을 설득하는 정당이나, 신병을 고분고분한 병사가 되도록 훈련시키는 군대나, 원하는 바를 달성하기 위해 합리적인 계산을 이용할 것이다.

이런 기술을 좀 더 광범위하고 체계적으로 사회에 적용하는 것은, 인류를 관리하는 자와 관리되는 자, 양치기와 양, 엘리트와 대중으로 나누는 일이 될 것이다. 공산주의 사회는 모든 직종에서 당원이 지도적 입장에 있다는 점에서 엘리트와 대중의 도식을 어느 정도 명시적으로 수용했다. 이성보다는 의지와 용기를 강조하던 파시스트들도 엘리트주의자였다. 18세기부터 계승되어온 민주주의 이론은 지배자와 피지배자 간의 기본적인 차이를 부정했지만, 서양의 민주국가에서도 행정직과 전문직의 구조는 엘리트주의와 부합했다. 대중 대 엘리트, 비합리성 대 합리성, 자발성 대 통제 등은 20세기 서양의 경험을 관통하는 명백한 모순의 상이한 측면들이다.

한편 고고학과 비서양사회에 대한 역사학적 연구에 힘입어 진정한 의미의 세계사를 정립하는 작업이 가능해짐에 따라, 19세기에 강세를 보였던 시간적 과정을 중시하는 역사관은 계속해서 그 영역을 확대했다. 오스발트 슈펭글러(1936년 사망)와 아널드 토인비(1975년 사망)는 유럽 이외의 문명들을 유럽 문명과 동등하게 취급한 학자들 가운데 가장 영향력 있는 두 명이었다. 유럽이나 중국, 또는 다른 지역을 인류의 총체적 경험의 중심에 두고 나머지 지역은 모두 무시하거나 가볍게 처리하던 종래의 역사관은 근거를 잃기 시작했다. 그러나 인간의 과거를 이해하기 위한 보편적이고 새로운 역사관은 출현하지 않았다. 인류의 진보를 노예제로부터 봉건제, 자본주의, 사회주의를 거쳐 궁극적으로는 공산주의에 이른다고 설명하는 마르크스주의 역사관은 소련에서 교조로 굳어져버렸다. 그 밖의 지역에서는 모든 사람이 동의하는 역사 모델이 나타나지 않았다.

꾸준히 증가한 전문직 종사자들이 지적인 자율성을 만끽함에 따라 사람들 사이의 견해 차이는 엄청나게 증폭되었는데, 이는 과거 서양에 만연했던 다원주의적 전통과 완전한 조화를 이루었다. 충분한 시간적 거리가 확보된 장래의 어느 시점에 우리 시대를 회고해본다면, 현대인의 눈에는 혼란 그 자체로 보이는 것들 가운데 통합적인 특징을 가진 요소가 발견될지도 모른다. 20세기 전반의 서양만큼 혁신적인 사회는 일찍이 없었다. 사상과 실천에서, 과학과 예술과 기술에서, 사회 및 정치의 조직에서, 그리고 경제관리의 분야에서 끊임없이 혁신이 일어났다. 이 일련의 혁신은 서양적 생활양식이 전세계를 통해 우위를 점하게 해준 기반이자, 유럽과 유럽의 해외 식민지를 전세계적인 코즈모폴리턴 문화의 심장부로 만든 원동력이었다. 20세기 후반, 그 코즈모폴리턴 문화를 통해 세계는 전인류가 상호작용하는 하나의 총체가 되었다.

30장
1945년 이후의 전지구적 경쟁과 코즈모폴리터니즘

제2차 세계대전 전의 국제정치는 유럽이 중심이었다. 유럽 대륙의 오래되고 유명한 국민국가들—프랑스·독일·영국·이탈리아—이 무대를 지배했다. 동아시아에서는 일본의 제국주의적 야망과 중국의 내부적인 혼란으로 말미암아, 상대적으로 고립된 또 하나의 태풍의 눈이 형성되었다. 소련의 광대한 국토와 그보다 조금 작은 미국의 영토가 유럽의 분쟁을 동아시아의 권력투쟁과 분리시키고 있었다. 소련과 미국이라는 잠자는 거인은 이데올로기적인 원칙에 따라 전간기의 국제정치에 적극 관여하지는 않았다. 아프리카와 남아시아에서는 식민지의 총독과 관리들이 평화를 유지했고, 라틴아메리카에는 미국 경제력의 그늘이 서서히 드리우고 있었다. 한편 영연방 국가들—캐나다·오스트레일리아·뉴질랜드·남아프리카—은 국제문제에 별로 관심을 보이지 않았다.

이런 양상은 제2차 세계대전에 의해 붕괴되었다. 이 전쟁을 통해 소련과 미국은 세계를 양분하는 초강대국으로 떠올랐다. 전쟁 전에 양국이 국제연맹이나 그 밖의 외교문제에 대등한 입장에서 자유롭게 개입하기를 꺼렸던 것은 이데올로기적 원칙 때문이었다. 그런데 기묘하게도 전쟁이 끝나자 바로 그 이데올로기적 원칙에 의해, 양국은 세계 모든 지역의 문제에 관심을 기울이게 되었다. 마르크스-레닌주의를 신봉하는 소련은 아시아와 유럽을 포함한 세계 각지에 대두되고 있던 공산주의 운동을 원조해줘야 할 의무를 느꼈고, 미국은 윌슨의 민주적 민족자결을 옹호하기 위해 공산주의가 전세계로 확산되는 것을 막아야 한다고 생각했다.

　물론 이 '냉전'체제가 확립되기까지는 시간이 걸렸다. 처음에 대부분의 미국인은 사신의 아버지 세내가 세1차 세계대전 직후에 했던 바를 반복하면 된다고 생각했다. 다시 말해서 해외에 나가 있는 미군을 본국으로 송환해서 무장을 해제하고, 세계평화의 유지는 열강의 합의에 의해 성립된 국제연맹이 맡아주기를 기대했다. 문제는 열강의 합의라는 것이 1918년 이후와 마찬가지로 1945년 이후에도 쉽사리 도출되지 않았다는 것이다. 연합국측은 독일 및 일본과 강화조약을 체결하기로 했지만, 그 조건에 관해 합의를 보려는 노력은 무위로 돌아갔다. 결국 1947년에 미국정부는 소련의 팽창야욕이 '봉쇄'될 때까지 유럽과 일본에서 미군병력의 철수를 유보하기로 결정했다.

　스탈린이 전후의 사태를 어떻게 파악하고 있었는지에 대해서는 명확히 밝혀진 바가 없다. 그는 외국의 공산주의자들을 낮게 평가하고 있었고, 1945년 당시 중국이나 동유럽의 공산당이 권력을 장악하리라고는 기대하지 않았을지도 모른다. 그렇지만 그의 언동이 미국을 비롯한 여러 국가로 하여금 소련이 세계 곳곳에 공산당 정권을 세우기 위한 운동을 지도하고 있다고 믿게 만들었던 것도 사실이다. 전후 소련에서 스탈린이 새삼 제창한 것은 세계혁명을 예언하는 정통 마르크스주의 이론이었다. 스탈린은 1944~1945년에 소련군이 유린한 동유럽 일각에 연립정권을 세웠고, 그후 2년 안에 모조리 공산당 독재정권으로 바꿔놓았다. 또한 열성을 기울이지는 않았으나 흑해 입구의 보스포루스 해협을 지배하려 했고, 터키 동부와 이란으로 세력을 확대할 뜻을 내비쳤다. 그러는 동안 아시아에서는 공산주의자들이 중국을 지배하기 시작했고, 다른 몇몇 국가에서도 공산 게릴라들이 정권 장악을 기도하고 있었다. 서유럽에서도 공산당 세력은 만만치 않았고, 혁명에 대한 논의가 무성했다. 이 모든 상황이 소련 정부에게는 마르크스의 예언이 실현되는, 당연하고 필연적이며 바람직한 현상으로 보였을 것이다. 그러나 미국과 유럽의 국가들이 판단하기에 그런 상황은 전후의 궁핍과 사회불안을 틈타 혁명과 내전을 선동할 목적으로 모스크바에서 획책한 세계적 음모의 결과였다.

그리스에서 공산 게릴라에 의한 혁명운동이 일어나 정부를 전복하려 하자, 미국은 개입을 결정했다. 1947년 3월 트루먼 대통령은 차제에 공산주의 세력이 무장혁명에 의해 정권 장악을 노리는 경우 때와 장소를 불문하고 강경 대응한다는 이른바 트루먼독트린을 천명하고, 의회에 그리스에 대한 원조를 요청했다. 3년 후, 미국의 노력은 그리스에서 결실을 보았다. 그러나 공산주의 혁명운동을 범세계적으로 미연에 방지한다는 정책은 미국의 힘과 부와 의지로도 불가능한 일이었다.

냉전시대, 1947~1973

그러나 서유럽에서는 미국의 냉전정책이 대성공을 거두었다. 1948년에 유럽 각국의 정부는 전후 부흥계획을 입안했고, 미국의회는 그 안을 토대로 소위 마셜플랜을 승인했다. 미국의 원조를 받은 공산체제 이외의 유럽 국가들은 그 계획이 공식적으로 완료된 1953년까지 경제부흥과 정치안정을 달성했다. 같은 기간에 공산주의 정권하의 동유럽 국가들에서는 소련의 5개년계획을 본뜬 경제계획이 시행되었고, 그 결과 동구권 전역에서 비교적 빠른 경제발전이 이루어졌다. 초국가적인 시장의 개발과 경제협력을 위한 노력은 서유럽에서는 대단히 성공적이었다. 이에 반해 동유럽에서는 각국이 별도의 계획을 추진하는 데 급급해 국가 간의 협력은 원활하지 못했다. 1960년대에 상당한 성과를 올리고도 동유럽이 서유럽의 경제성장과 기술적 진보에는 미치지 못했던 것은 아마도 이 때문이었을 것이다.

하지만 유럽을 제외한 지역에서는, 세계정세에 대한 소련과 미국의 견해가 현실에 부합하지 않았다. 소련의 입장에서 보자면, 1948년 이후 서유럽의 공산주의 운동이 침체된 것은 기대와 현실 사이의 기본적인 괴리가 더욱 커진 것을 의미했다. 그도 그럴 것이 실제로 혁명직 마르크스주의가 둥지를 튼 곳은 마르크스와 레닌의 예상과는 달리, 공업 프롤레타리아트가 존재하던 국가가 아니라 국민의 압도적인 다수가 농민이고 근대산업이 막 발달하기 시작한 국가였기 때문이다.

두 번째 당혹스러운 점은, 혁명이 승리했음에도 불구하고 마르크스가 예견했던 국제적인 형제애가 나타나지 않았다는 것이다. 신생 공산정권은 소련과 협력하려는 열의를 보이지 않았다. 특히 중국은 소련에 협조할 의사가 전혀 없었다. 공산주의 진영 내의 분열이 최초로 표면화된 사건은 1948년에 일어났다. 스탈린이 유고슬라비아에 대한 지배를 강화하려다 오히려 유고슬라비아의 공공연한 반발에 직면했던 것이다. 이런 긴장의 배후에는 공산주의 혁명이 내셔널리즘과 인종적·문화적 자존심을 불식시키지 못했다는 사실이 버티고 있었다. 더욱이 아시아와 아프리카의 공산주의 운동은 공산주의적인 동시에 내셔널리즘적이었다. 예컨대 백인 제국주의에 대한 공격은 직접 인종주의적 감정에 호소하는 것으로, 반(反)프랑스나 반(反)영국뿐 아니라 (反)소련도 포함하고 있었다.

소련의 이데올로기가 미·소를 제외한 세계의 현실과 부합하지 않았던 세 번째 측면은 제2차 세계대전 이후 유럽 열강의 식민지가 해체되는 방식이었다. 영국은 자진해서 1947년에 인도에서 철수했다. 당시 인도에서는 무슬림과 힌두 교도 사이의 불신이 극심했기 때문에, 영국은 가급적 다수자 지배의 원리에 따라 무슬림의 파키스탄과 힌두 교도의 인도를

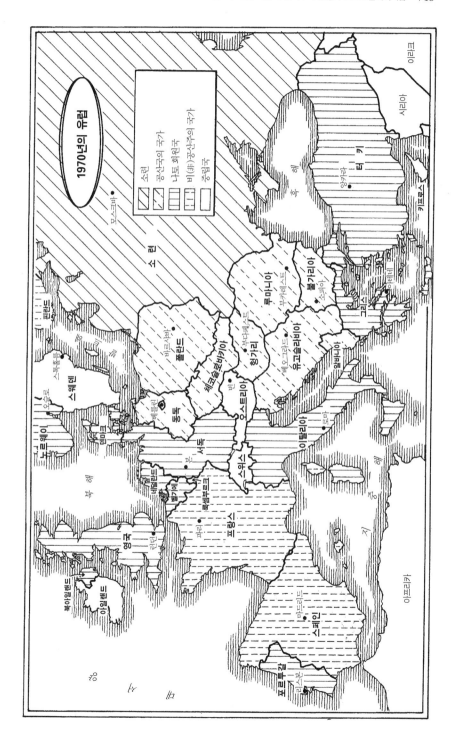

분리했다. 영국군이 철수하자, 두 종교집단 사이에 대규모 무력충돌이 발생했다. 수십만 명이 사망했고, 그보다 많은 사람이 자신이 원하는 종교를 찾아 새로 설정된 국경선을 넘었다. 이처럼 순탄치 못하게 출발했지만, 1947년 이후 인도와 파키스탄은 자치를 누렸다. 문맹·빈곤·지역 간 격차에도 불구하고, 인도는 의회민주주의 형식의 정부를 유지했다.(파키스탄은 그렇지 못했다.) 인도의 독립과 거의 동시에 영국은 실론과 비마에서도 철수했다. 그러나 말라야에는 1957년까지 남아 있었다.

일단 영국이 식민지 행정에서 철수하기로 결정하자, 다른 식민 열강도 그 뒤를 따르는 것이 현명하다고 판단했다. 아프리카의 식민지 중에서는 황금해안이라 불리던 가나가 1957년에 가장 먼저 독립했다. 그로부터 5년 사이에 아프리카의 유럽 식민지는 대부분 독립했다. 남아 있던 것은 포르투갈령 앙골라와 모잠비크뿐이었다.

물론 유럽 열강이 언제나 자발적으로 식민지에서 물러났던 것은 아니다. 예컨대 네덜란드는 잠시 인도네시아에 대한 지배를 재개하려 했으나, 무력저항에 직면한 뒤에 철수를 결정했다(1949). 프랑스는 더욱 의욕적으로 식민지배를 회복하려고 노력했으나, 시리아와 베트남에서 격렬한 무력저항에 부딪친데다 영국의 정책에도 신경을 쓸 수밖에 없었기 때문에 결국은 좌절하고 말았다.

프랑스에게는 알제리 투쟁이 가장 고통스러웠다. 그곳에는 다수의 유럽인 입식자가 살고 있었는데, 알제리의 무슬림이 독립을 강력히 요구하다가 마침내 독립전쟁을 개시하자, 입식자들은 맞대응을 벌였다. 처음에 프랑스의 여론은 강경대응을 지지했으나 전쟁이 장기화되자 국민정서가 분열되어 프랑스는 내전 직전까지 갔다. 이런 급박한 상황에서 1958년 샤를 드골 장군이 권좌에 복귀했다. 드골은 제2차 세계대전 중에 자유프랑스 운동을 이끌었으며, 1945~1946년에 잠시 프랑스 정부의 수반을 지냈다. 다시 권력을 잡은 드골은 헌법을 개정하여 대통령의 권한을 확대했고, 자신이 대통령으로 선출된 뒤에는 그 권력을 이용해 알제리에 평화를 정착시키려고 했다. 1962년, 7년 동안의 전쟁 끝에 실시된 국민투표에서 알제리의 독립이 압도적 다수의 지지로 가결되었고, 프랑스 정부는 그 결과에 승복했다.

이처럼 신속하게, 그리고 대개의 경우 평화적으로 유럽의 식민지 제국이 해체된 이유 중 하나는 본국 정부의 사고방식이 변했다는 데 있었다. 예컨대 1946년에 정권을 잡은 영국의 노동당은 원칙적으로 제국주의를 부정했고, 영국이 인도뿐 아니라 다른 지역에서도 식민행정의 책임에서 벗어나기를 원했다. 두 번째 요인은 식민지 주민들 사이에서 고조된 정치의식이었다. 독립운동은 외국의 지배에 대한 저항을 불러일으키는 동시에 유럽의 식민행정관들로부터 행정업무를 인계받을 수 있는 정치구조를 만들어냈다. 독립에 걸림돌이 되었던 초기의 난관을 극복한 지역은, 벨기에령 콩고처럼 주민들이 적극적으로 요구하지도 않았는데 독립을 얻게 된 지역에 비해 자치정부가 잘 준비되어 있었다.

동남아시아에서는 프랑스령 인도차이나가 독립국가인 베트남·캄보디아·라오스로 분리될 때, 유서 깊은 문화적·정치적 차이가 반영되었다. 하지만 그 밖의 지역에서는 유럽의 행정관들이 구획한 국경이 독립 후에도 그대로 유지되었다. 신생독립국들의 경우 행정의 책임이 유럽식 학교에서 교육받은 신임 관리들의 손에 넘어갔기 때문이다. 전통적인 부족집단과 식민지시대 이전의 군주국은 백인 식민행정관의 토착민 후계자들의 정치적·행정적 통제에서 벗어날 능력이 없었다. 신생 정부에 대한 저항—이를테면 1960년대 말에 나이지리아에서 일어난 비아프라의 반란—은 예외 없이 실패로 끝났다.

미국과 소련은 유럽 식민제국의 소멸을 인정했다. 식민지들의 독립을 향한 움직임이 시작과 동시에 급진전된 이유 중의 하나도 그것이었다. 그렇지만 양국 모두 결과에 만족하지는 못했다. 한 가지 불만은, 대다수

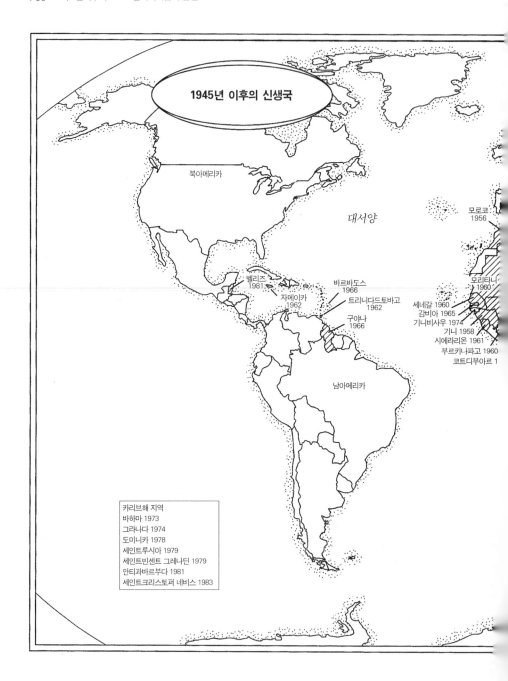

1945년 이후의 신생국

북아메리카

대서양

모로코
1956

모리타니
1960

벨리즈
1981

바르바도스
1966

자메이카
1962

트리니다드토바고
1962

구야나
1966

세네갈 1960
감비아 1965
기니비사우 1974
기니 1958
시에라리온 1961
부르키나파고 1960
코트디부아르 1

남아메리카

카리브해 지역
바하마 1973
그라나다 1974
도미니카 1978
세인트루시아 1979
세인트빈센트 그레나딘 1979
안티과바르부다 1981
세인트크리스토퍼 네비스 1983

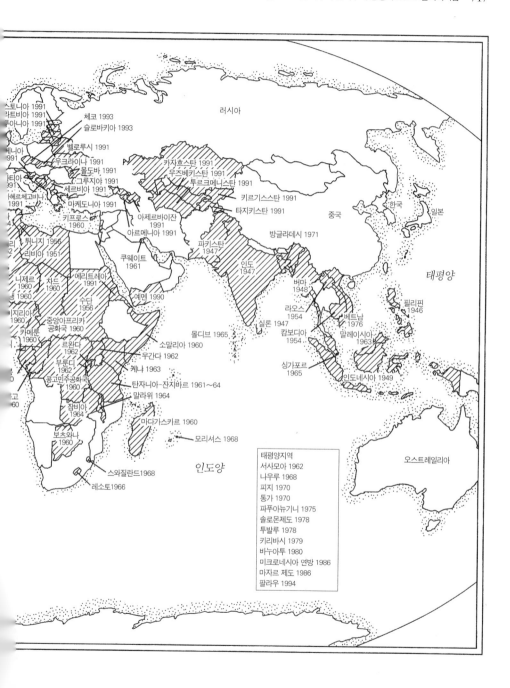

스토니아 1991
라트비아 1991
투아니아 1991

체코 1993
슬로바키아 1993

러시아

벨로루시 1991
우크라이나 1991
몰도바 1991
그루지야 1991
세르비아 1991
마케도니아 1991

카자흐스탄 1991
우즈베키스탄 1991
투르크메니스탄 1991

키르기스스탄 1991
타지키스탄 1991

중국

한국

일본

르체고비나
1991

아르메니아 1991
아제르바이잔
1991

키프로스
1960

방글라데시 1971

튀니지 1956
리비아 1951

쿠웨이트
1961

파키스탄
1947

인도
1947

태평양

니제르
1960

차드
1960

에리트레아
1991

수단
1956

예멘 1990

버마
1948

필리핀
1946

지리아
1960

카메룬
1960

중앙아프리카
공화국 1960

르완다
1962
부룬디
1962
콩고민주공화국
1960

소말리아 1960
우간다 1962

몰디브 1965

실론 1947

라오스
1954

캄보디아
1954

베트남
1976

말레이시아
1963

케냐 1963
탄자니아-잔지바르 1961~64
말라위 1964

싱가포르
1965

인도네시아 1949

잠비아
1964

마다가스카르 1960

보츠와나
1960

모리셔스 1968

스와질란드1968
레소토1966

인도양

태평양지역
서사모아 1962
나우루 1968
피지 1970
통가 1970
파푸아뉴기니 1975
솔로몬제도 1978
투발루 1978
키리바시 1979
바누아투 1980
미크로네시아 연방 1986
마자르 제도 1986
팔라우 1994

오스트레일리아

'신생국'이 UN 총회에서 의석을 확보하여 '제3세계' 블록을 형성함으로 써, 대부분의 문제에 대해 냉전체제하의 공산진영과 비(非)공산진영 중 어느 쪽에도 가담하기를 거부했다는 것이다. 더욱이 소련과 미국의 이데 올로기적 기대도 충족되지 않았다. 식민제국이 붕괴되었다고 해서, 유럽 의 공업국에서 사회주의 혁명이 촉발되지는 않았다. 과거의 식민 열강은 식민지 없이도 번영을 누렸다. 이는 서유럽에서 반드시 일어날 수밖에 없는 혁명이 그때까지 일어나지 않은 이유에 대한 레닌의 설명을 정면으 로 반박하는 것이었다.(레닌은 서양의 프롤레타리아트가 제국주의의 이익을 나누어 가짐으로써, 식민지 주민들의 착취자가 되어 유럽에서 혁명의식의 발 달을 저해한다고 비난했다.) 하지만 미국의 입장에서도 독립한 아프리카 와 아시아의 발전상은 안심할 만한 상태가 아니었다. 독립과 함께 출현 한 것은 민주주의와 자유주의적인 제도가 아니라 주로 일당체제와 군사 독재였기 때문이다.

엄밀하게 이데올로기적인 관점에서 보자면, 그런 정권이 공산당 정권 보다 미국식 민주주의의 이상에 더 가깝다고 말할 수는 없었다. 그럼에 도 불구하고 모스크바에서 조종하는 전세계적인 공산주의의 음모가 모 든 비공산권 세계의 평화와 안전을 위협한다는 의견은 미국에서 변함없 는 지지를 받았다. 1947~1953년에 유럽을 안정시키기 위해 미국의 자 원을 쏟아 부은 것도 같은 사고방식에서 나온 조치였다. 이 의견은 중국 의 상황에 의해 더욱 강화되었다. 미국은 장제스가 이끌던 국민당 정부 를 지지했으나, 결국은 공산당이 군사적 승리를 거두어 미국의 노력이 무위로 돌아갔던 것이다.

중국공산당이 권력을 장악하자마자(1949), 북한의 공산정권이 남한을 공격했다(1950). 미국은 이것을 공산주의 팽창계획의 또 다른 행보로 간 주했다. 당시 소련이 출석을 거부했기 때문에, 미국은 UN 안전보장이사 회에서 침략자에게 제재를 가하기로 결의할 수 있었다. 미국은 자국의 군대와 다른 국가에서 파견한 소규모 병력을 합쳐 UN군을 편성하여 북한의 침입에 군사적으로 개입했다. 하지만 북한이 패배하기 직전에 중국군이 참전하는 바람에 전세는 다시 역전되었고, 일진일퇴를 거듭한 끝에 남북한은 원래의 경계선에 가까운 곳에서 대치하게 되었다.

전선은 교착상태에 빠졌고, 결국에는 휴전협정이 체결되었다(1953). 하지만 남북한 모두 그 결과에 만족하지 못했고, 이 상태는 아직도 계속되고 있다. 한국전쟁의 최대 수혜자는 UN군 군수물자의 주요 공급국이 된 일본이었다. 확대된 수요에 자극받은 일본의 산업은 제2차 세계대전으로 인한 폐허에서 회복되어, 같은 시기에 독일이 이룩한 경제부흥을 능가할 정도로 크게 성장했다.

냉전시대의 국제관계를 주로 좌우한 것은 미국과 소련이 순식간에 도시 전체를 파괴할 수 있는 핵무기를 보유하고 있다는 사실이었다. 1945년 당시만 해도 원자폭탄은 전시의 비밀연구 덕분에 미국만이 보유하고 있던 신무기였다. 그러나 소련은 기술적 열세를 만회하기 위해 전력을 기울였다. 스파이들이 수집한 기술상의 비밀도 한몫했겠지만, 소련의 과학자와 기술자들은 서양의 전문가들이 깜짝 놀랄 만큼 빠른 속도로 미국의 기술을 따라잡았다. 소련이 첫 원폭실험(1949)을 마친 뒤에, 미국정부는 훨씬 강력한 핵탄두, 이른바 수소폭탄을 개발하기로 결정했다. 수소폭탄의 에너지는 태양과 다른 행성에서 열에너지를 만들어내는 과정과 동일한 핵융합반응에 의해 생성된다. 소련도 거의 같은 시기에 같은 결정을 내렸던 것 같다. 어쨌든 소련은 미국이 최초의 수폭실험을 한 지 불과 몇 달 뒤에 같은 실험을 했다(1953~1954).

핵무기의 파괴력을 엄청나게 확대시켜 놓기가 무섭게, 양국은 또 다른 비밀경쟁에 돌입했다. 이번에는 누가 먼저 핵탄두를 운반할 수 있는— 필요한 경우 지구의 반대편까지—미사일을 개발하느냐 하는 것이었다. 1960년대 초반에 소련과 미국은 발사 버튼을 누르기만 하면 반시간 만에 상대방의 도시를 파괴할 수 있는 미사일을 갖추고 있었다. 이런 미증유의 상황에서 생기는 공포를 잠재우기 위해, 양국의 기술진은 비행 중인 공격용 미사일을 자국에 피해를 주지 않는 지점에서 요격할 수 있는 수단을 개발했다. 그러자 요격미사일을 따돌리기 위해 비행 중에 궤도를 바꾸는 탄도미사일과 다(多)핵탄두가 개발되었다. 1970년대와 1980년대 동안의, 기술적 우위를 확보하기 위한 부단한 비밀경쟁은 두 강대국의 국가사원의 상당 부분을 좀먹었다. 그렇지만 아무리 기술이 진보해도, 돌발적이고 파멸적이며 전면적인 재앙의 가능성을 미연에 방지할 수 있다는 보장은 어느 쪽에도 없었다.

일찍이 1950년대에도 핵전쟁의 위협은 소련과 미국의 정책에 일정한 억제효과를 발휘했다. 핵무기가 사용될 뻔한 위험천만한 대치국면에서 두 강대국이 몸을 사린 것은 한두 번이 아니었다. 미국이 한국전쟁에 개입한 중국에 대해 원폭을 투하할 수 없었던 것은 소련이 중국을 돕기 위해 참전할 경우 제3차 세계대전이 일어날 수도 있다는 두려움 때문이었다. 같은 이유로 1965년 헝가리에서 공산정권에 항거하는 반란이 일어나 소련의 진압군이 투입되었을 때도 미국은 반란자들을 도와줄 수가 없었다. 마찬가지로 소련도 피델 카스트로가 공산주의 혁명에 의해 반미정권을 수립한 쿠바에 1962년에 미사일 기지를 건설하던 중 미국에 발각되어 철수를 요구받자 한걸음 뒤로 물러났다. 팽팽한 긴장 속에 며칠이 흐른 뒤, 소련이 철수하기로 결정했던 것이다. 대등한 무기를 보유하고 미국에 대항하고자 했던 쿠바 정부로서는 이만저만한 실망이 아니었지만, 소련은 미사일을 철거하고 기술자들을 철수시켰다.

미·소 군비경쟁의 경이로운 부산물은 우주개발이었다. 핵탄두를 지구 반대편까지 보낼 수 있는 로켓은 인공위성을 쏘아 올리는 데도 이용될 수 있었다. 소련은 1957년에 최초로 인공위성 발사에 성공했고, 4년 뒤에는 유리 가가린이 인공위성을 타고 지구 궤도를 한 바퀴 돈 다음에 무사히 귀환하는 위업을 달성했다. 소련의 성공에 자극받은 미국은 막대한 자금을 우주개발에 투입했다. 그 결과, 1969년에는 두 번에 걸쳐 미국의 유인 우주선이 달에 착륙했다가 무사히 지구로 귀환하는 쾌거를 이루었다.

　이 경이적인 성과는 우주 개발과 탐사가 이룩한 수많은 업적 가운데 일부에 지나지 않았다. 다양한 계기를 장착한 무인로켓이 태양계를 통과하여 태양 주위를 도는 다른 행성을 탐사했다. 게다가 다수의 인공위성이 대기권 밖의 상공에서 라디오와 TV의 통신을 중계하고 기상상황을 촬영하고 군사기지를 관측하는 등의 다양한 기능을 수행했다. 소련과 미국은 군사기밀 유지에 극도로 신경을 썼으나, 1970년경까지 양국의 첩보위성은 상대방의 수많은 기밀을 탐지해냈다. 그런데 기묘하게도 이 사태는 오히려 양국을 안심시켰다. 위성 정찰 시스템에 의해 대륙간탄도미사일이 배치된 지하 격납고의 입구까지 관측되는 이상, 선전포고 없는 기습공격의 가능성은 그만큼 줄어들었기 때문이다.

　군비경쟁이 만들어낸 예기치 못한 부산물은, 미국과 소련이 전면전을 벌일 경우 인류가 멸망할지도 모른다는 끔찍한 공포였다. 하지만 두 강대국이 최종적인 대결만큼은 피하는 자세를 보여줌으로써, 양 진영의 동맹국들은 가공할 만한 핵무기가 자신들에게 사용되지 않으리라는 결론을 내리게 되었다. 그래서 프랑스는 1966년에 미국이 이끄는 군사동맹인 나토(NATO, 북대서양조약기구. 1949년에 설립)에서 탈퇴했다. 한편 중국은 소련이 진정한 혁명적 마르크스주의를 배반했다고 비난하면서, 지방의 인민공사를 중심으로 농업생산뿐 아니라 공업생산까지 확대하기 위한 '대약진운동'을 개시했다. 이 운동은 심각한 기근을 초래하면서 무참하게 실패했는데, 1961년에 소련이 새로운 공장—원자폭탄을 제조하는 공장을 포함한—의 건설을 도와주고 있던 기술자들을 철수시킴으로써 중국의 경제상황은 더욱 악화되었다.

　오래지 않아 중국과 소련의 대립은 공산주의 세계 전체에 심대한 영향을 미쳤다. 유럽의 일부 공산정권은 소련의 간섭에서 벗어나기 위한 방편으로 중국에 의지했다. 서양의 자유주의에 관심을 보이는 국가도 있었다. 아무튼 소련이 다른 공산당 정권을 통제할 수 없다는 것은 명백해졌다. 그동안 '진정한' 마르크스-레닌주의 노선에 대한 이데올로기적 주장에 의해 불완전하게나마 은폐되어왔던 해묵은 국가적·문화적·인종적 반감이 공산진영 내부에서 다양한 형태로 분출되었다. 유사한 상황이 냉전체제하의 미국측 동맹국들 사이에서도 진개되었다. 소련이 이끄는 진영과 미국이 이끄는 진영으로 양분되던 냉전의 대립구도는 분명히 시대에 뒤떨어진 것이었다. 냉전이 시작된 지역이며 1950년대에는 세계의 다른 지역에 비해 그 도식에 잘 들어맞았던 유럽에서도 사정은 달라졌다.

미국과 소련이 경합하던 아시아·아프리카·서아시아에도 자본주의 대 사회주의, 자유주의 대 마르크스주의 같은 단순한 도식으로 구분될 수 없는 뿌리 깊은 대립이 존재했다. 제2차 세계대전 이후에는 오래된 문화적 다양성이 내셔널리즘이나 혁명(주로 마르크스주의적인) 같은 새로운 외양으로 장식되고 인종적 그리고/또는 종교적 감정에 의해 증폭되어, 아시아·아프리카·서아시아의 정치에 독특하고 때로는 폭력적인 성격을 부여했다.

소련은 1961년 이후 중국과의 대립에서, 미국은 1964~1973년에 베트남과의 대결에서 그런 현실에 직면했는데, 미국의 경험은 훨씬 처절했다. 애초에 미국정부가 베트남에 군대를 파병한 것은 북부의 공산세력에 전복될 위기에 처한 남부의 비(非)공산정권을 도와주기 위해서였다. 처음에는 한국전쟁과 동일한 상황인 듯이 보였다. 강력한 공산주의의 위협에 맞서 스스로를 지키려고 노력하는 모든 정부에 도움을 주는 것은 미국의 냉전원리였다. 그러나 베트남의 실상은 한국의 경우와는 달랐다. 남한의 내셔널리즘은 소련의 꼭두각시 북한에 대항하는 UN군을 실제로 지지했다. 그러나 베트남에서는 그 관계가 역전되었다. 대부분의 베트남인이 보기에 외국에서 온 백인—처음에는 프랑스인(1954년까지), 다음에는 미국인—의 손에 놀아나는 꼭두각시는 남베트남의 지배자들이었다. 따라서 1964년 이후 내셔널리즘과 인종주의적 감정이 결합하여, 새로운 미제국주의자를 추방하려는 마르크스주의 혁명세력의 노력을 뒷받침했다. 격렬한 전쟁이 발발했을 때, 소련의 군사원조를 받은 북베트남은 압도적으로 우세한 미군의 장비에 대항할 수 있었다.

오랫동안 미국정부는 베트남의 현실에 대해 알면서도 모른 척했다. 그러나 남베트남의 병사들은 미국식 훈련과 장비를 갖추고도 전투능력이 형편없었던 데 비해 공산주의자의 편에서 싸우는 북베트남 병사들은 불굴의 투지를 발휘했다는 것만 봐도, 국민의 감정이 미국의 간섭에 반대하고 있다는 것은 명백했다. 그리고 미국 내에서도 많은 미국인이 전쟁에 반대하기 시작하자, 리처드 닉슨 대통령은 1973년에 미군을 철수하고 남베트남인의 손에 그 운명을 맡기기로 결정했다. 그 후 공산주의자들은 신속하게 남베트남을 차지했고, 베트남은 다시 한번 통일국가가 되었다.

미국인들 사이에서는 선의가 배신당한 데 대해 혼란스러운 분노가 들끓었다. 그러나 도대체 누구한테 배신당했단 말인가? 베트남에서 예상치 못한 완패를 당한 미국 정계는 어수선해졌고, 닉슨 대통령은 1972년의 선거운동 기간에 불법행위에 연루된 것이 폭로되어 1974년에 대통령 재임 중에 사퇴했다. 아시아·아프리카·라틴아메리카에서도 흥분과 혼란 속에 소요가 끊이지 않았다. 이렇게 해서 냉전의 명확한 목표와 초기의 성과는 희미한 과거 속으로 사라졌다. 한편 미국경제도 가파른 인플레이션과 유가 급등으로 인해 1945년 이래 누려왔던 번영이 중단되었다. 무엇을 어떻게 해야 할지 막막하기만 했다. 그리고 유사한 혼란이 소련과 세계의 여러 지역을 강타하기 시작했다.

곳곳에서 국지적 분쟁이 발생했다. 힌두 교도의 인도와 무슬림의 파키스탄은 여전히 첨예하게 대립했고, 1971년에 인도의 군사지원을 받은 동파키스탄은 반란을 일으켜 방글라데시로 독립했다. 아프리카의 로디지아와 남아프리카에서는 흑백간의 인종분쟁이 대륙 전체에 불길한 징조를 드리운 가운데, 신생독립국들 간의 그리고 그 국가들 내부의 파벌 간 갈등이 폭력사태로 치닫는 경우가 허다했다. 이런 종류의 갈등 가운데 가장 규모가 컸던 것으로는, 1967~1970년에 비아프라가 나이지리아로부터의 독립을 요구하며 봉기했다가 실패한 사건, 1960~1978년에 자이르에서 구리가 풍부한 남부지역을 장악하기 위해 일어난 무력분쟁, 그리고 1977~1978년에 동아프리카의 에티오피아와 소말리아 사이에 벌어진 격렬한 전투를 들 수 있다. 이런 투쟁은 예외 없이 이데올로기 대립보다는 민족갈등을 반영했지만, 강대국들은 분쟁 당사자들에게 무기 공급자 역할을 하고 있었기에 중립을 지키기가 어려웠다.

서아시아도 유대인의 신생국 이스라엘이 무력에 의해 탄생한 1947년 이래 분쟁의 온상이 되었다. 이스라엘의 무력은 한편으로는 제1차 세계대전 이래 팔레스타인을 관리했던 영국인을, 또 한편으로는 무슬림의 정복 이래 그 지역에 살고 있던 아랍인을 향했다. 제2차 세계대전 중에 유럽의 유대인을 말살하려던 히틀러의 노력은 유대인의 내셔널리즘적·종교적 감정을 강력하게 자극했다. 나치는 수백만 유대인을 유럽의 보금자리에서 추방했고, 무수한 유대인을 특수하게 설계된 가스실에서 학살했다. 남녀노소를 불문하고 적어도 600만 명의 유대인이 나치에게 목숨을 잃었다. 운 좋게 살아남은 유대인도 유럽에서 다시 생활하기는 어려웠다. 유럽계 유대인의 상당수는 이런 상황에서 박해받는 소수민족이 되지 않는 유일한 방법은 유대교의 발상지인 성지로 이주하는 것이라고 판단했다. 그러나 유대인이 팔레스타인에서 다수자가 되어 유대인의 국가를 세우기 위해서는, 그곳에 살고 있던 수많은 아랍인을 배제할 필요가 있었다. 유대인이 그 방안을 실행하여 무력으로 이스라엘을 건설하자, 팔레스타인에 살고 있던 아랍인은 물론이고 주변 국가의 아랍인도 심한 굴욕감을 느꼈다.

코란의 가르침(무슬림 사회에 그리스도 교도와 유대인을 받아들였으나 이들에게는 종속적 지위를 부여했다)이나 아랍인의 자존심을 고려할 때, 이스라엘의 건국은 도저히 묵과할 수 없는 일이었다. 따라서 1947년에 UN 총회가 팔레스타인을 유대인과 아랍인 사이에 분할할 것을 결의했을 때도, 이스라엘 국가의 존재를 인정하는 아랍 정부는 하나도 없었다. 아랍 연합공화국을 만들어 아랍의 지위를 강화하려는 노력도 영속적인 성과를 거두지는 못했다. 빈곤과 기술적 후진성뿐 아니라 당파와 지역간 경쟁이 아랍을 끊임없이 괴롭혔다. 그러나 그런 문제가 불거질수록, 수세기 동안 많은 무슬림 땅에서 미미한 소수민족으로 살아왔던 유대인과 이스라엘에 대한 아랍 대중의 증오심은 커져만 갔다. 그 결과, 무슬림 세계 곳곳에서 유대인 이민의 물결이 이스라엘로 밀려들었고, 이스라엘은 처음의 구상과는 달리 전체적으로 유럽형 사회가 되지 못했다.

일련의 전쟁—1948~1949년, 1956년, 1967년, 1973년—이 서아시아의 불안정한 휴전상태를 중단시켰다. 최초 세 번의 전쟁에서는 이스라엘이 승리했다. 특히 1967년에는 예루살렘 전역에 대한 지배권을 장악했고, 전선을 동쪽으로는 요르단 강, 서쪽으로는 수에즈 운하까지 확대했다. 하지만 1973년에는 백중세를 보였고, 휴전조약에 따라 이스라엘은 수에즈 운하에서 철수했다. 그 직후에 수에즈 운하는 이집트의 관리하에 정상적인 운항이 재개되었다.

민족적·부족적·종교적 반목이 핵심을 이루는 지구상의 모든 분쟁과 마찬가지로, 서아시아에서도 세력균형은 강대국의 무기 공급과 직결된 문제였다. 독립 초기에 이스라엘은 프랑스에서 무기를 입수했다. 당시 프랑스는 알제리에서 무슬림과 싸움을 벌이고 있었다. 프랑스가 정책을 전환하여 알제리인을 비롯한 여타 무슬림과 화해를 모색하기 시작하자,

이스라엘은 주로 미국에 의존했다. 미국에서는 유대계 미국인 사이에서 친(親)이스라엘 정서가 강했다. 프랑스·영국·이스라엘 연합군의 이집트 공격이 초기 단계에서 UN에 의해 제지되고 있던 1956년 이후 소련은 이 집트에 무기를 공급했다.(이는 미국과 소련이 전후의 국제문제에서 같은 입 장을 취했던 소수의 사례에 속한다.) 그러나 서아시아에서 소련과 미국의 협력은 단명했다. 1960년대에 두 강대국은 서로 싸우게 되었다. 이스라 엘은 미국 무기에 의존했고, 아랍 국가들은 소련 무기에 의존했다. 그러 나 1973년 이후 이집트 정부는 180도 방향을 바꾸어 소련과의 관계를 단절했다. 그 결과 초래된 서아시아의 세력 재편은 냉전의 해빙이라 부 를 수 있는 국제정세의 새 시대를 열었다.

냉전의 해빙, 1973~1991

새로운 국제관계의 배후에는 미국과 소련의 국내문제가 있었다. 양국의 대조적인 경제운영이 새로운 시대의 요구에 부응하지 못 했던 것이다. 1950년대와 1960년대에 원활하게 작동되던 국민경제의 정치적 관리방식이 벽에 부딪치자, 소련공산당도 미국정부도 당황했다.

미국의 어려움은 베트남전 비용을 지불하기 위한 증세정책이 저항에 직면하면서 비롯되었다. 그러나 그것말고도 더욱 근본적인 문제가 있었 다. 전쟁 직후에는 미국경제가 그런대로 수지균형을 맞추고 있었다. 원 조계획에 따라 다량의 식량과 공산품이 외국으로 빠져 나갔지만, 수입 (輸入)은 적정선을 유지하고 있었다. 이는 재정·조세정책을 원만하게 운 용할 경우(베트남전 기간에는 그렇지 못했다), 경제활동의 수준이 상승할 수 있다는 것을 의미했다. 실제로 제2차 세계대전 중에 발달한 이론과 통 계학에 기초를 둔 국민경제의 정치적 관리는 이전 세대의 골칫거리였던 호황과 불황의 순환을 억제할 수 있었다. 그러나 석유와 기타 물자의 수입량이 급증하기 시작하자, 국내경제에나 통용되던 재정·신용정책은 더이상 효과를 발휘하지 못했다. 갈수록 전지구적 규모로 확대되던 경제는 그 규모에 걸맞은 관리를 필요로 했으나, 기존의 틀에 얽매인 정부당국은 필요한 결단을 내리지도 못했고, 세계적으로 통용될 수 있는 적절한 재정·조세정책을 실시하지도 못했다.

국민경제의 관리에는 한계가 있다는 점이 명백히 드러난 것은, 1973 ~1974년에 아랍의 석유수출국들이 미국의 이스라엘 지원에 대한 보복으로 대미 석유수출을 금지했을 때였다. 이에 따른 가솔린 부족은 개인의 일상생활에 혼란을 가져왔고 더 나아가 경제를 마비시켰다. 1974년에 석유 수출금지가 해제되었을 때, 석유수출국기구(OPEC)는 유가를 4배나 인상하기로 결정했다. 이 조치는 세계의 대부분 지역에 심각한 경제적 충격을 주었다. 석유는 거의 모든 곳에서 운송과 산업의 주요 연료였기 때문이다. 그 후 10년 동안 긴급대책이 강구되었고, 유가는 1982년부터 다시 하락하기 시작했다. 유가가 하락한 것은 OPEC 회원국들이 할당량 이상으로 석유를 생산했고, 수입업자들이 새로운 유전(알래스카와 북해 등)을 개발했으며, 석유수입국들이 대체연료를 사용하고 효율적인 난방기구와 내연기관을 만들어 석유소비를 줄였기 때문이다.

팽창을 거듭하는 전지구적 시장경제의 문제에 확실하게 대처하지 못하고 오랫동안 전전긍긍하던 끝에, 미국 정부와 대다수 국가는 자유무역의 길을 택하기로 하고, 힘든 교섭과정을 거쳐 1994년에 '관세 및 무역에 관한 일반협정'(GATT)에 합의했다. 그 골자는 국제무역의 증진을 위해 관세와 비관세장벽을 낮추는 것이었다. 이 전세계적인 협정을 보완하고 지역별 특수자유무역을 추진하기 위해, 유럽에서는 유럽경제공동체(EEC)가 설립되었고, 북아메리카에서는 북미자유무역협정(NAFTA)이 체결되었다. 1990년대 중반에 이르자 미국에는 새로운 호경기가 찾아왔다. 오래된 형태의 산업 가운데 일부는 외국과의 경쟁에서 밀려 도태되었으나, 주로 컴퓨터와 관련된 새로운 사업이 빈 자리를 메웠다. 그렇지만 자유시장의 논리는 사회적 불평등을 심화시켰다. 끊임없이 변하는 시장가격에 의해 좌우되는 급격한 경제적 변화로 인해 일부는 번영을 누렸지만 나머지는 고통을 겪었다.

일본과 서유럽(영국 제외)은 미국보다 완고하게 정부의 경제규제에 매달렸기 때문에, 옛날식 사업에서 신종 사업으로의 이행이 여의치 않았고 결과적으로 미국에 뒤처졌다. 한편 동아시아에서는 중국과 자은 '호랑이들'—홍콩·싱가포르·태국·말레이시아—이 우수한 교육의 질과 중국의 풍부하고 값싼 노동력을 바탕으로 경제성장률 면에서 세계의 다른 지역을 압도했다. 아프리카와 무슬림 세계, 라틴아메리카와 인도는 경쟁에서 뒤처졌다. 이들 지역에서는 인구압이 자원부족을 유발했을 뿐 아니라, 개인 사업가나 회사의 경영자들이 전지구적 규모의 시장경제에서 성공적으로 경쟁할 수 있는 의지나 능력이 없었기 때문이다.

중국인이 지구 총인구의 5분의 1을 차지한다는 사실은 중국의 운명이 그만큼 중대하다는 것을 뜻했다. 중국 정부는 1961년에 소련에 반기를 든 이후, 소련을 견제하기 위해 미국을 이용하려고 했다. 미국 또한 공산주의 세계를 철저히 분열시키는 것이 유리하다고 판단하여 1972년에 중국과 외교관계를 맺었다. 그러나 중국은 대내적으로 혼란에 휩싸여 있었다. 마오쩌둥은 물론이고 그와 함께 권력을 쟁취하기 위해 동고동락한 동지들은 자신들의 정치적 성공 뒤에 발생한 관료의 부패를 혐오했다. 그들은 소위 '문화대혁명'(1966~1976)을 통해 혁명정신을 되살리기로 하고, 나이 어린 홍위병들을 동원하여 필요한 경우 무력을 행사해서 특권에 안주하려는 자들을 공격하게 했다. 1976년에 마오쩌둥이 사망하자 혼란은 가중되었지만, 1981년까지 과격파는 권좌에서 추방되었고, 권력을 장악한 덩샤오핑(鄧小平)이 공산당의 일당독재를 유지하는 동시에 중국을 세계시장에 개방하는 새로운 정책을 전개했다. 덩샤오핑은 농촌의 인민공사를 폐지하고 농가가 자율적으로 농작물을 생산하고 판매할 수 있도록 허용했는데, 그 결과 농업생산이 수직상승했다. 얼마 후 몇몇 공업—주로 소비재—분야에도 유사한 자유가 허용되자, 해외의 화교와 외국인들이 신규 공장에 대한 투자규모가 급증했다. 중국의 일부 연안지방은 전대미문의 번영을 누렸고 중국의 수출은 엄청나게 증가했지만, 대부분의 내륙지방은 경제성장에서 소외되었다. 한편 1989년 베이징의 천안문광장에서 민주화를 요구하던 대규모 집회가 보여주었듯이, 공산당의 정치활동 독점은 인민의 심각한 분노를 불러일으켰다.

더욱이 인구성장은 자연환경에 심한 압박을 가했고, 산업공해의 증가는 가뜩이나 불안정한 중국의 생태학적 균형에 새로운 문제를 추가했다. 그리고 일부 경제활동을 자유시장에 개방한 것은 공산당의 평등주의 이상에 위배되었다. 결과적으로 1997년에 덩샤오핑이 사망했을 무렵, 중국정부는 한편으로는 공산주의를 공식적으로 지키면서 다른 한편으로는 자유시장을 허용함으로써 아슬아슬한 줄타기를 하고 있었다. 이와 동시에 중국은 불공정한 무역관행과 국내의 정치적 탄압에 대한 미국과 다른 국가들의 비판에도 대응해야 했다.

그러나 세계의 다른 산업사회의 내부적인 어려움은 1973년 이후 소련이 경험한 격변에 비하면 아무것도 아니었다. 1932년에 5개년계획이 시작된 이래 소련의 경제를 움직인 것은 중앙에서 하달된 계획이었다. 명령경제에 의한 경제성장이 가능했던 것은 미개발 자원—수력·석탄·석유·철과 기타 광물—이 있었고, 건설현장과 공장노동에 동원할 수 있는 방대한 불완전취업 농민층이 존재했기 때문이다. 40년 동안 수백만의 노동자를 투입하여 새로운 자원을 개발하게 하자, 공산품의 생산량이 급증했다. 인력과 자원의 낭비는 그리 문제가 되지 않았다. 실제로 5개년계획(제2차 세계대전 중의 전시동원에 의해 가속화되었다)은 농민의 대규모 이농을 촉발했지만 농업생산이 감소되지는 않다. 남아 있는 농민들이 트

랙터와 탈곡기를 사용하여 광산과 신흥 공업도시로 일하러 떠난 사람들의 몫까지 생산할 수 있었기 때문이다. 그러나 제2차 세계대전이 끝난 뒤, 러시아의 출생률이 급격히 하락했다. 1970년대까지 남아 있던 농촌의 예비노동력이라곤 중앙아시아의 무슬림 민족들밖에 없었다. 이와 동시에 즉시 이용할 수 있는 새로운 자원까지 고갈되자, 노동과 물자의 효율적인 사용은 지상명령이 되었다.

그러나 소련식 중앙계획경제는 필요한 효율성을 실현할 수 없었다. 정부의 계획에 따라 공장 관리자는 매년 공장에 할당된 분량을 생산할 의무가 있었다. 주어진 기간에 정해진 양을 생산하여 계획을 완수했느냐 아니냐가 상벌의 기준이 되었다. 양이 우선되는 이런 상황에서 질이 희생되는 것은 당연했다. 따라서 소비재는 품질이 조잡했을 뿐 아니라 언제나 부족했다. 소련 정부가 미국을 따라잡겠다는 일념으로 산업의 역점과 품질관리를 무기제조에 집중했기 때문이다. 따라서 소련의 통치자들이 자신 있게 예상한 바와는 달리 소련의 민간경제는 자본주의 국가를 따라잡고 추월하기는커녕 후진성을 면치 못하게 되었다. 한편 비공산권 국가의 생활실상이 알려지자, 소련의 다양한 민족들은 장밋빛 미래에 대한 정부의 약속을 불신하게 되었다.

공산주의의 주장에 대한 환멸은 뿌리 깊은 것이었다. 공장 관리자는 노동력·연료·원자재의 효율적 이용에 대해서는 생각해보지도 않았다. 연료와 부품의 공급이 안정적이지 않았던 탓에, 연중 한가한 시기에 공장에 공급된 불요불급한 인력과 물자도 반납한다든가 절감하는 법이 없었다. 막판에 전력투구하여 중앙의 계획자들이 할당해준 목표만 달성하면 그만이었기 때문이다. 농촌의 인력과 새로운 원료의 공급원이 바닥을 드러내자 산업은 성장을 멈추었고, 날씨가 안 좋았던 해에는 농업생산도 실제로 줄어들었다. 공산당이 약속하는 미래에 대한 믿음이 무너진 마당에, 정밀도 높은 무기를 생산하는 데 드는 비용을 감내하기란 불가능에 가까웠다.

1973년 이후 몇 년 동안은 이 총체적 난국이 OPEC이 주도한 유가 급등에 의해 완화되었다. 소련은 석유 매장량이 많았기 때문에, 석유를 수출해서 식량과 다른 필수품을 수입할 수 있었다. 따라서 당장은 외부세계와의 균형을 맞출 수 있었지만, 소련의 낭비적인 생산방식과 외국의 효율적인 방식 사이의 격차는 해가 갈수록 크게 벌어졌다.

유가가 하락하기 시작한 1982년부터 소련은 두 가지 난관에 직면했는데, 이 두 가지가 함께 작용하여 공산주의 경제운영의 근간을 뒤흔들어 놓았다. 첫째는 군비경쟁의 격화였다. 1983년에 로널드 레이건 대통령은 핵탄두를 공중에서 요격할 수 있는 장치를 개발함으로써 대소 교착국면을 타개한다는 야심 찬 전략방위계획의 승인을 의회에 요청했다. 미국은 그 연구에 천문학적 규모의 예산을 썼지만, 소기의 성과를 거두지는 못했다. 그러나 소련은 미국이 개발하기 시작한, 컴퓨터에 의해 제어되는 '스마트 병기'의 최신기술과 경쟁조차 할 수 없다는 사실을 깨달았다.

이런 패배의식은 적군(赤軍)이 아프가니스탄에서 예상외의 실패를 맛봄에 따라 증폭되었다. 소련-아프간 전쟁(1978~1989)은 미국-베트남 전쟁의 재판이었다. 미국이 붕괴 직전의 남베트남 반공정권을 구하려 했던 것과 마찬가지로, 소련은 애초에 위기에 처한 공산정권을 지원하기 위해 개입했다. 더구나 중국과 소련의 무기가 베트남의 공산주의자들에게 도움을 주었듯이, 미국 정부도 아프가니스탄의 무슬림 게릴라들에게 전투에 필요한 무기와 탄약을 비밀리에 공급했다. 끝으로 한 가지 더 지적한다면, 대부분의 아프가니스탄인은 공산주의보다 이슬람교를 선호했다. 아프가니스탄의 공산주의자들은 외국 침입자의 앞잡이임이 분명했기 때문이다.

소련 자체에서 공산주의에 대한 신념이 완전히 사라져버림에 따라, 아프가니스탄에서 작전수행을 계속하는 것은 미국과 군비경쟁을 계속하는 것과 마찬가지로 감당할 수 없는 부담이었다. 그래서 미하일 고르바초프는 1987년에 미국과 모든 중거리탄도 핵미사일을 철거·폐기하는 협정에 조인했고, 나아가 1989년에는 적군을 아프가니스탄에서 철수시켰다. 고르바초프는 외부압력이 완화되면 개방(글라스노스트)과 개혁(페레스트로이카)을 통해 소련 경제의 효율성을 제고할 수 있으리라 기대했다. 그러나 개방은 기존 정책과 권위에 대한 비판의 허용을 뜻했고, 상명하달에 의한 개혁은 경제적 비능률을 해소하지 못했다. 일단 대중의 비판이 허용되자, 고르바초프가 바랐거나 예상했던 것보다 훨씬 급격한 변화의 물결이 처음에는 공산당 치하의 동유럽에, 다음에는 소련 자체에 밀어닥쳤다.

그 결과는 정말로 충격적이었다. 우선 고르바초프는 1989년에 동독·폴란드·헝가리·체코슬로바키아의 공산당 정권이 돌연 와해되는 것을 묵묵히 지켜보았다. 그는 동유럽에서 공산당 정권에 반대하는 봉기가 일어날 때마다 그의 선배들이 했던 것과는 달리, 봉기를 진압하기 위해 적군을 파병하는 조치를 취하지 않았다. 심지어 1990년에 해방된 동독이 서독과 통합되어 서유럽과 세계의 세력균형에 중대한 영향을 미치는 것도 인정했다. 그 다음은 소련 내의 다른 공화국들이 러시아의 지배에 반기를 들 차례였다. 서둘러 준비된 선거를 통해 각 국가의 독립이 비준되었고, 1991년에 소비에트 사회주의 공화국 연방은 소멸되었다. 고르바초프는 물러나고, 보리스 옐친이 러시아 공화국의 새 대통령으로 선출되어, 예전의 위성국들을 상실하고 경제적 혼란과 불확실성으로 신음하고 있던 러시아의 정치지도자가 되었다.

옐친은 러시아에 자유시장경제를 도입하고자 노력했다. 동유럽과 중앙아시아의 옛 공산주의 국가들도 같은 시도를 했는데, 성과는 제각각이었다. 심각한 경제적 혼란이 초래되었지만 대중의 폭력사태는 거의 일어나지 않았고, 어느 곳에서나 자유롭고 민주적인 노선에 따라 사회를 개혁하려는 희망이 지배적이었다. 그러나 공산주의 노선이 일거에 사라지지는 않았다. 예컨대 러시아 정부도 지방에서는 집단농장을 예전처럼 유지했다. 또한 국영 공장들이 민영화되었다고 해서 곧바로 능률적인 생산이 이루어지는 것도 아니었다. 낙후된 기계, 비효율적인 작업관행, 형편없는 품질관리는 여전히 비싸고도 조잡한 물건의 생산으로 이어졌다. 외국의 수입품과 경쟁한다는 것은 엄두도 못 낼 일이었다. 그렇지만 기존의 공장을 폐기하고 새로 출발하는 것은 대량 실업과 물자부족을 유발한다는 점에서 현실적인 대안이 아니었다. 러시아를 비롯한 옛 소련을 구성했던 나라들의 경제를 어떻게 새로운 경영방식에 맞게 개조할 것인가 하는 문제는 아직까지 해결되지 않았다. 장차 몇 년 동안의 세계정세는 이 문제가 어떻게 해결되느냐에 따라 적잖이 달라질 것이다.

소련의 해체는 분명히 1973년 이후 세계문제의 중심 드라마였지만, 유일한 드라마는 아니었다. 그것에 못지않게 중요한 두 번째 변화는 시대에 뒤떨어진 내셔널리즘적 애국심의 약화와 종교적·민족적 정체성의 강화였다.

종교적 정체성의 부활은 전세계적인 현상으로 이슬람교·그리스도교·유대교·힌두교·불교뿐 아니라, 브라질의 움반다*와 같은 잘 알려지지 않은 다양한 신비적 신흥종교에도 영향을 주었다. 마찬가지로 민족적 정체성도 한 정부 아래 상이한 민족이 살고 있는 지역에서 특히 두드러졌다. 내셔널리즘적인 이상에 따라 지배적인 다수자가 소수자를 흡수·동화하려는 시도는 갈수록 거센 저항에 직면했다. 무수한 민족집단—러시아의 체첸인, 캐나다의 프랑스인, 아메리카 대륙의 인디언 등—은 새로운 형식의 커뮤니케이션 수단을 이용하여 각 집단의 이해와 권리를 주장할 수 있게 되었다.

그 결과 나타난 국가통합의 약화도 전세계적인 현상이다. 내부의 종교

---

* 아프리카의 토속종교와 가톨릭, 남아메리카 원주민의 종교가 혼합된 브라질의 신비주의적 종교에 대한 통칭—옮긴이.

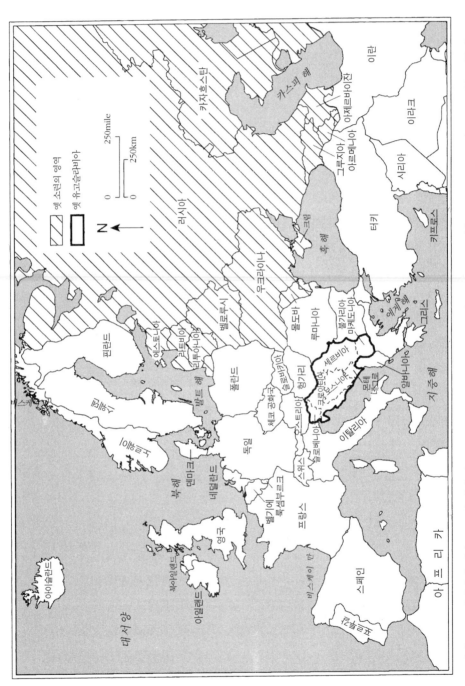

소련과 유고슬라비아의 해체. 1991년 현재. (William R. Keylor, *The Twentieth Century World: An International History*, New York:

적·민족적 도전에 직면한 국민국가는 다종다양한 초국적(transnational) 조직의 발달에 의해 한층 약화되었다. 예컨대 UN은 강력하진 않지만 야심만만한 국제적 관료조직을 통해, 그 규제와 결정을 강제할 수 있다. 다국적기업도 강력한 자체의 관료조직을 갖추고 있고, 과학자·군인·예능인과 그 밖의 전문직 종사자도 점차 외국의 동료들과 협력하는 경우가 많아졌다. 이 모든 것은 화폐·재화·용역·정보가 정치적 국경을 넘어서 유동하고 세계 곳곳에서 국가주권을 침식하고 있다는 것을 보여주는 징조였다.

새롭게 출현한 권위주의 정권은 이런 상황에서 특히 취약했다. 말과 이미지를 저장하고 전파하는 새로운 수단을 큰돈 들이지 않고 쉽게 입수할 수 있게 되자, 검열을 비롯한 종래의 여론 통제수단은 제 역할을 할 수 없었다. 1970년대에는 집권층이 싫어하는 소식과 사상이 정부의 감시망을 뚫고 녹음기·복사기·전산망을 통해 유포되었다.

1979년 이란 정부의 전복은 근대화를 추구하는 권위주의적인 세속정권에 대항하여, 새로운 커뮤니케이션 수단이 종교적 혁명을 선동할 수 있다는 것을 보여준 좋은 예였다. 시아파 지도자 아야톨라 호메이니는 망명시절부터 자신의 메시지가 녹음된 테이프를 이란 국내로 밀반입했고, 그의 추종자들은 그가 팔레비 정부를 탄핵하는 연설을 테헤란 곳곳에서 밤마다 은밀하게 방송했다. 종교개혁을 요구하는 호메이니의 호소는 대중의 반향을 불러일으켰고, 얼마 후 흥분한 군중이 거리로 몰려나오자 팔레비는 이란을 떠났다. 호메이니는 망명생활을 청산하고 당당하게 개선했고, 1989년에 사망할 때까지 정부정책의 최종 결정권자로서, 대내적으로는 시아파 이슬람의 성스러운 율법을 집행하고 대외적으로는 미국이라는 '대악마'를 반대하는 대중운동을 주도했다.

이란의 종교적 봉기는 드물긴 하지만 유례없는 일은 아니었다. 물론 세계의 대부분 지역에서 종교운동은 정치의 주변부에 머물러 있었다. 부와 권력을 추구하는 일반적이고 일상적인 욕망은 여전히 세속의 정당과 지도자를 통해 정치적으로 표출되었고, 정치지도자가 특별히 종교적인 지지자들을 동원하는 경우는 흔치 않았다. 하지만 무슬림 사이에서는 마호메트 이래 종교와 정치가 훨씬 긴밀하게 결합되어 있었다. 게다가 이스라엘이 1947년과 1973년 사이에 아랍 국가들에 승리를 거둔 것도 세계 각지에 흩어져 있던 무슬림의 종교의식을 첨예화했다. 그들은 군사적 실패를 성스러운 율법에 기록된 하느님의 뜻에 순종하지 않은 데 대한 하느님의 벌이라고 생각할 수밖에 없었다. 그렇지만 호메이니를 비롯한 이란의 시아파 지도자들은 성스러운 율법을 날이 갈수록 세계화되는 20세기의 경제상황에 적용하기 위해서는, 율법의 자구에서 과감하게 벗어나야 한다는 심각한 문제에 직면했다. 사우디아라비아와 파키스탄의 무슬림 통치자들과 1970년에 리비아에서 권력을 장악한 무아마르 알 카다피 같은 강경파 종교개혁가도 같은 고민에 빠졌다.

국외자와 불신자—이스라엘인·미국인·프랑스인·러시아인·중국인·인도인—는 이슬람의 정치적 반란을 쉽게 수긍하기 어려웠다. 무슬림 국가의 세속적 통치자들도 대단히 난감했다. 특히 당혹감을 느낀 것은 주로 추방된 팔레스타인인과 연결된 소수의 무슬림 극단주의자들이었다. 이들의 테러는 특별히 이스라엘을 겨냥하고 있었다.

외교적 동요도 혼란을 가중시켰다. 예컨대 미국은 1973년의 전쟁 후, 이스라엘뿐 아니라 이집트에도 무기와 원조를 제공했다. 미국인은 일련의 '평화중재'를 통해 고객들을 화해시키려고 노력했다. 그리하여 이스라엘은 이집트(1979) 및 요르단(1994)과 공식적인 평화조약을 체결하게 되었다. 심지어 이스라엘과 팔레스타인 해방기구 사이에도 불안정하게나마 협정이 체결되었다(1993~1994). 하지만 이스라엘 내부와 국경지대에 진정한 평화는 실현되지 않았다. 한편 미국은 이라크의 세속적 통치자 사담 후세인이 호메이니의 이란을 침공하여 이라크와 이란 사이에 치열한 장기전이 벌어졌을 때(1980~1989) 후세인에게 무기를 지원했다. 그러나 이라크가 인접한 석유왕국 쿠웨이트를 침공하자, 미국의 태도는 돌변했다. 페르시아 만에서의 안전한 석유 수송에 새로운 위험이 닥쳤다고 판단한 미국은 압도적인 무장병력을 현장에 파견했고, 일부 아랍 국가와 다른 동맹국들의 지원을 받아 속전속결로 이라크를 격파했다(걸프전, 1991).

이듬해에는 무슬림과 그리스도 교도 사이의 분쟁이 뜻밖의 무대인 유럽에서 발생했다. 경쟁하던 종교집단들——가톨릭 교도인 크로아티아인, 그리스 정교회 교도인 세르비아인, 무슬림인 보스니아인——이 1992년에 보스니아에서 추악한 전쟁에 돌입했다. 이때 미국은 무슬림과 크로아티아인을 지지했고, 결국 유럽과 러시아의 지원을 받아 보스니아에 원정군을 파견해 1995년에 휴전협상을 성사시켰다. 그러나 이스라엘의 경우와 마찬가지로 평화는 정착되지 않았고 장래는 여전히 불투명하다.

러시아인도 아프가니스탄과 캅카스 지방에서 무슬림과 마찰을 빚었다. 일례로 러시아인은 1994~1996년에 체첸인과 격렬한 소모전을 치렀다. 그 밖의 분쟁지역으로는 터키와 알제리를 꼽을 수 있다. 전자에서는 장군들이 무슬림 정당에 맞서서 세속적 내셔널리즘을 지키기 위해 계속 정치에 개입했고, 후자에서는 세속적인 군사정권이 갈수록 격렬해지는 종교적 저항에 직면했다. 프랑스와 독일에서도 무슬림 이민자들——프랑스의 알제리인과 독일의 터키인——이 심각한 사회적·정치적 문제를 일으켰지만, 공공의 평화를 위협하지는 않았다. 한편 인도와 중국에서는 소수자인 무슬림에 대한 군중의 폭력과 경찰의 억압이 간헐적으로 자행되었다.

종교적 차이와 무관하게 민족간의 알력이 뚜렷이 드러나는 경우도 있었다. 예컨대 캐나다에서는 프랑스계 주민들이 독립을 추구하는 열정적인 사회운동을 전개했으나 폭력에 호소하지는 않았다. 하지만 아프리카에서는 해묵은 민족간 분규가 폭력사태로 비화되기도 했다. 1990년대 중반에 르완다에서는 후투족과 툿시족이 서로를 잔혹하게 살해했고, 라이베리아·수단·소말리아·자이르(1997년에 봉기가 성공한 뒤에 콩고 민주공화국으로 개명)에서도 민족적 차이가 크게 반영된 무력충돌이 일어났다. 반면에 남아프리카 공화국에서는 1994년에 실시된 평화적인 민주선거에서 넬슨 만델라가 대통령에 당선되어 백인의 정치적 독점에 종지부를 찍었다. 만델라는 인종간의 화해를 도모하는 정책을 추진했다.

라틴아메리카 일부 국가의 원주민들 사이에서도 민족간 갈등이 폭력으로 분출되었다. 예컨대 페루·볼리비아·과테말라·멕시코의 게릴라 활동은 원주민계 농민의 불만에서 일부 힘을 얻었다. 반면에 쿠바의 카스트로 공산정권이 적극 선동한, 미국의 경제적·정치적 지배에 대한 저항운동은 니카라과와 엘살바도르에서 특히 활발했다. 레이건 대통령은 양국에 비밀요원을 파견해 친미정부를 지지했고, 반미정부에 대해서는 전임 대통령들보다 훨씬 무자비한 방해공작을 벌였다.

전반적으로 보면, 사회적·경제적 격변의 소용돌이 속에서 세계정세가 그 정도로나마 평화를 유지했다는 것이 놀라울 따름이다. 국제무역은 양질의 상품을 염가에 제공함으로써 세계의 부를 증대시켰지만, 시장경제의 전지구적 확대는 기존의 사회 패턴을 왜곡시켰다. 새롭게 효율성을 제고한 생산자들이 더 좋은 상품을 더 싼 값에 공급할 때마다, 다른 생산자들은 기존의 생계수단을 잃었다. 냉혹한 시장의 논리상, 일자리를 빼앗긴 사람에게 금세 새로운 일자리가 생길 것이라는 보장은 없었다. 따라서 시장경제의 확대가 초래한 경제적 변용 속에서 번영을 누리는 자도 있었고 고통을 받는 자도 있었다. 또한 소득의 불평등이 증대되어, 다수의 가난한 국가에서는 부와 생활의 전체적인 지표가 향상되었다고 해도 그 혜택을 누리는 인구는 얼마 되지 않았다. 경제성장과 기술혁신은 값비싼 희생을 치르고 실현되었다. 부국과 빈국을 불문하고, 장기적인 관

점에서 이익이 되는 것도 단기적으로는 너무나 많은 사람에게 고통을 안
겨주었기 때문이다.

이는 전지구적인 규모의 경제를 향한 최근의 움직임이 아직은 불안정
한 상태에 있음을 의미한다. 특히 옛 공산권 국가에서 흔히 볼 수 있는
정치적 저항은 세계화를 향한 변화의 추세에 제동을 걸 수도 있다. 그렇
지만 기득권과 기존의 습관을 희생할 각오를 하고 최선의 생산방식과 전
지구적인 교환체계를 기꺼이 받아들인다면, 우월한 부와 힘이 보장될 것
이다. 인간사회는 언제나 변화를 수용하는 개방적인 자세와 기존의 방식
을 지키려는 보수적인 태도 사이에서 시소 타기를 해왔다. 하지만 수송
과 커뮤니케이션의 힘이 제고된 우리 시대에 그 선택은 과거 어느 때보
다 긴급하면서도 고통스럽다.

1945년 이후의 사회문화적 변화

20세기 후반의 정치적·경제적 격변은 인간사회의 급속한
변화와 결부되어 있었다. 특히 세 가지 사회적 변화가 중요했다. 첫째,
전세계의 인구가 유례없는 속도로 증가한 반면에 부유한 도시부문의 출
생률은 인구대체수준 이하로 떨어졌다. 둘째, 새로운 산아제한 수단과
여성해방에 대한 새로운 사고방식이 남녀 간의 분업을 변화시켰는데, 이
는 특히 서양세계의 도시주민 사이에서 두드러졌다. 셋째, 상업적 농업
과 도시문화의 다른 측면이 농촌에 침투함에 따라 마을생활의 자율성이
쇠퇴했다.

각각에 대해 좀 더 자세히 설명할 필요가 있다. 우선 인구에 대한 몇
가지 사실을 살펴보자. 근대에 접어들어 인구가 급증하기 시작한 것은
1750년경부터였다. 인구학자들의 추산에 의하면, 당시 세계의 총인구는
7억 9,100만이었다. 그 후의 인구성장은 다음과 같다.

1850	1,262,000,000
1900	1,650,000,000
1950	2,524,000,000
1996	5,768,000,000

(출전: UN 인구 뉴스레터, 1996년 12월)

다시 말해서 1850년과 1950년 사이에 두 배 이상 불어난 인구는 1950년과 1996년 사이에 다시 두 배 이상 증가했고, 2000년에는 60억을 상회할 것으로 예상된다. 지구의 자원이 한정되어 있다는 점을 고려할 때, 그런 증가율이 무한정 지속될 수는 없을 것이다. 그러나 당분간은 통제 불능으로 증가하는 인구가 생태계 전반에 압력을 가할 것이다.

농업의 진보, 식량공급의 확대, 굶주린 사람들에게 식량을 제공하는 구호체계의 발달 등이 인구증가의 원인이었다. 또 다른 요인은 치명적인 질병의 발병률 변화였다. 인간들 사이의 접촉이 빈번해지자 전염병이 풍토병으로 정착되었다. 그리고 1950년 이후의 인구 급증은 제2차 세계대전 후 수십 년 동안 세계보건기구가 지구상의 모든 국가에 근대적인 공중보건관리와 기본적인 위생시설을 성공적으로 보급한 데 기인했다. 천연두는 1960년대에 완전히 퇴치되었고, 다른 소아병은 예방접종에 의해 방지되었다. 페니실린과 그 밖의 항생물질이 대부분의 전염병을 치료했고, 세계에서 가장 많은 인명을 앗아가던 말라리아도 감염의 원인이 되는 모기를 화학물질로 방제함으로써 거의 제거되었다. 그 결과, 유아 사망률이 크게 낮아지고 성인이 되어 자식을 낳는 사람들의 수가 늘어남에 따라 인구는 기하급수적으로 불어났다.

전염병이 부활하고 있다는 명백한 징후도 있다. 오랫동안 인간을 괴롭혔던 다수의 세균이 항생물질에 대한 저항력을 키우기 시작했다. 그리고 에이즈를 유발하는 바이러스 같은 몇 가지 새로운 병원균이 수백만에 달하는 사람의 혈액에 침투했다. 성행위의 변화는 출생률과 인구성장률을 하락시키기 시작했다. 그러므로 20세기에 일어났던 인구증가는 전무후무한 현상으로 남을 것이다. 하지만 만약에 인구증가의 추세가 언젠가 멈춘다 하더라도, 그러기까지는 상당한 시간이 걸릴 것이다.

인구압은 최근에 발생한 다수의 정치적 격변, 민족적 대립, 종교적 충돌을 유발했다. 캐나다의 프랑스인이나 이스라엘의 유대인처럼 인구가 늘어나지 않는 경우에는 경쟁자로 여겨지는 상대에게 자기 집단의 세를 끊임없이 과시함으로써 장래를 보장받으려고 한다. 반면에 인구가 급증하는 집단은 폭력에 호소하여―르완다의 경우처럼 민족을 정화하거나, 라틴아메리카의 게릴라처럼 지주들을 공격함으로써―이웃의 땅을 빼앗으려고 한다.

인구증가에 대한 좀 더 적극적인 반응은 이주였다. 1950년 이후 부유한 도시의 인구가 감소하고 가난한 농촌의 인구가 감소하는 정반대의 현상이 동시에 발생하자, 수백만 명의 사람이 때로는 문화적·정치적 경계선을 뛰어넘어 농촌에서 도시로 이동했다. 그 결과 상이한 민족이 혼합되어 국가적 정체성이 약화되고 각양각색의 지역적 마찰이 일어났다.

요컨대 1945년 이후의 인구변화는 우리 시대의 가장 주목할 만한 현상임에 틀림없다. 그런 대규모의 변화는 역사상 전례가 없다. 그리고 인간사회와 생태계가 그것에 어떻게 적응할 것인가는 장차 중요한 문제로 남게 될 것이다.

도시적 맥락에서 발생한 가족 패턴의 변화와 농촌의 쇠퇴도 전대미문의 현상이다. 가족과 마을을 묶어주던 끈은 신석기시대의 농업혁명 이래 대다수 인간의 생활을 형성해왔다. 이 기본적인 제도의 붕괴는 인간사회의 역사적 패턴으로부터의 근본적인 이탈을 예고하는 것일 수도 있다. 그러나 도시적 생활양식의 장기적인 존속 가능성이 아직까지 입증된 것은 아니므로 속단은 금물이다.

과거에는 감염증이 들끓는 도시에서 주민들이 오랫동안 생존하기 어려웠기 때문에, 도시의 인구는 농촌을 떠나 온 이주자들에 의해 보충되곤 했다. 현대의 도시에서는 가족 패턴의 변화가 유사한 결과를 낳고 있다. 결혼을 미루고 자녀수를 줄이고 가계(家系)의 연속성을 도외시하는 풍조가 인구감소로 이어지고 있는 것이다. 최근의 기술적 변화도 도시의 가족을 변용시켰다. 우선 경구피임약이 최초로 시판된 1960년 이후 간편하고 값싸고 확실한 산아제한 방법이 속속 개발되었다. 피임약은 원치 않는 임신의 위험에서 성행위를 해방시킴으로써, 인간의 행위에 광범위한 변화를 가져왔다. 게다가 새로운 가전제품—세탁기와 진공청소기 등—과 냉동식품이나 간편한 조리식품 덕분에, 여성이 무보수 가사노동에 하루 종일 매달릴 필요가 없어졌다. 이에 따라 여성이 가정 밖에서 보수를 받고 일하는 것이 현명한 선택이 되었다. 제2차 세계대전 중에 노동력이 부족해지자, 여성은 무수히 많은 새로운 직종에 고용되었다. 그리고 대부분의 국가가 직장에서 여성의 평등한 기회를 가로막고 있던 법과 관습상의 걸림돌을 제거하자, 여성이 직장을 갖는 추세는 그 후로도 이어졌다.

그렇지만 육아와 보육은 누군가가 전담해야 할 힘든 일이었다. 도시여성은 설령 남편이 도와준다 하더라도 바쁜 직장생활과 육아를 병행하기가 힘들었다. 농촌에서는 일터와 생활공간이 일치하므로 육아가 비교적 수월했고, 어린 아이도 허드렛일을 도움으로써 수입에 보탬이 될 수 있었다. 하지만 도시에서의 육아는 농촌의 경우와는 달리 부모의 생활 리듬을 끊어놓았다. 이런 상황에서 유복한 도시인들은 어쩔 수 없이 자식을 적게, 그것도 늦은 나이에 낳게 되었고, 결국 스스로를 재생산하지 못하고 그 수가 감소했다.

농촌에서 온 이주민들이 도시의 인구를 증가시켰다. 그러나 서양 선진국의 농촌주민은 도시주민과 행동 패턴이 유사했다. 따라서 서양의 도시

에서 필요로 하던 이주자는 문화와 민족의 경계선을 뛰어넘어 먼 곳에서
온 사람들이었다. 그리하여 수백만 명의 무슬림이 서유럽으로, 멕시코를
비롯한 라틴아메리카의 주민들이 미국으로, 그리고 잡다하게 뒤섞인 이
민자 집단이 그 밖의 부유하고 도시화된 국가로 이주했다.(일본은 예외이
다. 일본인은 외국인 노동자를 수입하기보다는 해외에 공장을 설립하는 쪽을
택했다. 그러나 1990년대에 인구가 급격히 노령화되고 노동력이 감소함에 따
라, 이 정책은 시련에 직면해 있다.)

농촌주민들이 도시로 떠난 것은 농촌의 자율성 상실의 일면이다. 문명
사의 대부분의 시대를 통해, 세금과 지대의 징수인은 수확의 일부를 취
하고 그 대가로 외부의 습격으로부터 그들을 보호하는 역할을 했다. 세
금과 지대를 지불하는 것을 제외하곤, 농촌주민들은 지방의 관습에 따라
자신들의 문제를 자유롭게 처리했다. 수세기 동안 그들은 필요한 것을
직접 생산하고 생물학적으로 스스로를 재생산하면서 거의 자립적으로
생활했다. 그리고 18세기 이전에는 인류의 대다수(85~95%)가 농촌에
서 생활했다. 다시 말해서 농촌이라는 사회의 세포가 있었기에, 인류는
전쟁과 정치의 격변 및 도시생활의 불안정을 극복하고 문화적·생물학적
연속성을 유지할 수 있었다.

그러나 도시의 시장을 겨냥한 생산이 농촌 전역으로 확산되면서, 마을
의 자율성은 붕괴되기 시작했다. 이것은 철제 낫과 도시에서 제작된 몇
몇 농기구가 서아시아 일원에서 농촌의 일상적인 노동을 변모시킨 기원
전 1200년경부터 장기간에 걸쳐 서서히 진행된 변화였다. 농촌사회의
상업화가 진전된 것은 주로 수송의 발달 덕분이었다. 상품을 먼 곳까지
값싸고 안전하게 운반할 수 없다면, 현지에서 소비되는 것 이상의 물품
을 생산하는 것 자체가 무의미했기 때문이다. 따라서 수송수단이 개선될
때마다, 도시와 농촌사회 사이에 새로운 교환의 통로가 뚫렸다. 이 장기
간에 걸친 변화는 증기기관을 이용한 운송수단과 전신을 필두로 한 즉시

통신수단이 초대륙적인(transcontinental) 네트워크를 활짝 연 19세기 중반부터 본격화되었다. 1950년 이후에는 라디오와 텔레비전의 보급, 도로망의 정비, 화물 자동차의 개량이 이루어져 도농간의 재화와 관념의 교환이 촉진되었다.

그 결과 시대에 뒤떨어진 농촌적 생활방식은 자율성을 상실했다. 삶에 대한 새로운 관념에 눈을 뜬 농촌의 청년들은 텔레비전 영상에 나오는 쾌적한 도시생활에 자신도 동참하기를 원했다. 이 새로운 충동은 인구급증과 맞물리면서 증폭되었다. 농촌 청년들은 설령 본인이 원한다 하더라도 경작할 만한 충분한 토지가 없었기 때문에 부모세대처럼 살아갈 수 없었던 것이다. 신품종, 비료, 농기계의 이점을 최대한 활용하여 생산을 높이는 일이 완전히 불가능하지는 않았지만, 도시로 이주하는 것이 훨씬 간단했고 앞날도 밝았다. 이렇게 해서 도시는 급속히 팽창했고, 이제 인류의 절반 이상이 스스로 식량을 생산하지 않고 도시에 살게 되었다. 더욱 중요한 것은 농촌에 남게 된 사람들 대부분이 도시의 생활을 모방하고자 할 뿐만 아니라, 날마다 텔레비전에서 보는 도시생활의 기쁨에서 소외된 것에 불만을 품고 있다는 사실이다.

인간이 도시라는 환경 속에서 면대면(面對面) 공동체의 정서적 연대감(또는 압박감) 없이도 살아갈 수 있을 것인지는 21세기의 핵심적인 사회문제가 될 것이다. 지금까지 인류의 생존은 농촌마을의 회복력에 의존해왔다. 그런 공동체가 최근에 자율성과 근로의욕을 상실했다는 것은, 인간의 기본적인 존재양식을 규정하던 틀에 균열이 생기기 시작했다는 뜻이다. 농촌의 관습과 마을공동체 내에서 개인이 차지하는 위치는 한때 일상적인 공동생활에 의미와 가치를 부여했다. 그것을 대신할 만한 것이 익명성을 띠는 도시생활에서 발견될 수 있을지는 아직까지 명확치 않다.

전세계의 종교운동이 입증하듯, 신구의 종교분파가 현재로서는 마을이 수행했던 역할을 대신할 수 있는 가장 유력한 후보이다. 그러나 종교적 혁신과 재생도 농촌의 생활양식을 훼손시킨 전지구적 시장경제의 지배와 매스컴과 대중오락의 침식작용에 대항해야만 한다. 어쩌면 인간은 촘촘하게 짜인 지방공동체의 지지와 압박 없이도 살아갈 수 있을 것이다. 그것이 아니라면, 인간의 사회적 욕구와 성향은 일상적인 생활을 인도해주고 가치 있게 만들어줄 면대면(또는 상호익명적?) 공동체를 구성하는 새로운 방식을 찾아낼지도 모른다.

신종 매스컴과, 매스컴이 수많은 사람에게 전달하는 오락이나 정보는 인구성장률의 변화와 가족 및 마을 생활양식의 변용에 직접적인 영향을 주었다. 가장 중요한 세 가지 매체는 라디오·텔레비전·인터넷이었다. 대부분의 세계에서 라디오는 1950년 이후, 텔레비전은 1970년 이후, 그리고 인터넷은 1990년 이후에 영향력을 행사하기 시작했다. 이런 매체들이 장기간에 걸쳐 인간의 사회와 의식에 어떤 영향을 미칠지는 추측조차도 할 수 없지만, 그 충격은 틀림없이 심각한 수준이 될 것이다.

매스컴의 전세계적 확산은 분명 상반된 반응을 불러일으키고 있다. 지금까지는 미국의 음반·영화·텔레비전 프로그램이 매력을 발산하고 있고, 다수의 전문적 용도를 위해 영어를 세계어로 사용하려는 경향이 강해지고 있는 추세이다. 그러나 이집트와 인도에도 자국 작품을 타국에 수출하여 미국과 경쟁을 벌이는 거대한 매스미디어 센터가 있다. 그리고 이란의 예가 보여주듯이, 지역의 전통을 강화하려는 의식적인 시도는 적어도 표면적으로는 미국의 문화적 영향을 막을 수 있다. 그렇다면 전지구적 코즈모폴리터니즘의 매력이 문화적 다양성을 고수하려는 노력과 어떻게 상호작용하게 될까? 여기에 대해서는 뭐라고 단언하기 어렵다. 하지만 그런 상호작용이 일어날 경우, 쌍방이 상대방의 문화적 요소를 차용하는 경향을 보인다. 이란의 종교개혁가들이 자신의 혁명적 메시지를 퍼뜨리기 위해 녹음테이프를 사용한 것이 그 예다. 이는 가장 열렬한 전통의 옹호자들도 결국에는 자신이 지키고자 하는 바를 바꾸게 마련이며, 그런 과정을 통해 처음 의도와는 무관하게 자신이 소중히 여기는 것과 배척하고자 하는 것 사이의 거리를 좁히기도 한다는 것을 의미한다.

일반적으로 말하자면, 새로운 커뮤니케이션의 길은 분명히 장소를 불문하고 인간들 사이의 새로운 연결방식을 만들어낼 것으로 보인다. 인공위성이 머리 위를 돌면서 24시간 동안 통신을 중계하기 때문에, 사람에서 사람으로 정보를 전달할 때 거리는 더 이상 문제가 되지 않는다. 그렇지만 인간이 과연 면대면 조우 없이, 그리고 말이나 신체언어를 통해 지식과 감정을 온전하게 전달하지 않고도 살아갈 수 있을지는 좀 더 두고 볼 일이다.

장구한 세월을 거쳐 온 언어와 문명의 유산에 의해 형성된 엘리트 문화는 그런 광범위한 사회변화에 즉각 반응하기를 거부했다. 서양의 미술·문학·고전음악은 19세기로부터 계승된 개인적 독창성의 이상을 변함없이 추구했다. 새로운 것을 만들어내려는 노력의 일환으로, 미술가·작가·작곡가는 때때로 가해성(可解性)과 타당성의 한계를 실험했다. 그 성과는 워낙 다양했기 때문에, 일률적으로 평가하기도 어렵고 그 중에서 가장 중요한 개별적 업적을 가려내기는 더욱 어렵다.

건축을 비롯한 몇몇 분야에서는, 신소재를 사용한 혁신적인 작업이 괄목할 만한 성과를 거두었다. 유리와 콘크리트를 결합한 참신한 건물은 건축비가 적게 들고 공간 활용도가 높을 뿐 아니라 공항이나 운동경기장 같은 새로운 용도에도 적합했다. 20세기의 건축양식은 독창성을 살리기 위해 온갖 희생을 무릅써야 했던 다른 분야의 노작들에 비해 생명력이 길 것으로 예상된다.

아시아와 아프리카의 문학적·예술적 전통은 지배적인 서양의 고급문화와 여러 면에서 묘한 긴장을 이루며 공존했다. 전통적인 문화적 표현형식을 재생하거나 일신하려는 노력은 자주 성공을 거두었고, 그 발상지를 뛰어넘어 사람들의 마음을 사로잡았다. 예컨대 일본 다도의 명인들은 미국인과 다른 서양인들을 그 예술적 경지에 입문시키는 데 성공했다.
마찬가지로 인도의 신비주의와 음악, 중국의 침술과 쿵푸도 약간은 호기
심의 대상으로, 어느 정도는 친숙한 관념과 기술에 대한 매력적인 대안
으로 서양세계에 침투했다.

종교의 개혁과 부흥은 비서양 민족들이 코즈모폴리턴한 서양의 영향
으로부터 스스로를 보호하는 가장 일반적인 방법이었다. 무슬림이 주로
이 길을 따랐지만, 불교·신도·힌두교의 신도들도 크게 다르지 않았다.
라틴아메리카·아프리카·동유럽에서는 도취형의 그리스도교, 특히 오순
절(五旬節)운동이 확대되었다. 오순절운동은 1901년 미국 캔자스 주에
서 시작된 것으로, 주로 힘없고 가난한 미국인들 사이에서 인기를 끌었
고, 1930년경부터는 제3세계와 유럽의 고통받는 사람들 사이에서 뿌리
를 내렸다. 그 밖의 그리스도교 종파도 어느 정도 성공을 거두었으며, 무
슬림은 아프리카·중앙아시아·미국에서 계속해서 개종자를 만들어냈다.
그러나 전통적인 종교적·문화적 정체성에는 심대한 변화가 일어나지 않
았고, 앞으로도 그럴 가능성은 희박해 보인다. 각 민족의 고유한 과거와
불가분의 관계에 있는 종교(와 언어)는 다른 형태의 행동이나 관념에 비
해 완강히 변화에 저항하기 때문이다.

대중문화의 화려함과 실시간 커뮤니케이션의 힘에도 불구하고, 종교
적·문화적 차이는 인간의 습관과 풍습에 뿌리 깊이 박혀 있다. 새로운 관
념과 새로운 행동이 지구 전역에서 생활의 중요한 측면을 변화시키고 있
지만, 문화적 경계와 장벽은 엄연히 남아 있으며 앞으로도 분명히 존속
될 것이다. 사회적 동물인 인간은 국외자를 배제하고 끼리끼리 관계를
유지하는 습성을 갖고 있기 때문이다.

하지만 20세기 후반에 과학 분야에서는 현실세계에 대한 새롭고 진화
론적인 사고방식이 출현하여, 물리학·생물학·사회과학을 아우르는 참신
한 종합의 가능성을 열었다. 물론 우주론과 물리학에 관한 새로운 사상

은 소수의 전문가에게만 영향을 주었지만, 1687년에 만유인력의 법칙이 발표된 뒤에 뉴턴의 과학이 수세기에 걸쳐 서서히 보급된 것처럼, 우주에 대한 새로운 해석도 점차 대중의 의식에 침투하리라고 생각된다. 뉴턴 이후, 물리과학에서는 미래를 예측하는(그리고 현재의 정보에 의거하여 과거를 추론하는) 수학적 이상이 득세했다. 18세기와 19세기에는 매번 동일한 결과를 산출하는 반복적인 실험이 물리학과 화학 분야에서 일련의 경이적인 신발견을 검증했다. 수학적으로 표현된 새로운 이론은 때와 장소를 불문하고 타당한 것으로 간주되었다. 자연과학은 계속 축적되는 보편적이고 명백한 진리로서 놀랍도록 강력한 힘을 발휘하는 것으로 보였다. 이를 입증이라도 하듯, 물리학 이론과 화학 이론은 성공적으로 신기술에 응용되었다. 이런 신기술들은 1840년대의 화학염료를 필두로 전기와 전자파 통신을 거쳐 1942~1945년의 제어된 핵에너지 방출에서 절정을 이루었다.

그 밖의 과학은 실험에 의해 입증되거나 신기술로 구현될 수 있는 보편적 진리를 발견하지 못했기 때문에 상대적으로 부진했다. 역사학자들이 고문서를 해독하고 정확한 연대를 추정하는 한편 탐험가와 선교사, 그리고 나중에는 전문적인 인류학자들이 세계 각지의 상이한 민족들이 독특하게 생활을 조직하는 방식을 기술함에 따라, 인간사회에 대한 정보는 갈수록 풍부하게 축적되었다. 박물학도 다양한 동식물과 그 지리적 분포에 관한 정보를 축적했고, 지질학의 탄생과 함께 동식물의 시간적 분포도 밝혀졌다. 그러나 세계가 온갖 신기한 사물과 현상으로 가득 차 있다는 사실 자체가, 그 사상(事象)을 지배하는 원리를 저절로 해명해주지는 않았다. 요컨대 물리학과 화학이 계속해서 법칙화되었던 것과는 대조적으로 다른 학문분야는 실험에 의해 증명될 수 있는 이론을 만들어내지 못했다.

찰스 다윈은 『종의 기원』(1859)에서 지질학적 자료와 동식물의 분포상은 종이 시간을 통해 진화해왔다는 것을 보여준다고 설득력 있게 주장했고, 나아가 『인간의 계통』(1871)에서는 진화의 개념을 인류에게 적용했다. 그러나 다윈의 생물진화론은 단편적인 화석 증거에 의존했고, 실험에 의해 검증될 수 없었으며, 수학적 예측을 도출하지도 못했고, 다른 형태의 생명을 조작할 수 있는 새로운 방법을 제시할 수도 없었다. 또한 성서의 창조설에 위배되었기 때문에 종교계의 반발을 불러일으켰다. 다윈의 이론은 그 나름의 신빙성에도 불구하고, 물리과학의 확실성에 비하면 결함을 갖고 있었다.

그렇지만 20세기에는 이런 지적인 상황에 획기적인 변화가 일어났다. 실험 및 관찰에서 납득할 수 없는 모순에 직면한 물리학자와 천문학자들은 시간과 공간이 물리적 실재에 대한 불변의 틀을 구성한다는 뉴턴의 가정을 변경할 수밖에 없었다. 앨버트 아인슈타인의 일반상대성이론 (1916)과 1920년대 양자역학의 발명은 그 발단에 지나지 않았다. 1950년대에는 다수의 천문학자와 물리학자가 협력하여 우주는 균일하지도, 무한하지도, 영원하지도 않다는 것을 입증했다. 대신에 그들은 우주가 약 100~150억 년 전에 빅뱅에 의해 생성되었고 아직도 상상할 수 없는 속도로 팽창하고 있다고 주장했다.

실험상의 증거가 빅뱅 가설을 확고하게 뒷받침함에 따라, 우주론 연구자들은 가히 파괴적이라 할 만큼 불안정한 우주의 자연사를 해명하기 시작했다. 행성은 영원한 것이 아니라 언제 터질지 모르는 원자로와 같은 것으로, 그 생성과 소멸은 중력의 집중과 우주물질의 폭발적인 확산 사이의 교호작용에 기인하는 것으로 밝혀졌다. 새로운 우주관에서는, 우주가 블랙홀, 상상을 불허하는 고밀도의 중성자별, 준성전파원(準星電波源), 그 밖의 극단적 물리적 상태를 포함하며, 물질·에너지·공간·시간은 빅뱅이 일어난 후 최초의 몇 마이크로세컨드 사이에 지금과 비슷한 상태로 뒤섞인 것으로 상정(증명?)된다.

따라서 지구상에서 보편적으로 통용되는 물리와 화학의 법칙은 하나의 특수한 경우이다. 그것은 지구라는 장에서는 장기간 안정적이었을지 몰라도 영원히 지속될 수는 없다. 대신에 모든 것의 시작과 끝에는 극단적인 집중과 분산에 의해, 물질과 에너지가 따로 존재하지 않는, 그리고 공간과 시간이 모든 의미를 상실하는 상태가 만들어진다. 그리고 우리가 살고 있는 불안정하고 팽창적인 우주 속의 물질·에너지·공간·시간의 한 세는 블랙홀과 준성전파원에 가까이 나가갈수록 그 극한에 달하거나 초월된다.

요컨대 우주의 실상은 천문학자와 물리학자들이 믿어왔던 통일적이고 수학적으로 예측 가능한 물리화학적 체계가 아니라 돌발적이고 예측 불가능한 것으로 밝혀지고 있다. 더욱이 새로운 우주의 역사는 생물학자와 사회과학자들이 이해하고자 노력해왔던, 혼란스럽고 가변적인 세계와 흡사하다. 인류의 역사, 생물의 진화, 그리고 지구의 지질학적 역사는 우주 전체의 진화에 대한 새로운 패러다임에 정확하게 들어맞기 시작했다.

물리·화학·생물·역사 등 모든 차원의 조직에서 복잡성이 증대된 결과 예기치 못한 새로운 행동형태가 생겨났고, 역으로 새롭게 조직된 복잡성은 상대적으로 단순한 현실에 뜻밖의 영향을 미쳤다. 그래서 예컨대 사람들은 지상에 출현한 식물이라는 생물이 광합성을 통해 산소를 방출함으로써 대기를 변화시켜 동물의 진화를 가능하게 했다고 믿게 되었다. 또한 역사가들은 인간사회가 농경, 동물의 가축화, 그리고 최근에는 산업화 과정을 통해 자연생태계를 근본적으로 변화시켜 생물진화의 방향을 바꿔놓았다는 것을 인식하게 되었다.

물리학과 천문학이 진화과학으로 변용된 것은 불확정성이 도처에 편재하게 되었음을 의미한다. 물리학과 화학의 규칙성은 특정한 시간과 장소에만 적용되는 것으로 간주된다. 그리고 인간사회의 미래가 언제나 불확실하듯이, 우주의 먼 미래도 불확실한 것으로 생각된다. 역사학과 사

회과학은 더 이상 절망적일 만큼 부정확하고 불완전한 학문으로 여겨지
지는 않게 되었다. 역사학 및 사회과학이 물리학 및 생물학과 다른 주된
이유는 인간의 행동이 복잡할 뿐만 아니라 그 변화속도가 빠르다는 데
있다.

그렇지만 실질적인 용도에 관한 한 자연과학의 정확도와 기술력은 예
전과 다를 바 없었다. 실제로 화학자들은 플라스틱을 비롯한 새로운 물
질을 개발하고 생명유지의 화학적 과정에 대해 많은 것을 밝혀냄으로써
활동영역을 크게 확장했다. 1953년에 제임스 윗슨과 프랜시스 크릭이
DNA 분자구조를 해독했다고 발표했을 때, 화학생물학은 새로운 일반성
과 힘을 얻었다. 지구상에 존재하는 거의 모든 형태의 생명은 DNA 분자
의 미세한 변이를 통해 증식하는 것으로 밝혀졌기 때문이다. 유전공학
덕분에, 생화학자들은 현재 우리가 무생물의 성질을 바꾸는 것처럼 언젠
가는 유전자 조작에 의해 근본적으로 생명체의 형태를 변용할 수 있을
것이다. 유전학은 인간사에 가장 강력한 변화를 만들어낼 수 있는 학문
으로, 컴퓨터와 어깨를 나란히 할 것으로 전망된다. 그러나 그런 방향의
노력은 아직까지 큰 성과를 내지는 못하고 있다.

그럼에도 불구하고 과학자들은 기술의 획기적 발전을 이룩하기 직전
에 와 있는 것으로 보인다. 그리고 가속화된 과학과 기술의 진보는 다가
올 미래에 인간문제에 심대한 영향을 미칠 것이 확실하다. 과거에도 그
런 일은 간헐적으로 일어났다. 새로운 사고방식은 우리의 행동을 변화시
켜 세계에 예견할 수 없는 영향을 줄 것이다. 이는 인간이 처음으로 언어
를 사용함으로써 공유된 의미와 기대에 따라 서로의 행동을 조율하기 시
작한 이래 늘 벌어졌던 일이다. 다만 차이가 있다면, 우리 시대에는 새로
운 사상이 범람하여 그 익숙한 과정을 촉진하고 있다는 것이다. 따라서
변화의 물결은 더 빠르게 더 강력하게 전통적인 관습을 파괴할 것이다.

인간사회는 언제나 합의된 기대에 근거한 효과적인 대중의 행동과, 새

로운 사상과 기술에 의해 도입된 파괴적인 새로운 것 사이의 균형을 모색해왔다. 물론 새로운 것은 최근 들어 증가했다. 그렇지만 미래의 세대가 이 책에 개략적으로 설명된 놀랍도록 성공적인(그리고 영원히 위험한) 인간의 모험을 계속해 나가기 위해서는 전통과 혁신을 융합해야 할 것이다. 비록 오늘날처럼 심각한 형태는 아니었을지라도 이전 시대의 사람들 역시 기본적으로 동일한 딜레마에 직면했다. 멈출 줄 모르는 인간의 상상력은 결코 현상(現狀)에 만족하지 않았기 때문이다. 가변성은 사실 인류의 고유한 특성이다. 우리 시대에는 그 인간의 기본적 조건이 좀 더 돋보일 뿐이다.

인간의 행위(그리고 행위의 억제)가 다른 인간에게, 그리고 인간을 둘러싸고 있는 자연계에 어떤 영향을 미치게 될지는 누구도 완벽하게 예견할 수 없다. 이는 과거에도 마찬가지였다. 그러나 인간이 어떤 계획에 의해 행동하느냐에 따라서, 변화의 길이 활짝 열려 있는 미래에는 엄청난 가능성과 엄청난 파국이 잠복해 있다고 결론내릴 수 있다. 그러므로 세계사는 언제나 그랬듯이 미지의 세계를 향한 영광과 좌절의 모험이 될 것이다.

3·4부 참고문헌 해설

3부

　　유럽인의 대항해 이후, 서로 멀리 떨어져 있던 세계의 각 지역이 한층 긴밀하게 접촉하게 되었다. 지역과 문명을 횡단하는 상호교류에 관한 역사적 연구는 다음과 같다. John H. Parry, *Europe and a Wider World, 1415-1715* (New York, 1949); John H. Parry, *The Age of Reconnaissance: Discovery, Exploration and Settlement, 1450-1650* (New York, 1963); P. M. Ashburn, *The Ranks of Death: A Medical History of the Conquest of America* (New York, 1947); Donald F. Lach, *Asia in the Making of Europe, multi-volume* (Chicago, 1965-); A. Grenfell Price, *The Western Invasions of the Pacific and Its Continents: A Study of Moving frontiers and Changing Landscapes, 1513-1958* (Oxford, 1963); J. H. Elliott, *The Old World and the New, 1492-1650* (New York, 1970); Alfred W. Crosby, Jr., *The Columbian Exchange: Biological and Cultural Consequences of 1492* (Westport, Conn., 1972)[김기윤 옮김, 『콜럼버스가 바꾼 세계』, 넥서스, 2006]; Niels Steensgaard, *Carracks, Caravans, and Companies: The Structural Crisis in the European Asian Trade in the Early Seventeenth Century* (Lund, Sweden, 1973); Carlo M. Cipolla, *Guns, Sails and Empires: Technological Innovation and the Early Phases of European Expansion, 1400-1700* (New York, 1966); Walter D. Wyman and Clifton B. Kroeber, eds., *The Frontier in Perspective* (Madison, Wisc., 1957); Robert R. Palmer, *The Age of Democratic Revolution: A Political History of Europe and America, 1760-1800*, 2 vols.(Princeton, 1959, 1964); Hans Kohn, *The Age of Nationalism: The First Era of Global History* (New York, 1962)[전덕규 역, 『민족주의 시대』, 박영사, 1974];

W. S. and E. S. Woytinsky, *World Population and Production: Trends and Outlook* (New York, 1953); Barrington Moore, Jr., *Social Origins of Dictatorship and Democracy, Lord and Peasant in the Making of the Modern World* (Boston, 1966) [진덕규 옮김, 『독재와 민주주의의 사회적 기원』, 까치, 1985].

유럽과 서양

관련 서적이 너무 많아 혼란스러울 정도이다. Robert R. Palmer and Joel Colton, *A History of the Modern World*, 5th ed.(New York, 1977)는 널리 애독되는 개설서이다. 유럽의 대제국에 대해서는 Charles R. Boxer, *Four Centuries of Portuguese Expansion, 1415-1825* (Chester Springs, Pa., 1961); C. H. Haring, *The Spanish Empire m America* (New York, 1947); W. B. Willcox, *Star of Empire: A Study of Britain as a World Power, 1485-1945* (New York, 1950)를 참조하라. 영어로 출판된 책 중에서 제4의 대제국 프랑스에 관한 훌륭한 논저는 없는 것으로 알고 있다. 단 입문서로는 D. K. Fieldhouse, *The Colonial Empires* (New York, 1966)가 괜찮다. 유럽 내부의 정치적 발전을 조명한 책으로는 Crane Brinton, *Anatomy of Revolution*, rev. ed.(New York, 1952)[차기벽 옮김, 『혁명의 해부』, 학민사, 1991]; Peter Gay, *The Enlightenment, an Interpretation* (New York: 1966); J. R. Pole, *Political, Representation in England and the Origins of the American Republic* (New York: 1966); Eric J. Hobsbawm, *The Age of Revolutions 1789-1848* (Cleveland, 1963)[정도영·차명수 옮김, 『혁명의 시대』, 한길사, 1998] 등이 있다. 프랑스 혁명에 관해서는 Georges Lefebvre, *The French Revolution*, 2 vols.(Cambridge, 1965); Albert Soboul, *The Parisian Sans-culottes and the French Revolution*, 1793-94 (Oxford, 1964)[이세희 옮김, 『상퀼로트』, 일월서각, 1990]; Alfred Cobban, *The Social Interpretation of the French Revolution* (Cambridge, 1964)이 권위 있는 연구서로 꼽힌다. 기타 근대의 사회-경제적 변용에 대해서는 Phyllis Dean, *The First Industrial Revolution* (Cambridge, 1965); John Clapham, *The Economic Development of France and Germany, 1815-1914*, 4th ed.(Cambridge, 1936); David Landes, *Prometheus Unbound* (London, 1969); Walt W. Rostow, *The Stages of Economic Growth* (Cambridge, 1960)[김명윤 옮김, 『경제성장의 제단계』, 서음출판사, 1981]을 권한다. Peter N. Stearns, *European Society in Upheaval* (New York, 1967)과 George Mosse, *The Culture of Western Europe: The Nineteenth and Twentieth Centuries: An Introduction* (Chicago, 1961)도 내용이 알찬 책이다. 전간기에 출현한 프랑스 아날 학파의 연구성과 중 일부가 영어로 번역되어 있다. 걸작으로 명성이 자자한 Fernand

Braudel, *The Mediterranean and the Mediterranean World in the Age of Philip the II*, 2 vols.(New York, 1972-73)와 Lucien Fevre, *Life in Renaissance France* (Cambridge, Mass., 1977)를 읽어보라.

유럽의 과학·테크놀로지·경제에 관한 진지한 연구서로는 다음과 같은 책들이 있다. Alfred Rupert Hall, *The Scientific Revolution, 1500-1800* (Boston, 1954); Herbert Butterfield, *The Origins of Modern Science, 1300-1800* (London and New York, 1957)〔차하순 옮김, 『근대과학의 기원』, 전파과학사, 1974〕; Abraham Wolf et al., *A History of Science, Technology and Philosophy in the Sixteenth and Seventeenth Centuries*, 2nd ed.(New York, 1951); Sir Eric Ashby, *Technology and the Academics: An Essay on Universities and the Scientific Revolution* (London, 1958); John Francis Guilmartin, Jr., *Gunpowder to Galleys: Changing Technology and Mediterranean Warfare at Sea in the Sixteenth Century* (New York, 1975); Fernand Braudel, *Capitalism and Material Life, 1400-1800* (New York, 1973) 〔주경철 옮김, 『물질문명과 자본주의』, 전6권, 까치, 1995~2001〕; John U. Nef, *Industry and Government in France and England, 1540-1640* (Philadelphia, 1940); W. W. Rostow, *British Economy of the Nineteenth Century* (Oxford, 1948).

이미 고전의 반열에 오른 근대 구미 작가들의 문학작품을 일일이 열거하는 것은 부질없는 일이다. 또한 문학을 포함한 근대문화의 발달사를 거시적으로 조망한 명저가 없기 때문에 원전을 직접 읽는 게 최선이다.

이 책 독자들은 아마도 러시아 역사에 대해서는 잘 모를 것이므로, 관련 도서를 특별히 언급하고자 한다. Michael T. Florinski, *Russia: A History and Interpretation*, 2vols.(New York, 1953-54)는 교재로 사용하기에 좋은 책이다. Jane Harrison and Hope Mirrlees, trs., *The Life of the Archpriest Avvakum by Himself* (London, 1924)는 복고신앙파의 대표적 인물인 아바쿰 페트로비치의 의식세계를 통찰한 귀중한 저서이다. James Billington, *The Icon and the Axe: An Interpretive History of Russian Culture* (New York, 1966); Otto Hoetzsch, *The Evolution of Russia* (New York, 1966); Raymond H. Fischer, *The Russian Fur Trade, 1550-1700* (Berkeley, 1943); W. E. D. Allen, *The Ukraine: A History* (Cambridge, 1940) 등도 대단히 흥미롭다. Jerome Blum, *Lord and Peasant in Russia* (Princeton, 1961)은 2부에서 이미 언급했다. John F. Baddeley, *Russia, Mongolia and China*, 2 vols.(London, 1919)와 Michael N. Pavlovsky, *Chinese-Russian Relations* (New York, 1949)는 중소관계를 추적한 재미있는 책이다.

아프리카

2부에서 소개한 통사류를 제외하면, 다음의 두 책이 유럽의 노예무역을 생생하게 다루고 있다. Basil Davidson, *Black Mother: The African Slave Trade* (Boston, 1961)와 Eric Williams, *Capitalism and Slavery* (Chapel-Hill, N. C., 1944). Philip D. Curtin, *The Atlantic Stave Trade: A Census* (Madison, Wisc., 1969)는 그 전까지 부풀려져 있던, 신세계로 팔려 나간 아프리카인의 수를 바로잡았다. Leopold Marquard, *The Story of South Africa* (London, 1955)는 간결하고 명쾌한 책이다. Robert W. July, *The Origins of Modern African Thought* (New York, 1968); Philip D. Curtin, ed., *Africa and the West. Intellectual Responses to European Culture* (Madison, Wisc., 1972)는 아프리카의 '제3세계적' 사상을 다루고 있다.

이슬람권

이슬람 세계에 대한 역사서술은 아직까지 만족스러운 수준에 도달하지는 못했으나, 다음의 책들은 제법 유용하다. H. A. R. Gibb and Harold Bowen, *Islamic Society and the West I: Islamic Society in the Eighteenth Century*, 2 parts(London, 1950, 1957); Wilfred Cantwell Smith, *Islam in Modern History* (Princeton, 1957); Gustave E. von Grunebaum, *Modern Islam: The Search for Cultural Identity* (Berkeley, 1962); H. A. R. Gibb, *Modern Trends in Islam* (Chicago, 1947); Gustave E. von Grunebaum, ed., *Unity and Variety in Muslim Civilization* (Chicago, 1955). Marshall G. S. Hodgson의 기념비적 저서 *The Venture of Islam*, 3 vols.(Chicago, 1974)는 2부에서 이미 소개했다. Clifford Geertz, *Islam Observed* (New Haven, 1968)는 이슬람 세계의 변경에서 일어난 이슬람교와 지역전통의 상호작용을 분석하고 있다. 개별 이슬람 지역의 면면에 대해서는 다음 책들을 참조하라. George Antonius, *The Arab Awakening* (London, 1938); Zeine N. Zeine, *The Emergence of Arab Nationalism* (Beirut, 1966); Bernard Lewis, *The Arabs in History*, new ed.(London, 1966); Bernard Lewis, *The Emergence of Modern Turkey* (New York, 1961); Wilfred Cantwell Smith, *Modern Islam in India: A Social Analysis*, rev. ed.(London, 1947); Percy Sykes, *A History of Persia*, 3rd ed., 2 vols.(London, 1952); Peter Avery, *Modern Iran* (New York, 1965).

인도

Percival Spear, *India: A Modern History* (Ann Arbor, 1961)와 Vincent A.

Smith and Percival Spear, *The Oxford History of India*, 4th ed.(Oxford, 1981)
는 훌륭한 입문서이다. K. M. Panikkar, *A Survey of Indian History*, 3rd ed.
(Bombay, 1956)는 인도인의 시각을 보여준다. Stanley Wolpert, *A New History of
India* (New York, 1977)는 2부에서도 언급했다. Percy Brown, *Indian Painting
under the Mughuls*, A.D. 1550 to A.D. 1750(Oxford, 1924)은 무굴 제국 전성기
의 인도 문화를 엿보게 해준다. 무굴 제국의 역사를 다룬 뛰어난 저서는 없지만, 그 창
시자인 바부르의 회고록은 대단히 흥미롭다. Annette S. Beveridge, tr., *Babur's
Memoirs*, 4 vols.(London, 1912-21)를 보라. W. H. Moreland의 두 권의 저서,
India at the Death of Akbar: An Economic Study (London, 1920), *From Akbar
to Aurangzeb, A Study in Indian Economic History* (London, 1923), 그리고 M.
Athar Ali, *The Mughul Nobility under Aurangzeb* (New York, 1966)가 유용하
다. 또 Richard G. Fox, *Kin, Clan, Raja and Rule: State-Hinterland Relations in
Preindustrial India* (Berkeley, 1971)를 참조하라.

중국과 일본

E. O. Reischauer, J. K. Fairbank, and A. M. Craig, *East Asia: Tradition and
Transformation* (Boston, 1973)과 George M. Beckman, *The Modernization of
China and Japan* (New York, 1962)은 동아시아 근대사를 다룬 고전적인 저작이
다. Immanuel Hsü, *The Rise of Modern China*, 2nd ed.(New York, 1975)는 중
국근대사에 관한 명저이다. Charles R. Boxer, *Fidalgos in the Far East, 1550-1770*
(The Hague, 1948)은 동아시아에서 포르투갈이 어떤 역할을 했는지 잘 보여주고
있다. 그리스도교 선교에 관해서는 Kenneth Scott Latourette, *A History of
Christian Missions in China* (New York, 1929)와 Arnold H. Rowbotham,
Missionary and Mandarin: The Jesuits at the Court of China (Berkeley, 1942)
를 참조하라. 중국의 정치에 관해서는 Franz Michael, *The Origin of Manchu Rule
in China* (Baltimore, 1942)와 Etienne Balazs, *Political Theory and
Administrative Reality in Traditional China* (London, 1965)를 읽어보라.
Jonathan Spence, *The Death of Woman Wang* (New York, 1978)[이재정 옮김,
『왕여인의 죽음』, 이산, 2002]은 청조사회 하층민의 삶을 생생하게 묘사하고 있다.
Ping-ti Ho, *Studies on the Population of China, 1368-1953* (Cambridge, Mass.,
1959)[정철웅 역, 『중국의 인구』, 책세상, 1994]; 같은 저자의 *The Ladder of Success
in Imperial China: Aspects of Social Mobility, 1368-1911* (New York, 1962)[조
영록 외역, 『중국 과거제도의 사회사적 연구』, 동국대학교 출판부, 1987]; Chung-li
Chang, *The Chinese Gentry: Studies in their Role in Nineteenth Century*

Chinese Society (Seattle, 1955); Hsiao-t'ung Fei, *Peasant Life in China: A Field Study of Country Life in the Yangtze Valley* (New York, 1946)는 모두 근대중국의 사회적 질서와 무질서를 조명하고 있다. Sun E-tu Zen and Sun S. C., *Chinese Technology in the Seventeenth Century* (University Park, Pa., 1966)는 중국의 테크놀로지를 다룬 책이다. Theodore de Bary, ed., *Sources of Chinese Tradition* (New York, 1966)은 주제별·연대별로 중요한 사료들을 편역한 유용한 책이다. John K. Fairbank, ed., *Chinese Thought and Institutions* (Chicago, 1957)는 중국의 지성사를 탐구한 편저이고, John K. Fairbank, ed., *The Chinese World Order: Traditional Chinese Foreign Relations* (Cambridge, Mass., 1968)는 시사하는 바가 많은 책이다.

Osvald Siren, *A History of Later Chinese Painting*, 2 vols.(London, 1938)는 중국 근대미술의 대표작들을 해설한 책이다. 중국 사회의 숨결을 느낄 수 있는 또 다른 방법은 중국의 전통 소설을 읽는 것이다. 영어로 번역된 소설 가운데 Wu Ching-tzu, *The Scholars* (New York, 1972)[진기환 옮김, 『유림외사』(儒林外史), 전3권, 명문당, 1990]과 Ts'ao Chan, *Dream of the Red Chamber* (New York, 1958)[안의운 옮김, 『홍루몽』(紅樓夢), 전12권, 청계, 2007]을 권하고 싶다.

일본 근대사에 관해서는 다음 도서들을 참조하라. George B. Sansom, *The Western World and Japan* (New York, 1950); Donald Keene, *The Japanese Discovery of Europe* (New York, 1954); Charles R. Boxer, *The Christian Century in Japan, 1549-1650* (Berkeley, 1951); Conrad D. Totman, *Politics in the Tokugawa Bakufu, 1600-1843* (Cambridge, Mass., 1967); Robert N. Bellah, *Tokugawa Religion* (Glencoe, Ill., 1957); Maruyama Masao, *Studies in the Intellectual History of Tokugawa Japan* (Princeton, 1974) [김석근 옮김, 『일본 정치사상사 연구』, 통나무, 1995: 일본어 원저는 丸山眞男, 『日本政治思想史研究』(1952)]; William R. Braisted, tr., *Meiroku Zasshi: Journal of the Japanese Enlightenment* (Cambridge, Mass., 1976); Hugh Borton, *Japan's Modern Century* (New York, 1955); Tetsuo Najita, *Japan* (Englewood Cliffs, N. J., 1974)[박영재 옮김, 『근대일본사』, 역민사, 1992]. Thomas C. Smith, *The Agrarian Origins of Modern Japan* (Stanford, 1959)은 근세일본의 사회를 조명한 탁월한 저작이다.

Peter C. Swann, *An Introduction to the Arts of Japan* (Oxford, 1958)은 유용한 일본 미술사 입문서이다. Ichitaro Kondo, ed., *Hiroshige, The Fifty-three Stages of the Tokaido* (Honolulu, 1965)는 일본의 위대한 화가 중 한 명인 히로시게(廣重)의 연작 판화 「東海道五十三次」에 반영된 도쿠가와 후기의 사회상을 보여준

다. Howard Hibbet, *The Floating World in Japanese Fiction* (New York, 1959)
은 도쿠가와 시대의 통속소설을 소개한 책이다.

4부

근대사의 전반적인 방향을 설명하고 있는 책들은 다음과 같다.
Daniel Chirot, *Social Change in the Twentieth Century* (New York,1977)[최영
선 역, 『세계체제와 사회변동』, 풀빛, 1984]; Angus Maddison, *Dynamic Forces in
Capitalist Development: A Long Run Comparative View* (Oxford, 1991);
Joseph M. Kitagawa, *The Quest for Human Unity: A Religious History*
(Minneapolis, 1990); Trevor I. Williams, *Science: A History of Discovery in the
Twentieth Century* (New York, 1990); Kenneth Boulding, *The Meaning of the
Twentieth Century* (New York, 1964)[김봉호 역, 『20세기의 의미』, 삼성문화재단,
1975]; William H. McNeill, *The Human Condition: An Ecological and
Historical View* (Princeton, 1980); Alfred W. Crosby, *Ecological Imperialism:
The Biological Expansion of Europe, 900-1900* (Cambridge, 1986) [안효상·정범
진 옮김, 『생태제국주의』, 지식의 풍경, 2000]; B. L. Turner II, ed., *The Earth as
Transformed by Human Action: Global and Regional Changes in the Bio-
sphere over the past 300 Years* (Cambridge, 1990); Norbert Wiener, *The
Human Use of Human Beings, Cybernetics and Society* (Garden City, N.Y.,
1954); Alfred D. Chandler, Jr., *Scale and Scope: The Dynamics of Industrial
Capitalism* (Cambridge, Mass., 1990).

국제정치를 평이하게 설명한 책들은 다음과 같다. A. J. P. Taylor, *The Struggle for
Mastery in Europe, 1848-1918,* new ed.(Oxford, 1987); Norman Rich, *Great
Power Diplomacy, 1814-1914* (New York, 1992); Paul M. Kennedy, *The Rise
and Fall of the Great Powers: Economic Change and Military Conflict from
1500 to 2000* (New York, 1989)[이일수 외 옮김, 『강대국의 흥망』, 한국경제신문사,
1997]; Hugh Tinker, *Race, Conflict and the International Order: From Empire
to United Nations* (London, 1977); Walter A. McDougall, *The Heavens and the
Earth: A Political History of the Space Age* (New York, 1985).

제국주의에 관한 고전적인 마르크스주의 관점은 Vladimir I. Lenin, *Imperialism:
The Highest Stage of Capitalism* (New York, 1939)[박상철 옮김, 『제국주의』, 돌베

개, 1992]에서 발견된다. 다른 관점에 대해 알고 싶으면 Wolfgang J. Mommsen, *Theories of Imperialism* (Chicago, 1982); Woodruff D. Smith, *European Imperialism in the Nineteenth and Twentieth Centuries* (Chicago, 1982); Daniel R. Headrick, *The Tools of Empire: Technology and European Imperialism in the Nineteenth Century* (New York, 1981); Philip Darby, *Three Faces of Imperialism: British and American Approaches to Asia and Africa, 1870-1970* (New Haven, Conn., 1987) 등을 참조하라.

전쟁에 관해서 추천하고 싶은 책은 Theodore J. Ropp, *War in the Modern World*, rev. ed.(New York, 1962); Michael Howard, *War in European History* (Oxford, 1976); William H. McNeill, *Pursuit of Power: Technology, Armed Force, and Society since A.D. 1000* (Chicago, 1982)[신미원 옮김, 『전쟁의 세계사』, 이산, 2005]; Raymond Aron, *The Century of Total War* (Boston, 1955)가 있다. Lawrence Lafore, *The Long Fuse: An Interpretation of the Origins of World War I* (Philadelphia, 1965)와 Fritz Fischer, *Germany's Aims in the First World War* (New York, 1967)는 제1차 세계대전의 발단에 대한 흥미로운 저서이다. 제1차 세계대전에 대해서는 Marc Ferro, *The Great War, 1914-1918* (New York, 1989); Barbara Tuchman, *The Guns of August* (New York, 1982); Gerd Hartach, *The First World War 1914-1918* (Berkeley, 1981)을 참조하라.

러시아 혁명에 관해서는 유익한 참고도서가 많다. John Reed, *Ten Days that Shook the World* (New York, 1992) [서찬석 옮김, 『세계를 뒤흔든 열흘』, 책갈피, 2005]는 저자의 생생한 체험이 담긴 고전적 르포 문학이다. Leon Trotsky, *History of the Russian Revolution*, 3 vols.(London, 1932-33; reissue, New York, 1980) [최규진 옮김, 『러시아 혁명사』, 전3권, 풀무질, 2003~2004]는 혁명의 주역이 쓴 분석적 회고록이다. 그 밖의 참고도서로는, Edward Acton, *Rethinking the Russian Revolution* (London, 1990); E. H. Carr, *The Bolshevik Revolution, 1917-1923*, 3 vols.(London, 1951; reissued in paperback, New York, 1985)[이지원 옮김, 『볼셰비키 혁명사』, 화다, 1985]; John L. H. Keep, *The Russian Revolution: A Study in Mass Mobilization* (New York, 1976); Allan K. Wildman, *The End of the Russian Imperial Army*, 2 vols.(Princeton, 1980-87)가 있다. Roy Medvedev, *Let History Judge: The Origins and Consequences of Stalinism*, rev. ed.(New York, 1989)는 소련의 사회와 정치에 관한 내부자의 비판적인 시각을 보여주며, 제3자의 평가를 담고 있는 책 중에서는 Robert C. Tucker, *Stalin in Power: The Revolution from Above* (New York, 1990); Adam B. Ulam, *Stalin: The Man and his Era*, rev. ed.(Boston, 1989); Alec Nove, *An Economic History of the*

USSR, 1917-1991, 3rd ed.(Harmondsworth, 1992) 〔김남섭 옮김, 『소련경제사』, 창작과비평사, 1998〕을 읽어볼 것을 권한다.

전후의 세계정세와 1930년대의 공황에 대해서는 다음 책들을 참조하라. Sally Marks, *The Illusion of Peace: International Relations in Europe 1918-1933* (New York, 1976); Franz Borkenau, *World Communism: A History of the Communist International* (Ann Arbor, Mich., 1962); Hannah Arendt, *The Origins of Totalitarianism* (San Diego, 1979) 〔이진우·박미애 옮김, 『전체주의의 기원』 2권, 한길사, 2006〕; Ernst Nolte, *Three Faces of Fascism: Action Française, Italian Fascism, National Socialism* (New York, 1969); Charles P. Kindelberger, *The World In Depression, 1929-1939* (Berkeley, Cal, 1986); Hugh Thomas, *The Spanish Civil War*, rev. ed.(London, 1977).

대중의 사고방식에 지대한 영향을 미친 지적 조류를 이해하기 위해서는 원전을 읽는 것이 최선의 방법이다. Karl Marx and Friedrich Engels, *The Communist Manifesto* (1848 and available in numerous reprints)〔이진우 옮김, 『공산당선언』, 책세상, 2002〕는 짧고 격렬하다. Adolf Hitler, *Mein Kampf* (New York, 1939)〔황성모 역, 『나의 투쟁』, 2권, 동서문화사, 1979〕는 지나치게 길고 산만하다. 그러나 *Encyclopedia Italiana*에 처음 실렸으며, 다시 단행본으로 재발행된 무솔리니의 논문 「파시즘」Benito Mussolini, *Fascism: Doctrine and Institutions* (New York, 1968)은 짧고 명료하다. Sigmund Freud, *The Interpretation of Dreams* (originally published 1899; reprinted New York, 1987) 〔김인순 옮김, 『꿈의 해석』, 열린책들, 2004〕는 그리 길지도 않고 매우 흥미롭다. Albert Einstein, *The Meaning of Relativity*, 5th ed.(New York, 1956)〔강주영 옮김, 『교실 밖 상대성원리』, 눈과 마음, 2006〕은 난해한 물리학을 일반 독자가 이해하기 쉽게 설명한 책이다. Stuart Hughes, *Consciousness and Society: The Reorientation of European Social Thought, 1890-1930*, rev. ed. (New York, 1977)〔황문수 옮김, 『의식과 사회』, 홍성사, 1979〕; James H. Billington, *Fire in the Minds of Men: Origins of the Revolutionary Faith* (New York, 1980); Jim Sampson, ed., *The Late Romantic Era: From mid-Nineteenth Century to World War I* (Englewood Cliffs, N. J., 1991)는 유용한 해설서들이다.

제2차 세계대전에 관해서는 정부의 공식적인 입장을 반영한 역사서가 상당히 많은데, 그 가운데 가장 인상적인 저작은 Samuel Eliot Morrison, *History of U.S. Naval Operations in World War II*, 15 vols.(Boston, 1947-62)이다. J. V. Stalin, *On the Great Patriotic War of the Soviet Union* (New York, 1945)은 전혀 다른 관점을 보여준다. 여러 관점을 종합한 저작으로는 Gerhard L. Weinberg, *A World at*

Arms: A Global History of World War II (Cambridge, 1994)가 단연 돋보인다. 하지만 1178쪽이나 되는 그 책의 두께에 질린 독자에게는 Gordon Wright, *The Ordeal of Total War, 1939-45* (New York, 1966)를 추천하고 싶다. Albert Speer, *Inside the Third Reich* (New York, 1970)는 나치가 전쟁에 기울인 노력에 대한 내부자의 설명이다. Alan S. Milward, *War, Economy and Society, 1939-45* (Berkeley, Cal., 1977)는 전쟁동원방식이 모든 교전국에 미친 영향을 폭넓게 다룬 학술서이다.

냉전에 대한 역사서 역시 엄청나게 많다. 입문서로는 John L. Gaddis, *The Long Peace: Inquiries into the History of the Cold War* (New York, 1987)가 좋다. Walter LaFeber, *America, Russia and the Cold War, 1045-1002*, 6th ed.(New York, 1991)는 유명한 교재이다. 냉전시대 국제정치의 다른 측면에 대해서는 다음의 책들을 참조하라. Lawrence S. Kaplan, *NATO and the United States: The Enduring Alliance* (Boston, 1988); Derek W. Unwin, *The Community of Europe: A History of European Integration since 1945* (New York, 1991); Peter R. Odell, *Oil and World Power*, 8th ed.(New York, 1986); R. F. Holland, *European Decolonization, 1918-1981* (New York, 1985); Robert Gilpin, *The Political Economy of International Relations* (Princeton, 1987)[강문구 옮김, 『국제관계의 정치경제학』, 인간사랑, 1990]; Werner J. Feld, *Nongovernmental Forces and World Politics: A Study of Business, Labor and Political Groups* (New York, 1972); Robert O. Keohane and Joseph S. Nye, Jr., eds., *Transnational Relations and World Politics* (Cambridge, Mass., 1972). 미국의 냉전정책을 주도한 사상은 조지 케넌에 의해 처음으로 개진되었다. George F. Kennan, *American Diplomacy 1900-1950* (Chicago, 1951)은 자신의 사상을 명료하게 밝힌 책이다.

UN은 해마다 세계인구에 대한 통계를 발표하는데, 가끔은 *Consequences of Rapid Population Growth in Developing Countries* (New York, 1991)와 같은 특별보고서를 발간하기도 한다. D. Gale Johnson and Ronald D. Lee, eds., *Population Growth and Economic Development: Issues and Evidence* (Madison, Wisc., 1987)는 인구에 관한 개별 학자들의 연구를 엮은 것이다. Ansley J. Coale and Susan Cotts Watkins, eds., *The Decline of Fertility in Europe* (Princeton, 1986)은 출생률 저하에 관한 권위 있는 저서이다.

실시간 통신과 그 사회적 여파를 분석한 범세계적인 연구성과는 아직 나오지 않았다. 하지만 Gerald W. Brock, *The Telecommunications Industry* (Cambridge, Mass., 1981); Daniel J. Czitrom, *Media and the American Mind* (Chapel Hill, N.C., 1982); Ernst Braun and Stuart McDonald, *Revolution in Miniature: The*

History and Impact of Semiconductor Electronics, 2nd ed. (Cambridge, Mass., 1982)는 유용한 정보를 제공해주는 책들이다. Richard Critchfield, *The Villagers: Changed Values, Altered Lives and the Closing of the Urban-Rural Gap* (New York, 1994)는 농촌의 태도가 어떻게 변하고 있는지 설득력 있게 보여주는 일련의 최신 사례를 싣고 있다.

서양인은 자신들 사이에서 일어나고 있는 일이 곧 전세계가 나아가야 할 방향이라고 가정하는 오류를 범하곤 했는데, 현대의 커뮤니케이션 수단은 그 가정에 갈수록 무게를 실어주고 있다. 그러나 새로운 사상과 기술에 대한 반응은 천차만별이며, 이하에서 언급된 책들은 지역별 다양성의 일면을 보여준다.

아프리카

2부와 3부에서 언급한 것 외에 추천할 만한 책들을 골라보았다. Paul Bohannan and Philip D. Curtin, *Africa and Africans*, 3rd ed.(Prospect Heights, Ill., 1988)는 훌륭한 교재이고, Roland Oliver, *The African Experience* (New York, 1991)는 아프리카의 역사와 사회에 대한 저자의 연구업적을 깔끔하게 정리해놓은 책이다. Patrick Manning, *Slavery and African Life: Occidental, Oriental and African Slave Trades* (Cambridge, 1990)는 아프리카인의 근대 경험에서 결코 빼놓을 수 없는 노예무역에 관한 통계학적 연구이다. 탈(脫)식민과정에 대해서는 Prosser Gifford and William Roger Louis, eds., *Decolonization and African Independence: The Transfers of Power, 1960-1980* (New Haven, Conn., 1988)을 참조하라. Alan Paton, *Cry the Beloved Country* (New York, 1948)[이종구 역, 『울어라 사랑하는 조국아』, 분도출판사, 1978]는 남아프리카의 인종차별을 예리하게 묘사한 빼어난 소설이다. Sheridan Johns and R. Hunt Davis, eds., *Mandela, Tambo, and the African National Congress: The Struggle against Apartheid, 1948-1990: A Documentary Survey* (New York, 1991)는 인종차별에 대한 아프리카인의 성공적인 저항을 보여주는 책이다.

이슬람 세계

3부의 참고문헌 목록에도 이 시대를 다루고 있는 책이 많이 있으니 참고하기 바란다. Ira M. Lapidus, *A History of Islamic Societies* (Cambridge, Mass., 1988)[이 책의 제2판(2002)이 곧 번역되어 나올 예정이다. 신연성 옮김, 『이슬람의 세계사』, 이산, 2007]는 이슬람 세계 전체에 대한 해석을 시도한 야심만만한 최신작이다. 그러나 아직까지 Marshall G. S. Hodgson, *The Venture of Islam*, 3 vols.(Chicago, 1974)의 위상을 위협할 정도는 아니다. Edmund Burke III and Ira M. Lapidus, *Islam, Politics and Social Movements* (Berkeley, 1988); Charles P. Issawi, *An Economic History of the Middle East and North Africa* (New York, 1982); Elie Kedourie, *Politics in the Middle East* (Oxford, 1992)도 참조하라.

아랍과 이스라엘의 충돌에 대해 중립적인 설명을 제시하기란 거의 불가능하지만, Sydney D. Bailey, *Four Arab-Israel Wars and the Peace Process* (Bastingstoke, UK, 1990); J. C. Hurewitz, *The Struggle for Palestine*, rev. ed.(New York, 1978); Ian Lustick, *Arabs in the Jewish State: Israel's Control of a National Minority* (Austin, Tex., 1980)는 그 어려운 작업을 시도하고 있다. 또 Lawrence A. Hoffman, ed., *The Land of Israel: Jewish Perspectives* (Notre Dame, Ind., 1986)와 Edward W. Said, *The Question of Palestine* (New York, 1980)의 정반대되는 관점을 비교해보라.

1979년의 이란 혁명에 관해서는 Nikki R. Keddie, *Roots of Revolution: An Interpretive History of Modern Iran* (New Haven, Conn., 1981); Roy P. Mottahedeh, *The Mantle of the Prophet: Religion and Politics in Iran* (New York, 1985); James A. Bill, *The Eagle and the Lion: The Tragedy of American-Iranian Relations* (New Haven, Conn., 1988)를, 이라크에 관해서는 Phoebe Marr, *The Modern History of Iraq* (Boulder, Col., 1985); Mario Farouk-Sluglett and Peter Sluglett, *Iraq since 1958: From Revolution to Dictatorship* (London, 1990); Efraim Karsh and Inari Rautsi, *Saddam Hussein: A Political Biography* (New York, 1991)를 참조하라.

Niyazi Berkes, *The Development of Secularism in Turkey* (Montreal, 1964); Walter F. Weiker, *The Modernization of Turkey: From Ataturk to the Present Day* (New York, 1981); C. H. Dodd, *The Crisis of Turkish Democracy*, 2nd ed. (Huntingdon, Cal., 1990)는 터키 세속정권의 성공과 좌절에 대해 논한 책들이다. 터키의 경우와 유사한 이집트의 근대사에 대해서는 Arthur E. Goldschmidt, Jr., *Modern Egypt: The Formation of a Nation State* (Boulder, Col, 1988); Panayiotis J. Vatikiotis, *The History of Modern Egypt, from Muhammad Ali to Mubarak*, 4th ed. (Baltimore, Md., 1991); Derek Hopwood, *Egypt: Politics and Society, 1945-1990*, 3rd ed.(London, 1991)를 참조하라.

인도와 동남아시아

최고의 인도사 개설서는 A. L. Basham, *A Cultural History of India* (Oxford, 1975)이다. 사회경제사에 대해서는 Dharma Kumar, ed., *The Cambridge Economic History of India*, Vol. 2, 1757-1970 (Cambridge, 1983)을 읽어보라.

영국의 지배에 관해서는 Penderel Moon, *British Conquest and Dominion of India* (London, 1989)와 L. S. S. O'Malley, ed., *Modern India and the West: A Study of the Interaction of Their Civilizations* (London, 1968)를 참조하라. E. M. Forster, *A Passage to India* (London, 1924) [민승남 옮김, 『인도로 가는 길』, 열린책들, 2006]과 Rudyard Kipling, *Kim* (London, 1001)은 영국 지배하의 인도에 대해 여러 권의 역사책보다 더 많은 것을 알려주는 두 편의 유명한 소설이다. Mohandas K. Gandhi, *The Story of My Experiments with Truth* (Boston, 1957)[함석헌 옮김, 『간디 자서전: 나의 진리 실험 이야기』, 한길사, 2002]와 Jawaharlal Nehru, *Towards Freedom: The Autobiography of Jawaharlal Nehru* (New York, 1941)[정민걸 옮김, 『네루 자서전』, 간디서원, 2005]는 인도 독립의 기틀을 다진 두 위인의 통절하고 감동적인 회고록이다. 현재 인도는 중국을 제치고 세계 최다인구 보유국이 될 조짐을 보이고 있기 때문에 Tim Dyson, ed., *India's Historical Demography: Studies in Famine, Disease and Society* (London, 1989)가 특별히 관심을 끈다. 동남아시아에 대해서는 David J. Steinberg, *In Search of Southeast Asia: A Modern History*, rev. ed. (Honolulu, Hi., 1987)부터 읽어보는 게 좋다.

동아시아

근대중국사에 대한 탁월한 저서 세 권은 John J. Fairbank, *China: A New History* (Cambridge, 1992)[김형종·신성곤 옮김, 『신중국사』, 까치, 2005]; Immanuel C. Y. Hsu, *The Rise of Modern China*, 4th ed.(New York, 1990); Jonathan D. Spence, *The Search for Modern China* (New York, 1990) [김희교 옮김, 『현대중국을 찾아서』, 1·2, 이산, 1998]이다. John K. Fairbank, *The United States and China*, 4th ed.(Cambridge, Mass., 1983)는 선교·통상·이데올로기 등의 복합적 요인이 근자의 중미관계에 어떤 영향을 미쳤는지 설명하고 있는 책이다. 중국 공산주의에 관해서는 James P. Harrison, *The Long March to Power: A History of the Chinese Communist Party, 1921-1971* (New York, 1972); Edgar Snow, *Red Star over China* (New York, 1973)[홍수원 옮김, 『중국의 붉은 별』, 두레, 1995]; Ross Terrill, *Mao: A Biography* (New York, 1980)를 참조하라. 인구에 관해서는 Judith Bannister, *China's Changing Population* (Stanford, Cal., 1987)을, 마을 생활에 관해서는 William L. Parish and Martin K. Whyte, *Village and Family in Contemporary China* (Chicago, 1978)를 읽어보라.

일본 근현대사에 대한 유용한 입문서로는 William G. Beasley, *The Rise of Modern Japan* (New York, 1990)[장인성 옮김, 『일본근현대사』, 을유문화사, 2000]; Mikiso Hane, *Modem Japan: A Historical Survey*, 2nd ed.(Boulder, Col, 1992);

Edwin O. Reischauer, *Japan, The Story of a Nation* (New York, 1989)을 들 수 있다. 1차 사료를 편집한 대학교재용 강독서로는 Jon Livingston, Joe Moore, and Felicia Oldfather, eds., *The Japan Reader*, 2 vols.(New York, 1973-74)가 좋다. 경제변화에 관해서는 Johannes Hirschmeier and Tsunehiko Yui, *The Development of Japanese Business, 1600-1980*, 2nd ed. (Boston, 1981); G. C. Allen, *A Short Economic History of Modern Japan*, 4th ed.(New York, 1981); Thomas C. Smith, *Political Change and Industrial Development in Japan: Governmental Enterprise* (Stanford, Cal, 1974)을 참조하라. Thomas R. H. Havens, *Valley of Darkness: The Japanese People and World War II* (Lanham, Md., 1986)와 John Hersey, *Hiroshima* (New York, 1946)[장상영 옮김, 『다큐멘터리 히로시마』, 산다슬, 2004]는 일본의 제2차 세계대전 경험을 이해하는 데 특히 유익하다. Gordon W. E. Prange, *At Dawn We Slept: The Untold Story of Pearl Harbor* (New York, 1982)는 일본인과 미국인 양측의 이야기를 구체적으로 생생하게 들려준다. 태평양전쟁에 대한 균형 잡힌 저서로는 John Tolland, *The Rising Sun* (New York, 1982)을 추천한다.

Robert J. Smith, *Japanese Society: Tradition, Self and the Social Order* (Cambridge, 1987)와 Tadashi Fukutake, *Japanese Society Today* (Tokyo, 1981)[원서는 福武直, 『現代日本社會論』, 1972]는 일본 사회의 특수성에 관한 미국인과 일본인의 견해를 보여준다. Joseph M. Kitigawa, *Religion in Japanese History* (New York, 1990)와 Irene B. Taeuber, *The Population of Japan* (Princeton, 1958)은 해당 분야의 모범적인 저서이다.

한국에 관해서는 Andrew C. Nahm, *Korea: Tradition and Transformation: A History of the Korean People* (Elizabeth, N.J., 1988)과 Donald Stone Macdonald, *The Koreans: Contemporary Politics and Society* (2nd ed., Boulder, Col, 1990)를 참조하라. Burton Ira Kaufman, *The Korean War: Challenges in Crisis, Credibility and Command* (Philadelphia, 1986)와 Bruce Cumings, *The Origins of the Korean War*, 2 vols. (Princeton, 1981-90)[김자동 옮김, 『한국전쟁의 기원』(제1권), 일월서각, 1986]은 한국전쟁에 대한 미국의 수정주의적 시각을 보여준다.

베트남과 미국의 개입에 대해서는 Joseph Buttinger, *Vietnam: A Dragon Embattled*, 2 vols.(New York, 1967); David Halberstam, *The Best and the Brightest* (New York, 1969); George C. Herring, Jr., *America's Longest War: The United States and Vietnam, 1950-1975*, 2nd ed.(Philadelphia, 1986)를 참조하라.

라틴아메리카

E. Bradford Burns, *Latin America: A Concise Interpretive History*, 5th ed. (Englewood Cliffs, N. J., 1990)와 Thomas E. Skidmore and Peter H. Smith, *Modern Latin America*, 3rd. ed. (New York, 1992)는 모범적인 입문서이다. Fernando Henrique Cardoso and Enzo Faletto, *Dependency and Development in Latin America* (Berkeley, Cal., 1978)는 라틴아메리카가 외부의 자본주의 세력에 의해 착취되었다고 주장한다. 이와 반대되는 입장은 Frederick S. Weaver, *Class, State and Industrial Structure: The Historical Process of South American Industrial Growth* (Westport, Conn., 1980)를 참조하라. 라틴아메리카의 역사에 관한 다른 주제를 다룬 책으로는 Douglas S. Butterworth and John K. Chance, *Latin American Urbanization* (New York, 1981); Marvin Harris, *Patterns of Race in the Americas* (New York, 1974); Daniel H. Levine, *Religion and Political Conflict in Latin America* (Chapel Hill, N. C., 1986); Alain Rouquie, *The Military and the State in Latin America* (Berkeley, Cal, 1987); Leopoldo Zea, *The Latin American Mind* (Norman, Ok., 1963); John J. Johnson, *A Hemisphere Apart: The Foundation of United States Policy toward Latin America* (Baltimore, Md., 1990) 등이 있다.

찾아보기